苏州评弹研究资料丛书

演员口述历史及传记

古吴轩出版社

目录

上编

下编

上编

书坛忆旧

周玉泉口述　何云龙整理

（一）

黄永年有不得了的大本事，是我最崇拜的前辈。他说的是《五义图》与《绿牡丹》，十三门半脚色齐全（我是数不尽的），手面也是好得惊人。我听他《五义图》中《大破双龙寺》（在察院场“长乐”），严秀被五个和尚围打，其清脱飘逸无与伦比，而且所用兵器奇特，如月牙铲、戒刀、禅杖……要分得清，而且不搞错，这是多么不易呀！我在《文武香球·劫法场》中，说觉凡和尚在城门口打三个武将，就是从他那回书里学来的。也可说，从他那儿得的“窍”。没有学说书之前，我就学他的五个打一个，五种面风，五种喉咙，五种手面……样样都不容易呀！他说书没有废话，甚至没有一个废字。他在台上有时心气不顺，就说：“如果你们听我的书里，有一句没有用场的话，那么赛过话搭头，书钿奉还！”这虽不免有些狂妄，但对后辈来说，却是一句名言。我听了这句话，当时颇有领会，不但努力肃清在台上的语言中的废话、废字，而且在生活中也注意起来，慢慢养成习惯，口里就干净了。一个艺人要使得台上没有废话、废字，光在台上注意是不够的，不仅在台上要注意，而且在生活中要经常地注意，不断地锻炼，才能渐趋巩固（他的书，不能去一字，可见其运用语言之精确）。

另外，我从他那里还得到一宗重要的精神财富，那就是决不含糊一字。普通的情况，每说一句话，总是开头比较有力、清楚，待到结束时由于气不够而含糊、微弱甚至吃掉了。我开始说书时也是这样的，有一次我从码头上回来，到“茶会”上遇到了黄永年。我由于崇拜他，很早就认识他了。我姑丈是老听客，住在他家对门，黄与我姑丈友善。他下书场经过姑丈门口，常进去小坐，于是我得以认识。学说书之后更接近了，谈到《文武香球》中张桂英月夜赶路的两句唱篇：“天涯何觅龙公子，如此钟情唯我痴。”他要我唱给他听，哪知待我唱毕，他竟拍案怒责：“这痴字听客能听懂呀？啊？听好！要痴（！）记好！这最后一字最重要！”触类旁通，我于是不论说唱，特别着重字眼准确。之后我听他在台上说：“我的书，当都当得起，每个字都要送到你们耳朵里的呀！”（他就是这点狂，要不得）更加强了我的警惕，从而不断努力，养成运气吐字的良好习惯。

过去说“会书”是一重关，有人对你有难过，常用这样的话来威胁，“倷勿要老，等做‘会书’拨颜色倷看！”因为当时有种风气，在“会书”中，听客可以把艺人喊下来。而场方要另请一档补上去。直到王绶卿做会长，规定喊下来不补，才使此风稍息，但这是后话。有一次黄永年在“吴苑”做“会书”送客，前面已被喊下来二三档，场内七嘴八舌，乱作一团。这“客”是多么难“送”啊！当时大家等黄永年，而台上无人，于是由于冷了台，场中更乱了，掌声四起。突然书台背后慢慢地探出头来，是黄永年，大家一呆。他对大家一嘻说：“哞！”于是满场哄笑，满堂彩声，他是什么时候上去的呢？当时书台靠墙，艺人上去是要通过听客席的，而他如何上台的呢？是个谜。他能出现在台上，可见其神通之大。

他不仅技艺高超，为人处世也是极好的。凡穷人求他无不解囊相济；同业中自甘堕落（吸鸦片）者求他周济，他必先拍案痛骂，然后是一块、二角。他曾和我说过：“一个艺人台上台下要判若两人，台下要规矩老实，不能说一句谎话。不行嘴里有‘触哪！’‘赤佬！’之类的下流话。不要不懂装懂，不能做‘侠客’，要讲信用。吃江湖饭，不能染江湖气，为人要宁吃三分亏……这是大路。”他要人爱惜别人的东西，我很受他的影响。往往有人在码头上弄坏了场东的东西，好的嘴上打个滚，不好的干脆把损坏的东西藏掉。这使外界对评弹艺人产生了恶劣的印象。我是深受黄老和张福田先生的教益的，一生中特别当心。记得在杭州，我打碎了碗，便暗暗叫家人去买来补上，因为若说明了，场方一定不要我赔。这看来不占便宜，但实际上不吃亏的。我与场东关系好就在于此。黄老故世时，我在震泽演出，闻系在“吴苑”中风，由福田先生抱上洋车的。那时黄老大概是七十四至七十五岁。

（二）

我十七岁那年，与先生王子和在上海喜春楼搭何云飞越做。那时他六十二岁，长条子，比黄兆麟还要长一个头，削骨脸，鹰爪鼻，面孔轻易不笑，人很瘦。他很喜欢我，经常叫我去替他买“人参再造丸”。有次我到他家去，看见窗台上放了一块东西，伸手碰了一下，谁知是一只老鼠夹子（听说这是巡捕房放的，定期来收），几乎将我手指压断。

何云飞说书，我听过近一年时间，他开讲的是《水浒》。有人说他的“石秀跳楼劫法场”一只脚跨在窗外，一只脚跨在窗里，要说十五天。这是夸大。我听他说这段书，只有一回半书（约一个半小时），他动手慢，吐字清，嘴里也慢，面上带着戏，有点像盖老。《杀庆》一回，武松踏到楼梯上，一手执刀，打足精神对里面酒客看，一直看四五分钟，很有表情。喊一声：“西门庆淫贼”——武松不认识西门庆，借此观察动静，酒客中认识西门庆的，一定要对他看，这样就能找到仇人。果然西门庆在距武松两间门面的地方陪客吃酒，听见喊，立起身，一手朝锡茶壶上一揿，这壶立即变成饼。这种问讯和塑造人物的方法很好。

何云飞说书不大立起来，京班脚色很好。但他有一个毛病，就是喜欢炒冷饭。开书后一刻钟，总是说的隔夜书。因此老听客常在他开书后十分钟进场。有人嫌他说得慢，他说：“要慢繁难，要快容易。”他有“三收三放”的本领。有一次我在大观楼做，对过“一洞天”丁韵泉开《三笑》，开始时我生意很好，丁韵泉本来有活“大踱”、“二刁”之称，怕敌我不过，又请何雪梅拼双档。两吃一，因此我生意骤然下降。何云飞接我下脚，一洞天登台的是谈伯英（尤凤台的学生，与尤少台是师兄弟），开讲的是《封神榜》、《济公》。何云飞因为喜欢炒冷饭，书路行得慢，生意清淡。老板周姚舜嫌他“勒”（即噜苏），又不敢亲自对他讲，叫自己的老婆去跟何云飞的老婆说，他注意起来后，生意一天好似一天，终于把谈伯英敌垮。

何云飞在“第一楼”挂了三年牌（只做日场），牌子因风吹雨打暴日晒，坏了就换，不知换了几次。他开讲的是《水浒》，还有一部不知什么书。第一楼的老板叫侯景庆。何云飞到苏州来不开《前水浒》，光裕社规矩，除去王效松家的《水浒》能在苏州全部开讲外，外来的一律不准全开。所以他的前半部《水浒》苏州听众都没有听过。我是因为在上海做，因此有机会听全。

何云飞是出名的“何一刀”。

（三）

说起老师兄李伯泉，当时称小辈英雄。主要因为他文化高，《文武香球》在他手里提高了文学水平，他为人正直，说书正派。

我二十岁左右，曾在春和楼听他说过一个多月的书。那时他已四十余岁，真老师兄也。春和楼场子太阴暗，泥地，一般营业较差，也只有夜场。伯泉在做时，平常只有二十来个客人，逢到雨天只十四至十五人，但老师兄仍然一丝不苟。

他说书规矩，绝不放外插花噱头。他的《文武香球》篇子比先生多，而且平仄调，绝不唱豁边（当然现在有些唱豁边的，也有道理的。如“×边两断×××，可恨×××”，但老先生们是反对的。）

平仄调在当时是不容易的，因为学说书的差不多都是穷苦人家子弟。如蒋一飞、王抱良……都是轿盘头子弟，文化低，怎样弄得清平仄？他们都是从先生学艺养成习惯。因此，谁讲究平仄，谁就受人尊敬。当时讲究平仄的有魏钰卿、杨月槎、朱耀庭、朱耀笙、朱兼庄（霞飞父）等老夫子，李伯泉也是其一。还有谢少泉、王绶卿、朱兰庵、朱菊庵，以及朱氏兄弟的父亲朱寄庵。总之那时不像现在，懂平仄的人可以说是极少数的。那时老前辈是提倡宁肯可调凑平仄，决不让平仄为调所失，认为这才是大路。当然，由于我生在那个时候，接触那种思想多，因此迄今我也仍有些强调唱要合平仄，这才是大路。

我听李伯泉的书，是事先打招呼的。但出口时心里总是有些虚，因为那时总的风气是不同意同道听书的，若然在台上发现有道众在听书，就可命场方把那人轰出去。但我和李伯泉说：“阿哥，我想听倷格书。”他毫不犹豫地一口答应，我心里很感激。事实上不只是我，任何人向他提出什么，他都很乐意地接受的。这就是大家所以称道李伯泉之处。

他为人厚道，台风稳重而有书卷气。使人感到他十分高尚，因而人们都说他是道学先生。在这些方面，我都是用力向他学习的。在艺术上，我受他的影响也很深。例如：《香球》的董文、董武是戆胚。而戆胚在评弹书目中一般的表现方法是骂人，胡大海、牛皋、焦赞、孟良、铫期、李逵……都是，业师张福田的董文、董武，也是接二连三地骂人，以此来刻画戆的性格和逗听客发笑的。但李伯泉的董文、董武却不骂人，艺术上要达到这一点，是不容易的，尤其是要从“骂”惯了改过来，更是要经过极艰苦的过程。

另外，我听他说到张桂英投宿赵家庄，闻山上有狐仙吃童男童女，便上山去除妖，一夜未归，员外着庄丁去寻，庄丁们怕大仙，便胡乱答应。说已“发现”了张爷尸体的头脚，于是员外便命将自己的寿材抬去葬殓，后发现张未死，接回放妥。至此，张福田对那口寿材是不关照了，但李却还要关照抬回来，寄在附近祠堂里（因过去的风俗，棺材抬出后是不行再回进门的），这点虽是小事，若不交代，听客也会有意见的。而且我从这点上还得到不少启发，在以后演出中解决不少难题。如《玉蜻蜓》中《文宣荣归》，在王定禀娘娘后，娘娘立即出现。但其中有一节正书，即芳兰从备弄出来见文宣，以时间计算，起码要花一二十分钟时间，如娘娘出来，则将如何处理？因而就要加上一句：“娘娘关照王定，请文宣到大厅相见，自己进去更衣。”这样我觉得才合理。

（四）

说《玉夔龙》的徐小云，碰着石秀峰这样的名艺人也照样客满。我在得意楼跟他越做，听客对他的反映很好，说他的书好像一盆可口的小菜一样，吃上味道突然被人拿掉就舍不得。因而他很能粘住听客。

他的表演风格是软功，像牛皮糖。白面孔，生活上有些落拓不羁，不注意修饰，衣服总是破的，很脏，唾液连鼻涕，一副穷酸腔。叶声扬说他这样打扮不是穷，而是江湖上的一派，叫做哀党。这样就很能引起听客的同情。我也亲眼看见有听客送鸦片烟给他吃。

（五）

谢品泉为少泉叔，二人相差十多岁，都唱《三笑》和《玉蜻蜓》。只是少泉的《玉蜻蜓》不全，而品泉是全的。

少泉的功路火爆，品泉小喉咙很好。少泉说书带一点下流气，而品泉则书卷气较浓。我喜欢少泉一路，他起华太师、唐伯虎等脚色都比品泉潇洒。

品泉和少泉叔侄，有次听见闲人说了这样几句话：“谢少泉、谢品泉是个角儿，不过拼起双档来还不知灵不灵呢？”于是他们就决定拼双档试试。地点决定在宫巷口的“聚来厅”（先在“聚来厅”是有意照顾店主的，因茶馆老板是祥子的父亲，而祥子是光裕社的值勤），消息传出去，立刻轰动江浙两省，宫巷站得路都不能跑，听转书的人很多，台子都踏坏了。这次下来后，他们被上海汇泉楼请去。

品泉有个儿子是美国留学生，任上海青年会处长，常叫品泉不要说书，认为说书损害了自己的面子。品泉因为自己是名艺人，不肯轻易抛却，也觉得赚些钱花甚好，所以坚持说下去。

少泉无儿，有个女儿叫谢桐英，小名阿莲，唱文明戏的，曾登过台。

品泉的老伴去世后，跟一个娘姨发生了私下的关系。这个娘姨的丈夫是个游手好闲的人，当过兵，整天在外鬼混，经常来老婆处拿钱。品泉也屡次暗中塞钱相助。事隔十五年，这人打听到妻子与谢品泉有染，暗中窥探其情。一日，品泉在茂园书场做，天雨，此人在窗洞一连偷看几天，亲眼看见其妻送雨具给品泉并搀扶返家，很气。某日夜间，品泉散书场回家，路经曹家巷，被预先伏在此处的这个人一枪打死。几天后，衙门捉住凶手，收监。其妻探监，怪他不该行凶，说品泉已老，自己仍旧是你的老婆，其人后悔得痛哭失声，晚上就用手帕将自己勒死。

少泉是生病死的，上海各报都登消息，称说："书仙归天。"

少泉的学生有这样几个：崔莲君、夏莲生、潘莲汀、郁莲卿（拉胡琴出身，后来仍旧去拉胡琴）、何俊飞（本取名何莲君，因其父何云飞为名艺人，故不照莲字排）、王逸泉（单干艺人王似馨之父）、傅莲英等。

夏莲生的学生有：刘天韵、徐云志、夏莲生的儿子小莲。小莲是个难得的好下手，后来到硖石演出时，跟一个"杀猪板凳"女的搞上关系，不久便去世了。

（六）

石秀峰到湖州说书。夫妻二人带皮箱五六只，全是翻领时兴大衣，勿像说书的倒像湖州知县上任。场方堂倌点了蜡烛来迎接，看客不少，他共在湖州做了两个月，接的是我的下脚，我还同他碰头一天呢。

他生意很好，两个月全是客满，票都买不到。他还对我说："下次我决不再到这里说书了！"他嫌地方小，交通不便，果然以后一直没离开过上海，连死也是死在上海的。死时大约四十二三岁。石秀峰开讲的是《金枪》、《绿牡丹》。

（七）

金义成是说《金枪》的祖师，有活杨七郎之称。一声哇呀呀，屋顶灰尘散落，梁上老鼠惊跌下来。他的学生有杨鹤鸣、钱九皋等。杨鹤鸣的学徒有石秀峰、汪云峰、钱雪峰、王灿峰、许道峰等。钱九皋的学生有沈秀富。石秀峰的学生有顾玉良、高玉山、徐玉翔等。

石秀峰一手好算盘，先要拜钱九皋为师，不知怎样后来又投在杨鹤鸣门下，钱为这事还去与杨争论过。杨的学生是峰字辈，钱的学生是秀字辈。所以他的名字叫"石秀峰"。

石秀峰每当上台，都先脱去马褂，解去腰带，给人一种说书肯卖力的感觉。他起先说两部书，一是《金枪》，一是《绿牡丹》。后来因为书短，又向吴熊祥补了《乾隆游江南》一书。这书中有一回赌铜钿的算账书，石秀峰精通算盘，很是拿手，十三档青龙算得清而且快，台下赌惯了的听客很欢迎，常常哄堂大笑。

（八）

黄兆麟拜许文安为师，许开讲《三国》平说。黄兆麟的父亲黄永年说《五义图》和《绿牡丹》，也会说《水浒》。他十三门半脚色样样都好，尤其是短打手面，短打武生，如起五个和尚，五种声音分得极清。

黄兆麟长短打，手面、脚色都很好。其父永年长靠脚色不擅长，他的短打是向父亲学的，而长靠却是向何云飞学的。就是从何的《刀劈栾廷玉》学来的。他是出名的关公一把刀。

大书灌唱片，过去只有黄兆麟一人。《古城会》中“俺老张来也！”一句前无古人，绝响！他手面漂亮，脚色清爽——喉咙透得出，人称“活赵云”，名不虚传。他所以这样好，一是业师许文安的书好（住华严寺与顾眼科同居）。他的《三国》真是金精美玉，只是他没有脚色，一部《三国》全是平讲。二是父亲的“脚色”好，他书中的脚色得其父黄永年之传。

（九）

说《岳传》的程鸿飞地理很熟。许继祥常对我说，他对程佩服得极。他的书从来没有“漂”过，不少教师都爱听他的书。轮到他送客，场方常常用海报特别写出：“今朝程鸿飞先生送客。”这样宣传号召力也真强，几乎没有不客满的。有一次他在上海“柴行厅”接钟家一条枪出名的钟士亮的下脚，《岳传》接《岳传》，本事不好就要“漂”。可是他仍旧日日客满，情况比钟士亮还要好。

许继祥对我说，在高宠挑华车一回书中，程鸿飞说到高宠在山坳里时，那一马一条枪的场面，给人印象很深。

（十）

韩凤翔是韩士良的叔父，黄永年的徒弟，说《七侠五义》。我十一岁时他在闾邱坊“仁园”书场开讲此书。那时我还没有学说书，但很喜爱听书，白天听李金祥，夜里听韩凤翔。当时韩三十一二岁，“躺三股”辫子，一顶小帽，马褂袍子（枣红马褂，淡水灰夹袍），上书台时总在“西津桥”买包皮丝烟，手拿一只水烟筒。他手面极好，起白玉堂、欧阳春脚色很漂亮。听叶声扬说，他的手面是说小书的谢少泉教的。

（十一）

叶声扬是许春祥的徒弟，许继祥的大师兄（继祥为春祥之子）。他苏州房子很多，银行存款也充足，金钱看得过于重，从不坐车。一次我与他在汇泉楼碰着，他对我说："今天场方小菜六七样，就是我吃不下，我只好硬吃些辣椒，强吃两碗饭下去的。"他是为了省下几个钱才这样做的，因为这样就不用再去吃点心了，可见他对钱的看重。

叶声扬自己没有儿子，领了一个歪嘴阿荣，此人难看得很，讨了一个老婆倒很漂亮。这女人与人家乱搞关系。叶声扬在世时开的一爿"孔雀牌袜厂"也被他们弄光了。

（十二）

许继祥虽然浓眉大目，但极清秀。人很长很瘦，胸极薄，"衣架"极好。由于腰挺、背直的"坐相"，台下望上去三面都好看。

他的台上风度，学的是黄兆麟，而青出于蓝。他人很风趣，打麻将牌赢了时严肃，输了总是嘻嘻哈哈爱讲两句笑话。他生得腰板很薄，我有时跟他开玩笑，问他里面有没有肠子，他笑着道："聪明的人腰板总是薄的。"不要看他台下是这个样子，可是到了台上就笔挺，架子好，有大将风度，说到某某大将败下阵来时，手中一个模拟败阵的拖枪动作（手面），好看极了，没有哪个及得上他。

（十三）

陈浩然在台上最突出的是能随机应变。

起"跑堂"有特色，喊"点菜"调子比真堂倌好听，而且夸张得不过火。脚色有创造，比如雷鸣、陈亮这种"戆大"，一般都用粗嗓，他却用细嗓，起得像小囡似的，很讨人欢喜。他起的"济公"也用小嗓。有一个时期他在常熟演出，学生上学校时，在街上都学雷鸣、陈亮，可见其影响。

他善用帽子表演"猢狲出把戏"，是绝活，一人饰两个脚色，卖艺者与猢狲靠翻帽子（红帽里起猢狲时戴），灵活、生动。可惜如陨星一般，死得很早。

（十四）

朱品泉二十四岁死，八九岁上台，十三岁便红了起来，可惜死在"穿骨瘤疽"上。

从前有这样的说法："说书朱品泉，唱戏周凤林。"可见朱品泉的影响。朱的相貌极漂亮，徐玉泉曾见过他的。

（十五）

殷剑虹肚里才学极好，九流三教都能谈一套，善口技。在某码头上，有一位剃头师傅对我说，他的鸡叫很像，叫时气往内透，人家则往外面出。他的书在小码头上很受欢迎。

（十六）

王绶卿的才学很好，书卷气浓，没有江湖习气。上台常戴一顶小帽子，帽子上常套一只小箍，手指夹根雪茄烟，身穿花缎袍子，外罩一件马褂子，上台说书前还常跟听众敷衍几句（说书先生都是这样的，唯有蒋声翔例外，听客却对他极有感情，这是艺术问题）。

（十七）

蒋声翔说《五义图》、《绿牡丹》，说到方驹、方公爷黑夜赶路，一对双鞭搁在马上，遇到打闷棍的谈炎一伞（他的家伙是包在伞里的），方驹起马头双鞭叉住，两个绞花将谈炎的伞钳掉，露出棍子一条。两人继而再打，手面极好看，现在已经没有人会了，我曾去请教过他。蒋声翔长条个子，阿胡子，人极静，是个噶嘴。不过他的噶嘴与人不同，是噶在鼻子里的，声音倒反而很好听，不少人都喜欢学他。

（十八）

黄永年是单耀祥的徒弟。蒋声翔就是他的学生。蒋声翔的小徒弟有两个，一个是陆凤仪，一是陈云朋。陈绰号叫"混堂和尚"，是苏州胥门"升园"混堂小开。这"混堂"为当时苏州最出名的，道台、府台等都在此洗澡。陈云朋人很聪明，是说会书大王，乡谈尤好，一听就会，而且像，这是人所不及的。不过他一生生意不好，因为蒋声翔的真本事没有拿着。

陆凤仪原上海人，他倒学到了蒋声翔的一点东西。可惜三十余岁就死了。

（十九）

王无能（滑稽祖师）善放噱头。有一次我患鼻眼炎常淌水，他叫我点些鼻眼净，我说点了它只能解决鼻疾，他立即说鼻涕跟眼泪是搭档。这种话很调皮、风趣。

（二十）

昆曲名艺人郑传鉴，小名和尚，曾拜王子和学《玉蜻蜓》。学不会，便改行进“昆曲传习所”。说书不行，唱戏倒是个角儿，不知什么原因。

（二十一）

郑发祥人称小活猴（他的父亲是有名的赛活猴），有次我看他在上海乾坤大剧场表演《闹天宫》，风格和盖老有别，不及盖老干净、清脱。

（二十二）

周凤文（原名叫夜来香）京戏唱得极好，爱说书，跟吴小松、吴小石搞得很熟。每年腊月二十二日“新舞台”封箱停演，他就在“新世界”客串说书，开的是《玉蜻蜓·问卜》，我也去听的。那时我还没有向王子和先生学说这部书，好坏也难分辨，总觉得有点外行。而且第一档书口软，上台屏住了半天开不出口。

周凤文把吴小松、吴小石介绍给薛瑶卿学京戏旦角。我十八岁那年（1912）还看见吴氏兄弟在“丹桂第一台”演出，节目很少，常演的是《打花鼓》、《荷珠配》等，以后他俩因为一直唱第三齣（中等水平），唱怨了，就不高兴再唱。交给先生两千七百元钱（因为没有满师离业）就此结束。

（二十三）

京戏前辈汪笑侬那时到上海演出，做“丹桂第一台”（现在的复州书场）。红极了，做广告也跟人家不同，玻璃窗里用电灯把名字映出来，上面写“文武状元，哲学大家汪笑侬”字样。据我所知，做广告用电灯，上海是从汪笑侬开始的。那时戏院的广告做得很多，一张叠一张，从不撕去，时间久了，贴得很厚。有的瘪三常把这贴得厚厚的“海报”揭下来，当衣当被，那时汪演出的戏码是《马前泼水》、《刀劈三关》、《佐氏献曹操》、《张松献地图》等。那时常去“丹桂第一台”唱戏的有麒麟童、欧阳予倩、查天影等。

当时京戏界有个唱大花脸的“朗得三”，由于他登台唱戏只顾自己的嗓音，不顾别的人，因此，上海凡遇到这种只顾自己不顾别人的人，一律都叫他“朗得三”。

（二十四）

刘鸿生第一次到上海演出《空城计》，不少著名的角儿都为他配戏。赵自然、俊卿饰老军，殷宝莲扮探子（名武生），马俊山饰司马懿。高庆奎是代刘鸿生唱《辕门斩子》而红起来的。后来，刘鸿生在“大舞台”，高庆奎在“丹桂第一台”对唱，生意做不过高庆奎而气愤致死。这一时期里，在上海演出的有：吴桂芬、缪得生、吴堃芳、陈嘉祥（小生）、杨华亭（老旦）、朗得三（大面）、刘寿丰（以刘最佳）、周五保（小花脸）、小杨月楼、常春恒、王云芳、董志杨、盖叫天等。

（二十五）

我二十岁在上海。这时汪桂芳在“天一仙”演戏。“天一仙”的老板是个“包打听”，有很大的势力，欠了汪桂芬很长时间的包银。汪有次问他讨，老板就把汪架在“天一仙”门口一个余月，桂芬从此发誓不再唱戏，后来到龙华去出家的。

我在山泉演出时，听客中有位汪桂芬的朋友，偶尔谈到他时，告诉我汪有时在龙华也唱两句戏文。

我听人家说，汪桂芬从小是摆山芋摊的，很喜欢听戏。有次偷空溜进戏台喊嗓，被一艺人发现。认为他很有培养前途，于是就收他学了戏。这就像梅兰芳家里的书童姚玉英一样，因为常听梅兰芳的戏，自己也在房间里哼哼，被梅兰芳发现，教他唱戏，竟成了名。

（二十六）

常春恒有次在天蟾舞台唱戏，老板是诨号叫江北老四的顾竹轩。尽管生意很好，包银仍旧不付。常春恒又不敢向他讨，后来就自己到杭州演出，唱了一个短时期，重新来上海。在“丹桂第一台”登台。有次上汽车时，被顾竹轩派手下流氓活活打死。

（二十七）

我师兄李伯泉，心细肯用功。张福田先生杏花山在东门城外，李却说在西门城外，我听了去问他，他说济南东门外是海，因此把它搬家。

（二十八）

钟士亮做上海柴行厅，从年初一说到六月底。下脚是程鸿飞，也是《岳传》，生意更好，主要是“着实”——历史、地理头头是道，而且面上有戏。

（二十九）

前辈中《珍珠塔》响档辈出，但各有特点。人们称魏钰卿的方卿是潇洒方卿，朱兼庄为读书方卿，杨月槎、杨星槎是乡下方卿，可见是各有特色。

说《白蛇传》的邹鸿翔，说书送戏法，每天小落回奉送几套，逢三六九还加送大戏法——水火戏法。

（三十）

李金祥说书的场子，设在现在的玄妙观小菜场里。他的书台是一张板桌，靠墙，桌上有一把“癞团”（蛤蟆）茶壶。七八只绿豆茶盅，供听客吃的。

听客席位长凳是排成三面，各有七八批（排）条凳。这种长凳比普通的长约三倍但比较窄。书台和长凳，书散后寄在后面道士观中的破屋里。饭后由李金祥的兄弟先去搬好，散书场后亦由其搬回。李弟是卖五香豆的。豆有软和脆两种，他不到别处去卖，就在李金祥场子里卖。

李金祥约比其弟晚到三刻钟。下午一时半来书场时，肩背大褡裢，坐定后，从褡裢里取出另找的钱和百余根小筹（像以前的小面筹那样大，听客可预约购买，每一铜元买五根，听一回付一根，合二文。）放板桌上，自己便坐在板桌后的高凳上吸吸香烟，和早来的听客瞎敷衍。待差不多时开书，开书之后，其弟蹲在书台前面地上眼观四方，接受买五香豆的人召唤（用眼睛看他一下就懂），招呼后来的听客“落座”和一回落回时收钱。

李金祥每回约说二十分钟，落回由其弟收钱。他坐定吸烟接气，待收至二分之一以上，他又开书了。这样可以节省时间，事实上如在冬日白天短，若不如此，必将影响收入，即使这样，冬天一下也说不了十回。

李金祥的场子在玄妙观中是很突出的。这么些凳子，一开场总是座无虚席，而且外面总要围一圈，有三四层听转书的人。李金祥开书时，是坐在那个白坯高凳子上的。但没有几句就要立起来。有人说他说书有本事，但“坐勿落”是个毛病。其实“拍露天”如不立起来是不行的，说书人与听客一样高，“陷”在凳子上，“面风”怎么看得见？！声音也难以送得远。当然日久天长就养成了习惯，坐下去就开不了口。后来他曾在闾邱坊巷口江北人开的老虎灶里“拍平台”（比我们的书场台略低些，这样光裕社就不干涉)，我去听过，他仍然是立着说的。

李金祥的生意极好，收入比正式高台还好。只是“拍露天”不能一年做到头，风去一半，雨落全无。那时光裕社艺人一天有二元七八角收入就是大响档了，他一下午就要收三四元，而当时米价只四五元。李金祥冬天穿过膝的棉袄，扎脚管棉裤，长头发（如女人），戴毡栗子（像个桂圆壳），大襟是不扣的，腰间束布宽带。夏天下身是白竹布扎脚管裤（那时凡长裤，不论单、棉都扎脚管，那时男人是不穿单叉裤的，还有那时没有短裤，只有杀猪人才穿短裤，所以后来人们称短裤是“猪管头”），上身赤膊，披一条“花六尺”——白底青花约有尺半阔的夏布，因有六尺长，故名。当时还没有汗衫，只有夏布马甲与短衫。因此凡做小生意的人，都用“花六尺”。由于“花六尺”没有扣子，他说书时，常常掉下来。布袜、蒲鞋面，常穿双梁布鞋。

李金祥有一种本事，在说书时遇到后来的听客找不着座位时，他会在书中插入“这里有座”，如发现顽童挤进来，就说“小弟弟出去！”并招呼其弟：“阿祥，这里还好排！”妙在插口之后，总不会忘记，仍然很顺利地说下去。

他嗓子奇好，边上有木偶京剧演出，他能压得住。因此业务才不受影响，可见他的功力之深。他嗓子好，脚色分得清，特别是大小喉咙全有，真是难能可贵。他还有特殊嗓音，如金玉那条“夹音”，我没有听过第二人。他口齿特别清，吐字个个饱满。他嗓子好，人们说他是因为南京人之故，意思是北方人体力好。这是一般人都这样认为的。其根据是京剧演员一般都比南方戏曲演员的嗓音好，山东快书演员音域之宽、气氛之长是惊人的。其实我想，原因是北方人吃的苦多，基本功训练得严格。

那时所有书场都是独档做的。因此光裕社中人，一下午顶多说一个半小时，而李金祥一下午则要说四个钟点。而前者在室内，后者却在室外，可见他中气嗓音之能力。他收入多也是由于室外长时间演出。李金祥家住永熙寺弄，是两间平屋。

（三十一）

我听沈友亭说书时，正值母死，那时才十岁。沈那时约四十五岁，长方脸有极高的艺术修养。他说到《大破延庆寺·捉超凡》，说员外、说计诓，超凡进米柜（比棺材长），后落销，后官兵到来，因超凡武艺高强且是持杖进柜的，一时不敢开柜，于是请香山匠人，从“户头”上开洞洞，那口香山话说得极好，而且噱极。

（三十二）

张云亭是王子和的胞弟，原名王子畦，因招赘张家而易姓改名。

（三十三）

最早的“新剧”，我也看得很多，记得当时有王无能、林蓉蓉等人。

（三十四）

从上面平仄协调一点上，谈到了朱寄庵等人，使我想起了一件值得研究的事。评弹是苏州的地方曲艺，照说只有苏州人从事这一行业，才能称职，也才能有些人成名。因为，若外地人，口音上就是问题，而且当时光裕社是非常霸道的，凡非苏州人说书通称“外道”。“外道”是不能来苏州说书的（光裕社可以到“外道”地方去说书）。上面说到的一些文化修养高、艺术上有成就的，很多是常熟人。如朱寄庵、兰庵、菊庵，说《水浒》的王季臣（家中开设花露店，不仅一目眇，而且近视极深，看报时在鼻子上揩的。他极有才学，说《水浒》要加评判，这里不说他的观点如何，他懂平仄，四声，在当时码头上是大名鼎鼎的），杨月槎、杨星槎（他们是经王效松介绍入光裕社的），说《三国》的朱友良，齆鼻头，他有一个周瑜出舱捋雉尾的动作是绝招，听客似乎看见了那两根婀娜多姿的雉尾在芦篾棚的压抑之下经过芦篾边上，只一带跳出来，伸展着它美丽的躯体，临风摇摆，如人们舒气一般。目前顾又良做这动作也不错，他“出”的张飞，有活舌之称（舌露于口外，四处跳动），这动作也是一绝。目前来说，潘伯英、徐丽仙、蒋云仙、饶一尘、华士亭、佩亭等都是常熟人，在艺术上都有一定成就的，为什么常熟能这样名家辈出？

而这些名家确有本事，《三国》如黄兆麟可称得上好手了（灌过唱片，过去唯此一人，犹如京剧武生杨小楼灌过《连环套》、《拿高登》一般），但若在码头上遇到朱友良，非战败不可。

（三十五）

说了常熟“道众”的名家多，不由得想起润余社，也是人数少，名家多的。如程鸿飞一口上海白说《岳传》，朱少卿说《刺马》、《福尔摩斯》和大书《大红袍》，他儿子是朱伯雄，徒弟是潘伯英，谢鸿飞说《西厢》，李文彬——伯康之父说《杨乃武》，郭少梅说《三国》、《聊斋》、《列国》，严焕祥说《西汉》，朱耀安说《隋唐》，杨星槎、杨月槎。其中大部分是大响档。朱耀良也是润余社出身。该社位于城里四牌楼，会长是说《金台》的凌云祥，其子幼祥与我极好。

（三十六）

上海除润余社外，还有一个宽裕社。“茶会”在五马路“品芳”，会长名周贤宾，只一耳，说《十美图》，蹩脚到听客都听不懂。但他另有一手，边区场子一把抓。李铁珊也是该社人。

（三十七）

光裕社不仅不许润余社进苏州。在外埠，如这书场做了润余社，光裕社就下通令不许所有会员做这家书场。以此威胁场方，使他们从此不敢接润余社的人演出，可见光裕社之帮会作风。

润余社同人之间极讲义气。如程鸿飞自编《刺马》，毫无条件地送与朱少卿。这在光裕社是绝不可能的。

（三十八）

大书半路出家的多，如石秀峰、王再亮等。小书比较少。

我的艺术生活
——学艺和演出经历

徐云志口述　王卓人整理

听　书

我生于清光绪二十七年（1901），吴县人。从小家里生活非常困难，我七岁进私塾，学名燮贤，到十四岁休学。

我家住在曹胡徐巷棉花弄里。这一带住的是“机房帮”（丝织工人），他们爱唱山歌，更喜欢听书，我和他们很快就搞熟了。他们教我唱山歌，又常常带我到书场里听“戤壁书”。那时书场都是连茶馆的，门口有一只大茶炉，场内摆着桌子和凳子，有一张长桌放在书台前面，叫“状元台”，是老听客和有身份的人坐的。书台半桌下面放一只甏，据说可以防止说书时说出漏洞。其实甏有回声，使声音响而好听。半桌上点一支蜡烛，既是照明，使听众看得清艺人的表情，又是计时，一支烛算一回书。开书时，艺人先弹一支《梅花三弄》，接着念四句开词，唱一支开篇，然后说正书。在通常的情况下，听“戤壁书”的人总要比座客多，有时甚至多出两三倍。但是场方和艺人都不敢得罪他们，因为艺人声誉的好坏，在很大程度上取决于他们的口碑。

我最初在濂溪坊的怡红馆听吴陞泉的《白蛇传》和《玉蜻蜓》。听了不久，就上了瘾，常常装病赖学去听。有时把点心钱省下来，花三个铜元坐着听一回书。我母亲知道后把我骂一顿。我停了几天，又去听了。后来又听杨星槎、杨月槎的《珍珠塔》，朱耀庭、朱耀笙的《双珠凤》，田少山的《白蛇传》和《玉蜻蜓》。他们都是“响档”，书艺很好。杨氏兄弟唱马调，十分好听，朱氏兄弟唱腔自成一派，也很好听。田少山善噱，常常引得听众哄堂大笑。

但是，给我影响最大的，还是谢少泉和他的叔叔谢品泉，谢少泉是一代弹词名家，也是谢派《三笑》的创始人，有“说书大王”之誉，脚色也起得非常好。我十四岁那年，他们来苏州九如书场演出《三笑》，风头极健，场场客满。我也经常去听，他们风趣的说表和生动的脚色，把我迷住了。我特别喜欢祝枝山、大踱、二刁三个脚色，听了就模仿，而且学得相当像。我想如果我也像他们那样，每天有这么多人听我说唱，看我起脚色，不时发出哄笑，那有多好啊！于是，我有了学说书的念头，并且要向谢少泉学《三笑》。为此，我托一个同学在算命先生那里借来一把弦子，一空就练习弹唱。同时向母亲提出学说书的要求。"机房帮"的人也都说我有说书的"天才"，怂恿我母亲答应。我母亲终于被说动了，同意我学说书，托人与谢少泉接洽，要一百二十元贽金，我家哪里凑得出这样多的钱？这件事只好搁起。

学艺

我十五岁那年年底，夏莲生和他儿子筱莲来苏州金谷书场演出《三笑》。他是谢少泉的大弟子，也是"响档"，卖座很好。我听了几场，又想拜他为师。托父亲的一位朋友与他接洽。他知道我喜爱说书，就答应了，言定贽金六十元，先付三十元，其余半年之后再付。这是很优待的条件。我们一家人都很高兴。

拜师那天，我父亲写了帖子，具了父子两人的名字。父亲称"世弟"，我称"受业门人"，放在盒子里，由我带着，到颜家巷师父家里，呈给师父。点起蜡烛和香，铺上红毡毯，向师父叩了四个头。然后向太先生（师父的父亲）和师母行礼，并送他们每人两元拜仪。夏莲生先后收了八个弟子，我是第六个，他给我起名韵芝（我十九岁那年自己改名云志）。

我本来会拉胡琴、弹弦子，但不会弹琵琶。拜师后，由师母教我弹琵琶。在学弹之前，先学拍工尺，背熟一支，再拍另一支。这种背诵的方法很好，记住以后，就不会忘记。我拍的第一支曲子是《老六板》，第二支曲子是《梅花三弄》，第三支曲子是老俞调过门。三支曲子完全背熟了，师母就教我弹琵琶。她在琵琶弦线下面贴上工尺，我便照字按指，弹会一支，再弹一支。三支曲子，学了两三个月，才完全学会。接着便由师兄夏筱莲教我唱俞调开篇，第一支开篇叫《清闲福》，开头四句是这样的："家住西湖十景塘，半村半廓水云乡。桥通绿水能垂钓，门对青山邀月觞。"两句一教，边唱边吊嗓子，学会这支开篇，再学其他开篇。因为调子一样，学会了一支，再学其他就容易多了。

除了学弹唱外，每天帮师父家里做事。扫地、倒便壶、买小菜等事都要做，而饭却要回家去吃。师父说："徒弟徒弟，三年奴隶。"我一心巴望多学点本事，很用功。在做事情、走路的时候，嘴里也不停地唱曲子和开篇，把每一支学过的曲子和开篇唱得滚瓜烂熟。

后来，师父到常熟湖苑书场演出。我和师弟兄都跟去听书，一切费用由自己负担。除了旅费外，每月又贴给师父二元饭金。书场对艺人是免费供给膳宿，并负担单程旅费。对艺人家属和艺徒则减半收饭金。师父只供给我们吃两顿，早点由我们自己负责。有时我没有点心钱，就饿到吃中饭。早上吊嗓子，吃过早点练习弹唱，下午和晚上听书。师父开的是《三笑》，日场说“龙亭书”，即唐伯虎与秋香的故事，从《追舟》说起。夜间说“杭州书”，即祝枝山大闹明伦堂和王老虎抢亲的故事，从《祝枝山到杭州》说起。这是我第一遍听书，只要求自己记住，不需要讲给师父听。常熟演出后，转到太仓去演出，仍旧照常熟那样说。第二遍听书，每天听过以后，要讲给师父听。讲时要起脚色，像在书台上演出一样，但唱篇记不住可以跳过去。如果讲错了，师父也不指正。他听讲时，不是吸鸦片，就是与人闲谈，不大注意听。有时问他，他也不回答，看徒弟是否专心学习。我听书总是很专心，有的师兄弟不大用功，听书时常常打瞌睡。师父在台上看见，下了场子就要打他们。有一次，我闭目听书，师父以为我也在打瞌睡，所以打时连我一起打。我当即说明原委，把这回书讲给他听，讲得不差不漏。他知道打错了，但没有认错。这种讲书每夜都要讲到十二点钟。学习是十分辛苦的。

师父在太仓“剪书”后，回到苏州演出。我像以前一样，每天上午到师父家里做事情。做完事情就唱开篇、讲书，下午和晚上跟师父上书场听书。他坐轿子，我们跟在轿后。他步行，我们给他提灯笼照路。他的书艺很受听众欢迎，每天有三百多根“签子”。当时的书场很小，每天“签子”出百已经算好了，“双出百”更不容易，三百以上更是罕有的事。一根签子是三个铜元，一百三十个铜元可兑一个银元。师父每天收入四五百个铜元，折合银元有三元多，为数不小。

我十六岁那年（1916）秋天，师父去松江演出，带做“堂会”。我们都没有跟去。我在苏州抄写师父的脚本。他的脚本很不全，而且别字连篇。师兄同我关系不好，有时故意差我出去买东西，把脚本藏起来不让我抄。我寻不着脚本，急得团团转，而且被师母大骂。我想听别人的书，但是光裕社有个规定，艺徒不许听本支以外的书。即使花钱，也有限制，最多听两天，不然就要被认为“偷关子”，要赶出来。我只好照着脚本和三次听书所记得的，自己练习说书。每天晚上，邻居们在一起乘凉，我用一只高茶几当书桌，坐在凳子上说书给他们听。他们听了讲我说得还不错，便怂恿我去演出。我也想试一试。不过光裕社规定未出“茶道”的人是不准在苏州演出的，只得到外地找场子。有个熟人给我介绍，要我到唯亭泰兴书场去演出。农历八月十五日开书，我拿了一元“盘洋”，因为第一次正式演出，心里怕，说得很快。加上学到的东西不多，书比较“空”，一部《三笑》只演半个月，就说完了。按照规定，演满一个月，“盘洋”可以不退，否则就要还给场方。若场方客气，说：“盘洋放在你那里，下一趟再请你来做。”也可以不还。可是泰兴书场的老板不大客气，我只得把“盘洋”还给他，掮起包裹，离开唯亭。

第一次演出受到挫折，是意料中的事，我并不灰心。由于生活的逼迫，我继续找场子演出，到过太湖东岸许多小乡镇，到处不叫座。我知道自己的书艺太差，需要继续学习。第二年春天，我在浙江得讯师父回苏州演出，立即丢下业务，赶回苏州听师父的书。这一次我格外用功了，听书时不放过一句话和一个动作，听了后就一遍又一遍练习，恨不得把师父的全部书艺一口气吞下去。因此，这一次听书，领会特别深，记住的东西也特别多。像书里的几篇长赋《佛楼赋》、《喜事排场赋》、《嫁妆赋》、《轿子赋》、《妆奁赋》等，长的一两百句，都是这时背熟的，直到今天还没忘记。

这一次听书后，师父觉得我的“奶水”吃得差不多了，就带我出“茶道”。

原来光裕社规定，艺徒出道，分两步。一是“茶道”，一是“大道”。都在每年农历正月二十四日和十月初八日（即所谓“三皇祖师”的生日和忌辰）举行。出“茶道”比较简单，由师父领着到茶会上，介绍给同道认识，为大家会钞一次合堂茶资就算了事。出了“茶道”以后，就有资格到光裕社去喝茶，也可以在苏州小书场演出。出“大道”就麻烦了，先要同师父商量，征得师父的同意。如果师父小气，或者欠师父的银钱和贽金未付清，师父就不会答应。有的师父还要乘机敲竹杠，叫你送他三五十元钱。师父同意后便到公所去说，由艺徒办三桌酒席，请出过“大道”的人吃，还要向公所缴十元出道费。出了“大道”以后，公所的牌上便登你的名字。牌有两块，一大一小，刚出“大道”的人先登在小牌上。再过若干年，才移到大牌上。出过大道，就有资格收艺徒，也可以在苏州大书场演出。未出“大道”收艺徒，叫做“私收”，公所知道了，就要“出革”。已故名艺人夏荷生就是因为未出“大道”收艺徒，一度被光裕社“出革”的。

我出了“茶道”后，一直无力出“大道”。一直到二十四岁那年（1924），才筹集百余元钱，请师父领出“大道”，师父待我还不错，只要我两桌酒（师父、师母各一桌），折合现金是二十元。

“背包囊走官塘”

我在唯亭演出失败后，不得不继续找场子演出，挣钱来养家糊口。艺人子弟依靠父兄叔伯的情面，只要请公所司事或者名家、响档介绍一下，场方总会接受的。我是个“外打进”的人，演出场子必须自己寻找。我从十六岁下半年起，一连好几年总是背着行李找场子，足迹遍及江浙一带乡间。许多书场老板见我年轻，又自己找上门，都看不起我，不要我演出，常常弄得连睡觉的地方都没有，只得打开棉被，在人家屋檐下面过夜。有时候，侥幸找到场子，也只是“填空档”演几天，别的艺人来了就让开。这种生活，同讨饭差不了多少。

有一次，我好容易在吴县黄埭找到一家场子。为了能多演几天，我就去拉关系，求见乡董，请他听书。第一天开书前，他戴着金丝边眼镜，拿着手杖来了。我把他接到场内，请他喝茶，让他坐最好的位子。演出时，我特别卖力。谁知他听了一会，连连摇头说“勿灵、勿灵”，便退了出去。有一部分人，随声附和，说着“勿灵”跟出去。第二天，老板不要我演出了，欲哭无泪，只好背起包囊走路。我十分气愤，暗暗立誓：“总有一天，我要叫你说我一声‘灵’！”我所以特别用功，如饥似渴地吸收师父的书艺，原因就在于此。

我听了师父第四遍书，艺术有显著的提高，但依然背包囊、走官塘。一边演出，挣钱养家；一边坚持苦学苦练，丰富书的内容。经过几年的努力，我的书艺又有了进步。到了二十二岁（1922）那年，我又创造了徐调。这以后，情况有了改善，许多书场肯让我演出了，卖座也好起来。但也有不叫座的时候，有时甚至“漂”得很惨。

有一回，我在浙江德清县菱湖镇清风轩书场演出，恰好当地有个戏班在演戏。行话称唱戏为“天王生”，叫说书为“地王生”。“地王生”遇到“天王生”，就要吃瘪。我第一天开书，日场只有七八个听客，夜场也只有十几个。坐在“状元台”上的一位老听客不喜欢徐调。我弹唱时，他斜视我，露出轻蔑和不满的神色，并且把旱烟管在桌子上敲得很响，嘴里嘀咕：“这种调门，赛过唱春！”散场后，他逢人便说我的徐调不好听，还说我不配说书。大家受了他的影响，不来听我的书了。不得不停止营业。场东看不起我。我“下脚”又未接，只好呆在菱湖。不但还不出场东的一元“盘洋”，连仅有的一件皮袍子也当掉了。

正在山穷水尽的时候，有个同道到菱湖二聚轩书场演出。我去拜望他，他把我介绍给双林镇永庆楼书场老板。这位老板听说我说《三笑》，在菱湖“漂”成这种样子，不愿意接受我演出。当时说《三笑》的人很多，而他那副场子，我的大师兄丁韵泉刚说过《三笑》，在丁之前，我师父夏莲生又说过《三笑》。老板认为太熟，不要我。再三请求他让我试一试，总算勉强同意，付给我一元“盘洋”。第二天，我到双林书场演出，仍旧唱徐调，出乎意外，卖座倒蛮好。我便把当在菱湖的皮袍子赎出来，寄回清风轩老板一元“盘洋”。

我在双林演得正顺利，遭到一次意外的打击。当地有个恶霸地主，姓陈，大家叫他陈四老爷。有一天，他派人通知场东，叫我晚上七点半到他家里唱堂会。场东因为七点半我要在书场演出，到散场后才告诉我，陪我到陈家去。我们到陈家，这个恶霸地主横在床上吸鸦片，他一看见我们，便把烟枪一掼，骂我架子大，不懂规矩。还说什么“跑遍三关六码头，难过双林塘桥头！”场东婉言说明来迟的原因再三求情，这家伙才停止责骂。叫我唱开篇，点唱《珍珠塔》里的一段篇子。我要紧弹唱，唱到“穷秀才遇着势利人”一句，他又光火了，说我故意骂他，便罚我说正书。说了一回又一回，说了一回又一回，直说到午夜二点多种，还不罢休。场东跪下来叩头，求他放我。又叫我也跪下来赔不是，我想如果再唱下去，不但身体吃不消，而且还会倒嗓，所以只得跪下来，给这个恶霸地主叩了两个头，要他饶我。他才放我出来，但是只许我在双林镇再演两天，我自然不敢违拗，两天后便“剪书”，离开双林，以后一直没有去“复档”。

成　名

我是二十二岁那年参加苏州会书时“窜”出来的。四年以后，我首次到上海演出，开始成名。

光裕社有一个惯例，每年农历十二月，要举行一次会书，为期约十天，届时社员要到苏州集中，听候分派，参加会书演出。会书是艺人冒尖成名的好机会，带有“跳龙门”的性质。会书中得到好评的艺人，便有许多场东争邀“年档”演出。而“年档”是一年中的旺季，卖座特别好，收入特别多。艺人为了“成名”和“年档”演出业务有着落，总是在会书中演出自己最拿手的折子书，所以会书的节目特别精彩，签子价格也特别高，要十六个铜元一根。

但是，会书对艺人来说，也是一个难关。如果说得不好，有被哄叫下台的危险。会书时一般每场演出四档书，头档属于软档，听众不大计较，说得不好也不要紧，二、三、四档却要一档比一档硬，听众不肯轻易放过。如果说得不好，大家就咳嗽，甚至满场一片咳嗽声，这是一种警告，倘然再说得不好，大家就要喊“倒面汤”、“绞手巾”，就是要艺人下台。这以后尤其是“送客”档，更是困难，要是说得不能使听众满意，大家就蹬脚，要场东另请艺人来“送客”。若是说得仍不能使听众满意，还是蹬脚不肯走，一定要到满意时才散。这是一种惯例。

我这一次参加会书，是生平第一次。我被安排在隆昌书场做第二档，说的是《堂楼露真情》。“送客”档是一位说《隋唐》的名艺人，但是他没有把“客”送掉，听众不肯离场，指名要谢品泉来“送客”。场东到光裕社找会长朱耀庭，但谢品泉已到上海去了，会上又无人可派。恰好我到会上，朱耀庭便叫我去“送客”，我连忙谢绝，说自己没有这种本事。可是朱耀庭对我说：“你要‘窜’，就是利用这种机会‘窜’出来，你又不是名家、响档，万一‘送’不了‘客’，也不算坍台，尽管放大胆子去试试看！”我一听这话有理，便怀着“试试看”的心情，跟场东到隆昌书场。听众听说我来“送客”，很多人都说不要，但也有一部分人说要。双方争论一阵，决定让我试试，我上台说了一回《点秋香》，末了放一个噱头，引起哄堂大笑，听众满意地散场。

从这一天起，每场都叫我做“送客”档，都很顺利。于是，我的名字渐渐在同行、场东、听众中传扬开来，也就是说，我“窜”出来了。

这一次会书后，许多大码头，如无锡、昆山、常熟、嘉兴等城市的书场老板开始对我注意起来，纷纷邀我去演出，我的业务骤然好起来了。

我二十六岁那年（1926），第一次到上海，在吴淞演出，这年农历十二月，上海举行会书，我受邀参加。夜场做两副场子，一是里园，一是汇泉楼。说的是《三笑》，上海听众很欢迎我的徐调，所以卖座甚佳。会书结束后，两家书场要我再连做一个月。一夜做两家场子太吃力，决定专做汇泉楼，辞去里园。里园老板对我非常恨，就叫流氓来侮辱我。有一夜，我到汇泉楼去演出。有几个流氓拦住我，叫我看一张条子，我接过条子正要看，有一个流氓乘机把一包屎丢在我的脸上，弄得我满面都是屎，臭味难闻，几乎连胆汁都呕出来！

第二年（1927），上海群玉楼书场开张，我被邀“开青龙”，做的是日场，与《英烈》名家叶声扬合作，卖座兴盛。于是，我开始进入响档之列了。这年下半年，我回苏州，第一次收徒弟，这便是严雪亭。

我二十八岁（1928）再度到上海演出。这时上海的书场增多了，好些舞厅都改成书场，不少电台也举办“空中书场”。我除了在书场演出外，还到电台播唱。最初是永生电台，后来其他电台也来请我，播唱次数逐渐增多，整天忙得不得了。百代公司请我灌唱片，先是开篇《狸猫换太子》，后又灌了《三笑》中的两段书。徐调在听众中的影响更大了，人们也把我当做大响档看待。这一年开始，有好些有志于评弹艺术的年轻人，要拜我为师，新中国成立前，我陆陆续续收了二十个学生。

乌烟瘴气

我在三十岁那年(1930)，把家搬到上海。书场演得太熟，就在电台播唱。最忙的时候，一天要做八家电台，人家叫我“八面威风”。等到电台又太熟，就专做堂会。有时在上海，有时在苏州。

堂会有两种，一种是临时性的，一种是长期的。临时性堂会大多是喜庆人家邀做的，是一种点缀，很少有人静心听书。看着人家吃喝猜拳，随便唱一支上寿开篇或送子开篇，往往一支开篇反复地唱半小时，然后说正书。这时也不起脚色，半小时停一下，算是一回。长期堂会都是地主、资本家、官僚人家叫做的，演期最短为一月，长的达半年。每天一小时，报酬按月计算。演出时，主人喝茶、吃酒，或者躺在烟榻上抽鸦片，艺人对着他们说书，他们也比较注意地听。有的人家姨太太多，她们精神空虚，常常借堂会之名来勾引艺人，不少同行由于意志薄弱，弄得身败名裂。长期堂会，苏州有十二家经常邀我，上海也有十家经常邀我。有一个时期，我每天要跑八家，整天不是演出，就是在车子上，连吃饭的工夫都没有。

堂会做长做多了，书也要熟的，于是我就设法学《玉蜻蜓》。我师父夏莲生也会说《玉蜻蜓》，但只说到金贵升死为止，后面的却不会说。“蜻蜓尾巴白蛇头”，《玉蜻蜓》精彩的书是在后部。我便“偷”，每晚在收音机里听电台播送这部书，各家都听。听时用铅笔记要点，做符号，听后根据记忆补充，然后整理成文。听了几遍，我就会说了，便在堂会演出。唱的是徐调，以示与众不同。我偷听过张云亭的书，后来他知道了这件事，在电台上大骂。1946年，他要我投帖补认他为师，我答应了，举行拜师仪式，以两枚银元作贽金。

我的长期堂会要演半年书，不够便请人编写《合同记》和《白兔记》。后来我又买了《四香缘》的唱本，自己动手改编和铺排，用做堂会演出。这些作品都很粗糙，为追求收入，在艺术上是粗制滥造。

在旧社会，同行是冤家，说书也不例外，总要千方百计地排斥和压倒别人。我和许多同行对敌过，其中与夏荷生的一次对敌为时最长。1932年，“年档”我们都在苏州演出，日场他在九如书场，我在全羽春书场，夜场他在茂园书场，我在德仙楼书场，离得都很近。本来他挂牌说《描金凤》，后来为了压倒我，改说《三笑》，与我同书目。我知道这是故意与我为敌，心里很气愤，便沉着应战，敌了两个多月，不分胜败，上座率差不多。接着两人换场子，日场他做福安居，我做亦园，夜场他做辛园，我做大观园，相距也不远。这一次，他的上座率不及我，因为我做的场子地段好，“堂子帮”听众很多，而女客一多，男客必然也多，上座率自然高了。这样一来，他更不肯罢休。这年中秋节，我到上海演出，日场做怡情处，夜场做汇泉楼，他也到上海演出，日场做得意楼，夜场做长乐，依然说《三笑》，双方敌对到年底打个平手。这时几家书场的老板请我们吃饭，进行调解，我们才和解，夏荷生擅说《描金凤》，创造夏调，有“描王”之誉。他的《三笑》亦说得很好，和他对敌是极为艰苦的。这一年我的日子过得很紧张，但也有它的积极意义，就是促使我随时随地思考如何说好每一回书，如何丰富书情和提高表演艺术。我说《三笑》所以有些成就，这一年的“敌档”起了相当大的推动作用。我们和解后，合作在湖园书场演出，他说《描金凤》，我说《三笑》，听众踊跃情况是少见的，每场都要轧得拉铁门。

“九一八”事变以后，淞沪抗战时期，我经常参加电台募捐播唱。把捐款献给东北义勇军和十九路军。平时每年都要为慈善单位，如普善山庄、老人院、赈灾机构义演和募捐，为数都很大。抗战爆发，我个人虽然受到极大的损失，但是一种敌忾同仇的思想，使我公而忘私、国而忘家，我参加了上海市游艺界救亡协会，不断在书场义演，在电台募捐，支援前线将士，救济死难同胞的家属，直到上海沦陷。

1936年以前几年是我的盛极时期；1936年至1949年，是我的衰落时期，我遭到一连串的不幸事件。

1936年，我父亲死了，没有心绪演出，又花了很多钱。

抗战爆发那一年，我多年积蓄下来存在银行里的一万多元钱，遭到冻结。多年积蓄失于一旦，自然是心痛的。

上海沦陷后，电台全部停播，书场也纷纷关闭。少数未关闭的书场因戒严的关系也只开日场，堂会人家也大大减少。在很长一个时期，我每天只演一场，有时甚至不演。因此总是入不敷出，靠变卖东西过日子，同时物价不断上涨，常常买不到大米，只得吃苞米粉。由于情绪不好，生活穷困，在三十九岁（1939）那年倒了嗓子，不能演出。过了一年多，才重新登台演出。

日军占领租界后，汉奸办的电台要我去播唱，我拒绝了。后来再逼我去，我便离开上海，躲到苏州去。

我在上海时，经常遇到流氓敲诈，这次到苏州又被流氓狠打了一顿，还倒得我满身都是马粪。我被打得浑身是伤，衣服也被撕破，无法去演出，只好回去，请伤科郎中医治，贴了一身伤膏药。第二天，书场老板还因为听众退票，要我赔偿损失。我在苏州呆不下去，只得回上海。

这个时期，评弹艺术出现了一股歪风，一部分艺术态度极不严肃的同行，为了迎合资产阶级和小市民的胃口，日益趋向于追求低级趣味。他们在书台上不说书，大讲鬼怪故事，大唱黄色歌曲，大放粗鄙、庸俗、猥亵的噱头，把评弹降低到唱小热昏的地步。而艺术态度比较严肃、具有真才实学的同行，则被讥笑为"守旧"、"不合潮流"，遭到多数书场的冷待。

抗战胜利后，这股歪风愈来愈炽，我决定出码头，到小城市和乡镇去演出。1945年农历年底，我创造了一种新的演出形式，即"独脚会书"和"长篇分回"。本来评弹都是长篇连说的，一档书在一家书场的演期，最短是一月，长则半年。我把每处演期缩短为七至十天，像做会书一样，选择长篇中最精彩的回目来演出，每一回书是一个独立的故事，但七至十回连接起来又是一个长故事，这种形式，到处受到听众的欢迎，我的收入也随之好起来，不但够开支，而且还有余钱存银行。但是那时伪币贬值得很厉害，我每月总有三五担米的钱存入银行，到1948年秋天，累计存款达到两亿多元，不料反动政府一个"币制改革"，这笔巨款只折合"金圆券"九十多元，提出来买了一件上装，如果迟一个月，连一包蹩脚香烟也买不到了。

这是反动政府对我又一次巨大的掠夺。

新的生命

新中国成立后，我像经历过漫漫长夜后见到太阳一样，心里充满喜悦，又像老树熬过严冬后逢到春天一样，欣欣向荣起来。

解放初期，我的觉悟非常低，对于毛主席的文艺思想和党的文艺政策毫无所知，所以在演出书目上跟新中国成立前没有什么不同。后来我参加了上海评弹协会组织的学习会，渐渐懂得一些道理，便主动把《三笑》中那些自己认为问题严重的部分删掉，用"长篇分回"的体裁演出。当然，这种删节并没有剔除《三笑》中的封建糟粕，只是程度上稍微减轻而已。抗美援朝后，我不说《三笑》了，一方面，我参加了捐献飞机大炮的义演，在电台唱开篇，参与书戏《林冲》的演出；另一方面，我请人编写新书，即今天所称的“二类书”，在上海和其他地方进行演出。

我说过的“二类书”共有八部：《合同记》、《白兔记》、《贩马记》、《借红灯》、《宝莲灯》、《三上轿》、《碧玉簪》、《柳毅传书》。

1956年初，苏州市评弹实验工作团（苏州人民评弹团的前身）在上海演出。潘伯英同志动员我参加团。我觉得要听党的话，走集体化道路，所以欣然同意。一月二十四日在仙乐书场举行入团仪式，戴上大红花，受到同志们的热烈欢迎。我心里很激动，想到自己今后将在党和团体的直接领导下，根据革命工作的需要来进行工作，自己将成为一个革命的文艺工作者，觉得自己的生命有了新的意义。入团后，领导方面对我非常关怀和重视，青年同志也都对我很尊敬，使我深深体会到集体的幸福和温暖。因此，我重新“开山门”，收团内青年演员王鹰做学生，陆续地把《合同记》、《贩马记》、《碧玉簪》三部书教给她，并且同她拼档演出。同时，我总是争取多做工作，主动参加了中短篇《红楼梦》、《拉郎配》、《雪地沉冤》、《罗汉钱》、《悬崖上》、《送稻种》、《扦脚泥》、《朱阿福》、《入公社》、《吃五保》、《步步高升》等的演出。

提出“百花齐放、百家争鸣、推陈出新”的方针后，我恢复说《三笑》，仍与王鹰拼档，让她边演边学。由于这部书问题很多，我只选择那些问题较少的段落演出，并且边演边改。1958年，我的血压更高了，领导方面强制我休养和治疗，我先后疗养了一年多，医药费全部是集体的，并且按规定发给薪金。在这以前，我参加了民盟，又被选为市政协委员。国庆十周年的时候，我还应邀到主席台上，检阅全市的游行队伍。这些都使我感到集体化的好处和领导方面对我的培养，而更使我感动的是，领导方面对我的书艺的重视，这里举一些例子。

1957年12月，我参加了江苏省（苏州会演区）第一届曲艺会演，获得了省文化局发给的荣誉奖状。

1958年8月，我参加了全国第一届曲艺观摩演出，受到周总理、董老等中央首长的接见。

1960年夏天，我列席了全国第三届文代会，在全国文联作招待演出，会后受到毛主席的接见，这是我一生中最大的光荣和最大的幸福。

1961年4月，我参加了江苏省弹词曲调观摩演出，我的《大闹明伦堂》被拍成电影，报纸上也发表了介绍我的艺术的文章。

1958至1961年，我的《贩马记》中的《哭监》（两回）、《三笑》中的

《追舟》、《兄妹二次相会》、《备弄相会》、《小厨房》、《大闹明伦堂》、《载美回苏》，开篇《莺莺拜月》、《莺莺操琴》、《黛玉焚稿》、《潇湘夜雨》、《宝玉夜探》等，先后被灌成唱片。开篇《狸猫换太子》和《堂楼露真情》又重新灌片。

从1960年开始，团里成立了《三笑》整理小组，对我的《三笑》进行了大规模的整理工作，经过几年来的努力，这部书的面貌起了很大的变化。

从1961年冬天开始，上级派专人记录和总结我的艺术经验，有的谈艺录还在报刊上发表。

1963年九十月间，我随苏州人民评弹团北上巡回演出，先后到过天津、北京、郑州、洛阳、武汉等城市。在首都演出期间，我的艺术得到了好评，中央民族研究所还邀请我做报告，中央电视台、中央人民广播电台也邀请我演唱。在人民大会堂一次演出中，我和同行们受到周恩来总理、郭沫若副委员长的接见。国庆十四周年纪念日，我参加上天安门的观礼。当我看到盛大的游行队伍和再一次见到毛主席的时候，我的心里异常激动，忍不住流出两行眼泪。一个评弹艺人有这样的荣誉，这是新社会给予的。在巡回演出中，我还游览了举世闻名的万里长城和龙门石窟，参观了规模宏伟的第一拖拉机制造厂、武汉钢铁厂和长江大桥，扩大了眼界，更深切地感到伟大祖国的可爱。

所有这一切，都是我过去梦想不到的。我想想旧社会“人老珠黄不值钱”，许多老艺人悲惨的下场，对照自己今天的生活，衷心地感谢党的恩情，深切地体会到新社会的可爱。因此我常常说这样两句话：“甘蔗老头甜，越老越清健。”我觉得用这样的两句话来比喻自己的晚景，是非常确切的。

王燕语先生谈普余社

彭本乐 整理

普余社在扩大评弹市场、发展和提高评弹艺术等诸多方面，均有历史性贡献。

20世纪90年代初，笔者在参与编纂《评弹文化辞典》和《中国曲艺志·上海卷》时，曾请求原上海先锋评弹团的团长王小燕女士接受本人采访。她说，在普余社活动时期，她年纪尚小，很多事情都不清楚。建议我去访问她的父亲王燕语先生。王老是普余社的元老，也是成立该社的主要发起人之一。王女士说，她的父亲已经九十岁了，别的事情多有忘记，只有普余社的事情还记得清清楚楚，平时也经常讲起当年的情景。如果我去采访王老，他会非常高兴的。

1990年10月的某日上午，笔者拜访了这位长者。他面容清瘦，精神矍铄，思路敏捷；说起话来不快不慢，语言精练、清晰、流畅。本文内容均为王燕语先生所述，王小燕女士仅有几句插话，并不重要，没有注明。

光裕社的社规是：说书传男不传女，也不准带女演员上台说书。我是光裕社的社员，那么我为啥要和女演员合作演出呢？

我的父亲叫王少泉，他说唱《三笑》很有名气。在评弹界说《三笑》的有两派："谢派"是谢少泉的一派，"王派"就是我父亲王少泉一派。父亲有吸鸦片的嗜好，大约在20世纪20年代中，他在嘉兴演出时，因吸鸦片而被抓，罚去500元银洋。虽然他当场发誓再不吸毒，但以后又重犯，最后把小柳贞巷7号的住宅抵押给说评话《英烈》的叶声扬。父亲去世后，房屋就归了叶声扬，我拿到30块银洋，只好住在苏州临顿路一家馄饨店的楼上。由于业务清淡，生活困难。

我的好朋友、演唱《描金凤》的赵湘泉对我说，你为啥不去教你的妻子说书，男女拼档生意就好了。我说，拼男女档要被光裕社开除的。他说，等到你的妻子学会说书，即使被开除也不怕。我听了他的话，就开始教妻子说书。等她学会了一点本事，我们就拼夫妻双档在乡镇码头说书。我原来的名字叫王茗香。一次，在浙江嘉善县的西塘镇演出，有位听众替我改名王燕语，我的妻子改名王莺声，取“燕语莺声”的意思。

一位说《倭袍》的演员叫钱锦章，他和我的情况有点相同，也是在无奈之下教他的妻子陈亚仙说书，后来就拼夫妻双档。当时的女说书还有也是娥（弹词名家姚荫梅的母亲）、何处女等。这是1929年到1930年期间的事。

有一次，我们在常州某街的西面一家书场做会书，东面一家书场由光裕社的一位“小辈英雄”在演出。我们是四档男女档轮流上台，天天客满，而“小辈英雄”那里生意不好。他回到苏州就去找当时的光裕社会长叶声扬，说道：“你为什么不去禁止女档？”

叶声扬说：“孙中山先生在三民主义中提倡男女平权，我怎么能禁止女说书呢？”

“小辈英雄”说：“你没有办法禁止女说书，还当什么会长。”说着就拿紫砂茶壶扔了过去，把叶声扬的头也砸开了。

叶声扬说：“你们砸破我的头是应该的，因为我没有力量禁止女档。不过我有一句话：你们有什么办法禁止女说书？如果你们也禁不了，那么我死了口眼也不闭的。”

那“小辈英雄”说：“你等着看我们的颜色吧。”

颜色来了。那年春节的年初三，吴县警察局在浒墅关镇上贴出布告：男女双档弹唱淫词，有伤风化，严禁演出。这是“小辈英雄”他们通过苏州警察局局长发布的。

当时我们正在浒墅关演出。东面一家书场是严仲君、范仲文师兄妹双档，西面一家是我们夫妻双档。据我所知，在吴县各地书场中演出的共有5档男女档，比如在黄棣镇的是汪佳雨、汪梅韵父女档。浒墅关书场的老板就去和吴县警察局长交涉，局长同意我们不挂演员的名字，继续演出到月底为止。演出结束，我们赶回苏州商量对策。

有的说：既然光裕社不让我们说书，我们就到社长叶声扬家去吃饭——勿妥；

有的说，我们可以不在苏州地区演出，到别处去演——勿妥；

有的说，我们可以和光裕社打一场官司——也勿妥。因为光裕社财大气粗，要等到我们有了钱，才可与他们打官司。

最后，我们决定加入上海的润余社。润余社也同意我们男女档入社，一切手续都已办妥，连表格也已填好，哪知又出事了。

有一位姓夏的道众，不满意我们加入润余社，从中挑拨离间。他特地赶到上海，对润余社的负责人说：男女档的那些人，诚意邀请润余社派人去苏州。他们将会去火车站迎接上海来的客人，还有军乐队吹吹打打，可以扩大影响。哪知润余社的人到了苏州火车站，不要说没有看到军乐队，连来迎接的人也没有一个。他们一气之下便回了上海，再也不同意男女档入社。

我们既不能加入润余社，又不能出去说书，在没有办法的情况下，只好到南京国民政府去告状。有人说，我们去了南京国民党中央党部，事实并非如此。去告状的是钱锦章和朱云天，接待他俩的人叫叶楚伧。钱锦章和朱云天陈诉了男女档受到排挤的事实，叶楚伧表示同情和支持。不久，国民政府有公文到达苏州，明文规定：不准禁止男女档说书。

钱锦章和朱云天一回到苏州，我们再次商量：既然光裕社和润余社都不让我们加入，那么我们只好组织自己的社。1934年7月7日在苏州成立了普余社。当天，我们在观东大戏院开了成立大会，会后全体社员拍照留念。

普余社成立后，男女档可以在苏州说书了，不过不准搭台（高台）说书，只准在平台上演出，以示普余社和光裕社的不同。过去光裕社用来对付润余社演员的也是这个办法。

到了40年代，光裕社和普余社突然合并了，这事有点离奇。

苏州有一家米店的老板和钱锦章是朋友，老板被流氓敲诈后，钱锦章去帮他走门路。哪知门路没有走通，钱锦章却被日伪政府抓了起来，押送到镇江。我们道众以为他会受到惩罚，哪知只过了几天，钱锦章就回到苏州，十分神气：收了徒弟，买了汽车，在乐乡饭店包了长房间，还开了香堂（注：香堂，是指有一定身价的流氓，在收徒弟时举行仪式的场所）。后来，钱锦章又当上了苏州文艺界的总头头，他下令将光裕社和普余社合并。由于他大权在握，大家不敢反对，就这样普余社就并入了光裕社。这是1943年的事；也有人说，这是1946年的事。

我的艺术生涯

钟月樵口述　向正明整理

我祖籍无锡，1918年12月生于上海。父亲福泉在紫华路开设红木作场，家境平常。我幼年体弱，九岁求学于天主堂类思小学。毕业后，爱上了琵琶、弦子等民族乐器，常跟兄长和邻居去书场听书。边听边研究演员弹拨乐器的方法，学唱徐（云志）调开篇《狸猫换太子》，沈（俭安）、薛（筱卿）调的《珍珠塔》开篇，竟获家人和邻居的称道。

1937年“八一三”抗战爆发不久，我即师从人称“翡翠玉蜻蜓”的弹词名家张云亭学艺。从师三日，老师听我唱徐调，说我嗓音好，叫我唱俞调打基础。我不懂什么是俞调，老师说他下手俞筱霞用小嗓唱的即俞（秀山）调。我就用心听，不久即学得很像。师弟兄说俞筱霞唱得固然不差，但较老实，而朱介生唱的俞调，更婉转动听。当时朱和蒋如庭拼档，弹唱《落金扇》，是有名的响档。但他们唱的书场不多，专唱堂会，并在电台播音，我只能听他们的电台节目。当时和我经常在一起弹唱的青年有周云瑞、吕逸安一档，我与师兄冯筱庆一档。我们要学朱介生先生的俞调，只能以听众身份打电话到电台点播节目，请他唱《东北开篇》与俞调。我们上午收听电台节目，下午和晚上到书场听老师说书。在弹唱上，周云瑞一听就会，由他学会了再教我们。我嗓子好，《东北开篇》就在那时学会的。我们四人日间和晚上无暇，需在午夜戒严后十二点到两点在电台上唱开篇，颇受青睐，人称“四小金刚”。我播唱《东北开篇》等俞调，听众感到音俏悦耳，称我为“隔墙西施”。

我记得最早有一次，老师和师兄蒋月泉带我一起在亚美麟记广播电台唱特别节目。那时月泉的蒋调已名扬书坛，他被点唱了两只开篇，即离电台而去。老师唱了一曲《云房产子》后，有电话点播《刀会》开篇，老师叫我唱。我尚不知《刀会》该唱什么调，就用俞调唱了，唱完后，电话铃声不断，来问是谁唱的。那时我还未起艺名。

在跟师听书时，我吃了午饭就要到南京西路鸣玉坊老师家去。那时老师日场在四马路汇泉楼书场，我陪他同去书场，其时南京西路人行道上有很多摊贩，物品花色繁多，琳琅满目。他有时要站立观看，后来才知道，他是在观察社会百态，在书台上都要派用场的。上海书场日夜场都是三四档演员合做的，每一档书从甲书场演毕，马上就要到乙书场去演唱，中间赶路时间很短。老师坐包车或黄包车（人力车）才能不脱时间，这叫“赶场子”。我们师弟兄坐不起车，只能在后面追车子，要和车子奔得一样快，和老师同时到场，才能听到老师整个一回书，否则开头的书情听不到，要脱节的。

我们师弟兄学老师《玉蜻蜓》和《白蛇传》两部长篇，全靠听熟记牢。如《玉蜻蜓》的脚本，整个内容自“问卜”至“过继”，只有唱词、韵白、挂口，没有一句说白和表白。只有在听书时全神贯注，记在脑子里，晚上回家后连夜用文字默记下来。每夜要完成一回书的文字记录。因此，每夜睡得很少。不久老师带我出码头上台，我只唱开篇和书中的部分唱词，这叫“插边花”，也可挂牌的，老师给我起了艺名叫钟月樵。按当时规则，能随师登台者，除台上服装自理外，川资、伙食由老师负责。不登台者一切自理。学不起说书的道理就在于此。记得我登台的第一只码头是上海高桥，时间为两个月。我跟老师每天演唱日夜两场，空下来还要陪他到烟馆吸鸦片，晚上睡在他的脚边，像他的“老拖儿子”。第二只码头是常熟仪凤书场，到场恰逢“三月三”上巳节，就在书场门口看拜香、出会。初四开书，同埠蒋宾初带一个姓陈的学生弹唱《三笑》。培伦公寓是名家夏荷生响弹响唱《描金凤》，和我们都拥有很多听众。我每天要背熟日夜两只开篇和唱词，排书时老师只讲一点书情，安排一个脚色。例如唱《玉蜻蜓》时，他就对我说：“你今天起金大娘娘这个脚色，在台上你就是金大娘娘而不是钟月樵。今朝金大娘娘在做什么，你就说什么，内中有一档唱词，我说到让你说时，你就说或唱，你要怎样说就怎样说，说不下了就丢给我。”这样就叫排书。老师本领真大，我在台上说错了，说出了漏洞，我只要丢过去，他是不会弄僵的。只要经他略加补充，就变得入情入理，把漏洞补得天衣无缝，听众无不叹服。我跟老师学艺，老师身教重于言教。只有一次，我读错了一个字，当面纠正，令我终生难忘。一天早上，蒋宾初师徒来拜访老师，他们在书场里品茗叙谈，我就和蒋的学徒唱唱开篇。待他们离去，我跟老师回房吃午饭时，老师问我刚才唱的什么开篇？我说是红楼梦中的《十二金钗》，他叫我再唱一遍。我哼到“自从元妃归省后”中的一个“省”字的时候，他就问我：“元妃归什么？”我说是江苏省的“省”字，他说：“我几时教你这样唱的，我做老师的台也给你坍光了，这个‘省’字要圈声，要唱成‘醒’的音。”跟师两年，就教过我这一个字，真是一字值千金。但是后来我的认识有所改变，其实老师教我的何止一个字，他在台上献艺，举手投足，说表起脚色，运用眼神，显示喜怒哀乐，丰富的面部表情，刻画人物性格，出神入化，引人入胜，这是最好的示范，最好的教导。若无老师的示范教导，我怎能成为一个弹词演员？关键在于自己要认真学习，专心钻研，否则是学不会的，一个好老师收了几个徒弟，不一定是个个都能说书的，有的会半途而废，自然淘汰，也有人并不适宜说书这一行业，这就叫做“学不出”。

从常熟到上海演了一段时间，年底时老师带我和说《三国》、人称“活关公”的黄兆麟同往苏州合做年档。1939年农历元旦开书，日场在西津桥云苑书场、太监弄吴苑书场、临顿路四海楼书场，夜场在山塘大观园书场、中市里都亭桥书场。我们和黄兆麟轮做，有头档，有送客，老师和我日夜五场都是从“云房产子”开书。五场五回书五样说法，前前后后不一样的，我的说唱，是好是坏，他从来不说一句话，要我自己从感觉中辨别对与错。在实践中我体会到：学生对老师绝不能存在丝毫依赖心，否则只能学到些皮毛，得不到艺术真髓，一定要自己逐步领悟，才能学得深刻，精益求精。

我初出茅庐时，出了三次洋相。第一次是在吴苑书场，其时黄兆麟头档，老师和我是第二档送客。有一天，老师有要事回上海，叫我放单档送客，我只好硬着头皮上台，先唱的一只开篇倒还好，但书没说多少，四五百听客被我全“送”光，窘得我面热耳赤。第二次在都亭桥书场，头档潘伯英，我们送客。这家书场听众欢喜点唱开篇，但有时老师不叫我唱。一天散场后我和老师分别乘上黄包车，我乘的车子刚起步，突然车身向后一仰，我险介乎跌出车来。那时人行道上就有一位听客当面责问我，为啥不唱他点的开篇，我无言对答，心里在想，我不知道你点什么开篇，叫我如何唱法？第二天老师在书台上打招呼，说听客点开篇是好意，非常感谢，凡是小徒会唱的开篇自然应该唱给老听客听，但是有的小徒不会唱，所以没有唱，请老听客多多原谅。这样一来，后来的演出才平静如常。第三次在山塘大观园演夜场，该书场地处偏僻，若逢雨天，听客寥寥无几，真叫风吹一半，雨落全无。有一天，老师身体有恙，又逢下雨，就叫我一个人上场，关照我不要胆小，只管说，说到哪里是哪里，只要下档黄兆麟一到，就可落回下台，不用唱足时间的。还叫我回来时不要坐黄包车了，如雨点不停，就叫老板娘安排我住在书场里，否则雨天业务差，车子一来一回，车费贵，不合算。那天书场里只有状元台上二十多位听客，我放单档，自己知道唱唱开篇和书里的唱篇还可以，书是说不好的，所以我说了没有多少书，见黄兆麟来了，我想可以落回了。无奈毕竟经验不足，休想落得下。这时状元台上一个听客不耐烦了，高声大呼："时间到了，好下来哉……"这叫"催落回"。我本来有些心慌，被他一催，心更慌了，越发落不下来了。大观园老板娘要紧出来打招呼，说："老听客，小先生刚刚出道，年纪轻，不到之处请多多原谅，就要落回哉……"这样我总算定心不少，没有几分钟就落了回。

每天上书场分到的钱叫"签子"，我是没有份的。只有到人家唱了堂会后，老师才给我二元钱。在苏州说到近端阳，剪书前一天，老师代我买一张火车票，再给我二十元钱，叫我回上海。另外叫我带四十元钱给师母，还嘱我，到了上海，等他来了信再到他那里去，接不到信就不要到他那里去了。我到了上海，当天就把四十元钱送给师母。但老师一直没有来信，从此我和老师就分手了。

回忆当初，自1937年从师后，到1938年阴历八月半跟师上台起到1939年阴历五月端阳分手，总共不足两年。老师与我分手，是为了促使我自立创业。

1939年秋，一位姓周的道中接到无锡蓬莱书场的业务，要我和他拼双档去演出。谁知我们带了行李、乐器到无锡进场一看，已有人在演唱了。后来有一位在南门茶馆书场演出的姓沈的道中，热忱地邀请我们到他那里去演一个夜场头档。然而仅演了七天，周就回苏州结婚了，我留在无锡演单档。刚出道，无把握，正在尴尬时，恰巧遇到从苏州来的曹筱英弟子曹啸君。他叫我陪他到北门外五福楼书场去探望说《岳传》的胞兄曹汉昌。见面后，曹汉昌即为我介绍码头，叫我和曹啸君拼档到无锡藕塘镇茶馆书场内唱包场两排书。十天为一排，两排即二十天。我们欣然动身，携了行李、乐器，雇了两辆黄包车往藕塘而去。走了一半路程，突然前面来了一班日本宪兵和不少伪军。一个日本宪兵手执太阳旗，宪兵队长坐在马背上策马而来。我们顿觉胆战心惊，两个黄包车夫要向旁侧小路逃遁，我当时还比较冷静，审度处境，不能走，否则引起误会反遭不测。我就叫车夫路边停车，我和曹下车，拿出乐器。不一会，日军、伪军已经近前，日本宪兵队长在马上对我们看，我们即说："哇啦哇啦……"宪兵队长"唔——"了一声，马不停蹄率部向前而去。我们捏了一把汗，好险啊！幸亏没有向横路逃走，否则日军一见我们夺路而去反而起疑，一开枪，我们性命难保。

惊魂稍定，就赶到藕塘镇，场方说这是日本宪兵扫荡队，昨夜到前边小镇去扫荡的。藕塘全镇男女老小都预先四散避开，今天日军扫荡过后，大家才回来的。藕塘一条街很短，没有几家店，书场是在一家沿街茶馆内，茶馆后面有一个大的芦苇棚，满棚乌烟瘴气，是一个大赌场。茶馆上午有茶客吃茶，下午、晚上是书场，我们两排书，场方包我们十石米（一石米150斤）。这种书场叫做“混场”，没有赌场的称为“清场”。赌场是日夜不停的，我们两个说书先生住在对面肉店内，墙角搁一只木板床，铺了稻草，旧被单，一条破棉被，我们就睡在那里。

在藕塘二十天，吃了两次吓头。一次，夜静更深，我们已睡了，突然乡长带了几个手下，挨户轻声叫门，叫大家起来，说离此三里路的前村有情况。几个胆大的人到村口打探，听见前村有哭叫声，估计是强盗抢劫，乡长关照大家进村，紧闭两头巷门，再点燃了数十串小黄鞭，放到空的火油箱里“噼噼啪啪”像扫机关枪，说可以吓走瘟强盗。翌日得知，原来是夫妻相骂，真是虚惊一场。另一次，刚吃过夜饭，正想开书，忽然后村来了一队新四军，约近三十人，都有武器，一挺机关枪架在状元台上，有一位新四军排长说：“请你们今夜不要开书了，我们在此休息片刻，吃口茶，就要出发到前村去打日本人的营部，大约半小时后回来。”他们歇了一会便动身，不多时前村传来密集的枪声，果然，半小时后他们俘虏了两个伪军回来了。他们没有休息，和村民打了一个招呼离镇而去，我们就睡了。第二天一早起来，听说昨夜日本兵追新四军追了一半路就回去的，估计今朝白天日军要来扫荡，所以全镇只留下几个乡公所里的人，其余都逃光了。我们吓得不敢再留下去了，要找老板结账回无锡，可是老板送家眷到乡下去了，等了两个小时，总算老板回来了，马上结了账。恰巧村口有两辆黄包车，我们带了行李、乐器乘车返城，到北门五福楼书场曹汉昌处。当天，无锡城门紧闭，因为昨夜日本宪兵司令部遭到爆炸袭击，气氛十分紧张。曹啸君要动身回苏，临行时向我言明，今后他要和我拼档说书。本来我也要返沪，因有一只箱子尚在城里，曹汉昌即留我住在他处，伙食亦是由他供给。一个星期后，城门开了，我即进城取了箱子辞曹返沪。后因和曹啸君分隔两地，拼档之事未能实现。

1940年春，我们一批青年都在上海东方书场听书，由薛惠萍等人组织一个青年演出队。我即开始与薛惠萍拼档，由严雪亭、朱伯雄等介绍场子。记得在新闻路一家茶楼书场演出时，每天有几十个听客，拿了“签子”（拆账拆到的钱）到对门烟纸店每人能买一包十支装的全禄牌香烟，当时很开心了。其时夜间常遇“戒严”，就在书场里借了两条棉被睡在两张方台上。薛惠萍平时住在顾宏伯家，后来我们就加入了顾宏伯的一帮道中组织，专做汇泉楼和西门的茶楼书场。这年年底，大除夕夜在东方书场做会书，由顾宏伯排的阵容，有六七档之多。我和薛早就到场，但是轮不到我们上台，都被名家排在前面，如沈俭安、薛筱卿、刘天韵、严雪亭、杨振雄、杨振言等，他们都说要先唱，我们让到最后。顾宏伯来了，见我们仍在后台，即问我们唱过否，我们说还没有唱，被他们轧下来的。顾即叫我们“别慌，索性唱末档，让我先上去，我会给你们铺排好的，你们要说一回正工书，要有说有唱，不要放噱头”，我们点头答允。等顾宏伯快落回时，已十一点钟了，我们想听客要跑光了，正在忧心忡忡，只听见顾宏伯“乓”醒木一拍，说：“请听客慢慢叫走，最后还有一对小双档，响弹响唱，真是青出于蓝，书艺不凡。”把我们捧上天。我和薛上台唱一回《徐元宰庵堂认娘》，唱了一刻钟左右，听众递条子点开篇，一连十几张，都要我唱《东北开篇》。我们唱了约半小时，书情恰巧告一段落，我就说本来我们可以落回了，现在有不少老听客要我唱《东北开篇》，倒是听客坐了几个钟头了，请索性熬一下，勿要跑，我准定唱。台下就有听众说：“今朝听出本哉，时间再长也要坐下去了。你尽管唱，等你下了台，我们再走。”满场活跃，我在这种气氛下唱来一些不吃力，我嗓音响亮，俗话“一响遮百丑”，一曲唱毕，获得一个满堂彩，听众鼓励，使我十分兴奋。散场后，东方书场老板请我们进去，原来刚才老板娘也在听书，我们的说唱深受她的欣赏，因此叫老板约我们在他场内做年档。后来东方书场成为我们演出的基地，头场、中场、夜场，同时还在沧洲、丽都等大书场演唱。

由于年纪轻，打了一个顺风仗，竟不知天高地厚，骄傲起来了。我们业务都是薛惠萍去联系的，只要与我讲一声就行。因此薛去见东方书场老板，提出要加包银，老板说：“你老师俞筱云和俞筱霞包银和你们相同，所以不能加。”薛就说：“不加我们不做了。”竟然回绝了生意。我们只好出码头，大小码头都做，业务有好有坏，我们感到自己的艺术和名气都是不够的，就重回上海，可是处境不佳，演的只是一般场子。旧社会我们评弹艺人除钻研书艺外，还要靠朋友联系、结拜弟兄，实际是结帮，码头上如此，上海更甚。那时的“七煞档”、“十响档”就是这种形式，垄断好场子。说书艺人先要求名，名气逐步上升，促使艺术上进，才能得到广大听众的承认而成为名家响档。

1947年下半年，薛惠萍有事回了故乡望亭。中秋节后我在上海单档演出《白蛇传》，华伯明还介绍我唱一档电台节目，有空余时间还到师兄蒋月泉的电台节目中帮他唱开篇。

1948年春节，蒋月泉和我双档在上海演出。日场大陆书场、新仙林书场，夜场一品香书场、新乐宫书场。蒋对艺术非常认真严肃，每天在他家或在末一副书场下来排书。他只排一遍，不排第二遍的，但是很顶真，像台上说书一样，只是声音低些。排给我的书，不许忘记，亦不能弄错。如果在台上说错或忘记，下台要责怪的。而且这次排了，下次绝不再排了，促使我牢记不误。在台上要求极高，要坐得端庄，不能东张西望做小动作，因为上手在说书，下手无事，思想容易开小差做小动作，或“望野眼”，这会分散台下听众的注意力，会削弱上手说表的效果，蒋月泉对此最恨。有一次，我脸上发湿气，奇痒难熬，想搔也不能搔，等他面孔对右面时，我想他看不见了，迅速起手一搔。其实他是看见的，下了台对我说：“倷刚才倒好白相格，赛过勒浪猢狲打拳。”虽然一句戏言，但说明谁在台上损害艺术的严肃性，他就要批评的。他强调说书艺人在台上说、唱、做都要配合默契，丝丝入扣，才能吸引听众。月泉对艺术极端负责的精神，使我十分感动。我们在台上积极配合，所以蒋钟档深受听众的欢迎和赞赏。上海下来到昆山、常州等地演出，场场爆满。到了苏州，日场静园书场、梅园书场，夜场中南书场、中央书场，天天满座。

我在苏州暂时住在陈晋伯家中。有一次，月泉对我说：“先生在问我，月樵为何不来？”月泉示意，我在评弹界已有一席之地，一到苏州，应去探望先生张云亭，礼金也要送去。我说过几天去吧，现在我刚到苏州，身边无钱。月泉就掏钱给我，作为送先生的礼金。他还教我买一包白锡包香烟，明日到茶会上见了和先生在同一张台子上吃茶的老前辈，要叫一声先生、阿叔、伯伯，把他们的茶钱一道付了，还要请每人一碗双浇面。第二天一早，我到茶会上见了先生，先把礼金、香烟送到他手里，再叫了各位伯伯、叔叔，再把茶钱全部付了。最后，请先生和师兄月泉以及杨月槎、杨星槎、朱耀笙、陈士林等老前辈到松鹤楼吃一碗鱼肉双浇面。在月泉的关心下，我获得了老前辈的爱护和青睐。那时先生问我住在何处，我说没有住处，暂住陈晋伯家。先生就和几位老前辈商量，说朱耀庭家房子大，房间又多，请杨月槎陪我到干将坊朱家。朱耀庭是朱介生父亲，其时耀庭刚过世，就求见朱师母。杨月槎帮我说明原委，提出让我和妻子暂住数月的要求。老太太一口答应，安排我夫妻俩住在沿街的小书房里，而且煤炉、锅子等炊具以及大床都借给我们了。当时大厅上朱耀庭的灵堂尚未撤去，我们房间就在大厅前面。她知道我夜场下来回家晚，说住在沿街比较方便，回来时只要在窗上“笃笃”敲两下，少奶奶就会听见来开门。他们乡绅派头，称我妻子为“少奶奶”的。后来我妻和老太相处甚好，老太说我妻容貌像她死去的女儿，我妻知她思女心切，就认她为寄娘，老太十分高兴。不久后我妻两次生病，老太体贴照顾，不亚亲生之母。所以我在苏州演出能全神贯注，毫无后顾之忧。老太个性高傲，虽靠收房金度日，但我们给她钱她却坚决不收。后来我们夫妻离开苏州时，我妻预先包了一些钞票放在她床上，让她无从推辞。她送我们上黄包车时，我妻子对她说：“娘，叨扰数月，你待我胜如亲娘，我们不会忘记的，后会有期。”以后我们每到苏州演出都是集体住宿，虽然不再去朱家借宿，但必定当天就要去看望她，她也总要烧些好菜给我吃。最使我感动的一件事，是“文革”中我被靠边，每月只有二十八元生活费，她在苏州得知我夫妻生活成问题，非常着急。她想尽办法，托一个可靠的同行家属，送二十元钱到常熟给我，雪中送炭之情，我终生难忘！

还记得在苏州演出期间，有一次夜场，我和月泉乘车到中南书场弄口，见曹月伯和两个师弟站在那里。我们下了车，月伯说：“师兄，先生死了。”月泉听了一怔，就叫我上场单独演出，向听众说明原因，打个招呼。说完他马上和月伯等人去先生家。先生没有小辈了，只有师母一人，只是啼哭，没有主见。月泉安慰师母，第二天月泉和曹月伯及我等师兄弟几个办理丧事，当时我的收入只能维持生活，先生后事费用，大部分是月泉解囊的。

苏州下来即去无锡北门的五福楼书场，和潘伯英合做。日场月泉和我送客，夜场潘伯英送客，天天爆满。有一次，我和潘伯英进城到王兴记吃虾仁鲜肉馄饨，吃好出来，到崇安寺兜兜。潘边走边对我说：“月樵，你为人忠厚，现在你和月泉拼档是一个极好的机会，月泉说书飘逸，口齿清晰，噱头得体，在弹唱方面，字正腔圆，音调醇厚，韵味十足，一曲蒋调，早已蜚声书坛。你要抓紧学习，良机莫失。”潘伯英说的是一个艺术观问题，促使我好学不倦，从此我更认真地学习月泉说和唱两方面的艺术。当时北门外还有一个长乐书场，听说有一对弹唱《三笑》的小双档，乃徐云志的学生华士亭、华佩亭昆仲。一天夜场，我和月泉头档下来，月泉说到长乐去听听看，到长乐一看，将近客满。听了他们的说唱，回来的路上月泉就说他们说表弹唱都很好，将来要出来（成名）的。有一次，潘伯英徒弟听书打瞌睡，潘下了台大发脾气，加以训斥，说明潘对学生严格，要他们学到艺术才有饭吃。无锡结束后卸常熟，潘伯英坐镇“花园”，唐耿良坐镇“仪凤”，我和月泉日场做“花园”头档、“仪凤”二档，夜场“仪凤”做头档、“花园”做二档，日夜轧满。那时各地书场都由书场老板供给伙食、住宿，我们行话称之为“待情”。那时场方对有名的演员都待得很好的，希望名演员将来再去复档，有时还要给演员定洋，复档时归还，我们行话称定洋为“带档”。拿了“带档”，今后只能到原书场而不能到同埠其他书场去做了，否则要办交涉的。在常熟演唱是1948年近年底的末一档业务，称为“扫脚”，还要留几天做会书。常熟城乡的书场老板对说书先生的“待情”，都是很好的。到了梅李龙园书场，老板瞿老四在书场业中享有盛名，我们剪书临走时，要送每人一份马咏斋风鸡作为礼品。下一次到梅李仍要请到他的书场中演唱。我们在常熟“仪凤”剪书时，老板娘“二姐”为我们饯行，一桌佳肴，几十样小菜，名菜馆也烧不出来，是很高级的了。

1949年在上海演春节年档，日场演“华园”、“新仙林”、“东方”三副书场，夜场“汇泉楼”书场和“东方电台”，业务全部满座。尤其舞厅书场“新仙林”，每逢星期天，舞池里全部客满，还有不少加座。听众爱听月泉唱的开篇，而月泉做了上手，要掌握整个书情，再叫他唱开篇，太吃力了。那时我也会唱蒋调了，但唱得不好，如果让我来唱，听众会不高兴的。后来想了一个两全其美的办法，听众要听蒋调开篇，我和月泉每人轮唱四句，听众满意了。由此我在蒋调唱腔上狠下工夫，摸熟蒋调弹唱规律。后来我唱《离恨天》、《宝玉夜探》、《刀会》、《战长沙》、《杜十娘》等开篇，都可以唱得和月泉一样。只是嗓音上有区别，他醇厚，我尖脆，因我还要保持唱俞调的嗓音。当时蒋和我乘他的“奥斯汀”小汽车赶场子，他一面开车，一面嘴里哼唱腔，励磨新腔。他就是这样不断刻苦钻研，说明成了名，还要保住名声，就必须不断创新，不断发展，否则不进则退，月泉在事业上的一丝不苟，使我十分敬佩。

新中国成立前夕，月泉和我一天到晚书场、电台排满，很少有空闲时间。有时早点吃油条，午饭吃罗宋面包，良乡栗子当夜饭。电台特别节目开篇唱到半夜里，那时的蒋钟档真是风靡一时。到5月下旬上海一夜天就解放，书场停了几天后我们照常开书。当时用的都是银元、角子，有的用金条，两块银元可买一箱亚细亚火油，一块银元可买一条全毛凡立丁长裤。到五月端阳，场子调动，月泉和我日场做独家冷气开放的“米高梅”舞厅书场，四档书合做，头档周云瑞、陈希安《珍珠塔》，二档张鸿声《英烈》，三档蒋、钟《玉蜻蜓》，四档张鉴庭、张鉴国《顾鼎臣》。除了书场外，还做几家电台，确是盛况空前。到八月中秋，月泉要和王柏荫搞新书，即与我分手。不久，月泉又和我在电台上合做了一个时期。我和月泉拼档将近三年，使我在艺术上得益良多。

不久，薛惠萍来上海，找我重新拼档。由严雪亭介绍去沙溪中泠书场，日场《玉蜻蜓》、夜场《白蛇传》，对面会芳书场，秦纪文日夜弹唱《华丽缘》，秦和我们场场满座。其时我把在月泉处学到的书艺，排给薛惠萍。薛很聪明，把《玉蜻蜓》一书加以充实整理，组织情节。薛的说表很好，果然大有提高，颇能吸引听众。加上我原唱薛调、俞调，现在又能唱蒋调，更受欢迎。我和秦纪文轧得很知己，我想师从秦，学他的《华丽缘》，由薛向秦联系，秦欣然同意，惜乎该书因故一度禁演而未能如愿。

1950年去苏州，由顾宏伯带班，共四档书，演于北局静园书场。头档徐天翔、杨德麟《描金凤》，二档陈莲卿、祁莲芳《绣香囊》，三档薛惠萍、钟月樵《玉蜻蜓》，四档顾宏伯《包公》。苏州和上海一样，都要点唱开篇，尤其静园书场地处北局中心，天天满座，每逢星期六、日，有不少听客递条子点我唱开篇，大都要我唱蒋调，如《离恨天》、《刀会》、《战长沙》、《杜十娘》、《宝玉夜探》、《林冲夜奔》等，有的点我唱俞调《宫怨》及《东北开篇》，真是应接不暇。场方负责人小毛上海工商界出身，很能干，后来他想出一个办法，叫我把拿手开篇排出来，蒋调、俞调、薛调等隔隔开，定好几月几号唱什么调什么开篇，他用白色颜料书写在半尺阔、两尺长的黑漆木牌（俗称“水牌”）上，悬挂在书场门口显眼之处，听客只要一看就知道唱什么开篇了。后来蒋月泉等人从香港回来，到苏州新艺剧场汇报演出，路过静园看见开篇水牌，就说“月樵风头倒健勒嗨”。因为这种情况从未有过，所以令人瞩目。其时，夜场在城外雅乐书场演出的吴君玉正式拜顾宏伯为师，我也被请去吃拜师酒。

苏州下来到昆山、常熟等地演出，然后仍由顾宏伯带班回上海演出。1952年年档也是在上海，但闻说年档开始一律不准演传统书，都要演新书，这叫“斩尾巴”，我们当然也“斩尾巴”了。春节开始边排边演新书《三打节妇碑》。第一回书《亲家相会》大地主和中地主晤面，中地主拍大地主马屁，说自己女儿攀了高亲。我们掌握人物内心活动，有说有表演，搭配得笑话百出，居然获得满场彩声。但说到后来，感觉书情不理想，所以换了不少书，后来说《乌龙院》，内容是宋江坐楼杀惜。我主要起阎惜娇这个脚色，唱俞调，深受欢迎。后来在硖石演出，听众竟然排队买票，盛况空前。后来说《乌龙院》的人多了，我们就考虑拣一部别人不说的书，于是把越剧《沉香扇》剧本改编为弹词。先拟定书路，安排人物，写了唱词，然后每天边排边演，到了台上还会化出更多的情节，所以演得较活，连演五六遍后，再写成文字稿，以备查考。

不久，蒋月泉、刘天韵等名家在文化主管部门支持下，成立了上海市人民评弹工作团。受他们的启发，弹唱《珍珠塔》的名家魏含英就发起成立一个小组，有徐琴芳、侯莉君、薛惠萍、钟月樵、徐翰芳、刘美仙、何学秋、周燕雯、王琴珠等人，集体到无锡演出。既唱中篇，又唱长篇片段，当时人多收入少，生活十分艰苦。后到苏州参加苏州市文化局主办的评弹集训班，一个月完全自费，当时我们求进步，热情高，生活俭朴，香烟也抽低档的“万寿牌”。通过学习，思想政治上都有提高，并聆听潘伯英的一个艺术报告，水平很高，指出评弹艺术的方向，一定要寓教于乐，要为人民服务。他的讲话对我启发很大，我积极和大家一起学习《在延安文艺座谈会上的讲话》，树立正确的艺术观。学习结束，党领导一定要给我补助一些生活费，我推辞不掉，只能收下，深感领导关切。后到湖州东苑书场演出，日夜满座收入大，手头活络了。同埠徐丽仙，那时她尚未成名，有几次她到“东苑”来向我学习蒋调唱腔，因我早上起身较迟，她总是一早就坐在书场里，等我起来教她，她的好学精神值得后人效学。后来徐丽仙进上海，在蒋调的基础上，不断磨炼革新，终于形成有名的丽调。

1955年，魏含英召集组内同志集中苏州演中篇，做城里光裕和城外雅乐两副书场。有的城里演头档，城外演三档，每三天换一个中篇。中篇分四回书，每人要背熟两回书。记得有一次在城里光裕书场演《十五贯》，我和魏含英、赵汉祥的第三回《访鼠》，我起娄阿鼠这个脚色，演得比较成功。因为光裕书场里有不少道中来听书，他们说我对娄阿鼠这个脚色演得不差，口口相传，消息传到了上海。当我们苏州下来到上海演《沉香扇》时，正在大沪书场演长篇《十五贯》的严雪亭来问我娄阿鼠这个脚色是怎样起法的。严雪亭是大响档，他来向我学娄阿鼠脚色，使我很不好意思。我就对他说，起好这个脚色很简单，主要两个方面。第一，脚色出场先念两句挂口，再运用眼神，显示娄阿鼠做贼心虚的心理活动，然后用双手表演老鼠前爪的动作，显示娄阿鼠做贼的形象。第二，苏州府况钟点中娄阿鼠要害，娄一个忘形，露出惊恐之态，如昆剧表演艺术家王传淞在舞台上表演娄阿鼠这个脚色，堪称一绝。他一个吊毛，从长凳底下钻出来，再用面部表情一凑，把这个贼人心虚的娄阿鼠表演得淋漓尽致。我们评弹艺术不同于舞台艺术，没有道具，我就采用一个出其不意的手法，双手抱住琵琶，突然从座位上跳起来，再坐下去，再用眼神面风一凑，一个做贼心虚而又十分狡猾的娄阿鼠就呈现在听众面前了，同样取得较好的艺术效果。严雪亭听了之后，也赞同我的观点。

1955年7月，我们在苏州成立“上海市评弹实验第五组”。以第五组演员为基础，1956年10月1日成立常熟市评弹团，我当选为团委。我欲推辞，而团长魏含英一定要我当团委，并担任艺委会主任。当时团内招了第一批学员沈秀琴、曹慧珍、高莉蓉、钱正祥，我的任务就是培养青年学生。成立团体后，第一炮就开进上海，挂出“常熟市评弹团”的牌子，日场都演长篇，夜场在大沪舞厅书场演中篇《春香传》，静园舞厅书场也演中篇，非但座无虚席，而且场外等退票的人亦异常拥挤。《春香传》是朝鲜故事，共有四回书，末一回《夫妻狱会》是我和侯莉君、赵汉祥合演，按书情，男女演员有对唱的，问题在于男女嗓音不同，如用一副乐器很难唱好，我和侯莉君研究下来，决定让她把琵琶的音校低一个音符，我把三弦提高一个音符，这样一试就成功了。后来在每个中篇里起生旦脚色，着重唱功的都是我和侯莉君拼档最合适。如在中篇《孟姜女》中，我和薛惠萍、侯莉君三个档合演第三回《过关哭长城》，薛的“关官”令人捧腹，侯起孟姜女，在万杞梁坟前一段哭泣的唱篇，凄婉动人，唱出侯调，一举成名。

有一次在西藏书场，演中篇《西厢记》，第三回我和侯莉君合演《张生跳粉墙》，我起张生脚色。我刚上台，走到椅子边尚未坐下，台下第一排一个女听客一看台上一男二女，知道只有我起张生，她见我身材瘦小，不及其他几个演张生的演员卖相好，就连说几声“啊！这个人起张生？”她旁边也是位女听客，拉拉她手叫她不要响，说“听书吧”。后来在我进入脚色时，开口说白，一段唱篇，博得台下拍手称好，这位女听客也就不响了。我体会到演中篇能学习同台演员之长，补自己之短，不断实践，不断深化，使自己艺术有所进步。按我嗓音条件，在中篇中演小生和小丑比较擅长。在唱的方面，我特别注意传统的字准腔圆，力求声情并茂。当时演中篇，可称同台一棵菜，大家注意在艺术上配合默契，这是演好的关键，十分重要。我们从1956年至1958年，大部分时间在上海演出，尤其是1957年夜场，总有一二场中篇演出，反映很好。那时上海头、二轮书场以及茶楼书场，都有我们常熟团演员演出，甚为令人瞩目。

1959年底大部分常熟团演员上调苏州地区。我本来也在上调之列，地区要我去培养青年，因为薛惠萍、蒋君豪等人舍不得放我去苏州，最后经领导研究决定把我留在常熟。留在常熟的骨干力量为八人，分别是薛惠萍、高莉蓉、钟月樵、蔡蕙华、顾竹君、周勤华、蒋君豪、张雪珍，领导宣布薛惠萍当团长，我当副团长，领导班子较为强大，但缺乏创作人才。我认识到要使团体有生命力，有较高的知名度，一定要狠抓三个方面的工作。第一，要有较好的演员；第二，要有较好的书目；第三，曲艺艺术要迅速反映时代面貌，说新、唱新是曲艺界的首要任务。基于这样的认识，我提出了加强创作力量的设想，宣传部、文教局对此极为支持，于1962年派来青年作者朱寅全。朱寅全有写作天赋，虚心好学，与团内有修养的演员打成一片，不久即写出《梅塘姑娘》、《绿水湾》、《探女》、《小闹钟与气象台》等优秀节目，经演员上演后，深受中央、华东地区首长的赞赏并获得广大听众的欢迎。我在他的作品中，都担任主要脚色。

“文革”后，我仍担任副团长。在部、局领导的支持下，悉心培养青年，竭尽全力，使一批又一批的青年获得良好的启蒙和基础教育，不久即能全面发展。历年参加地区会演的书目都由我示范、排练，青年演员俱获奖励。尤其是《包公与柳金婵》、《峡谷迷雾》、《葫芦坝的月亮》等中篇，演毕之后，听众还留恋地站在书台前面，等这批青年演员从后台出来后，一同离场。

综上所述，我半个世纪的艺术生涯，只有三个字，新中国成立前“学”，新中国成立后“用”、“教”。最大的缺陷是在唱腔上未成流派，但还想创造，奈何心有余而力不足矣！

书苑拾翠话沧桑
——我与常熟评弹团

钟月樵口述　李建国、陶春敏整理

一、建团初期：名家荟萃，阵容强大

常熟市评弹团的前身是1955年成立的上海市评弹演出第五组，组长魏含英，成员有薛惠萍、钟月樵、徐琴芳、侯莉君、薛小飞、邵小华、唐骏骐、赵汉祥等。同年离开上海，赴江苏城镇作巡回演出。1956年10月1日，以该组成员为基础，在常熟组建了常熟市评弹团。这是继上海评弹团、苏州评弹团之后，评弹界组建的第三个评弹团队，也是两省一市县级市中第一个组建的评弹集体组织。首任团长魏含英，副团长薛惠萍。我为艺委会主任，主要抓全团的艺术工作，培养青年演员。建团之初可谓名家荟萃，演员阵容十分强大，既有20世纪三四十年代享誉书坛的名家响档，又有崭露头角的后起之秀。考虑到事业发展和培养艺术接班人，当时吸收了四位学员，分别是高莉蓉、沈秀琴、曹慧珍、钱正祥。

评弹团的成立，使评弹艺人由原来的自由职业者变成了文艺团体的组成人员，演出也由"单干"变为有组织的集体艺术活动。一是体现了党和国家对评弹事业的重视关心，通过组织集体团队，集聚各位评弹演员的综合艺术优势，使之成为党的文艺事业的一个组成部分。二是体现了党对评弹艺人的帮助关心，旧社会过来的评弹艺人，虽然有的红极一时，但没有保障，社会地位依然不高，同时受到旧社会各种形形色色不良习俗的影响，不少艺人到晚年穷困潦倒，因此党把评弹艺人组织起来，就是为了通过团队的影响，教育引导评弹艺人从过去的自由职业者逐渐成为社会主义的文艺工作者。三是体现出当时常熟市委、市政府对评弹艺术的关注扶持，常熟素有"评弹艺术第二故乡"之誉，历史上也出过许多评弹名家响档，组建常熟评弹团，既能发扬光大评弹艺术，又能扩大常熟的影响，奠定常熟评弹团在县（市）级文艺团体中的应有地位。因此常熟评弹团的率先组建，是顺应天时地利人和，是当时常熟各级领导的明智之举。

组织起来的优越性是有利于团结，有利于相互学习、交流以提高艺

术，并在一定程度上打破了旧艺人的“门户之见”和艺术上的保守陋习，能融合集体的智慧力量来提高演员的艺术水平。所以建团初期演员们都非常积极，士气高昂。组团后即赴上海演出，没有经费怎么办？当时向文化局暂借三千元。凝心聚力，是顶了不小的压力去演出的。效果却是非常好，令道中刮目相看。日场是正常的拼档演出，有薛惠萍、高莉蓉、钟月樵、沈秀琴等在汇泉楼、富春楼等茶楼场子做；夜场演出中篇，静园演《炼印》，大沪演《春香传》，一个月中两面场子全部爆满。接下来静园唱《文天祥》，大沪唱《孟姜女》。这些中篇不仅唱红了刚刚建立的常熟团，也唱响了侯莉君的侯调。

当时侯调粗具雏形，尚在探索形成之中，在上海还未受到听众的普遍认同，甚至有人称之为“怪调”。中篇《春香传》和《孟姜女》，我与侯莉君合作唱主要回目，其中女主角的塑造有利于发挥侯莉君的唱功，但她对自己的唱腔有所顾虑，反要向我学习俞调和《东北开篇》。身为上手的我及时帮她打消了顾虑，并鼓励她勇于创新，大胆尝试，唱自己的新腔。因为侯调的基础就是俞调，而不像俞调那样受欢迎的原因肯定是还不够成熟、不够完善，应当从人物着手，紧扣书情，揣摩人物性格，从书中人物的感情出发去设计唱腔，就一定能引起听众的共鸣。因此在合作演出中，我们的生、旦脚色表演配合得非常默契，演唱时我利用三弦的伴奏技巧丰富下手唱腔的音乐性，起到了较好的效果。《孟姜女》中“过关哭长城”这档篇子侯莉君唱得特别投入，与书中悲痛欲绝的孟姜女融为一体，唱腔自然、熨帖、入情。尤其“挖得我十指尖尖血淋淋”一句，声情并茂，效果极佳。后来在仙乐书场唱《沉香扇》中“书房会”一回书，侯调更趋于成熟。这个时期常熟团演出的中篇很多，总是我与她搭档，因为我嗓音亮，音阶高，与侯莉君的对唱丝丝入扣，一个响弹响唱，铿锵激越，一个行云流水，三回九转，而且我甘当“绿叶”，尽量让侯莉君充分发挥，使她的唱腔日趋丰富成熟完善，也逐渐得到了广大听众的欢迎认可，侯调终于脱颖而出，成为弹词音乐中又一朵奇葩。

侯莉君的成功是常熟评弹团成功的一个典型折射，当年的演出给上海听众留下深刻的印象：书目丰富，名家荟萃，流派纷呈，享誉申城，常熟团也因此成为继上海团、苏州团之后评弹界的第三大团。

二、与时俱进：创新说新，彰显风采

建团以后，对外演出的成功，不仅奠定了常熟团在评弹界的地位，扩大了常熟评弹团的影响和声誉，而且坚定了我们的信心，感受到了艺术团体的集体力量和合作魅力。因此在1959年不少骨干力量“上调”以后，常熟评弹团励精图治，坚守阵地，创新说新，依然保持了旺盛的生命力，为评弹艺术的创新繁荣发展，作出了新的努力和实践探索。

1.“上调”之后自强不息

1959年传来了“上调”的消息，即常熟评弹团大部分主要演员要调到苏州，组建苏州地区评弹团。当时我们在上海演出，地区的庞学渊局长、朱科长及常熟文化局干部来到仙乐书场，召开决定去留的会议。我做完玉鸣楼夜场后乘电车到沧洲书场，一下车站，常熟评弹行政组组长蒋君豪已经候在车站上，他要求我留下来。到仙乐书场门口遇见鲁荣生，也一定要求我留在常熟。结果开会决定薛惠萍、钟月樵、顾竹君、周勤华、蒋君豪、高莉蓉、张雪萍、蔡蕙华八位同志留常，其余演员全部上调地区。（后来知道我原来也在“上调”之列，是被薛惠萍“哭”下来的。他说与老钟是老搭档，不好分开，庞学渊局长同意了，我就这样留了下来。）

我们作为经过党初步教育的艺人，当然无条件接受组织上的安排。但毕竟调走了一批好演员，而且都是常熟团的艺术骨干，因此开始一段时间确实是比较困难的。我们八个人回到常熟，分成四档演员——薛高档、顾周档、钟蔡档、蒋张档。经济上只有“上调”后留下的一万元，还有十几张单人床算是“不动产”。我们夫妻俩被安排在评弹团楼下的一只小房间内，购置了一点简陋的家具，就算“扎根落户”了。考虑到“上调”后评弹团只剩下八位演员，力量太薄弱，决定吸收十四位演员进团，充实有生力量。调整后的评弹团领导班子为一个指导员，一正两副三个团长。薛惠萍任团长，抓全团工作和政治学习；第一副团长钟月樵，负责团内的艺术工作，培养青年演员；第二副团长蒋君豪，负责安排演员业务。团领导班子是团结共勉的，我们感到作为艺术团体，唯有通过艺术实践，才能稳定巩固常熟评弹团的对外影响力，才能重振常熟评弹团雄风。于是我们稍作休整后，再度赴上海等地巡回演出。

第一炮，到上海静园书场，接上海团《点秋香》“下脚”，演出陆士鸣编演的中篇《三笑·空空巷》。《空空巷》上演后受到听众的普遍欢迎，但却遭到上海文艺界部分人士的非议，引起轩然大波，同时受到常熟领导的批评。因为上海团的《点秋香》对《三笑》进行了整理，将唐伯虎的婚姻处理为一夫一妻，即只娶秋香。而《空空巷》却是“九美团圆”，与上海团唱的是“对台戏”。艺术问题变成了思想问题，引起大家的争论，拟在沧洲书场召开一个评论会，以讨论上海团和常熟团孰是孰非。结果会议未开，惊动了时任上海京剧院院长的周信芳先生，周信芳派来秘书进行调解，指出常熟团的“九美团圆”是历史传说，上海团的“点秋香”也属历史传说，常熟团的说法并无不当，符合“百花齐放、百家争鸣”的方针。不能把历史传统剧目的负面影响任意夸大，无限上纲，这不利于继承传统，推陈出新。周信芳的支持为常熟团解决了这个麻烦，并在无形中作了宣传。《空空巷》在静园的演出业务直线上升，一千多座位的场子场场爆满，连上海团的不少演员也前来听书。这次演出的成功，使我们“上调”后的一些思想顾虑一扫而光，大大增强了全体演员的自信心，也再次让上海听众看到了常熟团的实力。为了祝贺我们演出成功，常熟文化局的陈局长特意到上海慰问我们。薛惠萍、顾竹君等汇报了我胃病非常严重，还带病连“挑”两回书的情况后，陈局长要求我休息治疗。因为苏州、上海医生都建议采用保守疗法，不开刀，我就在上海家中住下来，学打太极拳，休息半年调理身体。

2. 创新历程，艰难探索

为了宣传贯彻党的文艺路线和“百花齐放，百家争鸣”的方针，适应新的形势和社会主义建设新时代的要求，提高全体演员的思想艺术水平，推动常熟团的更大发展，我和薛惠萍都认识到书目建设是关键。只有编演新书目，才能体现演员对文艺方针政策和文艺理论的理解与运用；只有编演新书目，才能体现演员思想的提高和认识的升华；只有编演新书目，才能体现演员对客观社会生活的关心和理解。上海团之所以能在评弹界独领风骚，始终保持在评弹界的领先地位和强大实力，就是因为有陈灵犀、马中婴等一批评弹作家，在创新整旧方面取得了突破和跨越，为评弹艺术注入了新的活力。（师兄蒋月泉曾经这样说过，“有了陈灵犀才有我蒋月泉”，可见演员的成功与优秀的创作人员是密不可分的，两者达到最佳的组合，就能够打造精品力作，提高演员的艺术成就。）苏州团能保持其独特优势和较大影响，就是因为有潘伯英、邱肖鹏等一批从评弹艺人转向创新整旧的评弹作家。因此，要使常熟评弹团保持生机，跟上时代步伐，再显艺术风采，书目建设是重点，创作人才是关键，创新说新是常熟评弹团雄风再振的有效途径，因此我们向上级打报告，要求派一位能创作的干部下来，参与评弹团的书目创新工作。

我在上海休养期间，指导员华宝龙带了朱寅全同志到我家，要求介绍他到上海团去学习创作。终于盼来了创作人员，我非常高兴，当天就到上海团联系，李庆福说等吴宗锡香港演出回来再说，结果等了三天，回复说文化局不同意，只能作罢。朱寅全回常熟后，又请省里介绍到苏州学习，得到的又是失望的消息。无奈只能让他在团里先听听书，熟悉一下评弹艺术的传统表现手法，对以后的创作也有很大帮助。朱寅全在常熟听了平雄飞的《封神榜》，并用纸带录了下来仔细琢磨研究，非常踏实认真。

健康状况稳定后，我离沪回到常熟团部，先指导他学习七字句的格式、韵脚等基础知识，尝试写短小的弹词开篇。开篇会写后，就让他写书，先从改编着手。为了激发他的写作兴趣，我建议他挑比较熟悉的中篇小说进行改编，他选择了陈登科的《二衙门》。当时我还带陈甫生、任秋莲和蔡蕙华三个青年演出，日场陈任档《孟丽君》，夜场我和蔡蕙华说《玉蜻蜓》，抽空就和朱寅全研究《二衙门》的书情、唱篇等。我们艰难的创作历程就这样拉开帷幕，并本着因地制宜、因团制宜、因演员制宜的原则一步一步进行摸索，点点滴滴积累起来，朱寅全的创作也是由此起步、渐上轨道的。我感到评弹的创作与文学创作有所不同，首先要熟悉评弹艺术的基本规律，要与评弹艺人打成一片，耳濡目染，掌握评弹的表演方法，再加上作者的艺术构思，才能逐渐"磨"出一个个评弹作品。后来在上海团的一次宴会上，李庆福惊讶地问我朱寅全的创作哪里学的，我说我教的，他也聪明，学得快，并介绍了我们摸索创作的过程，他十分佩服我们的勇气和毅力。

3. 晋京演出声誉鹊起

俗话说：良好的开端是成功的一半。评弹团领导的关心重视，朱寅全的刻苦钻研，为创新说新营造了一个良好的开端，也为后来创新演新取得成功奠定了基础。1963年朱寅全在常熟梅李公社蹲点，深入生活，体验生活，写出了一部现代题材的中篇《梅塘姑娘》，评弹团迅速投入了排练。也是机缘巧合，这部新书得到了作家吴强的热情关心和支持。当时吴强在常熟蹲点并任县委副书记，得悉评弹团排演新书《梅塘姑娘》，专门听了我们的演出并提出中肯的意见，还亲自修改了其中的两回书。再次排演时，吴强几乎天天到场听书，对唱腔设计也提出了建议。10月下旬，在昆山举行的苏州地区评弹现代书目会演中，《梅塘姑娘》得到了听众和同行的一致好评，与朱寅全创作的另一现代短篇《探女》双双获奖。

中宣部的一位领导和中国曲协的鲁平赶到昆山，只听到《探女》和我作的关于两个新作品演出实践和感受的艺术报告。为了弥补遗憾，他们跟随我们演出组到苏州听汇报演出，采访我在新书中成功塑造李阿龙的体会。《新华日报》也专门发表评论，指出《梅塘姑娘》在突破传统手法，表现崭新题材上作出了成功的努力和有益的探索。

1963年的岁末，全国曲协为了倡导曲艺界创新说新，选调常熟评弹团的《梅塘姑娘》和《探女》进京，向全国曲艺创作座谈会作汇报演出。当时信息传递很慢，评弹团接到通知时，离规定到京的日期只剩两三天，而演员们还在江浙码头演出，这下急坏了团领导。当时的常熟市委宣传部单部长还“火上浇油”，说这是光荣的政治任务，哪怕乘飞机也要准时抵京。我在昆山接到电话，已经是最后一天，书也来不及剪就奔赴集中地无锡，其余演员也相继到达。因为临近元旦，拥挤不堪，只买到一张硬卧票，其他都是普通票。吴强书记非常关心，不但亲自到车站送行，还与上海站联系，列车长对我们这些特殊的旅客给予特殊照顾，安排了六张二等卧铺、两个硬卧，否则“轧”到北京精疲力尽，哪还能演出。

天亮火车抵达北京站，曲协的鲁平等同志已在车站迎接，并安排我们下榻于前门饭店，晚上就开始了常熟评弹团在京的演出活动。第一场是当晚在文联礼堂为曲艺界演出《梅塘姑娘》，第二天在前门饭店礼堂演出短篇《探女》，与会的评弹界人士还有上海团的唐耿良、苏州团的邱肖鹏和浙江团的汪雄飞等。当天演出结束后，中宣部周扬部长接见了演出组成员，充分肯定了我们创新说新的成绩，给予我们极大的鼓励。在文联礼堂和政协礼堂，分别为夏衍、阳翰笙等文艺界和政协领导专门演出了《梅塘姑娘》、《探女》、《野火春风斗古城·母子会》等新书，获得一致好评，中央音乐学院的杨荫浏院长还邀请我们录了两只开篇，记得是《东北开篇》和《宫怨》。同时，在东单剧场举行了两场对外公演，虽然安排在夜场，却吸引了大批南方听众。我们的新作品让这些热爱评弹的新老听众耳目一新，满足了他们听新书的强烈愿望，获得极好的口碑，真可谓誉满京城。在京期间，还参加了文化部举办的“南北方曲艺交流演出”，与北方曲艺名家小彩舞（骆玉笙）、马三立、高元钧、李润杰等同台演出。休息时，目睹京韵大鼓名家骆玉笙虚心向山东快书名家高元钧请教的情形，使我回忆起“评弹皇帝”严雪亭不耻下问的一段往事。新中国成立初期，我在苏州参加中篇《十五贯》中“访鼠”这回书的演出，我起娄阿鼠，老团长魏含英起况钟。我在演出中借鉴舞台动作，表演娄阿鼠出场时直立身体，念两句挂口，同时以手面动作配合，勾勒出娄阿鼠的丑角形象。“拆字”是整回书的高潮，况钟说到“鼠”字时，娄阿鼠做贼心虚，以为被他识破，内心非常焦急不安。我与上手“接口”非常紧凑，他话音刚落我就突然跳起来，嘴里惊叫一声“喔哟，吓煞我者”。这一声很响，恰到好处地表现了娄阿鼠听到“鼠”字时大为惊诧，唯恐被人识破的心理活动。光裕书场的道中都说我对这个脚色把握得很好，富有创造性，一时传为美谈。后来我在上海演出，严雪亭登门造访，向我请教表演娄阿鼠的经验。当时我脸涨得通红，心想严雪亭是大响档，艺术造诣独步书坛，怎么再来向我请教艺术问题？但我的疑惑很快就被他的真诚所解开，非常坦诚地与他交流表演娄阿鼠的体会。这些艺术家严肃认真的艺术态度，令我倍受启发，让我懂得了艺术道路上学无止境、兼收并蓄的深刻道理，促使我在艺术上不断成熟。

演出期间，著名作家赵树理、阿英召集我们在文联开了个座谈会，听取创作新书目的情况汇报和下乡巡回演出的情况，与会领导给予我们充分的肯定，并勉励我们总结经验，坚持创新说新。说实话，经验谈不上，创作过程中的体会倒是有不少，朱寅全的《作者与艺人合作创作》和我的《说新书需要勇气和毅力》就是我们总结得出的创作体会和说新感悟，这两篇文章分别发表在1964年初的《人民日报》和《新华日报》上。

这次晋京演出，除了艺术以外，我更大的切身体会是各级领导对文艺工作者的重视和关心。不仅是工作上的关心，更是生活上的无微不至的关心，充分体现了党和政府对评弹艺人的关心爱护，我们已从旧社会的江湖艺人变成了社会主义的文艺工作者，使我们感到无比的幸福和荣幸。在文联的一次宴会上，突然接到中央电视台直播《探女》的任务，演毕仍回到文联用夜点，然后回宾馆。文联的张秘书长观察很仔细，发现我爱人只穿一件薄棉袄，担心她路上受风寒，硬是拿来一件大衣给她穿上了。我们再三推辞，张秘书长郑重其事地说：“你的身体也要紧的，你身体好才能照顾好老钟，让他致力于评弹事业，好好演出，为人民服务！”（因我身体状况一直不理想，所以爱人随团北上，照顾我的起居。）寥寥数语，关怀备至暖人心。国务院的徐迈进是我的“老听客”，十分关心我们的演出和演员的生活。演出期间他逢演必到，并邀请我们去电台录了《梅塘姑娘》、《探女》、《东北开篇》等节目。得知我体弱多病，来回奔波非常辛苦，他总是用他的专车接我到演出场所，演出结束后送我回宿舍。我爱人非常激动，说跟了你这个“说小书”，倒也能坐上小轿车。（想不到这句戏言在“文革”期间被别有用心的人当做批判材料，多次找她谈话、批斗，使她落下了心脏病。）回想旧社会艺人受尽压迫欺凌，现在作为一个文艺工作者到处受人尊重，被人关心，我们内心激动不已，更增强了为社会服务、为人民服务的责任心。

常熟评弹团作为一个县级团体，晋京演出是破天荒的第一次，也可以说是迄今为止评弹界唯一的一次，这是我们值得引以为豪的一次演出，常熟评弹团也因此为首都文艺界瞩目，名声大振，载誉而归。

4.《绿水湾》唱遍江浙沪

血吸虫病曾在江南广大地区蔓延，给人民群众造成极其严重的危害，江南人民“谈虫色变”。20世纪50年代后期，在毛主席“一定要消灭血吸虫病”的号召下，江南各地群众全力以赴，掀起了防止血吸虫病的高潮。1964年，时任中央血防领导小组组长的魏文伯给苏州地区下达了一个政治任务——配合形势，创作一部血防题材的中篇，宣传华东地区卓有成效的血防工作。苏州地区的尹部长指示常熟团和昆山团各创作一部，要求作品以艺术、教育、娱乐相结合为原则，既适合下农村宣传，也能进大城市演出，发动全民关注、参与血防工作。

接到这个艰巨任务后，老薛就带领创作人员和主要演员赴任阳、唐市、横泾、莫城等地蹲点，深入血防第一线，以最快的速度创作出三回书的中篇，回常熟向尹部长等领导作汇报演出。尹部长选中了常熟团的中篇《绿水湾》，并点名一定要我参加演出（当时我的胃病又发作，所以没有参加汇报演出）。中篇在苏州向魏文伯汇报后，又赴上海血防工作会议作汇报，不料我的病情更加严重，住进上海新华医院准备做手术。巧得很，老薛在莫城蹲点时认识一位上海的医学教授，请他帮忙打招呼，常熟单部长也以市委宣传部的名义出面与新华医院党委联系，终于请到一位已经“封刀”的普外科权威给我做手术。这样一件生活琐事，也充分反映出党对我们老艺人的关心爱护，温暖了我们老艺人的心，激发了我们老艺人为社会主义文艺事业多作贡献的满腔热情。

手术非常成功，原以为术后可以在家好好休养一个时期。不久地区组织了巡回演出队，缺乏演员，又把我从家里拉到了码头上。地区演出队由鞠湘奇、薛惠萍带队，主力队员为常熟团，还包括无锡县团、江阴团、吴江团、太仓团的部分演员，并有两位地区作家随队。地区演出队在太仓、昆山、吴江、苏州、南京、上海等地巡回演出《绿水湾》和短篇《小闹钟和气象台》等新作，反响很好。演出的过程，也是中篇不断修改、不断完善的过程，除了原作者朱寅全外，江阴的奚五昌及地区作家各抒己见，对中篇创作演出的不断提炼丰富功不可没。

地区演出队的成绩令人瞩目，不久接到了赴上海西藏书场参加“华东评弹会演”的通知。这次由俞处长亲自带队坐火车到上海，受到上海团吴宗锡、唐耿良、杨振雄、张鸿声等人的热情接待。我们的演出为期三十天，前二十天是中篇《绿水湾》，后十天上演短篇。出乎意料的是，一千多座位，二十天的书票，第一天上午就告售罄，买票的听客队伍从西藏书场门口一直排到凤阳路的尽头，真是盛况空前。中央卫生部长钱信忠、华东局书记夏征农、上海卫生局长及上海团的许多道中都来观看演出，并召开座谈讨论会，提出中肯的意见和建议。

地区队在上海的演出引起了一次不小的轰动，特别是蔡蕙华以蒋调为基础成功谱唱的一档篇子，得到上海团众多名家的称赞，蒋月泉也当面对我说唱得好、有新意。上海电台特意邀请她去教唱，我和老薛及江阴团、吴江团的几位青年同行。从说新书的实践中我更加意识到唱腔要服从内容，唱腔的设计、运用一定要紧扣书中主题，为书情内容和刻画人物服务，这样才能达到唱与说有机协调、相得益彰的艺术效果。（这其中我也有教训：一次听说上海团要来听《绿水湾》，组里演员都说我一档篇子太短，不过瘾，就连夜请朱寅全加写唱词，当夜强记“吃熟”。到了演出时，唱词生疏，又担心唱错“露馅”，所以唱得不投入，没有唱出人物感情，师兄蒋月泉特地到我家指出这个问题。由此我更加感受到，老艺人只有适应新形势，跟上时代步伐，才能永葆艺术青春。唱绝不是个人技巧的展示卖弄，而是书情人物的需要，是表现书目内涵的艺术手段，唱一定要恰到好处，入情入理，才能起到画龙点睛的艺术感染力。）在电台邂逅了我20世纪30年代的老友李介夫，为我录了一只俞调开篇《绛珠叹》。离开上海，我们又赶赴杭州大华书场演出，顺便也游玩了西湖美景，放松一下身心。十天后，回苏州总结成果，地区队颇有影响的宣传演出告一段落，演员解散各归原团。

中篇弹词《绿水湾》紧密配合当时的形势，以艺术的手法生动地再现人民群众响应党的号召，积极顽强地与血吸虫病作斗争的感人故事，起到宣传先进、教育后进的积极意义，满足了当时人民的精神需求，实现了评弹服务人民、服务社会的目的。回想这些成绩的取得，都是各级领导关心重视的结果。中央血防办领导、地区领导多次听取汇报演出，抽调专业作家，集中各方力量参与中篇的演出和修改。凡此种种，都给予我们巨大的动力和鞭策，所以那个阶段出了不少像《绿水湾》这样的好作品，常熟团创新说新的成果只能算是其中一个典型，也是评弹对党和社会应有的回报。

三、十年动乱：饱受磨难，百花凋零

新中国成立后的十多年，评弹的发展进入了一个全新时期，艺人的思

想觉悟提高了，地位提高了，自觉地为人民服务，自觉地依据艺术规律，推陈出新。这个阶段涌现了大批优秀书目、优秀演员，产生了一些新的弹词流派，评弹艺术有了很大的发展变化和提高。然而，正当人们为这种翻天覆地的变化欣喜不已的时候，却猛然间遭到了十年动乱的浩劫摧残。

我和老薛是常熟团的领导，又是新中国成立前就成名的艺人，首当其冲成为“大字报”揭发的对象，被打入“反动艺术权威”之列。以往辛苦取得的成绩荣誉竟都成为了“封资修”的“铁证”，这是始料不及的。更有城门失火，殃及池鱼之事，魏文伯血防时写的“三字经”遭到批判，我团的血防中篇《绿水湾》亦被“带累”。继之而来的是隔离审查，用精神折磨的办法逼写“交代”，身心俱受摧残。我那几十年相依为命、相濡以沫的老伴，也受到迫害冲击，差点儿自寻短见。我的身体本来就比较虚弱，工资又降到连基本生活都不能保障，真所谓贫病交加，凄楚寒心，现在回想起来犹历历在目，令人心悸。不久之后，我和老薛分别被转业到针织厂和花边经理部接受工人阶级再教育。评弹团也是名存实亡，只剩下蒋君豪、高莉蓉、李一帆、徐品莲四人。

转业不久，我的肺结核第三期发作，养了大半年病。那段时间，我也困惑过，彷徨过，但我始终坚信两条：一是党使我们在政治上、社会地位上彻底翻了身，把我们从旧社会的闲散艺人逐步教育引导成为社会主义文艺工作者，党对我们是重视关心的，我解放后跟党走，响应党的号召，参加集体团队，在继承传统的基础上创新说新，是问心无愧的，跟党走、听党话我无怨无悔；二是评弹是社会主义文艺百花园中一颗江南明珠，特别是新中国成立后在党的关心重视引导下，坚持“两为”方向和“双百”方针，取得了新的丰富和发展，评弹不会消亡，眼下的凋零是暂时的，相信党和政府会把评弹艺术之花重新发扬光大。我还算不幸之中有幸，病休回厂后不到一个月，当时的宣传部徐志纯部长慧眼识人，把我调回评弹团，并安排我归队后担当起培养青年演员的重任。

四、新征程上：精心育才　艺苑园丁

历经“文革”，评弹团人才凋零，青年演员寥寥无几，前途堪忧。徐部长对评弹团前途的关心使身心疲惫的我大受感动，义无反顾地承担了培养青年这个艰巨的任务。学员是从常熟农村招收的，经过选拔后正式录取了陆建华、徐和兴（即徐峰）、徐美华、秦波痕和路晓风五人。

位于寺后街的评弹团团部就是我们的“小学馆”，大厅里搭建一只书台权作讲台，开始了我劫后余生的教学生涯。上午由我主教苏白、弹唱，下午学员练习弹唱，由高莉蓉和徐品莲担任助教。咬准苏白非常重要，我从自身学艺的经验中总结出"牵牛鼻子"的方法，让学员掌握正确的发音部位，选择最易犯错的"兰山韵"进行练习。为了巩固学习成果，每天上午要求学生用苏白轮流朗读《在延安文艺座谈会上的讲话》，及时纠偏；晚上进书场听书，学习说表；平时交谈也一律用苏白，持之以恒，终于让这批"小常熟"变成了"小苏州"。

在学习苏白的同时，我更注重用俞调为他们打好扎实的弹唱基本功。评弹界许多老先生都有扎实的俞调功底，徐调、祁调、小阳调、侯调等都或多或少受到了俞调的影响。从我唱俞调的切身体会来说，俞调音域宽广，可以锻炼丹田劲，锻炼小嗓，对演员的运气、咬字、发音、行腔都有很大帮助，学唱俞调更有助于学员掌握二五、四三，分清平仄阴阳。"一拖五"的教学任务非常繁重，只能以化整为零的方法：先五人跟唱，反复几遍后，轮流由一人独唱，其余听唱、纠错。这样及时反馈学习情况，及时打实巩固的方法，激发了学员相互间的竞争，学习兴趣很浓，效果也十分明显。

掌握了苏白和弹唱基本功后，我开始动脑筋锻炼学员的说表能力。团里有位搞创作的向正明同志，写了几首对白开篇让学员演唱，既练说表对白，也练弹唱，效果颇不错。学员们也很快不满足这种"小场面"，纷纷要求排中篇。当时上海团正复排《夺印》，学员们很感兴趣，跃跃欲试要排演这部现代中篇。学员们"初生牛犊不怕虎"的挑战精神感染了我，我不顾体衰力弱，赶赴上海向师兄蒋月泉请教。"套"着关节后回常熟投入了紧张的排练，老师悉心指导，学员积极配合，中篇上演时演员台风端正，说唱工整，脚色生动，配合默契，到书场实践演出一炮打响，给听众、同行留下深刻的印象，赢得了好评。随后学员们又陆续排演了《阳澄飞舟》等几台中篇、短篇和折子书，说唱技艺在不断的实践中得到锻炼，渐趋成熟，成为80年代常熟团的主力军，评弹界的后起之秀。

以后又陆续招收了一批青年演员，基本上都是由我实施评弹启蒙教育，教弹唱，教说表，打基础，培养了一茬又一茬评弹事业的接班人。朱寅全根据我与众多评弹学员教育相处的点滴故事，创作了中篇小说《琴川三姐妹》，书中既刻画描写了性格不同的评弹学员的学艺经历，也展示了我教学的艰辛甘苦；朱寅全还多次撰文介绍我教育培养青年演员的情况，称赞我是"评弹艺苑中一个辛勤耕耘的老园丁"。看到一批又一批评弹新秀在各类评弹会演、会书中得奖，看到不少得到我启蒙教育的评弹演员成为当今评弹界的“小响档”和艺术骨干，我的心中有一种难以言喻的欣慰和幸福。“文革”以后我基本上没有出码头演出，但为评弹事业培养了这批后继之人，同样问心无愧，我对得起党和政府的重托，对得起评弹艺术和评弹事业。在我从艺六十周年纪念演出上，看到几十位我精心培育起来的学员，我的心中充满了欢欣和感慨；望着他们给我送上的鲜花，我激动不已，他们没有忘记我，党和人民也不会忘记我，正如我的老师兄、著名评弹表演艺术家蒋月泉给我的贺信中说的那样：“常熟领导为您举办这个纪念活动，这是对您几十年艺术工作的充分肯定和最好评价，要感谢党和国家对我们老艺术家的关怀爱护。……回忆过去我们合作，您给了我很大的帮助，您又为党培养了不少好演员，这是您对评弹事业最大的贡献，党和人民会永远记住您。”

2002年8月

几多辉煌　几多寂寞
——冯筱庆的艺术人生

陶春敏

冯筱庆先生，原名冯国华，祖籍浙江余姚，1919年生于上海。苏州文书创始人王宝庆、冯爱珍夫妇的内侄、嗣子，苏州文书唯一传人，曾先后师从弹词名家张云亭、黄异庵学习弹词，四十年代崭露头角，与周云瑞、钟月樵、吕逸安等被誉为电台“四小金刚”。1951年参加上海评弹协会“抗美援朝保家卫国”宣传队，赴北京参加南北曲艺交流。同年参加上海市首届戏曲艺人学习班。1962年回祖籍余姚组建曲艺队，“文革”中被撤销，1978年曲艺团重建后归队，任评弹队负责人。2004年被宁波市曲艺家协会授予“宁波杰出曲艺家”称号。2010年6月30日在浙江余姚逝世，享年九十一岁。

一、辍学务工，学唱文书

冯筱庆祖籍余姚河姆渡镇罗江村王其弄，1919年出生在上海一个普通职工家庭，父母给他取名叫冯国华。出生不久，由祖母做主过继给姑夫王宝庆做嗣子。1926年，虚岁八岁的冯筱庆开始进私塾读书，一年后改进了民办小学。由于其父工资收入不高，家中弟妹又多，全家生活比较困难。1933年，才十五岁的冯筱庆失学了。

冯筱庆自小喜爱文艺，辍学后一心想跟随姑夫姑母学唱文书，因祖母反对“吃江湖饭”而作罢。1934年，经上海辛丰织印绸厂副总经理沈辛耕的介绍，进入辛丰织印绸厂一厂当学徒。在该厂当学徒的两年中，冯筱庆爱好弹唱之心不变，每逢厂休日必去姑夫家中求教，平日在厂内也利用空余时间抓紧自学。

1937年七七事变爆发，上海遭日机轰炸，辛丰织印绸厂被炮火所毁停产，冯筱庆停止了学徒生涯，离厂回家。不久祖母病逝，全家搬入王宝庆家中居住，冯筱庆如愿以偿，正式跟随姑夫学唱苏州文书，开始走上曲艺之路。

苏州文书是抗日战争时期形成的新曲种，它由王宝庆根据说因果和宣卷发展创造而来。苏州文书曲调节奏平缓，旋律舒展，行腔圆润委婉，演出时王宝庆手执三弦弹唱，妻子冯爱珍二胡伴奏。由于苏州文书曲调新颖，唱词通俗易懂，说表别具一格，在正书前还加唱一些讽刺不良的社会现象和劝人为善的文书开篇，广为流传的有《十叹空》、《十二个郎》、《酒色财气》、《妓女因果》、《螺蛳壳里做道场》等，深受听众喜爱。

学艺之初，冯筱庆每天跟随王宝庆夫妇上电台，学唱文书，学习熟练后，与姑夫姑母拼三个档，同在上海各大电台播唱，王宝庆自弹三弦，冯筱庆琵琶伴奏，冯爱珍二胡伴奏。20世纪30年代末40年代初，苏州文书风靡沪上，不但电台播唱繁忙，也与苏州评弹一样受到各大书场的青睐。王宝庆、冯爱珍、冯筱庆的三个档苏州文书受到上海湖北路中央旅社、山西北路南京饭店及东新桥中南饭店附设书场的邀请，与普余社评弹艺人同台演出，切磋交流书艺。

二、自感危机，兼学弹词

苏州文书在形成和发展的过程中始终受着苏州评弹的影响，评弹的说、噱、弹、唱等特点都被吸收到苏州文书的说唱之中，王宝庆与苏州评弹界也有着密切联系。民国二十五年（1936），王宝庆为宣传苏州文书，扩大影响，将平时演唱的文书开篇汇集成《吴侬新声》一书，由上海梅林印刷文具社出版发行。书中除刊有王宝庆、冯爱珍夫妇的照片外，还有普余社弹词演员钱锦章、陈亚仙及滑稽弹词家张鉴庭等人的照片。王宝庆为了丰富演出书目，还曾拜光裕社评话艺人黄鹤峰为师，学习评话《五虎平西》、《狸猫换太子》等书，40年代加入上海评话弹词研究会，当年评弹研究会也一度设在王宝庆家中。

当时苏州文书红极一时，冯筱庆跟随着姑夫姑母唱遍了上海的各大电台，也算小有名气了。但是，聪明的冯筱庆没有被眼前的繁荣所迷惑，他有着强烈的危机意识。苏州文书没有脚本，都装在王宝庆一个人的肚子里，而且没有专门的演出书场，一天到晚只有唱电台。尽管风靡一时，可是没有自己的舞台和书场基础，再唱下去没有多大发展前途。所以他开始为自己的前途作出更长远的打算。姑夫王宝庆与上海的弹词演员都是知交好友，冯筱庆提出了请姑夫为自己找个老师学评弹的要求。在姑夫的帮助下，冯筱庆首先得到了当时号称“滑稽弹词家”的张鉴庭的启蒙教育，一边继续为王宝庆伴奏，一边去书场听书学艺，搜集老先生的弹词开篇。1937年下半年，十九岁的冯筱庆经著名弹词老艺人吴筱舫介绍，正式拜弹词名家、有“翡翠玉蜻蜓”之称的张云亭为师，学唱长篇弹词《玉蜻蜓》和《白蛇传》，艺成后与张云亭拼档在上海电台书场演唱，并加入了上海市评话弹词研究会。

三、电台播唱，崭露头角

20世纪三四十年代，从苏州传入上海的评弹进入了鼎盛时期，上海也成为评弹活动的中心。由于商业繁荣，评弹听众日益增加，上海的书场迅速发展，民营电台如雨后春笋，达到50多家，许多电台开设了空中书场，播放评弹节目，街头巷尾收音机里弦索叮咚，昼夜不辍。1935年11月上海全市就有上海、友联、安定别墅、李树德、利利公司等21家电台播放评弹节目，有的电台一天播放10多个小时。另据1938年11月29日《申报》的文章统计，各电台每天的评弹节目加起来有103档，每档40分钟，总计4120分钟。40年代，电台为了给大百万金香烟做广告，以“空中书场”名义集中播送评弹节目，评弹在广播中占有绝对优势。广播是收听工具，而评弹主要是听觉艺术，二者有机结合起来，对扩大评弹影响、培养名家、吸引听众都起了很大的作用。冯筱庆就是在这种背景下脱颖而出，成为当时崭露头角的青年弹词名家。

冯筱庆在跟随王宝庆、张云亭学艺和电台播音时，认识了一批评弹名家的传人，由于都是20岁左右的青年人，志同道合，成为了知己。他们除了平日跟师听书习艺外，为了提高弹唱水平，专门组织了几档专唱弹词开篇的播音节目，在电台长期演唱，深受听众欢迎，点唱不绝。冯筱庆、周云瑞、吕逸安、钟月樵四人更被听众誉为电台“四小金刚”，声名鹊起。此外，冯筱庆还与周云瑞、吕逸安、杨振言、徐天翔、朱小祥、华伯明、钟月樵、谢毓菁、王柏荫等人排演了三部大型书戏《秦香莲》、《武松与潘金莲》、《董小宛》，在上海东方书场和天宫剧场演出，获得听众的一致褒扬。

民国三十七年（1948），冯筱庆联合当时电台播音的青年弹词演员们，收集“大百万金空中书场”经常播唱的开篇选曲200首，出版《大百万金开篇集》，成为评弹爱好者争相购买和收藏的精品开篇书。书中收入了《三笑》、《玉蜻蜓》、《果报录》、《珍珠塔》、《描金凤》、《啼笑因缘》、《落金扇》、《杨乃武》、《双珠凤》等长篇弹词中的著名唱段，以及《四大美人》、《白蛇传》、《西厢记》、《红楼梦》、《长生殿》、《琵琶记》等套头开篇，还收录蒋调、薛调、俞调等流派的代表性开篇《战长沙》、《杜十娘》、《拾画》、《满洲开篇》等。该书由杨斌奎、张鉴庭、严雪亭、薛筱卿、蒋月泉、万仰祖任顾问，冯筱庆、周云瑞、杨振言主编，杨德麟、钱雁秋、钟月樵助编，徐天翔、杨振雄、吕逸安、华伯明、蒋剑敏、陈希安负责校对，邢瑞庭、胡听宝、曹啸君、刘天韵、张鉴国、吴剑秋监印。

四、码头历练，再投名师

1948年初，王宝庆突然中风瘫痪，一周后医治无效去世。其时冯筱庆正和张云亭拼档，在苏州演出。回沪料理王宝庆的后事之后，冯筱庆与姑母冯爱珍拼档，继续赴各电台播唱苏州文书，完成王宝庆生前所订合约，当时一电台还为他录制了一批苏州文书曲调的唱片。完成合约后，冯筱庆不再弹唱苏州文书，专门从事苏州弹词的演出。冯爱珍后回原籍余姚定居，于1963年初病故。

苏州评弹是一门说唱艺术，非常重视演出实践，演员必须到桥、庙、村、浜等码头去历练，只有在跌爬滚打中才能使自己的说唱技艺趋于成熟。冯筱庆深谙其中的道理，先后与戈剑池、蒋剑敏、吕逸安等拼档演出，跑遍了上海郊县、苏州、昆山、常熟、太仓、吴江、无锡及沪宁、沪杭甬铁路沿线的大小书场数百家。冯筱庆谦逊好学，在各地书场演出时虔诚地视听客为老师。在他看来，跟老师学艺时间短，而且有的老师较保守，学到的东西毕竟是有限的，而请教听客则可获益无穷！每唱完一场，他都要向当地的听客征求意见，好多听过名家演唱的老听客见他如此诚心地请教，就会指出他的唱词唱腔和表演与某位老先生存在着怎样的差距，人家是如何弹唱如何表演的，这样冯筱庆如同拥有了许多的名家做老师，能够不断取长补短，完善自己的艺术。

1952年，常州一位书场的老板娘听了冯筱庆弹唱的《十美图》后，诚恳地指出他的缺点。她认为冯的说唱都不错，但却不十分适合弹唱这部长篇，最好能选一部生旦脚色多一点的书。通过这位书场老板娘的热心引见，冯筱庆有幸再拜名师，向弹词名家黄异庵学说其代表作《西厢记》。黄异庵授徒要求极其严格，夜里改好一段，冯筱庆早上就要背熟，中午上日场，下午背台词排演，夜场又要亮出来。苏州弹词《西厢记》是常熟弹词名家朱寄庵独创，只传子朱兰庵、朱菊庵。黄异庵对《西厢记》情有独钟，苦于无法得窥朱家西厢的全貌，故更名“异庵”，另辟蹊径，全书字字心血，台上是不容唱错一个字的。这种强化训练使冯筱庆学到了不少东西。尤其是师徒拼档演出时，对《西厢记》进行了重新整理，使冯筱庆对于唱词的平仄、脚本的修改都有了更深刻的认识和见解。黄异庵单档在上海评弹界声名赫赫，场方们听说他拼了师徒档，纷纷邀请进沪演出，冯筱庆也借此机会重新打进上海，师徒合作演出，说噱弹唱演齐全，声誉大振。

五、抗保宣传，短暂辉煌

解放初期，是冯筱庆评弹生涯中最为辉煌的一个阶段。1950年，上海评弹协会成立音乐组，冯筱庆是大乐队中的骨干，和杨振言一起担任大鼓手。1951年，冯筱庆参加了上海市评弹改进协会抗美援朝旅行宣传队，与刘天韵、谢毓菁、蒋月泉、王柏荫、张鉴庭、张鉴国、周云瑞、陈希安、黄异庵、黄静芬、姚荫梅、薛筱卿、杨德麟、杨振言、朱介人、杨震新、张鸿声、韩士良、唐耿良、姚声江等21人公演新编弹词和书戏《李闯王》、《翟万里》、《三雄惩美记》等。抗保宣传队在苏州、无锡演出后，赴京与著名曲艺家侯宝林、魏喜奎等同台进行南北曲艺交流演出，并在中央人民广播电台灌制唱片。回沪后，冯筱庆还参加了大型书戏《野猪林》的演出，负责弹词乐队工作。同年，冯筱庆参加上海市首届戏曲艺人学习班。

从这些记载中，我们不难看出，冯筱庆是新社会初期，上海评弹界“新评弹”演出的活跃分子和骨干力量。从艺术上来讲，这个时期并不是冯筱庆弹词艺术成熟的辉煌阶段。但是作为一个从旧社会过来的艺人，在当时人数众多的上海评弹界，能够得到新社会的承认和重用，对于冯筱庆来说是无比光荣的事情，也是他一生值得骄傲和自豪的。正因为如此，他才认为解放初期是他评弹生涯中最为辉煌的一个阶段。可惜，这样的辉煌在他90多岁的人生中只是比较短暂的一个过程。1952年，冯筱庆拜黄异庵为师，拼档整理演出《西厢记》，并介绍杨振雄师从黄异庵。1954年后冯筱庆翻上手，与表妹王美君、王雪君及吕逸安等拼档弹唱《西厢记》，由姑母冯爱珍二胡伴奏，加唱苏州文书开篇。1958年，上海文艺界开始整风，冯筱庆被迫离开了上海，离开了他钟爱的评弹事业，回到家乡余姚罗江公社王其弄生产队。

六、姚江传薪，暮年壮举

对于曾经蜚声海上的冯筱庆来说，失业回乡后的日子过于寂寞，他时刻想着重操三弦，返回书坛。1960年，冯筱庆参加了武进县曲艺协会，与张锦珍、王忆康、陶绮云、王玉琴、孙美华、吕紫霞、钱小玲、蒋澄安、杨雪菁、王兰生、何云奇、陆平和、杨一峰、谭维良等人组建武进县评弹队。1962年1月由于未获上级批准而无奈解散。同年，冯筱庆携徒回到余姚参加曲艺协会，组建了由冯筱庆、郑逸英、郑熊如、徐圆珠、徐楚强、唐莺莺、汤小君等组成的曲艺队评弹组，将苏州评弹引入家乡，冯筱庆的《西厢记》、《十美图》和改编的现代书目《羊城暗哨》、《红灯记》、《江姐》等演遍了四明山麓、姚江两岸的农村。1969年，曲艺队被撤销，冯筱庆转业到了副食品公司当职工。1978年曲艺队重建，他被首先调回组织演出，与裘凤天、余韵霖、王凤珠、张锦珍等合作。1981年曲艺队改为余姚市曲艺团，冯筱庆任评弹队负责人。

1984年，上海人民广播电台应听众要求，邀请冯筱庆录制了《合钵》、《简神童》等苏州文书开篇，由陈国樑（王宝庆之婿）二胡、吕逸安琵琶、冯志芳（冯筱庆长子）中阮伴奏。同年11月，冯筱庆应邀参加上海人民广播电台《星期书会100期》大会串，节目在上海市音乐厅演出，盛况空前。1987年参加上海市首届民俗文化庙会，由上海艺术处专场录像保留。1999年，80高龄的冯筱庆再次应邀赴上海东方电视台《电视书苑》录播了《双官诰》、《西厢·游殿》、《鬍腮胡》、《一对怪姑娘》等开篇选曲。

1985年退休后，冯筱庆一直活跃在上海、余姚等地的曲艺舞台上，除了参加各种演出和节目录制外，还担任上海闸北区评弹退休艺人联谊会理事和宁波市红宝评弹联谊会顾问。身体健康允许的条件下，他还在姚江书场演出长篇，传播评弹艺术。2000年之后，冯筱庆由于年龄、身体原因，无法再奔波于外地，只能蜗居在保庆路简陋的旧居中，这位苏州文书和弹词名家渐渐淡出了人们的视线。尽管冯筱庆曾将苏州评弹引入了余姚，但这里的语言环境、群众基础毕竟不能滋润评弹这朵瑰丽的花朵，评弹在余姚不可避免地灭迹了。暮年的冯筱庆，内心感到无比的寂寞，他说在这里听不到评弹的声音，也没人和他聊起评弹的事，唯一能够做的就是和老友通信、通电话，从信件和电话中了解一些评弹界的动态，稍微排解一点老年的寂寞。随着寂寞慢慢增长，他的长途话费也不断达到新高。

2008年，九十高龄的冯筱庆再度成为大家关注的焦点。这次并不是因为苏州文书或者苏州弹词，而是因为他为汶川灾区捐款的壮举。他把一辈子积蓄的2万元中的一半拿出来，捐给了地震灾区。他的举动感动了在场的所有人，也感动了从报纸上得知此事的人们。余姚市文广新局和文化馆特意为他举办了生日寿宴，感谢他数十年来为余姚曲艺事业所作的贡献，表彰他乐于助人、慷慨捐助的义举。

2009年5月，冯筱庆主动联系苏州评弹博物馆，将珍藏的314件文字和音像资料当着家人的面捐赠给了前来接受资料的周晓馆长和袁小良副馆长。他说："这批资料我已保存几十年了，我现在年纪大了，子女都不从事曲艺这一行。浙江和余姚的文化部门也找过我，希望我把这批资料捐出来。但是，我总觉得苏州文书和苏州评弹的根在苏州，放到苏州评弹博物馆最合适。”

补充：1954年冯筱庆根据同名电影创作了长篇弹词新书《羊城暗哨》，竟连演月余而不衰。20世纪50年代后期，他以一部《羊城暗哨》先后与王美君、王雪君、吕逸安等拼档唱遍整个上海、苏州、杭嘉湖各书场，听众反响强烈，赞语如潮。

1961年冯筱庆参加余姚曲艺队后，积极引进曲艺人才，先后与郑逸英、唐莺莺、钱圆珠等拼档，在宁波、绍兴、杭州等地城乡巡回演出长篇弹词《盘夫索夫》、《西厢记》、《羊城暗哨》，并移植整理《江姐》、《红灯记》等新书目，演出所到之处，民众极为欢迎。

正当冯筱庆在家乡大展手脚之时，“文化大革命”席卷中华大地，文艺界首当其冲，广受摧残，评弹被斥之为“靡靡之音”。曲艺队被解散，他被分配到饮食服务行业当营业员。

“四人帮”粉碎后，年近六旬的他积极向文化主管部门申请，四处奔波动员招揽人员，终于在1978年重组余姚曲艺队。他除了亲自参加演出外，千方百计引进人才，竭力培养新人，并积极改革曲艺形式，将弹词、犁铧文书的音乐元素糅合组成具有浙东地方特色的双档走书。这一新颖曲艺形式得到专家和听众的肯定和欢迎。当年余姚曲艺鼎盛时，有弹词、走书、评话三个分队，每年演出千余场，足迹遍布宁波、台州、绍兴、金华、杭州、舟山等地。

弹词名家谢毓菁

刘宗英

弹词名家谢毓菁，20世纪30年代末即随师拼档登台演出，初露头角。在40年代，已闻名于苏沪书坛，为广大听众所熟悉。但对他的幼年生活、身世遭遇以及从师学艺、奋斗历程，则鲜为人知。我与毓菁既为同行，又复同团，谊忝同乡，并曾同学。为撰本文，特作一次专访，促膝长谈，承谢君之允，备述其往事，爰特以其所述，整理成篇，刊之于《昆山文史》，以飨读者。

家 世

毓菁原名伟良，1924年11月4日出生于上海，然而他的金色童年是在昆山度过的。毓菁从母姓，外祖父谢少泉（1868—1906）是擅说《三笑》、《玉蜻蜓》、《落金扇》的老一辈弹词大名家，他吸收昆曲、京剧的表演艺术，对刻画书中人物有独到的功力，形成了谢派《三笑》。《三国》名家黄兆麟（顾宏伯的第二个老师），擅说《七侠》的韩凤祥（韩士良的父亲），《岳传》响档钟士亮（钟子亮之父），这些评话家都曾得到谢少泉的指点帮助。他还培养出了夏莲生、王亦泉等弹词响档，因而被誉为“文状元”。论理，毓菁出身弹词世家、谢派嫡传，在家学渊源的基础上继承外祖父事业是毫无疑问的，可是他去跟谁学呢？他母亲谢桐影虽有较高的艺术天赋，但由于清朝末年的光裕社有不准传女的陋规，她只能改演文明戏（新中国成立后改称通俗话剧），在20世纪20年代即组班演出，饰演头牌小生，经常演出于上海南市“豫园”的小世界剧场，名噪一时。然而旧社会里女艺人身世往往运乖命蹇，她被无情的丈夫遗弃，又因厌世而沉溺于不良嗜好中不能自拔，在烟赌两魔的摧残下度日艰难，只得带了女儿伟颖、儿子伟良于1932年8月移居昆山，那时毓菁才九岁。经人介绍，谢桐影嫁给了一个姓管的小开为外室，初住百花街，继迁西寺弄，后则迁居东塘街。

说到这里，毓菁慨叹地说：“在昆山寄居五年，因为妈妈做人外室而受尽鄙视和侮辱，但我是在昆山群众中长大的，并受到了五年的小学教育。抗战前夕在近民小学毕业，记得同届人数二百，我还是名列前十名之内呢。”我问及他的中学生涯是在哪所学校度过时，他长叹一声说：“原来准备投考苏州草桥中学（今市一中），因抗战、沦陷而中辍，继而为谋生而从艺，求学美梦早成泡影了。”我惊讶地看着这位比我长一岁低一届的同学，这位仅有高小六年学历的同行，却能以得体的辞藻、生动的语言、精湛的艺术，在书台上、作品上跻身于评弹名演员行列，真是难能可贵，可敬可佩。

从 师

接着，他谈到了学说书的艰苦。投师好否是一生前途所系，如老师艺术素质不佳，将因学不到什么而贻误终生。然而投拜响档更难，不仅费用较大，很多名演员不肯多收门徒，也缺乏接近的机会。当然关于这一点我也有深切的同感。尽管他出身弹词世家，但是有“文状元”美称的外公谢少泉患伤寒去世十八年后他才降生，是一脉而不能相承，奈何？外祖母想起了他家外甥潘莲艇。潘是毓菁的姨夫，又是寄父，他正在与擅说《落金扇》的黄兆熊（黄兆麟之弟）拼档做下手，黄肯收徒，但不是教弹词，而是传授四书五经，毓菁只能报之以苦笑。谢家在沪住霞飞路（今淮海中路）和合坊，正巧与徐云志同在一条弄内，徐正以一曲《狸猫换太子》的糯米腔红遍海上。毓菁觉得自己的嗓音配唱徐调，便瞒过妈妈守在弄口，等徐散场回家之际，一把拉住车杠，作自我介绍，请求收录。徐笑着应允，后来提出须交银洋贰百作为“压帖”。以徐的艺名，这个数字并不算高，可是谢家穷困，哪里支付得起？谢桐影知道孩子一心想继承外祖父的事业要学唱《三笑》，于是想起了刘天韵来。刘与徐都受业于夏莲生，是夏门弟子八人中最佳的二位。而夏则是谢少泉的得意门生，徐刘都是谢派《三笑》当之无愧的继承人。刘天韵正在与王似泉拼双档，他们的声誉仅次于徐。徐刘虽属同门，却在业务竞争中有些矛盾；而刘王双档上下手之间也志趣相左，因王性散漫，而刘天韵却孜孜不倦地在艺术上刻苦钻研，因此刘也想收一个合适门徒，培养成较为理想的下手。经介绍引见后，双方议定银洋五十作为“压帖”，跟帮老师四年，毓菁日常生活费用则由刘负责，并每月发给零用。就这样，谢毓菁终于为自己选定了毕生为之奋斗不息的艺术道路，继承了外祖父的说书行业。

当时，刘有不良嗜好，因此常是在烟榻上传授琵琶和唱法。毓菁天资聪颖，进步极快。同时期，他的“小弟兄”们如张鉴国、周云瑞等也都正在勤学苦练。他们根据不同的要求，都练就了一手好琵琶和唱调。行家和听众都知道周云瑞、张鉴国和郭彬卿的琵琶都在不同程度上继承发展了上一代的伴奏水平，被称之为妙手。殊不知毓菁的琵琶别具一格，过门运用与伴奏有独特的创新，不落别家窠臼，却又不流于怪诞。刘天韵唱调别致，只有谢的伴奏衬托，才相得益彰，其特点是音符呈跳跃状，高低上下、游移变化，声如散珠落盘悦耳动听。可惜的是，刘谢分手后就再也听不到这种美妙的配合了。

登台

很快，他跟师外出。不久，刘、王改为“刘、谢”双档。除了《三笑》，还上演《落金扇》。该书被行家称为“摇风”，亦为谢少泉所有，谢传何骏飞、潘莲艇与王亦泉三人，刘虽师事夏莲生却也投拜王亦泉学了《落金扇》，并与其弟王似泉拼档，但是本子残缺，远非谢家旧本可比。《落金扇》另有一条系脉是金桂庭派，金本是从《三国》名家许文安（黄兆麟、唐再良之师）处得来，而许本的来源说来离奇，是一个偶然的机会从旧书摊上购得的。金桂庭传了两位高足，是黄兆熊、蒋如庭，也传子金耀芴。耀芴的学生张梅卿藏有许本，刘谢买到此本用心抄录下来，但还觉不够，又得到蒋如庭的学生、小辈英雄庞学庭和潘荷生的帮助，再从电台收听蒋如庭、朱介生双档的节目，师生一起潜心研究，并把书中许多武打功架都加以重新创造，务求超越前人、不落套路，他们下了极大的工夫，因此刘谢蜚声书坛是以“摇风”见长的。后来上海团所演中篇《林冲》里的《风雪山神庙·踏雪、杀谦》一回中武打招式干净利落，动作边式造型美观，都是从《落金扇》中汲取营养变化而来。

1938年秋，徐云志演出于无锡市内，在蓬莱书场与说《珍珠塔》的周筱春越档，也在迎园书场与擅说《岳传》的评话界第一胖子王再亮合作。正好大娄巷迎兴书场聘了刘谢档，造成了师兄弟同埠对抗。虽各有千秋，但同行之间疙瘩加深。在那个时代因业务而产生矛盾是难免之事，毓菁年少，对这些尚不理解，直到抗战胜利前夕，师兄弟又在昆山“碰头”。当时徐在大街畅乐园，刘谢演于西街老同春，两家业务都好，但仍以前嫌宿怨耿耿于怀。当时经双方好友多次居中斡旋，师兄弟方始释嫌握手言好，此事为后来毓菁在苏州团内与徐老合作越档，进一步学习《三笑》书艺奠定了基础。

名　扬

华明烟草公司在上海举办的“大百万金空中书场”由著名播音员万仰祖主持节目，一时不少书坛响档云集沪地，刘谢以《落金扇》打开局面，就此饮誉春申，跻身一流响档行列。刘谢档红了，但在抗战胜利后仍来昆山老同春演唱。刘天韵每次来昆必到我父亲在北大街开设的杂货店店堂内小坐，红了也不例外。因为我父亲是个真正的老听众，当然我也是他的小听众，他万万想不到十年之后他的女儿刘韶祺（刘无亲出，以侄为女）和学生杨缙琪二人竟会从我处学习《蝴蝶杯》，居然恭恭敬敬地叫我一声“先生”，这真是有缘的巧事哪。韶祺在“文革”前曾为上海凌霄团团长，现已转业。

上海解放后，刘谢档开始走上了新的艺术道路，在吴宗锡主持下与沪地著名评弹演员一起演播于原大中华、大陆广播电台。1950年春节市文化局组织新书会演，刘谢档的《小二黑结婚》成绩优异，荣获一等奖。1951年春节演《三上轿》又获荣誉奖。当1950年冬在沪部分评弹响档自发组织去香港演唱时，他俩因另有演出任务与姚荫梅、沈笑梅、张鸿声等谢绝了邀请，失去了一次与香港听众见面的机会。

当时蒋月泉、王柏荫，周云瑞、陈希安，张鉴庭、张鉴国，唐耿良等七人称为“四响档”。之后，增加刘谢档称为“九艺人”，继而又扩充为十八人。

创　新

“九艺人”小分队曾排练了一些短小精悍的新编节目，在松江、青浦、昆山、苏州等地巡回演出，他们身穿灰色人民装登台演唱，听众耳目为之一新，那是1951年的春天。我问毓菁说：“你可记得昆山有一支乐队到火车站来迎接你们？”他说：“印象中是有的。”我说：“那个拿指挥棒的就是我。”他笑着说：“我记不清了，不过那时我还不认识你呢。”巡回演出只有两天，是老同春和西园书场两家环做，可称座无虚席。节目有蒋王的《林冲·东狱庙进香》、张鉴庭单档的《雾夜》、张刘的《往哪里跑》和刘谢的《小二黑结婚》等。这是一次很好的有新意的演出，说到这里，我与毓菁又沉浸在回忆中了。

1951年11月22日，十八艺人开赴安徽五河县（泗洪邻近地区）潆潼河工地与民工们同吃同住同劳动，体验生活，宣传慰问。这是为建立全民所有制的上海团打下扎实的思想基础，改变旧艺人的世界观。毓菁被选为中队长，和队员们钻“滚地龙”、睡“草窝棚”。离开了繁华的都市来到寒风凛冽、满地泥浆、艰苦卓绝却又热火朝天的水利工地，演员们的思想受到巨大的震动。经两个多月的劳动和访问后返回上海，创作排演了中篇《一定要把淮河修好》，使民工的形象占领了上海书坛，顿时轰动全市。中篇里有好多唱词都灌制了唱片，如陈希安唱的“人民当家做主人”，朱慧珍所唱“新年锣鼓响连天”和蒋月泉的“指导员来传言”等，唱片上没有唱词作者的名字，但实际上都是毓菁所作。过去他不肯说，这回是被我逼出来的。

转　团

1953年后，他因家庭婚姻等问题离开了上海团，离开了称之为“天老”的刘师。他与我的大师兄钱雁秋合作唱了半年《西厢》，又与凌文君拼档演《双金锭》和《金陵杀马》。1954年三、四两个月在上海大华、东华两家书场演出时曾与我同台。之后，他翻充上手，与徐琴韵拼夫妻双档，人称“谢徐档”。谢徐档1956年参加常熟团后曾来昆山，在西园书场演出《三笑》、《双金锭》。1959年9月，由于苏州专区需要，他们随魏含英、侯莉君等上调苏州建立苏州专区评弹团（10月1日正式成立）。当时专区团的阵容有：秦纪武的《三国》，薛小飞、邵小华的《珍珠塔》，唐骏骐的《刺马》，徐翰芳、刘美仙的《双珠凤》等。不久，谢毓菁与徐琴韵、薛小飞、邵小华、唐骏骐继魏、侯等人后上调南京，筹建江苏省曲艺团。过了一段时间，他和魏等人又被专区要了回来。1960年6月1日专区撤销团的建制，又并入苏州市团。（注：当时苏州市属专区领导。）听到这里我笑着说：“我也是昆山调苏州地区，最后地市合并并进了市团，只比你少跑一趟南京，真是有缘呀有缘。”

1962年苏州团徐云志、王鹰双档与谢、徐档来昆山西园书场越档演唱《三笑》，采用上下档环做，换人不换书，连续演唱，很受昆山听众欢迎。1965年西园书场翻建后，谢徐曾独档来昆弹唱《红岩》。在十年浩劫期间，苏州团部分人员去了苏北，毓菁则转业至苏州人民灯泡厂。1977年11月他是首批归队的五人中的一个。1978年再度随小分队来昆，演出中篇《十五贯》和《丹心谱》，初夏天气，上午无事他与薛君亚等登山游览，算来已有十多年未登临玉峰之巅了。

赴　京

1957年江苏省评弹在无锡分区会演，他的《秦香莲·闯宫》得了一等奖。1963年又获得苏州市文化局颁发的新书创作奖。最使他难忘的是

1963年9月他随苏州团赴北京演出，团方考虑到传统节目的千锤百炼与创新节目的革命内容，决定带出新老各半。毓菁本属创新演新的排头兵，曾参加中篇《此路不通》的演出，又能单档把强逸麟、张君谋合作改编的《肖飞买药》演得精彩纷呈，他与侯莉君合演的短篇《向秀丽》也属成功的范例。这次去首都之前，他已拥有《红岩》片段，就带上《双枪劫刑车》，加上《肖飞买药》，再加《红色的种子》和带有苏州特色的书目中篇《老杨与小杨》。

首都西单、儿童、艺话等剧场演出苏州评弹，出现了少见的轰动。周总理他老人家来了，总理日理万机，何等忙碌，却也来过三次，但他只听现代书，连著名老艺人周玉泉（我的太先生，即我启蒙师徐伯菁的先生）的《文武香球》也没听。这次汇报演出是党对现代书目的一次检阅和鼓励，党中央给了苏州团评弹演员极大的荣誉，包括毓菁在内的全队演职员都被邀请参加国庆观礼，那是新中国成立十四周年。

缠　病

毓菁瘦弱多年，1958年1月份，他的胃溃疡迫使他接受开刀，患处被切除4/5，以致胃容量大大减少，每隔一小时就需要进食，于是不得不带了饼干上台，在“小落回”休息时面对听众“表演”吃点心。1962年初又得急性肝炎，真是多灾多难。北京归来后立即投入创新工作，团内成立创作“工场”，要求在较短时间内创作长篇现代书20部。当时曹汉昌与杨震新搞《杜鹃山》，赵慧卿、王鹰、王如荪写《乌龙潭》，谢徐与张君谋、马燕芳两对夫妻准备把长篇《红岩》完成，谢与张还临时拼档边写边演听取修改意见。5月，张马档去南京后，《红岩》一书只能由毓菁一人独写，并还要参加《乌龙潭》小组的创作，就这样他又病倒了。1980年由于眼球患了虹膜炎，不能接受书台照明灯光的刺激，鉴于治疗不易，他只能请长病假休养。不久，他的爱妻徐琴韵又不幸病故。厄运接踵而来，精神上受到一次次重大打击。尽管他有弘扬书艺的斗志，却无龙腾虎跃的体魄，不得不在1984年办了退休手续。当1983年3月苏州地市合并我进入市团时，已很少在团部见到他，同年10月我在上海大华演出，因地近太仓路，他曾来过两次，然因丧偶之痛，精神状态显得郁郁少欢。

晚　晴

现在坐在我对面的毓菁又显得神情振奋，原来他应团领导之请收了两个女学生，传授他拿手的《双金锭》。团内能说此书的老艺人还有两档，但团长偏偏选中了他，他的喜悦是不言而喻的。我祝贺他桃李新栽，敬佩他为团内培养青年一代的努力，同时也劝告他注意身体保养，不要劳累过甚。谈话中，他谈到了要到故乡来旧地重游的愿望，并还打算相约振雄、鉴国和我一起作一次愉快的旅游。我回昆不久，他寄给我一张收徒时拍的照片，学员张丽华、毛慧都是聪明美丽的姑娘，照片上还有我的老领导和老同事。我也寄了游览蓬莱仙境的彩照给他。10月12日收到他来信说："明天来昆。"13日果然他由爱人陈帼雄陪同来到了我家。陈出身评弹世家，是严雪亭的高足，说唱俱佳，我在1957年曾与她在上海延安路新华书场同台，反映很好。她是我好友陈卫伯的侄女，父亲陈继良，二叔陈鹤声（已故）都是评话演员中的佼佼者。现在一个失妻，一个丧偶，志趣相投，结成了晚年做伴的佳偶。毓菁带来录音带，我听了他和两个学员同台演出的书，边听边议，其乐融融。翌晨我们在半山桥奥灶馆吃早点，并在店门口和东塘街他的旧居前合影留念。没过几天，他把照片寄来了，摄影技术还是挺不错的，照片背面写着"1990年10月14日上午8时半在故居东塘街旧屋前留影"。他真把昆山当做故乡了。

（1990年10月初稿，12月修改，吴淞江摘自《昆山文史》第9辑）

评话艺人张翼良

向正明

张翼良（1938—1995），苏州齐门外冰凌浜人。原姓陆名兴男，其父性格好胜，以薄利经销鲜鱼活虾水产为业，业务兴旺，足食丰衣。他家在村里第一个装电灯、电扇，购置收音机，俨然小康。奈好景不长，父亲忽患血吸虫病，腹胀如鼓，四肢无力，难以经商，从此一蹶不振。鼓胀病在当时无法治愈，耗尽积蓄，药石无效，家道中落。不数年父亲即撒手西去，留下妻子儿女三口，一日三餐，难以周全。其时嫡亲伯父《三国》评话名家张玉书（玉书本姓陆，因嗣给张家，故姓张）目睹此情，心实不忍，就收张翼良为徒。从此他跟随伯父学艺，时年十六岁。

张玉书有国良、如君二子，都已成名。他为了要使侄儿成才，精心培育，先教做人之道。要侄儿恪守优良传统，做到心正不邪，讲究仁义道德，千万不能染上江湖习气。然后悉心传授书艺，并为侄儿提了艺名张翼良。为了促其艺术上进，没多久即拖他上书台演些小脚色，拼档演出，并嘱他务必将当天的书情记在心里。翌日清晨即命翼良上书台将昨天的一回书全部说出来。玉书神情严肃闭目静听，听侄儿居然能说出十之八九，十分喜悦。从此即在每天开书前命翼良上台送书，说得煞有介事，获得听众赞赏。由于翼良平日用功，因而进步很快。

玉书积累数十年心得，对整个三国时代背景、风土人情、人物个性，有较深的了解。他的《三国》从年初一说到五月端阳还说不完。张翼良边听边记，经过一段时间，已能将书情逐步记熟。他感到伯父说书跌宕起伏频繁，书情扣人心弦，“关节”大得“吓煞人”，因而天天满座。有一次，一位听众坐在大水缸木盖上听得津津有味，忽听得玉书先生醒木一碰，说“诸葛亮死了”，想书说到节骨眼上，诸葛亮正要大出风头，怎么死了呢？诸葛亮死了你的书如何说下去呢？思想一阵惶惑，一不留神，竟跌到水缸里，引得哄堂大笑。书场老板要紧把他领到房间里更换衣服，他还说“没关系”，出来时已书落回散书场了。第二天这位听客仍然坐在水缸盖上，要听一个究竟。只听得玉书先生说到此时，微微一笑说：诸葛亮升座中军帐，发号施令，布置发兵。接下来说，昨天诸葛亮死了，今天如何还能发兵？这就叫兵不厌诈，昨日用计，迷惑敌人，让他们认为蜀营无主，不能作战，使之思想松懈，今日出其不意，打他一个人仰马翻。全场观众无不叹服。翼良对此深有感触，想说书要说得像伯父那样才有意思。他顿时想起伯父不止一次对自己说："要说好书，自己一定要会编写，创作书情。"从而认识到：说书先生要自己会创作，一味靠死背，上台说死书是不行的。因此，翼良在年轻时就博览群书，增长文学知识，锻炼创作能力。正因为如此，后来他在书台上就能合理扩展书情，临场发挥，把书说活。他平时还坚持练习书法，日复一日，年复一年，他的行、楷书法颇见功力。玉书看到侄儿是块说书材料，但是感到自己年龄大，台上说书，全神贯注，再要教导侄儿刻画人物个性等基本功，实是精力不支。幸得其时长子国良有"活鲁肃"之誉，早已蜚声书坛，是在江、浙、沪拥有大量听众的名家响档。玉书将侄儿翼良交与国良进一步传授《三国》书艺，使翼良对书情脚色内涵、人物个性等方面有了更深的理解。他先后学习一年的时间，即进入演出实践、提高阶段。

张翼良经过一年学习，即到常熟一个小码头上开始正式演出（第一次正式演出，内行称为破口）。当地乡亲一看，来了一位小先生，身材矮小，但很玲珑乖巧，都要去听听。第一回书听下来，觉得小先生非常讨人喜欢，书说得头头是道，有声有色，口齿清晰，脚色分明，口碑奇佳。有一天大雨倾盆，街上积水成河，场方把张翼良驮在背上，从宿舍出来，经过一条街，进书场一直驮到书台上。那天听众倒还不少，目睹此状，哈哈大笑，说："小先生今朝骑了骆驼上书台，派头大格。"满场气氛活跃，这回书说来觉得毫不费力。从此翼良开始懂得，上台说书一定要和台下观众相互呼应，交流感情，使书中人物栩栩如生，书情更加生动，并懂得这是评弹演员必须具备的艺术特点，所以数百年来评话仍有旺盛的生命力。他在第一站码头赚了些钞票，剪书后即买了一段好的布料给母亲，另外买了两瓶高粱酒给伯父张玉书，两位老人十分高兴。此后翼良说书十分注意调动自身积极因素，踏上书台，总是精力充沛，口若悬河，语言流畅，将书情表达得清清楚楚。虽然自己十分吃力，但翼良十分注意不让听众听得吃力，而让听众感觉说书先生说得思路有条不紊，表达力强，脚色逼真，台风潇洒飘逸。做到这样，才能让听众得到美妙的艺术享受。如果使听众听得吃力，那么这部书就说得失败了，若不认真对待，就会一世说不好书。通过数年磨炼，翼良书艺大进，知名度有所提高，他不忘记穷苦亲戚，他祖母的哥哥（舅公公）有三男二女五个小孩，当时生活十分困难，翼良即负担他家日常不可缺少的油、盐、酱、醋、柴的费用，舅公家都很感激他。

张翼良1956年参加常熟红星评弹队，1960年参加常熟评弹团。1964年团领导送他到当地驻军6317部队的一个连队里当一个月战士，体验生活，回团后写出了短篇评话。不久又被文化主管部门派到嵊泗列岛体验生活。他这次出海由后勤组长黄玉霖具体负责，从浒浦港口乘三道头篷60吨大帆船航行长江，心甚兴奋。经崇明，到东海见碧海蓝天，天水相连，一望无际，觉得舒心爽目；有时彩云漂移，气象万千，而海水瞬息万变，一遇风浪，就头晕目眩，五脏翻腾，四肢无力，呕吐难熬。全仗毅力，得以克服。到了嵊泗列岛，渔民热情，亲如手足，照料得无微不至。翼良等人待在岛上头三天，仍感足下腾云，头脑昏沉，飘飘然好像还在海面船上，三天后逐步正常。渔民盛情诚意，令人感动。那里的带鱼毕活鲜跳，一条条足有三寸阔，扁担长，阳光下银光闪烁，煞是好看。渔民招待来客特别考究，拉几条特大的活带鱼，斩头去尾，每条切成段，配以葱姜下锅，烧时散溢出阵阵香味，令人垂涎欲滴，烧好后大家吃饭、吃带鱼，味道好极了。还吃活鲳鱼，海里的活鱼吃来鲜嫩味美。十几天下来翼良等人吃得红光满面，身上的皮肤都是油光光的。翼良出海有两大任务，一是体验生活，二是慰问演出，演了《三气周瑜芦花荡》、《英雄刘英俊》、《林海雪原》等书目，场场爆满，听得渔民笑口大开，掌声如雷。这次慰问演出激励了渔民更大的生产干劲，又使翼良亲眼看到了渔民们勤劳勇敢、秉性诚朴、心地善良、热情好客的优良品质，自己亦受到了深刻教育，对劳动人民增添了亲密的感情。回团后写出了三麦能手《倪永福的故事》，在当时起到了较好的宣传效果。

张翼良经历了演出实践、探索、钻研，使《三国》的演出逐步完善。他在演出过程中十分注意革新。评话本有必须“破嗓”之陈规，过去不少评话演员本来是条好嗓子，为了说大书，很是可惜。而翼良在保护自己的好嗓子上却用了不少工夫，不断探索研究科学发音，合理使用唇、齿、舌、鼻、胸腔共鸣等，时而声若洪钟，时而细声稚气，生、旦、净、丑，集于一身。他还擅长“八技”，特别“呜——”的一声马叫，可以震屋飞尘，收音前“欧——”的一声“海底翻”，响彻青云，堪称书坛一绝。演出《三气周瑜芦花荡》，翼良一声吼呼，人称“活张飞”；打黄盖中演周瑜，人称“活周瑜”。活就活在眼神上、内心活动上、嗓音上、手面（动作）上。没有这四个条件，任何人物必演不活的。他不但擅演传统长篇，并能积极编演现代长篇书目，如《林海雪原》上座率很高，原因在于“认真”两字。他不论演传统书还是现代书，上台前必然闭目养神半小时，有时还要长一些，这时，他把今天要说的书，通默一遍，然后再上台演出。有一次，在一个干部会议上演出《杨子荣打虎上山》，把杨子荣的英雄气概演得栩栩如生。上山时恰逢猛虎出洞，翼良启口“呼——”的一声虎啸，鼻孔中突然呼出两个泡泡，听众在发笑，翼良不慌不忙，拿起手帕轻轻抹去泡泡，笑微微地说：“东北气候零下几十度，老虎也在伤风掩鼻涕哉。”一句俏皮话，引得哄堂大笑。翼良的说书艺术受到广泛赞扬。1984年他就任团内艺委会主任，被吸收为江苏曲协会员，并选为苏州市曲协理事，后来又被吸收为中国曲艺家协会会员。他参加了《琴川霹雷》等现代中篇评弹在苏州的会演，均获演出奖。1982年以选回《长坂坡》参加江、浙、沪两省一市评弹名家大会书，获得专家们的高度赞赏。1987年在苏州市评弹艺术节参加中篇《翁同龢》演出，把书中李鸿章、李莲英这两个脚色演得惟妙惟肖，一言一动，令人倾倒。由上海电视台录像多次播放，深受欢迎。《三国》录像三十多回，录音一百多回，经常播放，令人百听不厌。

（原载《常熟文史》第二十七辑）

艺人录

徐玉泉口述　胡觉民记录

马如飞

马如飞，原在江苏巡抚衙门当库房誊录，以入不敷出，想起乃父生前弹唱之《珍珠塔》脚本。母告以已给他表兄桂秋荣取去，时桂已登台卖艺。马遂向桂索回脚本，悉心研习，不久立即登台弹唱。初亦平常。其时桂已成响档。马因要求与桂互换场子（时马在阊门湖田上财神堂财源轩书场，桂在城内城隍庙东面大兴书场），桂颇自高自大，以为马初出茅庐，未必更佳，遂与约定调书场后二人说同样的一回书，试看谁的听客多。马的目的正欲如此。不料即此一调，马如飞的说书天才，遂得尽量发挥，听客日多。桂秋荣的听客却适得其反，且两个书场的听客把马桂二人的书艺作比较后，众口一词，都认为马艺确在桂之上。从此马如飞一举成名，将桂秋荣压倒下去。

马如飞学有根基，为落第秀才。马有三部《珍珠塔》，如场中文人听客多，说最高的一部；如工商界人多，说普通的一部；至农村说必须通俗，他又有一套说法。各阶层都能听懂。

马在苏州临顿路桐芳巷万全书场说书。时元妙观寿星殿有讲乡约的，讲者箭衣外套，红缨帽子（吴荫培之流），讲“圣谕广训”，听者环集。马住城隍庙前，每日去书场必须路过寿星殿，听乡约者大部随马去听书。一日巡抚丁日昌在寿星殿听乡约，见状大诧。询之系马说书，大不以为然。知马夜场在道前街臬台衙门前万象春书场说书，当夜，丁即青衣小帽带一随从去听书。时书场中有臬台衙门稿案等人在内听书。见丁后，向茶房暗通消息，做手势暗示丁字（一指竖一指横），马亦悉丁至，特别注意。遂在书中强调忠孝节义，丁因而大加欣赏，听完一回书，特出二元，要马再说一回。并写一字条，大意谓“你既有此文才，何不投考出仕？”马谓无福，且一要才学，二要提拔，三要家财，缺一不能做官。因不具备条件，所以不想做官，宁在书场中借此劝忠教孝。丁大为激赏，归衙告其母，认为不必再讲乡约。弹词较讲乡约收获更大。丁母也要听马说书，出洋十元，命马巡捕找马至衙中说书，马巡捕吞没此十元，以八百四十文给马（时洋价一千零二十文），马不受。（向例三县一府、藩臬二司巡抚，每逢十二月二十日封印，正月二十日开印，五月十三日侍关帝，各班房斋利市捉差评弹艺人往说书，不能违拗。差条上写"仰×××到辕伺候"，捉差之价为八百四十文，但艺人须出七十文给送差条者，七十文作泡茶酬劳，净得七百文。马以并非向例捉差日期，故不受例资。）到第二次到巡抚衙门说书时，说明并未收到此十元。马巡捕遂为丁母申斥。

马向重道德。曾在常熟乡间一书场说书，周围十里内约十家书场的听客均来听马说书。其他九家书场都等于停业。因此马在各书场，必以一月为期，不愿多说。恐多说后妨碍其他九家书场营业和同道的生计。又马在一家书场"剪书"后，不立即接第二家书场预约，而是带了弦子在乡镇上跑，遇有茶馆之附设书场者，如场东为孤儿寡妇或穷场东，便自荐"开书"，但不说真姓名。说几天后，营业大盛，始说真姓名。马对同道无论相识与否，凡在外埠相遇（时已有光裕社），马必留一宿二餐，并送路费。艺人每到一码头，对同业，凡后至者必拜候先到者，第二日由先来者答拜后来者。此为马所订的同道联谊的办法。马并发明"太平袋"。因出外后要时时防贼，刻刻防火，万一遇惊，将所有行囊纳入太平袋就走。写家信有暗号，亦马所创始。并打定主意不赌博，不浪费。

马有创作开篇刊行。授徒时，往往第一句四个字要学唱两三个月。要学会头四句，才能唱好一只开篇。又最后落调的三句，也必须掌握好。

马父春帆，亦业弹词，中等脚色。有一次新春出码头做年档，大市镇两家书场，巧逢俞秀山做对面书场。见面后，马说明早知俞在此也不敢来了，俞询春帆隔年取多少带档（定洋），马说收二十元定洋（时每元约120个听客书钱），须做两千四百听客，始满二十元。当时书场如有双出百听客，为最好营业。俞打算马须双出百至元宵，始可做清定洋，还可有盘川，允在书场放他（即让马）。元旦开书，两场同做，俞为名角，场中客满，马寥寥数十人。俞弦子打低，说唱不用精神，听客觉俞平常，听马书觉得较俞好，俞之听客日少，反剩六十余人。马日夜两场三百余人，俞之场东垂头丧气，马之场东大为高兴。至正月半，俞计算马所得除还清定洋外，尚余十元左右。俞至元宵夜场开书前，询场东，书场中有多少听客，答十余人。又询对面场中有无"剪书"？答正在关子头上。俞命提早半小时开书，场东嫌早，俞命尽管提早开书。上场时俞之弦子突然提高，唱也打足精神，听客路过，忽听弦子、唱声有异，纷纷入俞场。当夜马场即被拉去一半听客，十六日更好，未满三天，马之听客被俞完全拉光，听客全无。三日后，马往辞俞，俞戒以后勿能得寸进尺。马垂头丧气回苏州。

马如飞有子名一飞，从父学艺，能传衣钵，不幸登台几年即短命而死。

马如飞之兄马如龙，亦擅唱《珍珠塔》，其子幼飞亦传父艺，过嗣于如飞为子。

马如飞有徒弟俞莲生、何莲洲、庄莲汀、杨鹤亭、姚文卿等。

马如飞的女婿王石泉，第一次到嘉兴说书时，在未上台前，到南湖烟雨楼等处名胜古迹走马看花游了一次。并向场东了解了一些当地风俗人情、物产等情况。第一天登台唱开篇，就唱嘉兴开篇，唱得头头是道。因此给听众一个很好的印象，觉得他不但书艺好，文化水平也着实不差。所以天天客满。那时书场里还没有买筹入场的办法，要到小落回时，才由茶博士向听客收书钱。王石泉发觉有一个天天坐在“状元台”第一只好位置上的听客，茶博士从不向他收书钱，而对他招待又特别周到。这个听客又大模大样地非常傲慢。只有人向他招呼，他对人总是爱理不理的。王石泉便觉此人一定是一个有特殊势力的人物，向场东打听，才知此人是当地土豪陆斗山。如果有人得罪他，他便要报复，最起码要向他送一份厚礼赔罪。否则他能使人倾家荡产，甚至坐监牢。所以嘉兴人见他都怕，连官府都不敢惹他。书场里非但不敢向他收书钱，还要特别奉承他。王石泉了解这情况之后，过了几天便在书台上说一段讽刺陆斗山的插科。这段插科在当时的社会环境中，可以说是一种斗争方法，也是评弹老艺人的天才表现。插科内容是这样的：“有一个开妓院的鸨母和嫖客生了一个儿子，后来这孩子长大了，鸨母也死了，这孩子就继承了妓院做老板。他总觉得这行生意不是正业，一直想改行，做规规矩矩的买卖。可是他没有学过什么，所以要想找志同道合的人合作。有一天，他在茶馆中和人谈这问题，恰巧对方是一个专掘壁洞的小偷，也觉得‘千日做贼总有一日穿’，终非长久之计，也想改行。所以一谈就投机。小偷又介绍一个朋友，这朋友是一个在黑夜打闷棍专劫单身客的剪径贼，也想改行，二人的确志同道合。商量结果，龟奴、小偷、剪径贼各出三分之一资本开一米店。开张之后，因为三个都是外行，不善经营，没有多久，便不能支撑而关店。关店时候，盘存底货只有白米一石八斗九升，照合股开店时出资比例三份分派，每份应得的数目：龟奴、小偷、剪径贼都是六斗三（六斗三与陆斗山同音），听众听到他最后说出龟奴、小偷、剪径贼都是陆斗山，不禁哄堂大笑。觉得王石泉骂得痛快。坐在状元台前的恶霸陆斗山面对王石泉，听他转弯抹角对他痛骂，竟亦无可奈何，但他从此就不到书场听‘白书’了。”这一故事，在嘉兴一直流传，成为一个群众喜爱的掌故。

姚士章

姚士章，小名姚八，名松圃。师为章汉明，说《水浒》。章好赌，但说书在评话界为一有号召力的大响档。说书原来完全官话，无土话。至姚时改说土话，所以听众特别欢迎。章无子，将技艺传授于姚士章。章说《水浒》，全部照昆剧起脚色。大书考究八技，八技是：木鱼声、马蹄声（分快马、慢马、雪地马、沙地马）、马叫声、掌号声、吼叫声、哆噜子、播枪声、鼓声（战鼓、堂鼓）、兵丁出扯声。另有口技是：咳嗽声、笑声、哭声、各地方言（乡谈）。学说书者，均须深刻研究。姚并精于刻画脚色，以衙门方面为例，清官、糊涂官、自戤石狮子的起到上房官太太为止，一切情状，各个人性格，均能描摹细腻地表达出来。因此姚说《水浒》，可与马如飞媲美，有时还胜过马如飞。

太仓娄塘镇一书场，屡次聘请姚不到。有一次姚忽至娄塘，在该书场演出。群众因姚过去架子太大，所以有反感，日夜听客仅数十人。场东因之大懊丧。时适说至赤发鬼刘唐送信给宋江一段，姚开相说刘唐“五官”时，惟不说耳朵，听众怪姚不说耳朵。姚谓刘唐（娄塘同音）本来没有耳朵的，如果娄塘有耳朵，我姚士章在娄塘不会漂账了，以此讽刺娄塘听客。

王效松为姚士章弟子，未毕姚之技艺。

赵湘洲

赵湘洲弹唱《玉夔龙》、《描金凤》。弹琵琶弦子极佳，他练大套琵琶，在隆冬酷寒天未明将明时，把手在雪中摩擦。用两只凳子，中搁一扁担，坐在扁担上弹。如是必须端坐，不能前俯后仰，一直弹得手指发烫。练习弹弦子，先用二指拈一粒黄豆，直至拈得发圆。弦子按在膝头上，左手捺字不用劲。弦子要宕空，弦子头上还要挂一秤砣，劲道全在右手指头上。弹的调头九腔十八调俱全。如“点绛唇”、“湘江浪”、“剪剪花”、“三环调”、“扭绉调”、“离魂调”、“乱鸡啼”、“金绞丝”、“银绞丝”、“吴歈调”、“耍孩儿”等。

赵之各种调头，马如飞亦不及。因马之《珍珠塔》，仅唱道情用“耍孩儿调”。

赵一生喜穿着华丽。书坛上奉送大套琵琶，由赵开始（后人分三六九奉送）。赵不预告日期，每逢书说至“软档”，始弹大套。说书收入，全部用于衣着。赵弹琵琶有一特技，能弹至中途，把琵琶轻轻向上一抛，再落于手中而弦声未绝。

其子赵鹤卿，亦能弹词。出码头弹唱，虽营业很好，因好烟赌，必将行李卖光后回家。因此湘洲消极，自赚自用。不积蓄，打扮得如同“王孙公子”。在苏州说书，到场子时，必坐四人轿子。出码头必雇一大快船，沿路游玩风景。行李中带心爱书、画、玩具。到场子后，如为准备之卧室狭小破旧，必雇工匠修饰一新，所有费用，均湘洲自任。船上开餐亦不要场东负担。虽在客地，卧室亦布置如雅致书房，明窗净几，挂上字画对条。每做一场子，起码两个月，一切用费，视场东能力，应负担者由场东负担，不胁迫，不硬要。

一次湘洲在阊门外说书，每天由四个头轿班，坐轿到场。后又加至五人以至七人，其挥霍如此。

湘洲之孙赵筱卿，曾孙赵鹤荪，已死，赵氏至此无人。

杨斌奎，为赵筱卿弟子，犹传赵氏衣钵。

赵筱卿之妻蒋氏，乃吴县衙门师爷蒋舫笙之女，是赵鹤卿的老听客，女从小随父听书，后来筱卿之书由蒋氏提点。筱卿学生甚多，有杜文奎、程鸿奎、唐月奎、朱耀祥等，每逢筱卿无暇，由师母蒋氏教书。

赵湘洲徒张步云能“三响头”，即琵琶、扬琴、口唱同时进行，他把琵琶戤在身上用手勒弦发音。

王石泉

王石泉，马如飞之女婿。弹唱《果报录》，即《倭袍》，但生意不好。后马为之撰开篇（自王文被捕，二娘娘托刁刘氏说情起直到开辕门止），因之生意大好。王对书中王文与刁刘氏谋杀亲夫刁南楼、玉兰婢的阴谋、理刑厅审问、绍兴师爷盘问口供等情节，完全合清朝的法律制度。玉兰口供：问她总是承认的，但供词前后不同，盘问到底，终被辩脱，要审十余堂，总是这样，听听好像要招认了，结底辩脱。当时臬台衙门的刑房师爷就酷爱听他的书，向他学习。王的弹唱平常，说功第一。苏州有句谚语，说白书情听不厌的《倭袍》，其精彩可知。

其子王绶卿，也说《倭袍》。现在说《倭袍》的都是王石泉一脉相传。如果说得好，这部书则表达反封建的精彩意义。王石泉在日，到处受欢迎。

何云飞

说《水浒》，起京班脚色，自何云飞始。因何与京剧演员盖叫天为莫逆交，互相交流艺术。

何云飞说《水浒》，欢喜钻研，对书中脚色，均照京剧中脚色演出。其师沈某为一下驷材，每做一场，都不满月。因他的《水浒》只能说二十七天。何云飞随师学艺，四处码头上流浪，食宿均无固定，生活很苦。一次，在乡镇上踏场子（即兜生意），到一爿茶馆，师徒二人连行李都没有。乃师和堂倌合睏，何仅有一条席，用两只八仙桌拼起来摊上席子，缺少枕头，何见箩担中（这家茶馆是砻糠老虎灶）有一束稻草，就借来做枕头。睏到天亮，职工要在老虎灶上生火，找不到稻草，又因老板住在库房里面，库房门未开，无法生火，泡茶客人已多，寻不到稻草，骂进骂出，何始惊醒，取出作枕头的一束稻草，被职工羞辱一番。但何并不气馁，仍旧刻苦学艺，埋首研究。后来成为说《水浒》的大名家。有知其事的人，把这事作话柄取笑他，何仅一笑而已，谓"若无一番寒彻骨，那有梅花扑鼻香"。并把这亲身经历和自己刻苦钻研技艺的经过勉励后辈。

何出道上场，因悉心研究技艺，艺乃大进，远胜乃师。人称"何一年"，盖一个场子他可连做一年，但一部《水浒》仍未说完。即使不到场子中去，在家休息时，亦必练习说书二小时。他在书场说书，虽然常常连续说一年之久，但他一生从未将《水浒》说完过。何的特技，又称"何一刀"。他能把水浒中的刀劈栾廷玉的刀法说得出神入化，曾有三个名艺人——谈伯英、钟士亮、王如松向他学习，说这段刀法。三人分工，一人学上段面部表情，一人学中段身体手法，一人学下段脚下部位。但终未能学像。现在何的弟子已死，他的"一段刀法"书，从此失传。其子何骏飞，亦未得传父艺，从谢少泉学《三笑》。

张洪涛　张福田　朱品泉

苏州前辈评弹艺人中有一个叫"浙江马如飞"的，名张洪涛，嘉兴秀水人。说书一口苏白。弹唱《文武香球》。这部旧小说中情节结构最平常，所以评弹艺人说它是书性最弱的一部书。俗语《文武香球》文者弹唱，武为评话。照一般能弹唱者未必能评话，即使能，也是勉强的，唯张能弹唱得好，又能评话起脚色，使解数，所以是难得的全才。所到之处听众都喜爱他的艺术。不是听书路，因此场场客满。到太平天国之后，年龄已老，加入苏州光裕社为社员。有一子早死，有一孙即张福田。福田少年不肯专心向乃祖学习。洪涛有一干儿子朱品泉，聪敏伶俐，能虚心受教，尽传洪涛之艺。十六岁即成大响档。和当时的马如飞声誉相并。因此当时苏州地主官僚之家，日日争延朱去堂会。时钮家巷潘家亦时常请朱唱堂会。有京卿至潘家听朱说书后，大为激赏，预备带朱去北京，推荐于慈禧太后。不料朱在二十四岁即以患穿骨瘤疽身故。当时人皆惜之。

朱品泉成名后，张洪涛即去世。后张福田即向朱学习，亦能得乃祖真传。后福田授徒，能传衣钵的以李伯泉、周玉泉二人为最。现仅存周玉泉一人而已。后周玉泉又拜王子和为师，习唱《玉蜻蜓》。

陈子祥亦张洪涛之徒。陈传艺于其子陈莲卿、外孙祁莲芳，说《文武香球》。金莲奎亦为陈子祥之徒。

吴西庚　吴玉荪

吴玉山，即吴西庚的父亲，小松、小石之祖。吴玉荪为西庚的长子。

吴玉山原为弹弦子的算命先生，有二子，长西庚，次升泉。西庚从前辈评弹艺人王秋泉学艺。王说、噱、弹、唱四技俱佳，亦为名家之一。西庚传其衣钵，复悉心钻研，遂得青出于蓝。后来西庚又从钱玉卿学《描金凤》（向王秋泉学《白蛇》、《蜻蜓》），王、钱俱为名师，西庚遂自成一家。西庚家教甚严，对玉荪、小松、小石等三子管教绝不放松。教子学习弹唱，每日清晨父子教学艺术，不许儿子到茶会。午后，令三子至元妙观看卖膏药的江湖艺人练拳，回家练拳（后来延师教拳术），以此白手成家。清末时积资五万金，在调丰巷建大住宅一所，完全劳动所得。后来玉荪在观前街开设中英药房，小松、小石，在药房对面开设松石轩照相馆。终因外行，不善经营，中英药房出盘于人，松石轩亦迁沪营业。

西庚及三子书艺均佳。吴玉荪因改行为伤科医生，辞大世界场子，荐夏荷生代书（玉荪未改行前，夏虽然技艺亦好，但总为玉荪压住），夏荷生就此成红艺人。

吴升泉弹唱亦甚佳，但对小辈之家庭教育远不及乃兄西庚。其孙吴剑秋、朱慧珍夫妇，现在上海评弹工作团。

顾文标父子和谢家三泉

说《三笑》的双顾档，顾文标与子顾雅庭，是常熟人，为当时（太平天国之后）红先生。文标上手，善于教育。下手雅庭好唱功（文标教徒，说唱均佳)。雅庭做惯下手,不肯研究上手脚色,文标虽欲教他,但由于雅庭不肯学,无办法。后来想出办法,逢到说上三门脚色,临到书场,假装腹痛,吃痧药或他故回家。雅庭只得独自上台,待雅庭登台后,文标掩在窗外偷听。经此锻炼,后来雅庭技艺猛进,竟胜过其父。不过在封建时代,技术保密。其时,谢家说《三笑》有谢玉泉(品泉之兄)、品泉、少泉(玉泉之子)。雅庭在场子中说书时常派人守在书场门口,不许谢家三泉去听。少泉从父叔习艺后,还不满足,又拜王丽泉为师。王丽泉技艺与顾雅庭各有千秋。少泉复尽心竭力研究,技乃大进,远胜父叔。但少泉研究所得,并不保密,尽授其徒夏莲生(徐云志之师)。少泉到老一直研究艺术,孜孜不倦。如在路上听见狗叫(雌狗叫、雄狗叫、狗交尾叫、叭儿狗叫)。又如夫妻相骂的神情、态度、语言等等,随时随地都作为学问,收入书中,配合演出。乃得惟妙惟肖,临死还念念不忘揣摩技艺,鸡毛帚等犹倚在床上。

少泉到上海演出,听众誉之为评弹艺人中的"文状元"(叶声扬被称武状元),惜未享高寿,五十余岁即去世。

谢品泉

在清末时苏州来一着装很阔绰的大盗董桃花,冒充大官。有一姘妇"昆山老二"作临时太太(昆山老二初不知董为大盗),昆山老二与谢妻为姊妹行,董携之来苏后,在胥门内善长巷租屋作公馆,排场煊赫,门口有官衔行牌。租屋时由谢妻保租,后因盗案事发,由官衙派捕快于天未破晓时往善长巷捕董,敲门进去,董开门询问,时董穿单衣短裤,知已事发,要求捕快让他到房里去穿一条长裤,当时兵丁捕快环立房门外,眼看董至床上下帐换裤,不料帐后有便门,已由后门脱逃,结果仅获昆山老二。到官后,老二死于狱中。后官中追究保租,时谢在阊门内下塘神仙庙隔壁会园弹唱,突见捕快来找他,询悉情由,因书未说完,要求说完这回书,捕快与谢为素识,允之。说完书后,谢即以钱贿赂捕快,所以当时未被提去,声言明日到案,谢即出走。事后由其妻的另一姊妹行一耶稣教徒,介绍谢信教,由教会中美国教士为之出场,谓谢作保租,不应连带负责。当时中国官僚最怕外国人,遂不追究,谢从此笃信基督教。

谢品泉年老妻故后,雇一女佣。女佣的丈夫为一开革兵勇,因案判刑十年,关在监中。谢因这女佣工作勤慎,所以对她很同情。时予额外周济。女佣乃得常以金钱接济其夫。其夫出罪后,要求妇回家同居,妇以既无家又无业,何以为生,主张仍在谢家为佣。不料其夫误会妇与谢私通,竟起杀心。一日谢在汤家巷茂苑说完夜书回家，路过曹家巷时，遭佣妇之夫用手枪暗杀。凶手被捕，再度入狱，妇往探视，意以恩将仇报，其夫始悉真相，唯有痛哭。向妇索一手帕拭泪，当夜即用此手帕于监门自缢而死。

王丽泉

王丽泉次子王耕生，父子响档。王少泉亦拜丽泉为师，王少泉人极醇谨，书艺亦佳，很为听众欢迎。王少泉授弟子蒋宾初、王畹香等。王与谢少泉的《三笑》是两派的。谢的《三笑》花描，王的醇厚有味。均受人欢迎。但当顾雅庭、王丽泉、王耕生在日，谢家《三笑》终被顾、王罩住，顾、王死后，谢家乃更红了。

叶声扬　朱振扬

武状元叶声扬，说《英烈》，是说小书的叶涌泉之子。拜许春泉为师。许收两徒，为叶与朱振扬。朱即朱品泉之弟。叶、朱二人说书，性格不同，朱喜老实规矩，叶喜花描活泼。但朱的生活却好挥霍浪费。叶之生活则俭朴刻苦。叶平日常劝同业："说书人要有余蓄，必须俭朴。"叶赶书场时，向来晴日惯常步行，雨天钉鞋伞，从不用驴、轿代步。后积得余蓄，在宫巷开设孔雀袜厂。虽是旧社会的资产阶级剥削思想，但亦血汗所得。唯叶传授之徒，无一突出者，因叶每换一书场，说同一回书，说法不同，很多变化。因此学生不易记忆，很难学习。

朱振扬，是一个好师傅，授徒很多。如蒋一飞、夏芝飞、王鹏飞、马一飞、周熊飞等，说《英烈》均好。而以蒋一飞为最，亦成响档。

许春祥之子许继祥，在春祥身故时尚幼。后随师兄叶、朱二人学艺。但许继祥后来成为《英烈》响档，还是朱振扬教出来的。

蒋一飞

蒋一飞生活很朴素，如叶声扬。在上海开美孚灯厂，受人之骗，将一生血汗数万元全部蚀完。蒋一飞教的学生张鸿声等亦成响档。

蒋一飞之弟蒋一麟，亦朱之徒。复得乃兄帮助，书艺亦不弱，至今尚在。

张步云弟兄

张步云、步青、步蟾兄弟三人，为钱玉卿之学生。说《描金凤》、《双金锭》、《大红袍》。步蟾有《双珠球》无《大红袍》。步云艺术高妙，有"小妖怪”之称。喉音嗓子第一，弦子、琵琶亦复绝顶。虽同业中之好弦子、好琵琶的也无一人能及。他还创“小阳调”，但其人貌颇不扬，人称“隔墙西施”。虽已五六十岁，弹唱时喉音犹如十六七岁好女子，音拍入唱，手口相同，还有绝技所谓“三响头”，即一手弹琵琶，一手敲扬琴，口里还要唱。这都是从幼年刻苦锻炼出来的。有此绝技，所以到处受人欢迎。其徒则不及乃师远矣。步蟾技艺亦不及步云，但亦称上中。步青早逝。

田锦山　王秋泉

田锦山、王秋泉双档，人称“活白蛇”。每逢上台说书，听众笑声不断。惜乎噱头都是粗俚的不健康的黄色噱头。当时马如飞常劝田锦山，应该严肃些，不可太黄色。因为要影响世道人心的，要劝人为善祛邪归正。田却自以为是，不听忠告，只要生意好就算了。后来田积有薄薄家财。其子田少山生活糜烂，烟赌浪费，且有精神病，所以大家叫“田痴子”。虽亦传父艺，说《白蛇传》，但说来有段好，有段坏，不能一气贯通。后来死在胥门外花烟间中。由光裕社为之买棺成殓。田锦山艺术，说、噱、弹、唱俱全，为当时有数人才。

王秋泉的儿子王子和，及又一入赘张家之子张云庭，均传秋泉衣钵而成响档。说《白蛇传》、《玉蜻蜓》。周玉泉即王子和的学生，亦能传其真髓。所唱“云房产子”，即王秋泉遗作。吴西庚、吴升泉的《白蛇传》、《玉蜻蜓》，也是王秋泉的遗传。

沈莲舫

常熟说书人沈莲舫，是姚子鲁的学生。唱《倭袍》第一。与苏州王绶卿的《倭袍》可以对立。沈的技艺，不亚于王。沈弹唱功夫深湛，慢而不断。落回时往往能在不知不觉中出其不意，内行人叫“冷落回”，是其特技。《倭袍》中的“唐家书”，王绶卿不及他，但“毛家书”却不及王绶卿。唯沈以用心过度，神经太紧张，以致得神经病，时发时愈。他还有一特殊技能，能捏动物像，把泥团在袖中捏成猫狗驴马等像，惟妙惟肖。

沈莲舫传徒陈小舫，陈小舫的儿子陈梧生，现与王文华拼双档，即沈之系统。

张秋亭

张秋亭，常熟福山人。说《封神榜》，无师传授。自己尽心研究，再向文学家请教。有一福山举人，与张极相得，对《封神榜》每一脚色都能配合书中人不同性格的描摹，而且各有诗词歌赋一阙（仙人出场往往有一支歌），神话中的法宝，能说得变化无穷，令人听得神往。张为描摹法宝，走路时也在想书中脚色的用法宝，如祭起捆仙索之类，竟成神经病，往往在走路时对人说："看法宝"，或"泥丸宫中走出法宝来也"。死后无人继其艺。

赵树棠

赵树棠，常熟人，专说冷门书。如《三剑侠》、《七美缘》。《玉蜻蜓》也能说，书艺高明，不肯授徒。将艺传其婿朱继儒。

赵、朱二人书艺均佳，赵到近八十岁时犹登台弹唱，而且听众极为欢迎，始终不衰，时在距今五十年前。

朱继儒将艺授徒陈小舫，所以陈亦能说《七美缘》。

金小鹤

金小鹤，常熟人，弹唱《描金凤》，书中情节，比苏州人说得好。

钱雨卿

钱雨卿，常熟鹿苑（今属张家港）人。拜苏州朱静轩为师，学唱《落金扇》。一直在常熟弹唱，再研究赵树棠的《玉蜻蜓》。有诨名叫"钱娘姨"，因起女脚色特好之故。又叫"翡翠玉蜻蜓"。嗓子到老未走样。在苏浙二省到处受人欢迎。

其师朱静轩曾与情商，因朱有二子，朱幼轩、小轩在苏州说《落金扇》，要求他不到苏州来唱，以免妨碍二朱营业，钱尊重师嘱，不到苏州来说书。

钱有一女，嫁昭文县库房相公王梦梧为妻，钱退休后即住婿家。徐玉泉到常熟弹唱时，特地拜访，钱犹热心将《落金扇》中的"游龙传"一段约二三十回书悉心授徐，时钱已七十多岁，迎八十岁时去世。

金耀祥

苏州说《金台传》最有名的是金耀祥。金人极俭朴，买房屋自住，不肯装潢，以免招摇。其幼子金筱棣，常在钮家巷潘家进出。每逢岁底祀年，潘家为官僚之家，场面富丽堂皇，因之艳羡。筱棣在一年过年时买了一副锡的三果盆架子回去，其父耀祥就大发雷霆，以说书人家不配用这种陈设。

只有用红呢桌围，寿字蜡扦的才配上锡三果盆，把筱棣训斥一顿之后，这一年连祀年都不举行，其俭朴可知。

金耀祥营业不亚于姚士章，收入甚丰，这一年年档与姚士章做对档，一个做桂芳阁，一个做太监弄老义和，都在观前。二人相见，互相猜测开书后谁的听众多，姚说你我各占一门，大家都有听众。到元旦开书，散书场，双方都是客满，一面煊红，一面墨黑，红者听姚都是戴红呢风兜的老人，是知识分子。黑者都是穿黑紫羔灰袍，戴黑毡帽的染坊帮等劳动人民。

徐炳祥

徐炳祥，洞庭东山人，原来是农民，以喜爱听书，学说《西汉》、《隋唐》两部书，后来到上海因《隋唐》已有人说，遂悉心研究《西汉》。《西汉》书里有“九里山十面埋伏，韩信围困楚霸王”的关子书，他出生于东山，对东山地理极熟，遂将东山作九里山，化入《西汉》书中，说得头头是道，大为听众欢迎。一部《西汉》能连说八九个月。听众始终不衰。后加入上海说书团体润余社。徐在常熟梅里畅园书场献艺，日夜听众有三百余人，为当时最卖座的书场。日场说“九里山”，夜场说“鸿门宴”，都是关子书。对门另一邓厅书场，竟无听客。邓厅场东特来苏聘请第一流弹词艺人谢品泉前往梅里与徐做敌档。其时徐已在畅园开书十几天，谢到邓厅开书后，虽然很卖力，但日夜听客仅三十余人，只及徐十分之一。邓厅场东，乃向听客招揽。则谓俟听过徐炳祥关子后，再来听谢品泉《三笑》。谢品泉也和徐炳祥打交道，问徐的关子书再要说几天。徐说“九里山”大约再有四十天说完，“鸿门宴”也还有三十多天好说。谢自忖，所有《三笑》至多亦不过说四十天，知一时难与争胜。徐炳祥授徒严汉祥、焕章兄弟。

周熊祥

周熊祥，吴江人，曾听过严汉祥说的《西汉》，所以也能说《西汉》，周熊祥入苏州光裕社，授徒马汉民。

苏州以前另有说《西汉》的尹汉章，技艺中平，未授徒。

也是娥

也是娥，松江人。由乃父王海祥传授，说得非常精彩。惜当时听众不爱听女性说大书。其弟似祥，由她传授《金台传》，在码头上颇受听众欢迎，可惜早死。

也是娥后教女徒唱苏滩。

谢乐天

谢乐天的父亲谢筱泉，为弹唱《玉蜻蜓》、《白蛇传》的王子和的徒弟。辛亥革命时，吴江震泽举行十年一次的迎神赛会（双阳会），仪仗极盛，水陆两路并行，须连续举行十五天。江浙沪各地的人来看双阳会的很多。谢筱泉亦往看会，在震泽镇万阳厅书场耽搁，与乃师王子和相遇。评弹艺人向有规矩，徒弟登台后，每年三节，每节须向老师送节礼，至少须银洋一元，谢因手头不宽裕，已几年未给老师送节礼，那次在震泽师徒见面后，王子和即向谢筱泉索取所欠节礼，谢以无钱对，王乃大怒掌谢颊。并声言要将谢驱逐出光裕社。谢乃大愤，以光裕社定章不准女人说书，他偏要教女徒，予以对抗，即收盲女鲍文天为徒。再教其女谢乐天。鲍文天技艺极好，为听众盛赞，惜早死。后谢乐天授徒谢鸿天、谢小天。当时谢乐天、鲍文天既不能入光裕社，但亦不加入普裕社。谢乐天等极为听众欢迎，无如因一般书场都被光裕社的男艺人占有，以致他们的书场甚少。且如某一书场请了女艺人，以后男艺人即与断绝不再应聘。当时女艺人不多，很难一档连一档地接下去。所以书场场东不敢轻易请女艺人。

夏莲君

夏莲君为说《三国志》的夏锦峰之子，夏莲生之弟，为张步蟾弟子。学唱《描金凤》，亦为四十年前评弹界的小辈健者。惜嗓子早败，因而在沪改演苏州书戏（即南方戏剧），在大世界，场面很大，前后场共有数十人，可是风行一时之后，即行衰落。主要原因是内部不团结，更无领导与组织，因而一蹶不振。至今尚有马小春、陈小亭二人仍在评弹界工作。当时夏莲生遂亦另觅途径，将书艺和书戏传授其女夏秀珍、夏秀英。夏氏姊妹遂成女评弹家。现在光裕社带有义演书戏，亦即夏莲生创造。

徐雪月

徐雪月为弹唱《描金凤》、《三笑》大响档钱佑卿的徒孙，为徐雪行（幼笙）的徒弟。雪月拜雪行为师后，学不到本事。而雪月却有心追求技艺，所以在献艺之后，见有年老而有文化水平的听客，即虚心请教，孜孜不倦。常在无锡演出的苏州香山人吕品泉弹唱《三笑》，系谢派三笑，同时有苏州林筱舫也唱《三笑》，雪月先后师事吕、林二人。非常虚心，稍有所得，便下工夫研究，对扮演脚色，常常对镜揣摩，艺乃日进，卒成名艺人。徐雪月的品德，也为一般评弹艺人和老听众所称道的。

徐琴芳

徐琴芳为老艺人徐玉泉之女。玉泉向不主张将艺授女的，因为当初有礼教观念。以为女子登台弹唱，无非以色艺号召，所以不欲其女说书。后经徐妻一再主张教琴芳学习弹唱，以继父业。玉泉亦复加以考虑，以琴芳貌不惊人，想到将来结婚之后，万一被丈夫遗弃，将无以生活，倒不如有一艺在身，无论何时都可以卖艺为生。遂又决定将所有技艺悉心教女。并主张女子说书，对书中脚色，不应仅仅以女脚色占胜，即对男脚色亦必须描摹入微，主要应当脱去脂粉气息。此为二十年前事。琴芳颇能尽传乃父衣钵，登台以后愈唱愈老练，自加入评弹协会和评弹团之后，所得帮助亦多，书艺因而日有进展。

侯莉君

侯莉君为钱锦章之女徒。钱收侯为徒后，即令改名为钱玲仙。侯聪明伶俐，一学就会，常为钱所称赞。当时钱收女徒甚多，认侯为个中翘楚，但侯却受不了钱的压迫。因即脱离师门，与人结婚，不再说书。直至新中国成立之后，见到在党的领导下，女性与男性有同样政治地位，评弹艺人亦受到广大人民尊重，因又登台献艺。由于她的唱篇，唱腔翻新，别创一格，颇为听众欢迎。一时称为“侯调”，与徐琴芳拼档，有相得益彰之妙。

王燕语　王莺声

王燕语、王莺声夫妻档。书艺不恶，但不为听众欢迎，将艺传授其女小燕、小莺，双档说唱《珠塔》，书艺青出于蓝，到处受人欢迎。

严诵君

严诵君弹唱《落金扇》。由其父严莲君所传。严诵君唱俞调极佳，后以嗓子低落，由于身体衰弱所致，将艺再授其女严小君。小君与朱剑庭结婚，拼双档。

徐丽仙　汪梅韵

徐丽仙、汪梅韵，系钱锦章、汪佳雨所传。二女均未满十岁即登台献艺，更以二十余年来不断钻研，所以艺亦日进，均为女艺人中受欢迎的。

朱慧珍

朱慧珍其父系唱苏滩南词出身，慧珍从小由父教练，唱《白蛇传》、《玉蜻蜓》。俞调在女艺人中独一无二，与吴剑秋结婚。

醉疑仙

醉疑仙金姓。在抗战以前，颇有吸引听众魅力，书艺亦不弱，一度辍唱。新中国成立后出来献艺。

朱雪琴

朱雪琴为朱蓉舫之女，常熟福山人。上代是清朝武将，辛亥革命之后，朱蓉舫拜夏莲君为师，学习弹唱《珠塔》、《描金凤》。学成后又得《珍塔》好脚本一部。朝夕练习，进步甚快，将艺授女朱雪琴。雪琴天资聪明，未满十岁即能上台唱开篇，受到听众欢迎。后来又从老艺人沈俭安专学《珠塔》，精益求精，遂成响档。

梅灵云

梅灵云，松江枫泾人。其家本在风泾井书场，有弹词艺人诸继儒，在他书场说书时，以梅灵云聪慧可爱，遂将《珠塔》授灵云，并赠以脚本。灵云学成后，初与梅灵芝拼档，后放单档亦佳。其姊梅占魁幼年亦学弹唱，结婚后辍唱若干年，现在重新登台，仍能博得听众欢迎。

书坛见闻录

张鸿声

两代人学艺

我的老师蒋一飞的父亲是一个抬轿子的。他的外祖父、母舅，都是“轿盘头”。老师家里很清苦，书读得很少，也可算得是一个半文盲吧。在十四岁那年，托了很多人，借债、合会地去拜朱振扬老师，这是五十四年前——清光绪三十三年的事。

蒋一飞拜了朱振扬，和朱振扬的一个过继儿子朱幼扬，两个人同时学《英烈》。我们那位朱振扬太先生就存了一个私心，要自己干儿子成名，所以拼命地教朱幼扬。而我的老师呢？人比朱幼扬忠厚，擦铜茶壶、擦大烟烟盘、倒痰盂、扫地抹凳样样都要搞，没有得到什么教益。又因为文化差，白天听书记不牢。晚上总能学一点吧？晚上朱振扬要我老师睡了，然后才在烟铺上教朱幼扬说书。教他说法、架子、脚色、书的结构。偏偏这位朱幼扬他学艺不专心，身体也不顶好。朱振扬老夫妻曾经赌过一个东道，朱说：阿四（幼扬）一定先出道。老太太说：天生（一飞）先出道。朱振扬想：都在我手里。难得朱振扬大烟抽挺，杯酒在手，就叫两个徒弟大家说书，一飞好而幼扬差（老夫妻赌东道就在这个时候），从此朱振扬更进一步地教朱幼扬。

有一夜，蒋一飞在朦胧好睡的时候，小便很急，起床小解。走到庭心，听得先生的声音，正在起《战太平》花云的脚色。他就在明瓦窗外小孔中张进去。其时朱振扬拿了大烟枪，舞动家伙在教幼扬。幼扬呢？两眼闭上，口中呓语。蒋一飞看得出神，忘记了小便，在窗外空手学习，舞动家伙；响朗地起花云脚色的声音，喊得朱振扬发呆。老太太醒转，幼扬也惊醒，朱振扬开了长窗，长叹一声说：“好孩子！”三个字，声音激动。回头对老妻说：“我的目光见识不如你！”在这个阶段，蒋一飞的学艺更专心，果然艺术突飞猛进，从一个响档变成一个名家。

我学艺经过，说起来也是很辛酸的。

因为家境贫苦，缴不出学费辍了学。总得要找个出路，后来只好借了五十块雪白大洋做拜师金，还借债请酒，磕头拜了蒋一飞先生为师，学说《英烈》。老师对我，等于做了媳妇的做婆婆，也可以说是旧社会的通例。

我小时候有点聪明，听转书（就是在书场窗外垫了砖头听）听得很多。学了三个月，有一次老师红眼睛很厉害，要我和师叔蒋一麟（先说《大红袍》，徐少云的门生，后来也说《英烈》）一起到苏州都亭桥德仙楼去回头书场，说今天我老师不能来了。当时听众一致要我代书。我胆子很大，上去就说。说了一个半小时，拿了签子——就是说下来所得的钱——回去交给老师。听见师叔正在同老师讲，说鸿声代书不灵。我这时血气方刚，就直截地说："先生，明天我同师叔一淘到德仙楼去，如果他们不要我代，而要师叔代的话，我书仍旧要学的，可就是不说《英烈》了！"不料我的老师耳软，并有他的母亲帮着小儿子师叔，老师听了我的话有气，从此就没有教过我本事。一年多的时间，只是替他带领小囡，扫地揩台，等于打杂差一样（饭钱零用一切自给）。那么我的艺术是怎样学的呢？

老师家住苏州盐仓巷，俗称盐荣巷，是通关坊底的一条小巷。后面是荒地，小高墩墩，过去一些就是清朝时候放午时炮的地方。我天没亮起身，就奔上土墩，喊喉咙，学"八技"马叫。两个月后，那里的真马跟着我一起叫。下午上书场去听书。听书回来，先生坐轿子（后来坐车子），我是跑的，路上练手面、痰嗽，起各种脚色——因为老师家里不准许我练习的。

有个小例子是很有趣的。我在别条巷里一路走一路说书，声音是比较低的，脚色呢，也起不足的。可是一踏进通关坊，我这一声尖喉咙"马来"，又响又长，脚里加快，算是马跑、马嘶一起来，这是常遇春，转弯到盐仓巷，一声大喉咙"赶路啊赶路"叫足，这是蒋忠——几十日如一天，从无间断。通关坊、盐仓巷一带小人家，白天有时搓麻将，他们家里没有钟，总是听了我一声"马来"，他们才歇场。有时有的要先停，有的总是说：辰光早来，马叫勿曾来个来，再来！有一次我的妈叫我到家里过节日，我家住在阊门外，回去吃夜饭，"马"没有到通关坊、盐仓巷，他们烧夜饭时间就迟了两个钟头。

我们先生不教我。我最主要的是在听他说的时候，聚精会神，恨不得一句都不让它逃走，记在心头。因为在书场里老师是不许你写字的，不能抄，回来要偷偷地记一条书路。赋赞，也是他背的时候，我强记在心，回来默写出来。在我离别师门的时候，他叫我说一回书。他算想着要指点我了，我在说书，他佯睡着。我忍无可忍，把醒木在他的一只白漆镜台上狠命一记——三十几年来恐怕还有一个痕迹在这台上呢。现在想起来，这也不能全怪我老师。在那个社会里，“教会了徒弟，饿死了师父”，保守思想深入人心，何独评弹界是如此，又何独我老师，我老师的老师也是如此！

两个前辈评弹女艺人

从前封建时代，妇女是不许说书的。除去瞽目弹词有女的，唱各种小调。同时也唱一些弹词，后来变成婚丧喜庆的伴夜者，这是题外话，不谈了。妇女要说书，需要花很大的力气起来和封建势力斗争，据我所知，就有这两位前辈。

第一位名叫李闵斌，就是润余社前辈李文斌之妻。她善说《双珠凤》。她的丈夫不许她上高台说书，李闵斌一定要说书，情愿夫妻分离。并且特地取名“闵斌”，意思是要反过来把李文斌关在她的门中，可说是坚决和封建思想斗争的女闯将。

另一位是说评话的前辈女艺人，名叫也是娥。我应该很尊敬地叫她一声伯母。她的父亲叫王海祥，是说《金台传》的。王老先生不愿意他的女儿说书，因为封建时代不允许开这个例。倘使他女儿说了书，光裕社开革还在其次，最主要的是怕败坏了王家门风。不过这位女老前辈很有志气，一定要说书，而且板要说《金台传》，千方百计，钻头觅缝，偷听偷学，托人抄写脚本，果然被她学会了。她不能挂出姓王的牌子，所以取名叫“也是我”。后来听说有人在她的“我”字旁边加上一个“女”字，表示她是一个女的，我想一定是书场老板的主意，把一个“娥”字挂出，可以吸引当时一班有好奇心与别具用心的人去听她的书。她的书艺在当时说来，的确不错。后来她的兄弟王士庠（本来叫似祥，后来改的），父死尚幼，说书本领完全是也是娥教的。也是娥口齿清晰动听，动作敏捷，在台上一些拳脚，交代清楚。我小时候最欢喜听书，头脑也很封建，女的书我不要听。不过听了她，很矛盾，嘴上说“啥稀奇”，心里很佩服。她的飞腿，我看用过苦功，一般评话男同志，够得到她的不多。她的遭遇，我写到这里很难过，曾经听她的儿子谈过，是很惨，听的人都要落泪。吃人的旧社会，特别是吃女人的旧社会，不想详细谈了，咳！

顺便还想提一个说评话的女艺人，辈分比较后一些，离开题目上“前辈”二字的范围了。因为她的遭遇也很悲惨，所以连带谈一下，就是陶继英的女儿陶帼英。继英说《英烈》，帼英则说《七侠五义》。女的说评话，大多数是《金台传》、《济公》等书（后有一个说《西汉》的周桂芬）。评话

《七侠五义》是短打书，她说来也很好。说法有力，动手很好，拍飞腿当然不如也是娥，不过在当时说短打大书的男艺人，一般不如她的也很多。她为人非常正派，想入非非的听众，不敢近她的身。可怜在敌伪时期被日寇企图非礼，被迫投了河，救起后已吓得精神失常，病了几个月就死了。我想到这一桩事情，恨透了日本帝国主义和汉奸！

吴均安演活"程咬金"

吴均安拜曹安山为师，学《隋唐》。在当时一辈评话艺人中是最会说书的一个。一条头喉咙，底子很厚，脚色也都能起，有不足的地方，都是被他的说法遮盖掉的。我听他的书也有好几个月，他的一个程咬金，的确有创造。

这个脚色，也是书中之胆，他演得活龙活现。因为在当时起大书中的"戆大"脚色，都是用足全身劲道，头颈里的筋，胀得很粗，嘴里滥骂山门，听众并不欢喜。一味骂山门，有什么听头？比如《三国》里的张飞，《岳传》里的牛皋，《金枪》里的焦赞，《水浒》里的李逵，《金台传》里的张其等等，除张飞稍好些外，其他都是这样。就是我们《英烈》中的胡大海，叶声扬、蒋一飞，甚至以幽默取胜的许继祥，都是这样说的。唯有吴均安的程咬金并不这样，语汇特别丰富，性格鲜明，现的形看上去非常风趣舒服。

吴均安曾把他起程咬金脚色的体会，亲口对我讲过。他说：大书里的"戆大"，都是正面人物，你一定要起得使听众欢迎他，心里帮他。因此，他讲的话要俏皮、风趣，还要通俗，小孩都听得懂。声音要和其他脚色的两样，听众一听就晓得是他出场了。除语汇丰富和性格化之外，还要有外形。身体长大的便宜些，小块头（吴的身体很瘦）怎样才能起得好呢？就是要在生活中多接触大块头中有些呆头呆脑的人，留心观察他的动作、说话、吃酒、拿东西等等神情姿态，用到脚色身上，就像了。比如说：程咬金在瓦岗寨中出场，开口就是"皇帝来哉！"他虽是做的瓦岗寨土皇帝，但是看不起一切的皇帝，"十恶不赦"。这样把他的想法摆到嘴上来，听众听了就会觉得好笑。他在战场上对敌将总是先来一套讽刺，说得你死勿得活勿得。但说时必须用普通人的口气，声音腔调又不能脱离古代大将的气概。我听了他的书，看他起的程咬金脚色，再听他这一席话，深有体会，就融化到我说的《英烈》的胡大海身上。

新中国成立后，我们领导上同我也讲过：要演好胡大海，最好拿掉粗俗的骂人话，你这个"戆大"脚色出场，要使人听了就觉得他可爱。并要把他思想上转的什么念头——他对元朝官和其他敌人是什么想法，说的什么话，怎样可以使敌人上当，中他的计，和自己人相处时他的想法又如何，都表现出来。有时照样要说说大话，夸张加幽默，使人发笑，不过说的话必须有特色。这些道理，就是体会人物性格。吴均安之说咬金，可以说是得到这个要领了。

王效松二三事

王效松是老前辈，他到七十三岁死的。离开书台生活至多不过半年。我曾经听过他的书，也代过他的书。他是"马、姚、赵、王"（三个弹词一个评话）中姚似章的艺徒，出身也很贫寒。他身材生得还算长大，身体非常结实。和何云飞都是说《水浒》的响档，也可以说是大响档，一个擅长《前水浒》，一个擅长《后水浒》。

王效松大小喉咙俱全，外盘很好，起脚色精力充沛。"鲁智深倒拔垂杨柳"堪称一绝。拿手是托塔天王晁盖、双鞭呼延灼等大喉咙脚色，林冲、武松也很好。最奇怪的是起武大郎、时迁等脚色也很动人，还能起女脚色一丈青、母大虫等。

有两段小故事。第一段与我有关系。我十九岁那一年，在外码头说书，再到上海听老师蒋一飞的书，还听别人的评话。王效松老先生那时在虹口一家比较大的书场叫"耀华"的，第一天开书做送客，因病不能到场。我去代书说《英烈》，到的时候很早。上一档是沈勤安《双珠球》，我就和他商量，说："我是代王效松老先生书的，能否请你送一送客？"因为我当时只有十九岁，初出道。他对王效松第一天就代书不满，根本不同情老前辈有病，我无可奈何只好送客。听客起先有意见，后来，我说胡大海到金家庄一段，噱头乱放，外加胡大海喊"强盗来哉！"声音特别响。这家书场在楼上，天热开着窗，又是沿马路的；当时"租界"巡捕听到喊"强盗来哉"，五六个巡捕上楼来捉强盗。经过开书场的（是虹口的一个流氓）说明，方始没事。巡捕留下来泡茶听书，散场时对我说："你以后喊'强盗来哉'，轻点！"我代完书回去把钱交给王老先生，他一定要叫我买双鞋子着着，我不要，他请我吃了一碗大肉面。

还有一次，他已经年近七旬了。在苏州太监弄"吴苑"年底说会书。第三档是范玉山。他把在上海笑舞台拉戏幕学来的一点本领《济公传》拿来信口开河，乱喷乱骂，大放其另有一功的"噱头"。台下听众居然还拍手，喊"再来一个"，这是苏州做会书有史以来第一回。王效松送客，他在下面，就已对台上的范玉山不满，也对听众不满。他气极了说："这种货色也挨到'吴苑'来，外加这样肆无忌惮！"范玉山下台了，王效松老夫子上台。他醒木一碰，叫一声大喉咙的"马来"，既长又响还圆，可以说，当时同道二百余，听众五六百，都听得呆了，甚至有听众当场拍案叫绝的。王老夫子七旬老翁，能有这样的中气，可以说十分罕见的。他听见全场拍手叫好，就说："诸位不要笑，我在拼老命。我伲苏州是说书起源的地方，大小书听得多，说书也应该登个'品'：说大书'现形说法'，说小书'说噱弹唱'，主要入情入理。在台上'和尚放焰口'，像刚刚范玉山表演的，这是硬滑稽，和我们说书是不相容的。"居然听众受了当时应该受的教育。

"何一刀"和"钟一枪"

上一篇谈王效松老夫子时，提到过和他齐名的《水浒》名家何云飞，这里讲一讲他的本事。

何云飞老夫子，他说法好，动手灵，肚子宽，并且有"三收三放"的本事。何谓"三放三收"？当开书场的待他不好，或者有什么不称心，他就随随便便，把书场里弄得冷冷清清。等到开书场的求了他，他才把书紧起来，保险书场满座。这样可以连续三次，所以叫"三收三放"。这是旧时代有真价实货的艺人对于直接剥削他们血汗的书场老板进行斗争的手段，值得钦佩!

他享盛名在动手方面，一把大刀像真的一样。他的"刀劈栾廷玉"堪称一绝，甚至有人专门来看他这一刀的。当时有"钟一枪、何一刀"并驾齐驱的名望。

何云飞老夫子曾经有过一桩小故事。他在苏州老义和书场说书，有一个听客同他说："你今天能不能让石秀跳下酒楼去!"何问为什么，听客说："我明天到上海去有事，要五天才能回来，这关子我听不着了。"何对他笑笑，说："你去吧，包你第六天来听，我仍旧在这地方说下去。"果然在第六天，他等这听客回来，才让石秀跳下楼去。那么他用什么办法说这五天书的呢？他仍旧环绕在石秀身上，另外说了五天故事。可想而知，他的腹内之宽，非普通一辈评话艺人所能想得到、学得到的。

"钟一枪"就是钟士亮。他本来也是说《英烈》的。后来说《三笑》的谢少泉同他说："你说不过叶声扬的，你就改说了《岳传》吧!"后来《岳传》中的关子有很多地方和《英烈》相像，就是他从《英烈》中化过去的。小的不讲讲大一点的，有"反武场"、"摆老虎阵"、"种师道大战乌骨鸡"

等等。谢少泉还同他创作了一些东西。谢是说小书的，怎能教大书呢？他确有此本事。说小书的人创作大书，前辈中也有，譬如《英烈》的“武场”，这几十回书据说还是说《珍珠塔》的马如飞老先生的杰作呢！

钟士亮，他的动手是五到。别人大多数是三到：眼到、手到、嘴到。他多两到，就是心到、脚到。“心到”就是表演时掌握着这个脚色的心理，也就是现在所说的“人物个性”。这样他这条枪就播得特别像，特别好看。“脚到”就是脚里好看，全身好看；等于树根生得好，树枝、花朵或者结出来的果子也就要好得多。大部分说评话的动手只有三到，有句老话，就是“半身形”而已。

他出名“钟一枪”，有这样一桩小故事。有一次他在码头上说书，当时的码头上老法书场里，有一只很长的台子顶牢书台，俗称“状元台”。上面有一只油盏头，三根灯草，是预备给听客吃旱烟用的。钟老夫子起余化龙回身一枪，枪头子点下去，“噗”的一下油灯熄了。“钟一枪”就在这上面传播开来，留名到后世。

钟士亮的儿子钟子亮，艺徒王再良、周亦亮、李汉臣等都享过盛名，的确不错。我老师蒋一飞得他教的本领也很多。所以后来大家都说蒋一飞有真本领，他集中了几个名家的本事，后来比朱振扬要好，青出于蓝而胜于蓝，与钟士亮的教学也是分不开的。

从“三笑”谈到尤少台

这“三笑”不是弹词《三笑》，而是《封神榜》中三个脚色的笑，非常吃功夫的。这三个脚色就是陆压道人、惧留孙（咪咪佛）和老寿星。三种笑法分档，喉咙音调不同，态度动作不同，能够符合书情，笑得最出色的，就是尤少台。其中最最难的是惧留孙的笑，他能够笑得阔、响、圆、长，四字俱全。

尤少台是尤凤台的侄儿，论理尤凤台应该把他说《封神榜》的全身艺术传授给少台了。但是少台学本领苦头吃足，比普通学徒都不如，等于是家里用的一个小童儿一样。三十几年前，他曾经在我家里住过一晚，他把学艺术的苦楚和艺术锻炼的毅力，“三笑”的笑法和起脚色时必要的想法，都跟我谈了，所以我对他有些了解。

他说《封神榜》，从“赌头争榜”起到“黄河阵”一段，比较精彩，“诸仙阵”已经比较差了，而“万仙阵”更差。他是开口功（响口），上台用足精神，单一个独脚龙须虎“镗……夺而拍！”出来至少三遍。听《封神榜》的人要细嚼的很少，就是好白相、野气，听来笑笑而已。偏偏尤少台把它当真书这样讲，脚色个个起足。开口功要这样，伤神是必然的，说完下台来真真像上一次战场一样，嘴里白沫四溅，口边起了泡沫。他后来为了一节说不满，就是春节到端阳，《封神榜》一部书够本到，去外道那里补一部《彭公案》。虽然只得到一些轮廓，但他在里面也创造了很多脚色，内容也有不少充实。他接说《彭公案》，先是褚彪遇高通海，再拜访花驴贾亮，打听“溪皇庄”的情况，贾亮不肯讲，他女儿在后面叫一声“爸爸，你们看!”指头对墙上一指，他“私白”念一句：“墙上一只袋，袋袋里露出一张帖子，斗大一个‘花’字。”这个“花”字念出真有千斤之力。到这里落回，听众明天没有天大的事情或者病倒，必定要来听。

惜乎他在出道的时候，走错了码头。因为初出道的小道众最好先走常熟角码头，次者浙江码头，或者苏乡码头。最不好的是无锡乡下。常熟角码头听书的人比较认真，照现在的说法是听众能多提意见。浙江码头也很注意书艺。苏乡码头则大些的还好，小一些的难免场内有着棋或者赌博的。最最不好的是无锡乡下，因为那里开书场的多以赌博为主，书场如副业。评弹艺人在台上说书，他们在下面赌博，呼幺喝六，请教你台上哪里说得好书!只要几只码头一做，你的艺术就无形降低，赌博倒染上了，没有精神就吃鸦片。尤少台就是出道走错了无锡码头，受到这些影响。幸而他从小学艺的时候下过一番苦功，总算没有前功尽弃。

有一年年底，他从无锡转到上海，已经吃光用光。到上海恰巧碰着做会书，有人排他到汇泉楼。农历十二月过了二十六，天寒地冻，他头发很长，身穿一件竹布单长衫，上台时嘴里还衔了一支香烟，形象难看。下面一般听众，在那时的上海所谓“十里洋场”时代，只认衣衫不认人，见他上台，顿时声音啰嗹，有的还说开书场的人“哪能去请狄牌(这种)乡下蹩脚说书先生来说会书!”不料一回《封神榜》姜子牙与申公豹赌头争榜，听得下面拍手叫好(那时书场还不大行叫好的)。后来他在上海虽然得到好评，但没有持久立下来。到苏州也很好，不过没有达到大红特红的地步，三十九岁就死了。尤少台有徒弟徐继武、陆继悟、张继良等，现在张还活着。不过尤少台死去之后，说《封神榜》的人不多了。徐继武有一个过堂门生虞文伯，他有半部《封神榜》，是私学尤少台的。听说苏州有关方面在把本子抄下来，不过已经不是这味儿了。

王子和“瞎子”一绝

说《玉蜻蜓》的前辈中，有一个王子和。他的特点是重说重噱而不重唱，恰巧和吴西庚、吴升泉兄弟俩不同。二吴是有一些重唱不重说。——不过话要说清爽，所谓“重唱不重说”，不是说他们说功不堪一听；说“重说不重唱”，也不是等于不会唱，或者是唱功太不好。这不过是就两种表演路子比较而言罢了。

王子和说《玉蜻蜓》，擅起“问卜”中的瞎子，可称一绝。他的噱头有时特别粗俗，台上不亚于说《英烈》的叶声扬。有时幽默起来，令人不可思议。他的发声不太响，因此后面的听众问前面的人：你们笑的什么？及至听了也笑起来。这样一排一排地笑，像波浪一样。

写到这里，想起了王子和放过一个噱头，侮辱了听众，引起了一场风波。这事情的产生，和他的发音低有直接关系，然而论根源还在于他的思想观点不正确，才会放出这样侮辱劳动人民的噱头来。

有一次他在台上说书。站在窗外和门口听“砖书”（一说是“转书”，指不出钱听书，被赶走之后再转来听）的人很多。他们是真正爱好听书的。——从前看这家书场的营业好不好，或者这个艺人有艺术没有艺术，就看听“砖书”的人多与少来决定的。——他们因为王子和的声音低，站得远听不出，不免有些反应。王也为了这些听“砖书”的吵闹声对他说书有妨碍，很不高兴。所以在讲起《玉蜻蜓》里一回书叫“掘藏请乡邻”时，他就说：“兵科府沈君卿三老官阔气，办了很多丰盛菜肴，请众乡邻。我们的场东很小气；我问他这两天有没有甲鱼，场东回头我说：‘甲鱼断档，要么有一天井乌龟，阿要吃？’”坐在前几排的听众多是有钱有闲阶级，听了王子和的噱头很合胃口，又是一排一排地笑过去，传到后面听“砖书”的晓得了，大为不满，群起责难，由场东出来郑重道歉，才算了事。

我在三十三年前的阴历大年夜，听过王子和一回书，是和他的胞弟张云亭搭档的。（张云亭原名王子畦，因招女婿出门才改的姓名。）在“问卜”中他起何瞎子，张云亭起周青嫂和丫环。他左手托弦子，掮在肩上，右手拿扇子在台上做瞎子的“明杖”，两眼一翻，见白不见黑，这样一个算命先生活龙活现。惜乎那天王子和说书开头就是一句很难入耳的粗话，落回更粗，我不愿写给大家看了，因为太不像话了。从这天起我就没有机会再听到他的书，也没有看到他的人了。相隔三十三年，我对他起的这个瞎子脚色还是印象很深。

三个有名的矮子评话艺人

三个矮子评话艺人，即朱少卿、周亦亮、汪云峰。三位先生有一个共同点，就是会说会话。外形虽是矮小，但没有听过他们书的人，只要听一回下来，就赞叹不止。让我一个一个讲吧。

朱少卿，苏州人。身材矮小，两眼甚大，颧骨很高，嘴唇很薄。他本来说《大红袍》的，不过是清拍（不弹唱，以评话形式说者谓之清拍）。他的一口苏白，干净利落。我有一年回上海补书再学艺的时候，耽在得意楼上老师蒋一飞的住处——隔壁就是得意楼书场，在房间里听朱少卿的书。朱老先生不说《大红袍》了。他已经说由程鸿飞代编的《张文祥刺马》了，不过经过朱先生自己创造的地方很多。春节第一天开书，略表几句就进入书里。一段捉奸，一把刀刺下落回。其实三刺要说近四个月。他独档说一小时又三刻就刺掉马贼。我隔着板缝看过去，这一把刀（扇子）像真的刺刀一样，两手并举，高高落下。我后来听几个人的《刺马》，没有看到这样一个动作，到现在为止，堪称一绝。为什么这样好本事，没有把它留传下来？真可惜!

周亦亮眼神之好，在说大书的当中也是很少的。他是钟士良的门生，富有创造性。一部《飞龙传》和一部《粉妆楼》，现在失传了，真可惜。当然他是以《岳传》为主。他的《后岳传》，例如《王佐断臂》、《疯僧扫秦》、《虎骑龙背》、《曹宁归朝》等书，讲起来还胜过他老师钟士良。他说书的说法学黄兆麟，但中气不够。然而架子美，动手快，样子好看。我听周亦亮的《岳传》、《粉妆楼》、《飞龙传》，部部像着魔一样。他说的书赛过吃一样最喜爱的东西在嘴里，一字一句都有味道。听的人也觉得有味道。

汪云峰是杨鹤鸣的学徒，虽没有石秀峰这样成名，而艺术是杨鹤鸣几个学徒中最好的一个。听说他出身很苦，小时候受的教育不多，他的艺术大部分靠外盘。不过他的钻研性，在当时评话界中也是很少的。他偷听人家书，想办法看白戏——京戏；他在苏州与码头上有一些小名气了，而在赶码头的路上还练习，衣袖管卷法卷法，嘴里戏不像戏、歌不像歌地乱唱。

因为身材小，想尽办法遮盖缺陷，他在台上常常立在搁脚凳上将手和扇子往上，身体挺得比较直。为了弥补中气不充沛的缺点，他口劲功夫下得很深。动手有意大开门，脚色无论老令公、焦赞、孟良、潘仁美、杨六郎等起得很足，杨七郎更是活龙活现。既然他有这样的本领，内家又都认为他的确有两手，为什么在旧社会时他在场子里吃不大开？因为他有一种古怪性情，看到书场里卖座很差，就坐在台上不肯立起来，浑身无力，脚色不起，动手不动。天冷捧着茶壶说书，说到半当中，常常自言自语："终归弄勿好哉!终归弄勿好哉!"场子里满了，他就特别卖力，不过书路就不大行了。勒煞吊死。再则他到上海后的生活改变，走了下坡路，是他一生最可惜的事情。

上海这地方，在旧社会时候真正不知害死了多少人。周亦亮为色、朱少卿为烟，而汪呢？三打响，烟赌娼。这样一个身体，怎经得起三道魔鬼一齐上身？廿五年前，我初到上海，我们聚在一起，汪云峰那时候精神已经比较差了，得了气喘病，用大烟来提神降喘。新中国成立后，领导上很照顾他，介绍他说电台场子，奈何他身子实在支持不了。病倒床上时，党很关心他，还照顾他生活。没到一年，他死了。

怀念三个有名的矮子评话艺人，我更加痛恨旧社会。

《珍珠塔》与马如飞、魏钰卿

《珍珠塔》弹词，的确是家喻户晓的一部通俗书。反映了封建时代官场现象以及民间生活。马如飞老夫子虽不一定就是弹词鼻祖，不过说他是弹词《珍珠塔》的老祖宗，则是当得起的。马如飞集中了他所看到的和听到的势利人、忘恩负义者的形象，塑造了书中一个人物。恰巧有一桩故事，经过他的动脑筋，才编成这部《珍珠塔》弹词。

这故事出于吴江同里镇。镇上有一条市河，河的南面有一家姓方的，河的北面有一家姓陈的。这两家是儿女亲家，先是陈贫方富，后来方贫陈富，才有赖婚一节事情。

马先生根据这个材料，写得大，放得远，编得生动活泼。把清朝的事，搬到明朝去讲，并且改头换面。举一例子来说：明朝从来没有姓方的状元，只有一个方进士，单名一个卿字。姓方的住在河的南面，他就说成为河南开封府祥符县。姓陈的住河的北面，他就把他们一家搬到湖北襄阳去，再来一个做过波斯国钦差的陈御史，以影射当时的外国钦差捞一票回来享福的人。倘有人扳他的错头，他说的是明朝事情，人家也没有办法去阻止他。

马如飞有这样广的学问，主要是由于他多看书，多向人讨教。另外他和各码头的文人较量比高低，也锻炼出很多学问。所以他的篇子越改越好，越唱越有味道，平仄越唱越调，在实践中逐步得到发展。起先他也表演起脚色，后来因为充实了篇子，年纪也比较大了，所以他就坐着弹唱，不再立起来做动作了。后来小辈认为弹唱《珍珠塔》的艺人，在台上绝不能立起来，这却是误解。从此倒使这部书的演技方面受到了很大的损失。

马如飞艺徒中有一位姚文卿，姚有一位得意门生叫魏钰卿。魏的说法老练，唱腔有发展，气派大，富有书卷气，用典故之多，在当时评弹界是首屈一指。艺术上压倒同时弹唱《珍珠塔》的许多老辈。

魏钰卿为了弥补说《珍珠塔》不站起来的冷落局面，他就把眼风和手指的动作加强，眼到、口到、手到之外还加一个心到。并且把老先生唱《珍珠塔》赛似唱宣卷那样的老派唱调，来一个抑扬顿挫，最后一个字拉长，居然听众耳目一新，大为欢迎。

拼命和打架

太仓有两家书场，一名鹿鸣楼，一名吉庆园。起先这两家书场是贴隔壁（后来才搬开的）。有一次鹿鸣楼请的是朱友良，说《三国志》，他鼻子有些齆，“茅草冈收周仓”这回书堪称一绝。吉庆园请的是朱凤飞，说《英烈》，人称“活蒋忠”。两家书场业务相等，大家日夜双出百，当时已是很不容易做到的事情。后来朱凤飞略胜，而他还不满足，还要争胜，在蒋忠扳到北梁楼的时候吼叫一声——老前辈有“三顶桥面”之称。即先低、后响，再低、再响，到后来低了再响，结束。朱凤飞这一吼叫，听得朱友良书场里的听客，叫隔壁好；朱友良也因此说书开小差（停口）。但朱凤飞就此爆断了脑血管，死于书台上，拼掉了一条性命。

钱幼卿有两个艺徒，一名吴兰生，另一个就是后来大名鼎鼎的夏荷生。钱幼卿一次在浙江双林镇上一家叫永庆楼的书场演出，说到一半日子，因为家有急事要回苏州几天，停场又不可能，那么只好由他两个艺徒代书了。白天夏荷生代，听众十分满意；晚场吴兰生代——因为他是师兄，晚上面子一些——说了不满十五分钟，听众大有意见，仍要夏荷生来代。场东和夏荷生商量，夏荷生说：“师兄要不答应的。”但在当时情况之下，吴兰生实在说不下去了，只好下台，由夏荷生上台代书，观众反响很好。不料到散场后，房间里师弟兄两个，大开辩论。吴兰生理屈词穷，就此大打出手，夏荷生被他打了一顿，经场方劝解，暂时罢手。

在旧社会，艺人们很难谈得到具有正确的思想修养。只许自己好，不让别人高，缺乏团结互让的精神，因此发生不少不愉快的事情。这里谈的两个故事，不过是比较突出一些罢了。

堂会说死了石秀峰

擅说《金枪传》、《绿牡丹》两书的石秀峰，是半路上出家学说书的。起先他在苏州宫巷一爿钱庄里学生意，因为爱好评弹，满师后，夜里经常偷偷地跑到聚来厅去听书。杨鹤鸣说《金枪传》、《绿牡丹》，他听得很着魔，回到店里大谈其书经，白天稍空一些，就讲“杨六郎告御状”，晚上书场回来，就讲“阴审潘洪”。听得账房先生拿了算盘摆寇准架子，学徒拿了铜吊子泡水，两腿飞奔做跑马状，嘴里乱叫“马来”。钱庄老板觉察是受了石秀峰在店里说书的影响，就对石说：“你铜洋钿、铅角子勿研究，专门研究说书，弄得我钱庄像书场，大家无心做生意。你存心研究，就去改行说书罢!”石秀峰一气，第二天回去和家长一商量，就正式拜杨鹤鸣为师，学说《金枪传》、《绿牡丹》两书。

因为石秀峰初学就有说书的经验，登台没几年，书就说得不错。他在台上态度大方，坐说稳如泰山，站起来似苍松一般，动手干净利落，说法很少“书腔”，而且另有一功。起脚色方面，则不如汪云峰，原因不是科班出身，这方面基础比较差。但是他能够把书里每一节甚至小关节的地方说得清清楚楚，故而他后来到了上海，要比其他评话艺人红得多。因为在当时，女听众不大喜欢听评话。原因是听不上书路。石秀峰书路清楚，所以能够做到男女老少都欢迎。因为这个关系，他书场做得少，人家叫去做堂会的特别多。想不到他的一条性命，就送在堂会上。

当时的堂会，除了婚丧寿事外，还有一种“长堂会”。是一班大流氓、大老板，花几个钱把评弹艺人叫到公馆里，供他们个人消遣的。这种长堂会，非但要天天去，而且时间总是在深夜。石秀峰做了长堂会，因为精神不够，就抽上了鸦片烟。没有几年，一个雪白滚壮的壮汉，变成一个骨瘦如柴的老枪。有一次，就是在清末洋务大买办盛杏荪的儿子盛老七家里，做了一夜天走马式堂会，出门走到马路上，靠在电杆木边，疲劳得昏过去好几次。从此种了病根，就卧床不起，直到死他还不明白，他是怎样会死得这样早、这样快的?在旧社会里，像这种被人花几个钱买掉一条性命的惨事，是记不胜记的。石秀峰只是其中的一个罢了。

帽子功和雉尾功

从前的评弹艺人，上台都戴帽子。冷天戴乌绒帽、缎子棉帽，春秋戴缎子夹帽，即使在大热天，照样要戴顶纱帽登台。帽样都是老式西瓜皮，有的平顶，有的尖顶。不要轻看这顶帽子，评话艺人说长靠书，起到程咬金、胡大海等脚色，都要派它用场。我的老师蒋一飞，说胡大海出场，总是起手在脑后一拍，帽子往前面一压，再喊一声："呔!"活龙活现一个戆大!

朱少卿用小帽子最多，因为他说的是清朝书《张文祥刺马》，起脚色的时候，左手执帽，右手把扇子竖直了当翎子，吹口气，再戴到头上。扇子在脑后翘几翘，真像戴翎顶的清朝官吏。

说《三笑》的名艺人谢少泉，起到书里的下三路脚色，一顶瓜皮小帽会在头顶上打转，使形象格外鲜明，性格愈加突出。他这顶帽子，在台上用得既多且好，在当时也算一绝!

夏荷生为了运用帽子，也下过很多工夫。最妙的是起差役这种脚色，只要用手稍微把帽子一动，真像有个差役出现在听众面前。他说的是《描金凤》，如地方洪奎良，或是恶奴马寿，都要用这一手。他表演马寿的盛气凌人，以及误刺王廷兰之后去请地保时的焦急之状，只轻轻把帽子朝额上一推，不仅是如闻其声，简直是如见其人，看了真使人叹绝!

现在是不大有人戴瓜皮帽子，除了少数的老伯伯。只有在清装的电影、戏剧里还看得见。我在这里提一提，就是说，我们的老前辈对一事一物都肯下苦工夫，肯动脑筋，这种地方是值得我们学习的。

评弹里说到雉尾的地方太少了，只有在书里出现番将的时候，才交代："雉尾高挑，狐狸尾倒挂左右……"我看过很多评弹艺人的雉尾功，第一当推黄兆麟。他起《三国》里的周瑜，两手向后，往前一捋，出来时略有高低。到后来似乎显出一个圆形；有时用嘴咬住，一张嘴，好像有两条雉尾直向后面挑起……他的头上虽然没有什么，听众看上去，就像有两条雉尾在飘动，真是空中取宝。《双金锭》里的龙梦锦、《大红袍》里的王如川以及新编中篇《王佐断臂》里的陆文龙，出场时候也都要耍翎子，照样又捋又咬，身段到家，看上去十分美妙。

一文钱的斗争

现在的评弹艺人，大都有了组织，用不着再为生活问题担心，演出之暇，可以专心学习政治、钻研艺术，以提高业务水平。不比解放以前，评弹艺人一年到头要为寻场子操心，钻头觅缝，四处奔走，否则便没有登台机会。在这种情况下，艺人们为了衣食，也只得听受书场老板剥削了。

城隍庙豫园里，从前——大概是三四十年前吧，有个独开几家书场的霸头，人称四老板。这家伙的形象、装束以至生活方式，完全是地主派头，家里大小老婆、仆妇、丫环一大群，一律称呼他做"四老爷"。他剥削了评弹艺人，还要在评弹艺人面前摆臭架子，平时相见，完全是老板眉眼。

评弹艺人觉得四老板剥削太过分了。有一次，为了他要在拆账上多拿一文钱，忍不住和他争执起来。四老板把台子一碰，眼睛一弹说：“你们要做就做，不做也没关系，我可以把书场停下来的!”因为他开的书场多，他想以停业来要挟评弹艺人。不想这句话激怒了众人，大家齐一齐心，便一致不上书台，使上海的书场都停了下来。

当时评弹艺人有两个行会组织，一个光裕社，一个润余社。原来是冰炭不相容的，这时也团结起来了。看见那些收入较差的同道，停了几天，伙食发生了问题，就组织起来演出书戏，把所有收入用来救济困难同道。

大家坚持了一个时期，四老板终于屈服了。挽出人来，向评弹艺人打圆场，情愿让去一文钱。评弹艺人得到了胜利，才到各书场继续演出。

《英烈》三派

《英烈传》的书性很好，内容丰富，脚色又多，听众称之为“小三国”。因此，三四十年前出了很多说《英烈》的评话名家和响档。这里说的是《英烈》名家中的三派，这三派，都是从老辈许春祥一枝上传下来的，乃是叶声扬、蒋一飞和许继祥三位先辈。

叶声扬是许春祥的入室弟子。生得五短身材，面孔黑苍苍。评话艺术，在他身上起了一定的变化，因为他的说功，不同于乃师以及其他评话艺人，私白特别多不用书腔，没有江湖习气，一部书说得滚瓜烂熟，达到快而不乱的境界。有时也起起脚色，而且起出来也很入门。他念赋赞胜人一筹，能使听众句句入耳。善放噱头，一回书中总有几次哄堂大笑。而且口没遮拦，线条很粗。书路行得比一般快，社会生活又丰富，讽刺力很强，很能配合劳动人民的口味，只有一辈自命风雅的人，才不大欢迎他。

蒋一飞是朱振扬的艺徒，出道很早。因此没几年就青出于蓝而胜于蓝，竟然和叶声扬齐名了。他说表温文，中气充沛，起脚色除接受乃师衣钵外，也吸收了不少昆剧身段，丰富了书中的人物形象。钟士良老先生非常喜爱他，把一身好本事都传授给他。钟是先说《英烈》，后改《岳传》的。蒋一飞因为幼年家境清苦，教育受得少，出道之后，拼命啃书本，所以他说起书来，欢喜引经据典，登台十多年后才到上海。当时大场子很少，他在老城隍庙柴行厅演出，一部《英烈》，每天说一点三刻钟，要说满一年，因此把书情拉长冲淡了。他身材高大而肥胖，头圆，面色淡黄，声音洪亮，起蒋忠一角，活龙活现，有“活蒋忠”之称。曾在平望镇演出，说到蒋忠扳倒北梁楼，吼叫一声，满场震动，恰巧书场左面一顶木桥上立满“转书”听众，闻得北梁楼扳倒，桥上人轰然一声，小桥受震，不支坍倒。桥上的人都落入河中，幸亏水浅，没有出什么乱子。但蒋的艺术，却由此传开，说他功夫到家，连小桥也给他喝坍了。

许继祥虽是许春祥的螟蛉子，但父死时他还年小。后来是随两个老师兄叶声扬、朱振扬学艺的。他身材瘦长，体质较弱，家境关系，学了没多时候，就登台演出。只因嗓子功的基础没有打好，故出道没多久，就把嗓子倒掉。幸喜他人很聪敏，把他的说功立刻改变，脚色起六成，每天阅读报纸，把时事嵌到书里，加之形容夸张，说得风趣幽默，听众称之为“阴噱”。后来到了上海，除在报纸上搜集笑料外，又吸收滑稽艺人比较健康的噱头，运用到书中，因此格外丰富了。他和滑稽前辈王无能最为知己，彼此相互研究，无话不谈。他二位常常谈起放噱头艺术，互相切磋，惜乎没有记录下来，否则倒是后辈学习的好资料。

钱幼卿的弦子功

擅说《描金凤》的钱幼卿钱老夫子，说表清楚，起脚色有路，台上有锋芒，身段“边式”。这些好处，我不在这儿多谈，专讲他弹弦子的功夫。他的琵琶功已是很好，因为他出场就放单档，后来拼双档做上手，在弦子上更用了很多苦功。左手用食指中指两只手指头“挪音”，手法准确美观之外，右手三指的滚法，轻重缓急和左手的“挪音”配合紧密，能帮助自己唱词美妙动听，还帮助下手唱词突出，节奏合拍，换气裕如。

我曾看到钱幼卿表演弦子功夫在两桩事情上。一次在苏州吴苑深处光裕社的茶会上，有很多小辈要求他和在说书外加送大套琵琶的张步蟾两人合奏一只《三六》。钱情不可却，很虚心地向张说：“请指教!”弹动三弦，和张步蟾略事校音，即发动十五只手指——张十钱五，弹得茶会上一二百社员肃静无哗，锵锵之声，刚柔并擅。弹毕，两位老英雄额上已是汗珠连连了。

另一次是在某年，钱幼卿在苏州阊门外石路上汇泉楼春节说《描金凤》，和他儿子玉荪双档。从“踏雪”开书，到“赠凤”。那一天，玉荪有病，他放单档，听众对他的单档特别欢迎，因为可以多听到他的唱。不巧得很，他调好三弦说了不久，就是钱玉翠要问徐蕙兰你怎样会到我家来，如何弄到这般地步的那时刻。“喏，姑娘啊!”要唱了，偏偏外弦断掉。——他有时断掉外弦就弹中弦和老弦；老夫子还要显显身手，把中弦再有意挑断，照样全靠一根老弦弹唱。那一天不然，他断掉了外面这根弦子后，三弦还是横摆在书台上，嘴里说书，手在接弦，这样巧妙的动作，又快又好，我还没见过第二个呢!他左手把横在那里的三弦外面这根轸子一松，不多不少；嘴里回答书中的女主角钱玉翠“姑娘有所不知”时，右手把弦鼓那里一捧像“须须头”那样的东西去掉，再用两指把外弦拖下些，塞到一个本来有的小圈里面打一个活结，然后把弦子拿起，嘴里还在说：“待难生一一地讲来。”左手旋几旋，右手“冬冬，同同同，蓬蓬蓬；冬同，蓬冬同”，根本没有什么“定音叫子”，音又准，架子又好，弹得又美，唱得又好听。在这样的情况下，他能不慌不忙，一些不冲谈书情，仍旧能很好地衬托他的唱，的确是难能而可贵。

何云飞“刀劈栾廷玉”

上次我很简单地谈了一谈“何一刀”，只讲了何云飞老夫子的一段说“石秀跳楼”的故事，来说明他的腹中渊博。对于他出名的“刀劈栾延玉”语焉不详。有同志问起，特来补充几句。

本来，何云飞老夫子说书不止腹内宽，他的“动手”也不含糊。他是说《水浒》的名家。《水浒》这部书，在“鲁十回”、“林十回”、“武十回”、“石十回”这几部分里，短打比较多。到后半部就是着甲（京戏术语叫做“长靠”）比较多了。什么大刀关胜啊，双鞭呼延灼啊，玉麒麟卢俊义啊等等，都是马上武艺高强的大将。何云飞到大刀关胜刀劈栾廷玉这一节，他是全神贯注地表达书中脚色所用的刀法，不是像普通说书时只讲“上一刀、中一刀、下一刀、左一刀、右一刀，回身一刀回马刀”，或者只念一篇“刀赋”，或者套用关公的“拖刀计”的刀法算数。何云飞的“刀劈栾廷玉”这一刀，他是在挡开敌人一刀之后，以很迅速的动作，在台上身子一偏，偏向右台角，扇子全部交给左手，眉一竖，眼一瞪，右脚金鸡独立，左脚圈起贴身，右手捋须，左手扇子望后一掠，嘴里叫一声“去吧!”身体趁势一旋，美观大方，入情入理。台下望上去，是真像一个古代大将在马上用很好的刀法劈死了敌将。“何一刀”的出名就在这个地方。这包含着内在感情、外盘气魄、“动手”逼真这几个重要因素。这是由虚而实，由假而真，手眼身法步，没有一样可少。

何云飞老夫子能练到这样一手绝技，以“一刀”出名，没有什么特别的窍门，主要就是勤修苦练，还加上悉心研究而已。

叶声翔的拳脚

叶声翔是金耀祥的艺徒，擅说评话《金台传》。这里不说他的书艺，且说他的拳脚功夫，的确在说短打书的老辈中是很出名的。

老前辈说短打书，书中人物都是些江湖侠士抱打不平，那么一定要有相当的本事，在动刀动枪之前，先要动些手脚，主要是各种拳头。老师教的拳谱——就是我们在台上念的"拳赋"，如小洪拳、罗汉拳、猴拳、醉八仙等。死用之外还要活用。何为死用呢？动口不动手，就是光念念；活用呢？两面对打，你来我去，这就要有些真功夫了。因为下面听众，当时会拳脚的很多，你如果把骗外行的东西拿出来，只要听者散场后一讲，明天业务就会一落千丈。可想而知，说短打书的那手拳脚的重要了。

叶声翔的性情很刚强，学艺也很钻研、用功。到码头上爱交朋友，文的请教秀才，有时候把得到的拳谱，托他们进一步修饰句子，所以他的拳赋念出来有气魄，当然很动听了。武的他喜交伤科医生，因为做到伤科医生都会些拳脚的，或者看到有打拳头跑江湖的，向人讨教，自己勤修苦练，经常在外码头一早练说练拳练腿功。事实上他的《金台传》，非但胜过王海祥、金小棣师弟兄，而且青出于蓝而胜于蓝，超过乃师金耀祥。

有些本事的人常常会骄傲，叶声翔就为此碰了一次钉子。有一次到一只中等城市码头说书，因为时间匆促，没有去拜访当地拳师，也没有打听这里有没有新来站码头的，就急于开书。为了书场业务好，空下来只管自己练，竟把寻师访友的事忘记了。有一天日场，他说到"金台打石猴"，特别起劲，把台上桌子自动手，拿到台边上一摆，就口中说，手里打，念了好几只拳赋，又打了好几路拳头，末后把书台仍旧摆正。因为得意，言语之中流露出他的拳脚来之非易，这倒还在其次。又说："我们说大书的多少要懂得些拳棒，否则出门就要吃亏。"用意是告诉听众：码头上常有流氓要欺骗说书人，实质上是表现自己是有能耐的。不料下台不久，场东拿了一张帖子走进他的卧室讲："先生，有张帖子，明天请你吃饭（场东是不识字的），千万不能失约。"叶声翔一看，原来当地一个拳师约他明日午时在城隍庙比武。他一看之后，想了想，今天在场上太傲慢无礼了，自知理缺，就和场东商量，推托苏州家中有很重要的事情，当夜剪书。第二天一早动身，此后再也没有去过这只码头。

夏荷生会书的遭遇

夏荷生飞出师门，自放单档。"出道"不久，就收了一个徒弟。当时评弹界的行会组织光裕社有一旧习：一个评弹艺人，要他的业师同意，并在本社摆宴“出大道”，才准许收徒。夏荷生自收徒弟，为乃师钱幼卿所不满，在光裕社内宣布将夏开除。他就参加了另一组织润余社。从此，夏荷生便不能到苏州演出（苏州是光裕社的地盘）。直到钱幼卿去世，夏去苏州吊孝，才有同道推荐他翌年在苏州做年档，预定日场在临顿路“九如”，夜场是汤家巷“茂苑”。当年年底先请他到苏州“吴苑”做一场会书。

当年农历十二月廿三日上午，苏州观前太监弄“吴苑深处”茶室的附设书场内，人头济济，听众轧足，同道众闻名而来者也很多。夏头戴瓜皮小帽，身上皮袍一袭，上台做“送客”。不料人还未曾坐定，台下哄然发出一阵狂叫，要他立刻下台。

原来到“吴苑”会书送客的，一向都是些久负盛名的老前辈，或者是当时苏沪两地的评弹红档。而夏荷生呢，在苏州一般老听众中印象还很陌生，况且旧社会里的苏州观前街，有一班流氓从中胡闹，故而当夏上台送客时，场里哄成一片。夏被弄得非常尴尬，坐也不好，立也不好。正在混乱中，有好些中青年的评弹艺人，站在书场里面搭起的排栅上，个个热血上脸，怒目圆睁，狮吼般大叫：“上台去!怕什么？口也没开，就晓得不灵吗？”一般捣乱的听众，被这吼声震得暂时停一停，就在这个时候，有一位年近古稀的老听众站在凳上说：“大家不要吵，让他唱了再说，不行再叫他下台，否则太不公平了。”

场内方才慢慢静下来，让夏荷生说书。夏荷生然后坐定，整理三弦，他是响弹响唱，所以弦声特别响亮。开口就来一个旦角，是《描金凤》书中，河南马藩王府的一个丫环名叫“俊巧”，口角身段，令人意想不到的好。说到梅花书院，徐蕙兰一档篇子，字正腔圆，末两字拖音下来，最后一个托字，稳如泰山，余音在耳，历久不息。这一回书可称一丝不苟，令人钦服。说完送客时全场拍手叫好，要求再来一个，他又唱了一只《黛玉焚稿》开篇。听众欣然而散。下台后，我见他额上汗流如注。试想农历十二月，正值冰冻天寒，要这样的出汗，这回会书的艰巨可想而知。

许继祥一夜倒嗓

新中国成立前擅说《英烈传》的许继祥，幼年丧父，他的评话艺术，是由叶声扬和朱振扬两位师兄传授的。所以他的书艺，集叶朱两家之长，加以再创造，到后来也自成一家。不过许在成名的时候，嗓音已经喑哑，专在说表中穿插新颖笑料以取胜，说表时又脱尽火气，因有“阴噱”之称。

许继祥初出道时，身材瘦长，面色玉白，嗓音也很嘹亮。说到“常遇春马跳围墙”的时候，一声马嘶，声震四座。不料有一次到浦东南汇去演出，因为听众的不合理要求，竟毁了他这条嗓子。

原来这些地方从前有个陋俗，听众听得满意，可以在艺人说完一个半小时之后，把六角小洋摆到台角上，要求续说二十分钟，称为“拔会”。这是听众对艺人特别欢迎的表示，艺人为答谢盛意，并且不得罪听众，照例不能拒绝。但也有些听众不顾艺人健康，甚至心存恶意，往往一连再连，使艺人过度疲劳，因此致病。许继祥在这天晚上，便接连“拔会”八次，一共说了四个多小时，累得疲惫不堪。到第二天早上起身，连叫几声书场职工，没人答应。开出房间，再叫一声，明明几个职工都在那里，竟没有人听见。他知道不对，急忙回房拿面小镜子张开嘴巴一照，喉咙口红里带黑，声带已受重伤，心里一急，不禁喷出一口鲜血。当下匆匆收拾，马上叫船赶回苏州。

许继祥在苏州求医调治，静养半年，声带略见痊愈。但要恢复原来的嗓音，已经不可能了。所以别创一格，专门在说表中下工夫，不仅说得细腻，放噱头更讲究含蓄，使听众回味无穷。这样才在书坛上重新站定脚跟。

我想起许继祥的遭遇，就痛恨旧社会。现在新社会里，人与人的关系是同志式的关系，就以我们这一行来说，听众尊重艺人，艺人也尊重听众，相互关心，相互爱护，像许继祥所遭遇到的那种事情，在今天是决计不会发生了。

谢派《三笑》和王派《三笑》

谢派《三笑》

谢品泉，我听到他说书，已经是单档了。闻他与侄儿谢少泉拼双档是做下手，同时与王子和拼双档说《玉蜻蜓》也是做下手。我要讲一些他晚年在苏州汇泉楼的单档。他六七十岁的年纪，在台上的说法温文尔雅，当时这大把年纪，喉咙这样光亮，唱出来的声调幽娴动听，是因为多做下手说功还是嫩。单单说他唱两句篇子“锦绣文章做七篇，还有功夫画梅花”，真是悦耳动听。可惜当时没有录音，否则如能流传至今，小辈学了他的唱法，既能保住嗓子，又能帮助书情。

谢少泉我仅仅在新世界书场听到合做的半回书。看他的说法老练，后来夏荷生说倒有些像他。说法也是从书中人物感情出发，丝丝入扣，好几十年还像出现在我面前一样。听人说，他有一次在新世界不知是兴致所至呢，还是有些斗气，竟拿掉弦子说一回《三国志》。就是黄兆麟评话《三国》名家也说不过他。引得当时听众赞扬。当天黄兆麟送客大受其窘。我因为不是当场所见所闻，但想想这一种说书称得起是一个名家的称号。

谢少泉有一成名的徒弟叫王亦泉。他的说功脚色有他先生一半资格。后来与他兄弟似泉拼双档，在上海得意楼书场红极一时，时间不太长，收一个徒弟叫程似寅，聋子后改行了。

夏莲生是谢少泉的学生子，不过谢少泉的学徒很多，如郁莲卿、潘莲艇等，都没有夏莲生的艺术学得深。因夏莲生身材矮小，音调上三面还好，而生旦较次，所以要拼下手。有一个徒弟是姓刘的，后来算他的继子，改名叫夏小莲，他俩一拼双档，堪称珠联璧合。惜乎这小莲，年轻骄傲。举一个生活中的例子，比如他喜欢养鸟，在茶会上两块钱买了一只鸟，只有两三个说了一声不好，他就把这只鸟当场掼死。夏小莲之前好像有一个叫周莲青也是由于骄傲，下流，也不久就死了。夏小莲死后，夏莲生再收一个徒弟叫刘天韵。夏的教育方法很好很快，所以十二三岁的刘天韵说《三笑》与王似泉、唐竹平拼过三个档和双档。此后刘天韵收了一个师弟（是谢少泉的外孙）谢毓菁拼双档，再偷蒋如庭的《落金扇》。

徐云志是夏莲生的得意门生。他是师弟兄中比较突出的响档。因为徐云志说法软糯动听，主要是他改变了老师的说法，特别是唱腔，再有一个是创造的祝枝山脚色，有一个时期尤其是电台盛行时《三笑》红极一时。

严雪亭是徐云志入室弟子，他出场唱《三笑》，虽没有他老师徐云志这样红，但他的说法老练，确实超过了老师。而他唱的声同韵味就不如其师了。他唱徐调，也不能同老师相比了。他的起脚色就比老师要好，后来他搞到了《杨乃武》脚本，大红大紫。

以后再小一辈说《三笑》，在表演方面最多达到“有些像”，而说要超过前几代名艺人，那除非别出一支了。

这一支就算他们都是谢派《三笑》一支罢!

王派《三笑》

王少泉是王秋泉的儿子。他父亲闻得在当时也列在名家。当时评弹艺人少，江浙两省上海场子多，实在要本事差，才没有场子做，物以稀为贵，故而容易，因此容易列在响档之内。

那么我就谈谈王少泉。他是现在还健在的王畹香和王燕语的父亲。

我听他的书是在无锡马路上一条弄堂内的一副书场（名字忘记了）。他同一个学生子罗炳珠拼双档。由于他说法外盘不如谢少泉，所以上海好像没有听见过。我听他的时候，还没有学说书呢，好像有一次暑假，几个小朋友去无锡游玩，天晚了，无锡回苏州的火车没有，耽搁下来，就在无锡开了一个小旅馆。夜头没有事，听书罢!齐巧王、罗档在那里说书，回忆起来说的一回“罚画观音”，当时坐进去是想消磨辰光的，印象里这对双档上手就是王少泉，他的《三笑》不顶噱，下手罗炳珠比较呆，但是说老实话，在我这样年纪里还能坐得住“没有抽签”，是因为王少泉说法很细，脚色也起得不错，下手差些，唱两声也能听得懂，外加有些味道，故而还能坐住。后来据同道讲，这位王老夫子，也成了一派（王派三笑）。

因为王老夫子的传人不多，其中稳档较多，所以这一派持续性就没有谢派来得盛。那么只将几个在当时比较能撑王派《三笑》场面的人提一提了。

周宾贤没有拜王老为师，他兄弟是王老的学生子（名字已忘）。他能立一个“同义社”，是因为不论光裕社、润余社的小辈或者将要退出书坛的好几位老前辈，都在这里聚会或待他介绍生意的缘故。

提得起的一个是蒋宾初。他是上海做电台比较早的一个（在开洛公司唱电台，首先是说《果报录》的王绶章），蒋与王的大儿子王畹香拼双档，曾在上海城隍庙得意楼做过，业务也很好（就是比王亦泉、王似泉双档略逊一筹）。艺术方面并不见得胜过他的老师，由于当时的时代关系，一做电台就好像是提高一些名望。我们老前辈有句对拼双档的说法，叫“两个饭桶拼起来就变有用，两个有用合起来就变成功，两个成功就变成大红”。所以在上海他们就站住了。由于当时的唱腔没有后来的水平高，他们也只能落入平稳档了。陈宾南也是和徒弟陈凤楼拼档，在码头上有份生意。我在南翔和他们同埠，交了朋友。他介绍我两三档生意。这档书在同义社会上算得上乘，因为他们的艺术都是继承为主，没有特别超出老师和当时谢派的，因此与蒋王档相比，也不过相仿罢。还有刘宾荑等唱唱书戏。这一代、下一代也没有出类拔萃的人物。

王老夫子的小儿子拜魏钰卿为师，唱的是《珍珠塔》。先名王石香，和魏的徒弟徐笑愚拼档，也在苏州集贤楼演出，红过一红，以后就普通了。后来女档成立，他改名王燕语与其妻王莺声拼双档，也没有什么大的成功。王石香的女儿王小莺、小燕，在上海一个还当了先锋团的团长。这都不在我要讲《三笑》王派之中了。

除掉以上两派之外，还有钱幼卿《三笑》。所以夏荷生也能说《三笑》。夏荷生因未出大道就收徒弟，被光裕社斥革到润余社。后来他又回到光裕社，据说先是钱幼卿罚他一百元，做光裕社公所修建费用，才同意他回光裕社的。钱幼卿死时的丧葬费是夏荷生拿出来的，他不带钱玉荪到上海。在他回苏州光裕社之后做“会书”，翌年做汤家巷茂苑开《描金凤》，而日场临顿路九如开《三笑》。徐云志在做同一条路的仝羽春说《三笑》，与夏荷生敌档。因为夏荷生隔年吴苑“会书”大出风头，他为了徐云志开《三笑》日场，他茂苑说《描金凤》，而九如一定要开《三笑》，虽非完全过时，但上海下来做苏州，避避风头。由于夏荷生到苏州新鲜感，外加茂苑调大场子客满，他九如《三笑》也客满，甚至夜场听《描金凤》的听客，赶到九如去听夏荷生的《三笑》。这样徐云志被他压倒。所以说夏荷生变大响档，是从苏州响到上海。在前一阶段，他上海要做《三笑》，决计做不过徐云志的。新鲜感有好处，听客专拣他好的一面想，首先精神饱满，响弹响唱。徐云志苏州早响了，但是也较夏荷生逊色，他苏州熟了，徐云志响弹低唱，卖相夏荷生又比他好，具备各种有利因素。说《落金扇》成名的蒋如庭也会说《三笑》，但是他把《三笑》作为副书，与唐再良的儿子唐竹平（他是《水浒》名家何云飞的儿子何骏飞的学徒）拼双档也说《三笑》。其他各派“杂派”《三笑》也很多。然而始终没有说《三笑》而成名。女档徐雪月、高雪芳她们也说《三笑》成名。她是夏荷生师弟，徐幽生的学徒。

（附言）我写写就想到我们评弹，单是20世纪20年代至80年代的说《三笑》中的第一流响档，第二流就有这许多，还有许多未成名的说《三笑》者好几十人，到现在看看所存留下来剩几个人，未曾绝种还算幸事呢！

听书话旧录

顾锡东

来法同志：

《评弹艺术》收到了，谢谢周良同志。抱歉的是实在不想发表文章，文章是作家做出来的，做而且作，容易不说实话，或者言不由衷。所以只有向老朋友写信聊天，百分之百自由，聊天八只脚，飞机追勿着，说到哪里算哪里。洋洋万言的书面聊天，只写给一位读者看，写信其实也是一种写作，是无负担养老法。

新中国成立前说书艺人出道，码头生意打底子，苏州会书争牌子，大多由名家响档，目的在于走红上海滩，可以赚大钱，买房子，户口转移，都做了上海人，苏州只是他们的娘家。当然，对于吃评弹饭的外地人来说，苏州不是他们的娘家，长期不准他们进入苏州说书。

从19世纪过来的苏州老光裕社，把评弹艺术当做苏州人的专利品，只培养吴门子弟学说书，只承认苏州人说书是“道中”，外地人说书是“外道”。“外道”是被关在苏州门外的。然而即使吴门子弟学说书，从“出小道”到“出大道”修炼成为光裕社的社员，也是很不容易的，光裕社的门槛高，光裕社掌门人的威望高。胡天如说：“从前走进光裕社的茶厅，老会长黄兆麟像关老爷那样坐在当中，我们这些初出道的道童儿经过他身旁，规规矩矩招呼一声‘太老生’，老人家不苟言笑，微微点头，偶尔高兴攀谈两声，小字辈回去，窝心得睏梦头里笑出来。”

胡天如比我小两岁，他说的光裕社，其实是上海的光裕社。会长黄兆麟在上海说了十五年《三国》，是个“老上海”了，上海光裕社又叫上海评弹研究会，吸收社员不限于苏州人。嘉善人夏荷生不但成了上海光裕社的核心人物，而且被评为“四大弹词名家”之首。三四十年代评弹优势兵力已经集中在上海，上海不仅有光裕社的公所，而且还有润余社与普余社的公所，苏州老光裕社的老规矩失去控制了，在上海说书，不论道中、外道、男档女档，都可以八仙过海，各显神通。

20世纪60年代有一次创作会，我们把宋宝罗、胡天如也请来了。宋宝罗带来一只猴子，胡天如带来好几只鸟笼，后来领导批评了，怎么把创作会搞成动物园了？胡天如胆小，吓坏了。后来胡天如试说他修改过的《敌后武工队》，劲道十足，表演两个国民党烂脚兵对话，一个是踮起脚的长个子，哑喉咙；一个是头颈齐书桌的矮大块头黑点大麻子。不料坐在第一排的老革命、老作家周志中也是个矮个子麻脸，在那里已经听得眼乌珠突出了。胡天如根本没有看见，还在那里出“满面孔都是缺点”之类噱头，周志中忍不住跳起来：“喂，你跟我有什么难过？”这下子吓得胡天如目瞪口呆，几乎书也说不下去了。然而大家很欣赏胡天如的表演能力，说舞台上的演员还不如他表演得精彩，包括他的《花神庙》，不仅可听，而且可看。有人充内行解释：“这是海派评弹。”胡天如真谦虚假糊涂，模棱两可回答些什么，我也记不清了。

童年时代初进书场，苏州老先生长袍套马褂上台来说书。功架十分斯文，弹唱十分优雅，说书的内容好像是小姐与丫头商量逃走，没有听懂，因而也记不得了。但有一点懂了，老先生把一些比较过于文雅的唱词，不慌不忙讲解其历史故事出典，或者补充说明出之于唐诗的原名原意，深入浅出，说得很好。可老先生说书亦庄亦谐，不无风趣，冷不防问听众：“只见鸡吃水，勿见鸡撒尿，是何缘故？”大约我第一次听书，只有这句话没有忘记。现在回想起来，清朝人王周士“以说书游公卿间”，说明苏州评弹的高品位高档次，一曲《宫怨》便是一首优美的古体诗。前辈说书先生颇有通晓古典文学者，可惜我查找不出那位老先生是谁。

回忆30年代的江南水镇，农民散集后，下午静悄悄，只有绸布店赶时髦买来了留声机，天天放送三张弹词唱片，一张是魏钰卿的《二进花园》，一张是蒋宾初的《梅亭相会》，一张是黄兆熊的俞调开篇《宫怨》，有道“好曲子只唱三遍”，可这留声机一年唱了三百遍，大家听得蛮舒服。所以若干年后，魏钰卿来了，久慕大名，如雷贯耳，书场里的听众从窗内挤到窗外屋檐下，飘点小雨不在话下，那年魏钰卿大约五十六七岁了，一条好嗓子还是“刮啦松脆、檀香橄榄”，马派魏调字正腔圆铿锵有力，好听极了。所谓唱煞《珍珠塔》，三成说表七成唱，作为马如飞再传弟子的魏钰卿，不但说表细腻，而且过于文字优雅描摹细腻的唱词，插白讲解出典也是十分细腻。譬如说，“小家碧玉”的意思，听众不会不懂，可此老不厌其详说出处在于《古乐府》的“碧玉小家女，不敢攀高贵”，又说骨子里“不敢”其实是“不屑”的反话。听众鸦雀无声，含笑点头。大约老先生劲道来了，联系到“碧玉破瓜时”，又要解释“瓜字”破开来是两个“八”字，二八一十六，十六岁的姑娘就叫“破瓜年华”。谁说“破瓜”就是“破身”，想入非非，歪曲原意，大错特错。似乎听众听得蛮快活，所以魏钰卿觉得意犹未尽，弹了两下弦子，还要补充：从前八八六十四岁，也叫“破瓜”之年，中国人喜欢拆字格，八十八岁做“米”寿，有此一说，六十四岁做“瓜”寿，好像勿大有。我那时小学毕业，在老秀才李桐荪私塾里读《古文观止》、《唐诗三百首》，还听得进，记得牢！可旧货店苏州老板在我耳边咕：“快点唱嘘，肚肠痒得来！”

有一次听魏真柏议论他爷爷魏钰卿，晚年说书，穿插典故太多，有点“勒”。我想，传说当年马如飞听了知府丁日昌的“乡约”训谕，能够融会贯通于说书之中，其方法，不会是照背原文，当是在穿插讲解出典中联系发挥，所谓“随心变化，风生席上”，变化在脚本之所无，典故之所有。知识性、趣味性、生动性兼而有之，不容易啊！说书先生当中真有学问善讲出典者，弹唱《西厢记》、《红楼梦》的黄异庵不简单，“雅词”讲出典勿稀奇，“俗词”他也要讲出典，例如：焦大骂“爬灰”，贾宝玉听勿懂。黄异庵说：“宋朝丞相王安石的儿子死了，大约王安石经过媳妇房间，多看了几眼，美貌的年轻寡妇也许是误会，也许是有意挑逗公阿爹，题诗壁上：‘风流不落外人家。’王安石一看慌了，连忙用长指爪爬掉题诗壁上的石灰，这就是‘爬灰’的出典。”

30年代，我们镇上有一批“揩兄”。何谓“揩兄”：说书先生起小生脚色，一个指头在鼻底下一揩，叫做“揩鼻头相公”。那些“揩兄”们学问有一点，不高，酸溜溜的“半瓶醋”水平。镇上也有档次高的文人雅士，有十六位是南社人员，每年柳亚子来参加“西园雅集”吃酒做诗。而许多“揩兄”们的聚集地在赵厅书场，倒是在春节前说书封箱期间最为活跃。一种是带有赌博性质的“打诗谜”，一种是有彩头的“猜灯谜”流传至今，“打诗谜”久已绝迹。其方法，做东的摊在桌上一叠诗谜，先翻开第一条，在长方形笺纸上工楷写着缺字诗句，譬如写着“淡淡”、“片片”、“一朵”、“千叠”、“万里”五个单词，大家就在一、二、三、四、五门上押赌注，一配三，这就与打牌九不同了，未押注前你得吟哦斟酌一下，于是，“揩兄”们诗声朗朗，此起彼伏，“月白风清呵淡淡云嗄”，“月白风清嗄片片云啊”、“月白风清啊一朵云嗳”、“月白风清兮千叠云嗄”、“月白风清哎万里云啊”，着实比我在私塾里与同学们齐声读书热闹，其间还要议论比较优劣，有人说：“月白风清，当是万里无云，倒是云淡风清最佳”，结果“淡淡”上押的赌注最多，其他三门都有押注，唯独“万里”无人押注，可最后翻出谜底来，赫然“万里”二字，而且有线装书中的原诗为证，这下子把赌注统统吃进。然而这种类似智力测验，大多数谜底的词意还是好的和比较好的，并非拣最差的押注便能够取胜。作诗谜者的歪才，在于五门配词变化得当，因为颇不容易，所以渐渐消亡。到了40年代，赵厅春节前的赌局，代之以上海人来设的“廿一门头”，我看见过姚慕双、周柏春在那里谈笑风生，难得到乡下来白相相。

城里花园弄口的夏厅书场，30年代大约也是“措兄”们的聚集地。在夏厅隔壁开文具店的赵云飒是我表兄，他与夏荷生是私塾同学，书法很好，自称才学不如夏荷生。有一年夏厅里猜灯谜出事了，有条灯谜的谜面是“网船婆撒尿”，谐声格，打本地人名一，有人猜中是“姚风标”，形象生动谑而虐，大家笑痛肚皮传开了。“姚风标”是谁？是前清举人当地士绅，别人不急，书场里夏老板急坏了，赶春节登门送厚礼，不了了之。大约民国年间的“措兄”们，远比清朝年间的“措兄”们狂得多，得罪举人老爷不怕捋虎须。而且举人老爷没法追究。追究出来也是个无名小卒，你要动真格的，事情闹大上了报，更加要落笑话柄，所以举人老爷也没有开明伦堂评理。

还有一次城里大出丧，十二匹白马开道，死者是段祺瑞下面当内阁总理的钱能训的老太太。在许许多多挽幛挽联中，有一副挽联上写的是“母是接脚夫人，当成仙佛归三宝；我本强项小吏，愿作僮奴哭五更”。送挽联的是县里警察局长朱某，有人指给钱能训看到“接脚夫人”四字，钱能训愤然吩咐扯下来烧掉，为什么？原来当年钱能训父亲洗脚，那十六岁的丫头给六十岁的老爷剪脚趾甲，老爷说：“小丫头你看看，老爷两只脚底板两颗红痣，这叫双龙抢珠，所以老爷福气好啊！”小丫头天真地格格笑：“有啥稀奇，红痣我脚底板上也有。”原来她脚底板上有七颗红痣，叫七星痣，老爷大喜：“小鬼丫头啊，你将来福气比我老爷还要好。”就此收房以后，生了儿子扶了正，直做到国务院总理的老太太。这个五六十年前的轶事，知者甚少，偏偏这个山东人警察局长敢揭钱老夫人的底牌，祸闯大了。不久，朱某被撤职还乡了，这个警察局长一贯敲诈勒索，买东西勿付钱，这回瘟神送走，大快人心。原来，朱某在文具店里买对联不付钱，还要赵云飒代写，这班“措兄”有气，像祝枝山写春联那样做刁钻文章，那警察局长没有文化，什么“接脚夫人”、“强项小吏”根本不懂，糊里糊涂送挽联，糊里糊涂被撤职。开始赵云飒跑到杭州去避风头，瘟神逐走才回来，“措兄”们置酒庆贺，歇夏回家的夏荷生在座，赵云飒书法虽好，肚才不佳，挽联中的

"愿作僮奴哭五更",似乎出典在《玉蜻蜓》里的"沈方哭更"。然而妙在联中出现两个形象,一个是为老爷剪脚趾甲的俏丫头形象,一个是在灵前硬着头颈的大老粗形象,细想起来,比听夏荷生出噱头还要有趣。关于夏厅里的故事,我曾经记述过夏夜纳凉,孩子们要求荷生伯伯唱只开篇,夏荷生弹着三弦现编现唱孩子们的生动形象,我是听我表嫂(赵云飒的弟媳)说的,蛮好听的。此后不久日本侵略中国,家乡沦陷,这座古城城门口布着铁丝网,守着鬼子兵,城里冷冷清清,夏厅书场从此关门了,夏荷生也从此没再回到家乡来歇夏了。

抗战前嘉善古城内的花园弄名副其实,包括孙道临老家在内的好几户大户人家,都有苏式园亭。东园则是个假山杨柳池塘的公园,那里有个卖茶的茶厅,偶尔也有杨美梅唱申曲,王爱玉唱苏滩之类小型演出,颇吸引妇女观众。但从来不说书,听书就得到花园弄口的夏厅书场,场东便是夏荷生的父亲夏明道。夏姓非大家族,似乎称不上书香世家,倒是在弹词《杨乃武与小白菜》出现了夏同善母子的艺术形象,杨淑英之所以能够进京告状为弟申冤,全仗夏家贤母孝子的鼎力相助。那夏同善幼年因父死家贫而辍学,寡母让他到锡箔庄里当学徒。从前学生意第一是学规矩,有一次失落一些铜板银角子,绍兴老店主严格检查青工学徒们的口袋,别人多多少少有点揩油嫌疑,唯独小同善的衣服没有口袋。原来儿子去当学徒,寡母把他所有衣服的口袋统统拆光,而且老店主发现在小同善的破箱子里,有他在私塾里写的文章,老夫子给予密圈,评点为"孺子可教,寄予厚望"。老店主找他母亲说:"我把你儿子退还给你。"寡母惊问其故。老店主说:"小庙里装不下大菩萨。"从此资助夏同善读书,直至中试进士,官至刑部侍郎。

然而作为嘉善的历史文化名人,夏同善只是在说书演戏中留下艺术形象。而夏荷生之被列为《辞海》条目,则是更为难能可贵了。俗话:"城里相夫开茶馆,乡下相夫摇航船。"从前会做人的叫"识相","不识相,请你吃辣火酱",是要吃亏的。"识相"可能等同于"识时务"、"识时务者为俊杰"嘛,鲁迅笔下摇航船的七斤回到未庄,其市面之灵通,见识之丰富,大为乡下人敬服,可以称得上是位"乡下相夫"。而夏荷生父亲夏明道开设的夏厅书场茶馆,比邻于士绅家,贴近于县衙门,人家给他个雅号"路路通",可见其称得上"城里相夫"。本来,夏荷生的伯父夏吟道,是位弹唱《倭袍》的说书先生,夏荷生要学说书是近水楼台。可是作为书场场东的夏明道,深知苏州评弹内幕,自己阿哥说了几十年书,还是个红不起来的

“外道”，觉得不是苏州人，说书出山难。他有能耐托人推荐小青年夏荷生进上海商务印书馆当学徒，其实是很不容易的。想当年陈云同志也是凭松江老校长的介绍，才进得商务印书馆的。正如车尔尼雪夫斯基所说：“最持久的动力，是天性的爱好。”夏荷生天性的爱好不是“印书”，而是“说书”。据说他在上海一年多，听书的机会越多，学艺的决心越大，父亲由着他病退回家，夏荷生拜号称“大少爷说书”的钱幼卿为师，学习弹唱《描金凤》、《三笑》。他学有专心，艺有基础，学艺一年后，与师拼双档，拼档两年后，与师拆档放单档，从此驰骋书坛，直登“描王”宝座。

夏荷生只活了四十六岁，非常可惜。我只听过他《描金凤》的开头三回书，实在难以窥一斑而见全豹。我在回忆文章中，只谈过他一些形容绝倒的说表功夫。至于他高亢亮丽的“响弹响唱”夏调，声腔优美于字字有劲，形神兼备于语语动情。那钱玉翠送别徐惠兰的一档长唱篇，情在倾吐肺腑，情在传神眼角，情在女的盈盈欲涕楚楚可怜，情在男的恋恋不舍依依回头。徐惠兰走了，走远了，钱玉翠还在那里轻挥玉手，痴望背影，台上一下子停顿了，台下鸦雀无声。可能有人感到鼻子里有点酸，夏荷生忽然放下弦子说：“徐惠兰走了，明日请早吧！”听众们在掌声雷动中觉得十分过瘾。旧货店苏州老板说：“听俞筱霞唱俞调，听祁莲芳唱祁调，不仅要竖起两只耳朵听，还要睁大两只眼睛看，听得进每个字，看得清每个表情，真是回味无穷啊！”关于钱玉翠送别徐惠兰，前几年我听余红仙她们唱过，第一流的优美唱腔蛮好听，可觉得还推板一眼眼，我的鼻子里还酸不起来。其实，比起《珍珠塔》的唱词，《描金凤》的唱词不算精彩，比较一般性，而一般性的唱词能够唱出不一般的效果来，可见“描王”之不同凡响，令人心醉。

当初夏荷生被钱幼卿视为爱徒而拼双档，崭露头角于同台献艺。两年下手当下来，夏荷生不满足了，雄心勃勃要放单档。其中有什么曲折不清楚，但脱离了钱夏档，就脱离了光裕社。想当年光裕社是一块唯我独尊的金字招牌，是苏州人开的百年老店，积累了许许多多传统老书名牌产品，培养了一代代的名家响档，多的是继承家学的“公子公孙”。说书实在是苏州人的金饭碗。那光裕社的茶厅，其作用相当于现今的演出公司，每年各地大小书场场东来洽谈业务，好的大家抢着要，差的“卖肉搭个猪脚爪”，许多大码头的“吃肉场子”，差不多光裕社全包了。那些影响不大的道外说书先生，跑跑小码头，吃点边脚料，就像夏荷生的伯父夏吟道那样，说书一世勿红火。然而“蹩脚说书抵得个大伙计”，日脚还是过得去的。夏荷生放单档，不得挂光裕社牌子，正好民国初年上海新成立的润余社，是上海、海宁、常熟等地外道说书先生联合起来的行会组织。队伍不大，以“五虎将”起家，老本没有，以“说野书”取胜，“野”者，非正宗也，光裕社老夫子们是瞧不起的。夏荷生虽然参加润余社，说的还是《描金凤》、《三笑》传统骨子老书，夏荷生天才加勤奋，出人头地于一个“拼”字。“小书一段情”与“大书一股劲”兼而有之，之所以得“三大单档”、“四大名家”与“描王”之誉，他的突出成就，与许多名家响档的突出成就一样，机遇特别好，运道特别好。

要说机遇运道，且看梅兰芳。十一岁登台献艺，十六七岁名噪北京，可那时老式戏馆设备简陋，座位不多，如同鲁迅所描写，后座都是那种脚不着地的狭长条高脚凳。票价当然很低，梅兰芳的戏班子天天客满，每场收入不过三十块大洋。而30年代的上海天蟾舞台，梅兰芳领衔的京戏天天客满，每场收入高达三千块大洋。收入提高百倍，身价提高百倍，30年代前后，上海的新型剧院、电影院，雨后春笋般的越来越多，越建越好。娱乐业大发达于商业性竞争，那期间上海人的时髦，一是到新开张的大光明电影院看电影，二是到新开张的天蟾舞台看京戏，三是到新开张的东方书场听苏州评弹。

清朝人传下来老式书场，五张长桌、蜈蚣板凳，实在不太舒服。可走进上海东方书场，六百多张沙发座椅，新式灯光照明，开放热水汀，听客们舒舒服服坐下来。三个半钟头听五档小书两档大书，一个个都是名家响档。这里好比天天在会书，实在是上海人头脑活络的创造发明。天天客满加座，望到台上后面还加上两排座位，坐着二三十位迟到听客，心甘情愿地盯着说书先生后脑勺子听书。生意实在好，再增加个四百多座位的东方第二书场。在三四十年代，此类新型书场或被称为豪华书场，包括大中型饭店的附设书场。舞厅的兼营书场以及游艺场里的书场，发展到五十多家。而传统形式的专业书场与茶馆书场，全上海多达二百多家。而且还有新兴的十六家商业性广播电台，纷纷办起了固定演出的空中书场，多聘有吸引力的名家说书，有利于增加广告收入。至于评弹作为长脚书的唱堂会，不同于唱滑稽挂牌“承接喜庆堂会”的一次性演出。很多是同业公会或者同乡会的定期包场演出，个别也有杨斌奎在爱俪园中包唱十年会馆书场，与陈瑞麟包唱十年空中书场，相映成趣。上海说书演出阵地的空前扩大，许多名家响档简直忙不过来，据说周玉泉唱了八家空中书场，叫做“八面威风”，接了四家堂会，叫做“四面开花”。后来接受听众意见，才多到正式书场里来说书。

与国外商业性社会一样，高收入刺激了艺术竞争，高收入滋养了大艺术家。梅兰芳出国演戏，旅费要花十多万块大洋，其经济来源主要是他高收入的积蓄。他在北京买房置产养活十一个子女，开销大得热昏。一句话，他是当年资本主义、市场经济条件下艺术竞争的大赢家。而且，在30年代红得发紫的“梅、程、荀、尚”四大名旦、“马、谭、杨、奚”四大须生，全都是三十多岁的少壮派。京剧到了少壮派当家的新时期。30年代上海的演艺界，说高收入第一位是京剧名角儿，第二位的要数名家说书先生。议论人家赚多少钞票有点俗，只有旧货店苏州老板，不是听说杨莲青说书一天进账一两黄金，便是看见周玉泉太太十只手指头戴着九只金戒指。30年代说书先生在上海，一天到夜得赶多少场子，越是名家响档，越是倍加辛苦，且看那时的“三大单档”、“四大名家”，夏荷生、周玉泉、徐云志、蒋如庭、朱介生、沈俭安、薛筱卿七位代表人物，一个个三十岁刚出头，比梅兰芳小了三到五岁（梅兰芳三十六岁出国演出）。只有蒋如庭比梅兰芳大了三岁，然而他是上海评弹界的足球队队长，精力相当充沛，不妨说，苏州评弹也进入了少壮派当家的新时期。

当初评“梅、程、荀、尚”四大名旦的条件，一是唱腔，二是扮相，三是基本功夫，四是创造脚色。程砚秋唱腔第一，扮相第四，全面高分不如梅兰芳。所以梅兰芳位列四大名旦之首，而最最为人欣赏而流传悠久者，是他们各自创造的流派唱腔。大约戏曲的发展首要体现于流派唱腔的发展。30年代苏州弹词流派唱腔的创造发展，也是前所未有而十分丰富多彩。名家们各有新招，夏荷生的“夏调”，周玉泉的“周调”，徐云志的“徐调”，蒋如庭、朱介生的“蒋朱调”，沈俭安、薛筱卿的“沈薛调”，朱耀祥的“祥调”，俞筱霞的“俞调”，祁莲芳的“祁调”，还有号称“蛇王”杨仁麟的杨派“小阳调”等等，当时非常轰动，后来还有发展。作为源远流长主流派的光裕社，传统老书家底非常富有，弹词代表作如《珠塔》、《三笑》、《蜻蜓》、《白蛇》等等，评话代表作如《三国》、《水浒》、《岳传》、《英烈》等等，说得最好的，差不多清一色是名师出高徒的苏州人。而且都能在“说、噱、弹、唱”上博采众长，自成一家。到了40年代，新的少壮派相继崛起，突出的如蒋月泉弹唱《玉蜻蜓》，不但得乃师周玉泉擅说“阴功书”的衣钵真传，而且在“周调”的基础上创造了“蒋调”，音调铿锵，韵味醇厚，尤其是他所唱《单刀赴会》、《莺莺操琴》、《宝玉夜探》、《杜十娘》等“蒋调”开篇经典作品，风靡一时，流传后代。蒋调在弹词流派唱腔中后来居上，人们几乎把周调淡忘了。而评话到了40年代，最为突出的当数张鸿声，出名的“飞机《英烈》”，出名的“噱头大王”，他的说功冲劲火爆，脚色绘声绘影，超越乃师蒋一飞，他的噱头妙语如珠，穿插讽刺时弊，胜过前辈许继祥。他的书说得“快”，说得“活”，倒是名副其实的“快活书”。根据鲁迅《小说史略》所记，《英烈传》本来是为郭英立传的，而经过多少代评话艺人的不断增删演变，突出于常遇春马跳围墙，胡大海三冲牛塘角等等精彩回目，郭英反而淡化了。蒋一飞说《英烈传》，可以持续说一年，而张鸿声经过筛选提炼，两回书并作一回说，干净利落不卖关子，非常讨好听众。大约当时在上海说书，要在激烈的艺术竞争中赶场子，少壮派来得正好，老年纪的吃不消，不得已而下来说码头书。蒋一飞的书我没听过，听过被戏称为“吐血四官”哑喉咙许继祥的《英烈传》，晚年因精力有限而“大书小说”，因其噱头接二连三，无人说他缺乏“大书一股劲”。而汪云峰晚年到码头上来说《金枪传》，他也“大书小说”，说功未免拖沓，但因他在最后一刻钟卖足力气达到高潮的精彩，听众还是体谅而满意的。

在此同时，所谓“外道”的外地人说书艺人也出了不少名家响档。他们主要以说新书取胜，新书中最有价值者，首推硖石人李伯康说的《杨乃武与小白菜》，这部根据清末真人真事编写的传奇新书，是李文彬、李伯康父子心血浇灌的力作。由古典名著改编的弹词《西厢记》，则是常熟人朱寄庵、朱兰庵父子的高品位风雅书。朱兰庵还与上海陆澹庵改编张恨水的小说《啼笑因缘》为弹词，首由唱过苏滩的无锡人朱耀祥与赵稼秋出新创造了第一部时装书。上述三部新书，可谓上半世纪新书目的杰出代表作。此外如自学成才的平湖人秦纪文，以改编弹唱女作家陈端生的《华丽缘》风行于世。唱过绍兴大班的无锡人张鉴庭与弟张鉴国，以改编弹唱地方戏曲《十美图》、《顾鼎臣》走红书坛。常熟人潘伯英的新评话《张文祥刺马》、《福尔摩斯侦探案》，当时广受欢迎。而杭州人沈笑梅由唱小热昏改行说评话，其自编的《济公》、《乾隆下江南》亦颇有特色。之所以外地人说新书者多，实在因为说传统书要超过苏州人很难，特别冒尖的除了夏荷生，几无第二人。太仓人黄异庵由业余爱好而投师学唱《三笑》，嫌其俗而自编《西厢记》，可光裕社不准他演出无师自通的新书，只能在参加上海润余社中找到出路，终于成为弹唱《西厢记》的一代名家。

辛亥革命前后兴起的新剧运动，不但时行文明新戏（方言话剧），而且出现了海派改良京剧，一时清装戏、时装戏、机关布景连台本戏非常闹猛。北京的京派演员都是科班出身、梨园世家。而上海京剧改良社创始人，著名的汪派老生汪笑侬是革职知县票友下海，留学日本的欧阳予倩既演话剧，又是京剧名旦。麒派老生周信芳亦演过话剧，他们结新社，演新戏，创造舞台新面貌。从此，“海派京剧”为世所公认。受其影响而建立的上海润余社，一开始就推出三部新书，一部是反映武昌起义的新评话《鄂州血》，一部涉及太平军的清代实事新评话《张文祥刺马》，一部是反映清代四大奇案的新弹词《杨乃武与小白菜》。润余社虽然没有自我标榜为评弹改良社，但其起步确实是追随于新剧运动。而且润余社的几位创始人，编新书近乎集体创作，根据记载，朱少卿编《张文祥刺马》，是得到郭少梅、程鸿飞、李文彬的帮助，李文彬编《杨乃武与小白菜)，得到郭少梅、程鸿飞、朱少卿的帮助。票友下海的上海人程鸿飞，擅说自编的《岳传》，当过塾师的硖石人郭少梅，擅说自编的《三国》、《列国》，两人颇有学问，编书靠近史实，正而不野，雅而不俗，在上海颇受听众欢迎。这几位能编会说的民间才子通力合作，无私帮助，能够编写《杨乃武与小白菜》这样一部杰出的长篇弹词来，实在令人钦佩。我少年时在家乡听过年过七旬的郭少梅开讲《列国》，此老上台来先诵一段《左传》原文，坐在那里不动也不起脚色，细说其历史故事旁征博引，倒是娓娓动听。大约他的书艺“吃相不吃洋”，称得上“相”的，大约文化水平比较高，而“俗谓众为洋”，大约是指普通老百姓文化比较低。郭少梅该是个老上海了，他的书上海人很“吃”，可乡下人不吃。我的邻居旧货店苏州老板不耐烦：“勿是到书场里来听书，好像到学堂里来听先生上课。”因此虽然有些人不要听，郭少梅也没有剪书，场方也待情不薄。其实那时郭少梅在嘉善花园弄女儿家里养老，很难得到附近夏厅、赵厅来说书，也算是“过把瘾”吧！我的老师南社诗人余十眉，对郭少梅比较熟悉。说郭少梅与李文彬同乡有交情，帮助设计《杨乃武与小白菜》这部书，颇有些八股文的笔法，八股文是讲究“起、承、转、合”的。杨乃武冤案官司，从县里打到府里、省里、京里，便是做“起、承、转、合”的文章。八股文是以“破题”为要义的，“奸出妇人口”，便是破题而着手做文章。“妇人口”的真相只需说出“奸夫是谁”，就这么简单。而被侮辱、被损害、被威逼利诱的小白菜这张“妇人口”，恰恰被多少贪官酷吏的黑手封住了，从定性“谋夫夺妇”，发展到定性“通奸谋命”，小白菜始终在被愚弄蒙蔽之中，哪怕搭上自己一条命，也不能说，不敢说，没法说真相。杨乃武死定了，作者忽然以“密室相会”为破案手段，这个“妇人口”中的真实答案，是清朝最高权贵在偷听案犯密语中得来，简直荒唐得令人难以置信。然而恰恰合情合理编造得天衣无缝。据《清朝野史大观》所载此案，最后是刑部命刘知县运棺到京里开棺验尸，验出来尸无中毒痕迹。刘慌忙辩称尸首已被换过，此辩不能成立。“屈打成招的杨乃武无罪释放”，“挟怨报复”的刘氏父子发配黑龙江。这个记载可能是真实的，但照此编出来的书肯定不好听。长篇弹词常以“卖关子”为吸引力，以善于编织“关子书”引人入胜。《杨乃武与小白菜》抓住“奸出妇人口”一个关子卖到底，既精彩，又实在，好像真有那么一回事。后来余杭那家药店老伙计矢口否认当年卖砒霜的事，说他们老板是个好人，然而没有法子平反。老板确实姓钱，可不叫钱宝生，也不是个梅毒开天窗的“齉鼻头”坏坯子，放到现在，打起名誉官司来李文彬肯定要输。余十眉说，这部“文明新书”，光会写书的才子编不出来，只有既会编书又会说书的才子方能编得好说得好。有趣的是，李文彬与夏同善一样，从小在绍兴人开的锡箔庄里当过小伙计。他在书台上首创的绍兴师爷脚色，话语生动形容绝到。

余十眉说的“文明新书”，是与“文明新戏”一样，在当时是一种赞美的时髦话。20世纪初崇尚文明，是一种社会进步，颇多引进西方文明，所谓“文明结婚”，就是新式结婚；所谓“文明戏”，就是我国早期话剧的“新剧”。而文明戏又是与海派改良京剧相互渗透的。第一个文明戏《黑奴吁天录》里就加一段京剧唱腔，欧阳予倩、李叔同等话剧创始人，都是京剧名票友。他们编演的《孽海花》、《新茶花》、《秋瑾》等等，既是文明戏，又是海派京剧时装戏。话剧不仅使京剧注入了时代精神，而且在舞台实景中的写实表演方法，颇给观众以新鲜感。所以说，早期的“文明新戏”，既包括不唱的话剧，也包括有丰富唱腔的海派改良京剧，新弹词《杨乃武与小白菜》，新评话《张文祥刺马》，该是受当时文明新戏的影响而产生，不能不说是一种进步。

文明戏是中国话剧的最早演出形式。而在上海适应南方观众而形成的方言话剧，倒是专门被称为文明戏。渐变为滑稽戏以后，文明戏似乎消亡了。然而海派改良京剧的发展兴旺，渐渐不以文明新戏为标榜，而是创造机关布景连台本戏。在欧阳予倩《回忆录》中说：“新舞台对于机关布景特别讲究，所以极其卖钱。”二十二本的机关布景戏《济公活佛》的演出，“历时凡四年，盈余达八十万金”。此后如《狸猫换太子》、《西游记》、《七侠五义》等等许多连台本戏，都能连续数年久演不衰。机关布景追求舞台上的新奇，多与魔术相结合。如舞台上的女鬼，把自己的头拿下来放在桌子上，梳好头，再双手捧头装到自己脖子上去。济公的破蒲扇一扇，华云龙的酒杯自动在桌子上送过来让他喝，或者秦桧的儿子霎时变为大头娃娃等等。海派改良京剧发展到连台本戏给上海人的印象，是“噱头势佬佬好”。

从来京剧演传统剧目，须天天换戏，不能持久。传统京剧没有连台本戏，外国戏剧更加没有连台本戏。当年连台本戏成为上海的独特产品，《中国京剧史》也没有说明其来由。粤影老导演应云卫是戏曲行家。他说许多海派京剧角儿都喜欢听书，书可以连续说，戏为什么不能连续演。你看许多连台本戏的剧目，在苏州评弹的书目中都有。这连台本戏的产生，不仅是从“长脚书”中得到启发，而且还从“长脚书”中得到素材。中国的戏曲与曲艺该是有血缘关系的，或先有书后有戏，或先有戏后有书。当初海派京剧连台本戏《狸猫换太子》在上海十分吃香，德清人杨莲青原来说的评话《五虎平西》不甚吃香。自从改说《狸猫换太子》以后，很快成为吃香的名家响档。他的《狸猫换太子》不仅以京剧本为改编路子，而且在演出上大量吸收运用京剧行当的程式表演，惟妙惟肖地学小达子李桂春“做派老生”，演包公的全身有戏。他以京剧大花脸行当演庞吉，没有脸谱，就像说《岳传》的王再良演秦桧一样，一起脚色两边面孔都会抖动。他演瞎眼李太后念白做功全学京剧名老旦李多奎，再加上点“瞎子算命”评弹传统表演技巧，塑造人物形象的表演能力特强。80年代，杨莲青的第三代传人陈卫伯在体育馆里说一段评话“包公遇太后”，对数千观众非常有吸引力，其精彩胜于看戏。从来立论“戏是现身中的说法，书是说法中的现身”，然而从杨莲青到陈晋伯、顾宏伯、陈卫伯三代人说“包公”书所形成的演出风格，说得好，演得好，有时似乎是把海派京剧“包公”戏，从舞台上搬到书台上来了。不太理会“说法”与“现身”的主属关系，这种突破，实在可以说是“海派”影响的时髦。

40年代我在上海沧洲书场听过“范氏父女档”。前半场是“活济公”范玉山说评话《济公传》，后半场是“弹词皇后”范雪君弹唱《啼笑因缘》。还有一次，也是在沧洲书场听过“双梅档”，前半场是“冷面滑稽”沈笑梅说评话《济公传》，后半场是“巧嘴”姚荫梅弹唱《啼笑因缘》。范玉山是扬州人，沈笑梅是杭州人，两人都以自编自演《济公传》蜚声书坛，实在很不容易。20年代新舞台上演了二十二本《济公活佛》，据说范玉山就在那里当舞台工作人员，不但记台词滚瓜烂熟，而且把赵如泉演济公的一招一式都学会了。他说的《济公》基本上是连台本戏的路子，在书台上

"歪嘴巴、斗鸡眼、踮起一只脚"的济公造型，仿佛净慈寺里的泥塑像。演济公大闹秦相府，外插花借古讽今"口俏"奇佳。沈笑梅在杭州学过杜宝林的"小热昏"，亦即"小锣书"。其功夫在于伶牙俐齿、油嘴滑舌。他自编自演的《济公传》，颇多民间传说故事，如"济公背新娘"，说济公如何在乡村洞房里抢了新娘子背上山去。全村老少愤怒追赶上山，忽然洪水暴发，淹没了村子，是济公救了全村生灵。这简单的故事出于沈笑梅之口，说的本地风光，乡村风俗，善良老夫妇碰着个疯疯癫癫和尚硬讨喜酒吃，醉卧新床拉不动，抢走新妇追不上，场面闹猛，气氛紧张，骂声越凶，笑料越多。沈笑梅的表演，胜过美国无声电影里裴斯开登的"冷面滑稽"。他不笑，可听众笑痛肚皮。姚荫梅也不易。自编自演《玉连环》反应平平，在大世界里唱书戏希望不大。直到改说《啼笑因缘》路子找对了，苦下工夫，自成一家，才以"巧嘴"出名，广受听众欢迎。他的书艺，我多次说过了。至于范雪君，我只听过她一回书。当年坐小轿车赶场子的，前有薛筱卿，后有范雪君。她上书台大有明星派头，秋波一扫，嫣然一笑，小报记者形容为给听众"眼睛吃冰淇淋"。说得比"秀色可餐"俏皮，形象美与艺术美谓之"色艺俱佳"。我粗粗领略范雪君说书印象至深者，她在书台上再现沈凤喜一颦一笑的少女风姿，楚楚动人。一口流利的北京话具有磁性的魅力，她为樊家树弹唱一曲"四季相思"，风情万种，胜过周璇，多少听众为之着迷。范雪君一生艺龄不长，追求不俗，她说过的新书大约有《杨乃武与小白菜》、《啼笑因缘》、《秋海棠》、《雷雨》等，为评弹艺术的锐意创新，是有特殊贡献的。人们把她淡化、淡忘，实在是个遗憾。

历来京剧舞台是男伶的世界，虽有"髦儿戏"的女京班，地位是很低的。女伶不准与男伶同台，辛亥革命后女权呼声渐高，京剧开始允许男女同台。并且在1930年评出"雪艳琴、章遏云、新艳秋、朱琴儿为四大坤旦"。可是就在那一年，王燕语因与妻王莺声唱双档，被光裕社开除了。因为光裕社"章程"第一条便是"凡同业勿与女档为伍，抑传授女徒，私行经手生意，察出议罚"。可见当年光裕社掌门人的封建落后思想，实在与作为江南开明城市的苏州极不相称。大约过不了几年，道外说书，女说书相继进入苏州书场，可见时代潮流谁也阻挡不住。想当年，王燕语等在上海建立了普余社，不仅获得男女同台说书的发展，而且似乎女说书的新人也日益增多。在上海，有南京饭店、大中饭店等四五家附设书场，都是普余社的阵地。我曾经好奇地到南京书场听书，是王燕语、王小莺、王小燕的《珍珠塔》，徐雪行、徐雪月、徐雪花的《三笑》，汪佳雨、汪梅韵、汪菊韵的《双金锭》，顾韵笙、顾竹君的《落金扇》等，那里200多个座位上，来听女说书的男听众一个个衣冠楚楚。女听众也不少，与别的书场不同，每档女说书上台，都有人捧场，捧场的办法是点唱开篇，女说书念着书场职工递上来的字条："某先生点开篇一打，谢谢，某太太点开篇两打，谢谢……"开篇点了好多打，但只唱一只开篇，给我的第一印象，说噱弹唱，到这里的艺术享受主要是听呖呖莺声的唱腔，别有一种情趣。如王小莺演陈翠娥与王小燕演采苹的少女风韵，在视觉听觉上感到十分自然逼真，没有男演女的装腔作势。当然，也有像徐雪月那样起男脚色说表老练，跷拐儿顾韵笙与顾竹君兄妹较多海派噱头。其实点唱开篇与现今送花篮差不了多少。当年出钱点唱风气最盛行于小广寒剧场里的女子京剧清唱。小广寒就在天蟾舞台邻近，不过四五百个座位。其历史沿革可能是髦儿班的演出场所，这种女子京剧科班生旦净末丑齐全，我童年时期还看过髦儿班到乡下来演庙台戏。实行男女同台合演后，大约不少女演员参加到大京班去了。但小广寒依然保留着女子京剧清唱演出形式，人们喝茶听唱，捧场点唱，也出过张文涓、蒋丽萍那样第一流的女老生。后来都成为大京班的台柱。徐云志的徐调，就吸收了京剧女老生露兰春的唱腔。戏台上的女性魅力与书台上的女性魅力，似乎在上海易占上风。京剧如北京来的言慧珠、童芷苓、李玉茹等名角纷纷落户上海。女演员挂头牌挑大梁，成为一种时髦。而不少第一流传统书场自范雪君的《啼笑因缘》在汇泉楼唱红以后，纷纷破例请徐雪月、徐琴芳等女说书登台，评弹界女说书的地位大有提高。男女拼双档说书日渐增多，有利于评弹艺术的发展，这个进步来之不易。

马少波等编写《中国京剧史》，以1917年至1937年为"京剧鼎盛时期"，鼎盛，是最最兴盛的意思，京剧200多年历史，发展到那个20年间最为鼎盛，这是实事求是的评价。因为第一次世界大战后，中国民族工业发展很快，经济年增长率达到20%。上海1930年的市内人口三四百万，被列为世界五大繁华都会之一。从《中国京剧史》中关于20年鼎盛时期的叙述来看，许多方面都是上海起了主导作用。北京是京剧的发源地，当仁不让以老大哥自居，传统戏多，家底子厚。但随着时代潮流，虽然有点瞧不起海派改良京剧，但又不能不受海派改良京剧影响。清代老生地位突出，所以谭鑫培、余叔岩等原封不动老戏老演。而旦角是因"梅、程、荀、尚"大演新戏而提高地位，实在是受上海吸收西方艺术的影响。尤其是上海建造新型大剧院，影响北方。那个20年代间，京剧票房价值大幅度提高。

“一招鲜，吃遍天，演戏可以赚大钱”。甚至北京也大演其连台本戏了。梅博士成为京剧鼎盛时期的标杆，从谭鑫培向慈禧磕头请安，到梅兰芳与斯大林握手言欢，由戏子名角儿上升为大艺术家，其间相隔不过30年。1937年抗日战争开始，梅兰芳蓄须不演戏了，京剧的鼎盛时期至此划了个句号，但不等于趋向衰退。尤其是上海租界地区的所谓“孤岛”上，日本鬼子的铁蹄进不去，无数江南富裕人家迁进上海，免受鬼子扫荡、土匪抢劫的苦难，而天天有二三十万“跑单帮”的大小商贩进出上海，挤满了火车、轮船、旅馆、客栈。市场依然兴旺，人口密度增加，相应地大大小小娱乐场所也十分兴旺。由于电影外国片进不来，国产片出量少，好多大中小电影院改为剧场、戏院，许多电影演员改演话剧。话剧发展了，许多女子的笃班逃到上海，越剧发展了。许多京剧名角儿集中到上海，盖叫天也不敢回杭州。京剧在孤岛反而阵地扩大了，而苏州评弹的名家响档集中上海，轻易不敢下乡跑码头，上海听书增加了许许多多新听众，尤其是女听众也都养成爱好听书的习惯。听众越多，评弹艺术的生命力就越强，40年代以后，书台上的男女新秀如雨后春笋，方兴未艾。

三四十年代的空中书场特别风行。许多设在弄堂里的商业小电台，广播室有如螺蛳壳里做道场，最最适合于说书、唱滑稽的现场播送，是电台广告收入的主要依靠。大清老早冯筱庆唱四明文书，可以听到弄堂里倒马桶的吆喝声，深更半夜邢瑞庭唱什锦开篇，可以听到弄堂里馄饨担的竹梆声。空中书场对于评弹艺术，至少起了三个方面的推动作用，第一是推动创作新开篇，空中书场除了逐日播送长篇评弹以外，最最需要短小精悍的开篇节目。各派各调文字典雅的老开篇固然受欢迎，创作通俗易懂贴近时代的新开篇更加十分需要。许许多多白话开篇、滑稽开篇、对白开篇、什锦开篇、成套开篇直至广告开篇等等。大都首先在电台上唱得很热闹，有些像《枪毙阎瑞生》那样连续性故事十几只成套开篇，似乎只有在电台上播送过。那些推销商品的广告开篇更是绝对不会唱到书场里来的。二是推动试说新书目。空中书场的胃口大，新老书目花色品种不嫌其多，在电台上说新书，无需像书场那样保证上座率，而且即使书不熟，可以带了脚本上电台，不少名家在书场说老书，上电台试说新书。那时期在空中书场，可以听到沈俭安、薛筱卿说新书《花木兰》，蒋如庭、朱介生说改编张恨水小说的新书《落霞孤鹜》，陈瑞麟说新书《太真传》，朱耀祥、赵稼秋说新书《玉堂春》，朱兰庵说新书《空谷兰》等等。其后严雪亭到上海说《三笑》，不过二十三四岁，可他在电台从唱白话开篇反映不错开始，又在电台上演出了弹词《赛金花》。因嫌《三笑》太熟，下决心改说新书《杨乃武与小白菜》大获成功。而范雪君在书台唱红《啼笑因缘》后，她的新书《秋海棠》、《雷雨》、《董小宛》、《赛金花》等，大都先在电台试唱，后在书场演出。三是推动新人早些出名。40年代苏州评弹大大发展了新的少壮派。如王柏荫、谢毓菁、周云瑞、陈希安那样名师带出来的高徒，如杨振雄、杨振言、吴子安、朱少祥那样的公子公孙（还可以举出好多名字），一个个玉树临风，卖相极好，雏凤新声，不同凡响。在书台上很快出名，不成问题。然而许许多多初出茅庐的年轻说书艺人，往往出道容易走红难，跑跑小码头，书艺虽有进步，挤到上海来还是无名小卒，影响甚小，希望不大。倒是空中书场，每每给新人演出机会，无名小卒忽然出名，实在功德无量。举个例子，就在日本鬼子投降前不久，我在乡下小镇上听平湖人女说书黄静芬唱《倭袍》，那时她不过二十来岁，书艺倒是挺动人的，吸引我继续再听。有一天她上书台来刚拿起三弦，忽然流泪哭诉："伲女人吃这碗开口饭，苦煞了……"一时泣不成声，我悄悄问场东，是她抗拒敌伪连长侮辱挨了打，那天她说了一回"毛龙吊孝"就剪书。当夜悄悄跑掉了。听书听得难过，就是这一回。大约不过一年后，日本鬼子投降了，黄静芬忽然很快在上海唱出名了。本来她好不容易到上海，开始只在小书场里说书，口碑还好，影响还小。前面我说过，空中书场胃口大，尽可能请名家说书外，还大有给小字辈演出机会的余地。黄静芬说表细腻，唱腔柔媚。上电台说书不久，嗲声嗲气的"活玉兰"经小报捧场，一下子名声大增。在日本鬼子投降前不久，还听过吴剑秋、朱慧珍夫妻档的《玉蜻蜓》，只觉得书都是吴剑秋说得老练，几乎全包了。下手朱慧珍给人印象，只是唱得很好，说得还嫩。原来她是在苏州电台学唱弹词俞调开篇起步的，胜利后她在上海空中书场以"金嗓子"唱出大名气。日后与蒋月泉拼双档，特别冒尖，吴剑秋似乎掉队了。嘉兴人朱雪琴，从小以"九岁红"为艺名，为养父母朱蓉舫、朱美英充当下手，艺龄倒是很长的。直到二十三四岁独立说书，在上海空中书场忽然出现朱雪琴、朱雪吟女双档的《珍珠塔》，颇为听众注意。"琴调"之名由此而起，后来郭彬卿甘愿为她充当下手，由郭彬卿琵琶伴奏的"琴调"，格外锦上添花，百听不厌。从来说书之难，听众既是有情的，又是无情的，闻名而来听得不错，有情明日再来。无名之辈说得不好，无情不再光临。而空中书场的好处，不卖书票由你们随意收听，听得好的继续听，多听了无情会变有情。空中书场只说法不现身，尤其是女说书的呖呖莺声吊胃口，不免买票进书场看看庐山真面目。不出名的也会很快出名了。想当年上海十几只空中书场，天天播放节目，广播覆盖面其实不小，我在嘉善天天听得到，每天空中书场听众之多可想而知。空中书场与苏州评弹之相互依存，既有利于小电台的经济收入，又有利于评弹的推动发展。可惜众多空中书场随着众多私营小电台一起消失，至今人们只知道唱片公司的历史功绩，而不知道还有空中书场的历史功绩，甚至解释为不过给大百万金香烟做做广告而已。任何艺术价值的档次提高与其商品价值提高分不开。苏州评弹三四十年代在上海，其机遇之好，运道之好，为前所未有，后所不再。众多空中书场不仅为评弹增加了演出阵地，更增加了宣传窗口。历史习惯说书艺人跑码头，日夜两回书，演出三小时。书场座位有限，艺人收入再高也是有限的。可三四十年代说书先生如果在上海走红了，只要你精力充沛，每天可做好多家书场、电台与堂会的生意，名气越来越大，进账越来越多。说书，也越来越成为令人羡慕的职业。

40年代（尤其是1945年抗战胜利后）的评弹艺术发展特快。大小码头开设了许多新书场，说书的队伍大约是扩大了好几倍，尤其是女说书增加得更快。抗战前小镇上听书，唱小书的不是男单档，便是男双档。说书先生收女徒弟本来是违背光裕社章程的，普余社不管这一套，光是汪佳雨就吸收了10来个“韵”字辈女徒。女说书其实是很“卖俏”的，就说师徒档（尤其是父女档或者冒称父女档），中老年说书先生跟年轻标致的女徒弟拼唱双档，女性魅力增加了书坛色彩。吴侬软语，女性说起来“糯笃笃”，特别好听，如果唱得好，大部分唱篇女的全包了。男的只消三弦伴奏，省了不少力气，而且男女师徒拼双档比较牢靠。说书先生收男学生当下手，好不容易两三年培养成熟，学生本领学好了，对不起，离开师门自己去放单档了。而女学生大都没有自立门户的欲望，合作比较持久，尤其是父女档彼此相互依靠，谁也不想离开谁。40年代以后，光裕社的说书先生，大多数男双档也演变为男女双档。有些中老年艺人放单档，或身体吃不消，或缺乏号召力，也纷纷改为父女档（师徒档）了。如十分老古板的茅雨庵，30年代穿了长袍马褂、戴了瓜皮帽放单档弹唱《双珠球》。40年代依然穿了长袍马褂戴了瓜皮帽弹唱《双珠球》，不同的是下手多了个“女儿”茅云霞。烫头发、开衩旗袍时髦打扮，好像《杨乃武》里绍兴师爷与《啼笑因缘》里何丽娜拼双档。听众们都觉得好笑。台上父女知道听众笑点啥，也都笑了。还有个高度近视的顾秋舫，上书台拿掉眼镜弹唱《玉蜻蜓》，金贵升游庵与志贞调情，唱下手的“女儿”顾佩君有意对他“飞眼做手势”，顾秋舫没有反应，于是女儿扦讲父亲，“俉笃看见哦，俏迷眼打给瞎子看……”大约这些老先生没有个女的帮衬，实在难以为继了。便是响当当的徐云志说了一世单档书，到了晚年，不得不收个女徒弟王鹰拼双档说书。而且做了他的儿媳妇，可谓如意称心了。评弹艺术史新的一页，当是女子“半边天”的格局开始形成了。

魏真柏说现在江浙沪有160多个书场。说书的阵地有些扩大了，然而远远比不上40年代苏州评弹的全盛时期。那时候上海就有250多个书场，从苏州到江南许许多多中小码头，究竟有多少书场，我知道嘉善2个大镇、3个小镇就有13个书场。毛估估，除了上海以外，也该有六七百个码头书场。可以说全中国任何地方曲艺，都比不上苏州评弹占领这么多演出场所，兴旺发达于在艺术竞争中优胜劣汰，不断涌现一批批新的名家响档。张鉴庭说他七进上海，六次失败，第七次才成功，张鉴庭年轻时期跟随杭州杜宝林唱小热昏《火烧豆腐店》，在杭州大世界里学唱绍兴大班，艺名小麟童，演林芳锦的包公戏。（后来杨华生也学过绍剧，他的老婆是章艳秋的师姐，唱女老生的。）张鉴庭后来与张鉴国弹唱《十美图》与《顾鼎臣》，《顾鼎臣》其实是杭剧传统剧目，是叶桂春的拿手戏。张鉴庭说是从宣卷《一只鞋》改编，其实《一只鞋》早已失传，只留下个故事梗概。张鉴庭从杭剧改编为弹词，大大加重了绍兴师爷的戏，“花厅评理”很精彩，他学过绍剧，说两声绍兴话非常道地。绍兴大班的特点唱与白口，一个字一个字咬得钉钉板着着实实，与严雪亭的咬字轻灵清脱不吃力相比，张鉴庭的唱与白口自成一格，有很大的不同。我说他有点像“绍兴人说苏州书”。张鉴庭在码头上说了二三年书，不断有所改进，不无听众欢迎。可那时码头上走红，不算真正的走红，称不上第一流。只有在上海走红，才算真正的走红，才能挤进第一流的名家响档队伍。他承认六次失败，便是说明评弹界的最高奋斗目标在上海。1939年张鉴庭七进上海成功了，其中有个客观因素，可能与女子越剧皇后姚水娟她们的《盘夫索夫闹严府》唱红上海、影响很大有关。对严兰贞与曾荣，差不多像梁山伯与祝英台那样家喻户晓了。戏演局部，书说全部，张鉴庭的《十美图》本是生书，但因戏是熟的，生书也开始有吸引力了。我说张鉴庭走红上海，要谢谢姚水娟。当然，首先因为张氏弟兄书说得确实好，所以四五年以后他们进入了东方书场“七煞档”的行列。兄弟俩作为“说野书”的道外说书艺人，在激烈的艺术竞争中成为冒尖的名家响档。难度大于继承前辈“说老书”，后者只需学得好，成名快。其实从30年代初到40年代末，20年变化是很大的，听众的文化底子从读“人之初”演变为读“小猫三只、四只，白布五匹、六匹”。

五四运动以后的年轻人，不懂文言文已是普遍现象。“才子佳人文言文”是旧文学，“自由恋爱白话文”是新文学。就这么简单：老书如《珍珠塔》、《玉蜻蜓》等以其伦理道德与当代人沟通思想，所以经久不衰，名家辈出，有不少老一套的才子佳人书不易吃香，虽有传人，名气不大，“描王”以后无“描王”，姚荫梅弹唱过《玉连环》、《描金凤》等老书不走红。改唱《啼笑因缘》后于1945年走红上海，已经四十岁了。张鉴庭开始也唱《描金凤》，到处漂档，才改唱《顾鼎臣》、《十美图》，渐渐成功于只此一家。秦纪文开始唱《文武香球》不行，后来改唱《华丽缘》、《啼笑因缘》，日益走红。严雪亭不满足于唱《三笑》，专攻《杨乃武》后名声大增。黄异庵放弃《三笑》，专攻《西厢记》后大受欢迎。杨振雄放弃《大红袍》，1949年改唱《长生殿》，一举成名。举这些例子，不是说新书取代老书。苏州评弹毕竟多的是骨子老书，老听众还是喜欢听骨子老书。但不断壮大的新听众（包括女听众），不一样，听“沈凤喜唱大鼓”远远比听“钱笃笤求雨”有兴趣。听“密室相会”远远比听“梅亭相会”有吸引力。30年代初弹唱《杨乃武》的只有李伯康一档书，40年代末弹唱《杨乃武》的发展到二三十档书，30年代初弹唱《啼笑因缘》的只有朱赵双档一档书，40年代末弹唱《啼笑因缘》的发展到30多档书。历史虽短，唱新书走红的人可不少。但不论老书新书，其生命力在于广大听众，听众喜欢就流传，听众不喜欢易流失。说书人的书艺是在所谓“敌档”的艺术竞争中提高发展。“白也诗无敌”，是指李白写的诗，无人可以与之匹敌。说书的“敌档”，并非都是你胜我败，或者我胜你败，水平敌不过你，听众少一些，收入少一点，也是公平合理的。大都不会马上剪书，逃之夭夭，屡屡漂档者，不是说书的料，趁早改行为上策。其实每逢名家“敌档”说书，两边听众都会大大增加。平时不听书、少听书的都来了，总是双赢局面。例如秦纪文在码头上说《啼笑因缘》，空闲下来喜欢八圈“卫生”麻将，碰到姚荫梅也来唱《啼笑因缘》，敌档了，秦纪文动足脑筋准备说好每一回书，麻将也不搓了。结果两家书场都天天满座加凳子，姚荫梅的“巧嘴”与秦纪文的“嗲功”各有千秋，两人性格也不大相同。姚荫梅一度喜欢豪赌，大约输得够惨的。痛下决心戒了赌。而秦纪文则是精明朋友，小弄弄，每赌必赢，有几位书迷朋友陪他打麻将，天天输钱不服气。我给他们出个主意，在打牌时给说书先生“扳错头”，“秦先生，昨天你这回书说得不通”，“怎么啦？”“皇甫少华对恩师郦明堂磕了五个响头，叫‘五香豆’，不通！”“那是起噱头”，“起噱头也要合理，一般对皇帝磕九个头，对父母磕三个头，对恩师应当磕六个头，你可以说，皇甫少华夹忙头里少磕一个头，变了‘五香豆’阿对”，“承蒙赐教”，“还有来。你说郦明堂双手搀起皇甫少华，皇甫少华只觉得恩师一双手雪白粉嫩，错了”。“错在哪里？”“雪白是颜色，只能是看到，而不是觉得，对吗？”“对对对”，“还有来……”听得秦纪文心里火冒，随手打出一只八筒，对方摊牌清一色和了。这一天秦纪文成了大输家，此后他就有言在先：“打牌的时候，不可以扳错头。”此事成为小镇上书场里的一只笑话。秦纪文到了60年代，忽然身价百倍，那是艾思奇在《人民日报》发表长篇文章，是赞扬秦纪文弹唱《华丽缘》，塑造了一位千古第一女中豪杰孟丽君。

在我心目中，40年代评弹新人有两位超越前辈的状元。女状元是范雪君，男状元是杨振雄。范雪君聪明绝顶，她善于吸收话剧的表演艺术与语言艺术（不是文明戏），锐意创新到弹唱《秋海棠》、弹唱《雷雨》。话剧界、电影界的权威人士对她评价甚高，大约因为她做了资产阶级太太，新中国成立后一度退出书台。到1957年复出，已经明日黄花了。范玉山是扬州人，据说不少苏北逃亡地主把田契最低价卖给他，范玉山塌便宜货塌进了地主阶级。红透上海的范氏父女一下子变黑了。范玉山不足惜，范雪君未受重视，实在是可惜的。真正苏州评弹的“公子公孙”出类拔萃当推杨振雄第一。我以为他对发展评弹艺术的成就、功劳，当超过蒋月泉。范雪君以吸收话剧艺术追求一个“新”字，杨振雄从吸收昆曲艺术追求一个“雅”字。大约他在青年倒嗓时期便醉心于昆曲，终于拜俞振飞为师学唱昆曲。都是姑苏文化嘛，他继承中国最高雅的昆曲艺术融化于评弹艺术之中，实在聪明绝顶。杨振雄的古典文学水平很高，他的《长生殿》、《西厢记》、《武松》都是弹词精品，当然也有杨振言合作相得益彰之功，可惜我听他的书太少，现在只能听他儿子唱唱《剑阁闻铃》了。若论评话吸收京剧表演艺术最佳的，当数杨莲青。他的门徒甚多名家，至今还在书台上说评话受人欢迎的，大约只有金声伯、吴君玉两只老猢狲了。这两位便是杨莲青的衣钵传人，也都是聪明绝顶的。

20世纪上半世纪我国文学艺术的发展，是不受行政区域划分限制的。且不说鲁迅、茅盾他们如何在上海发展新文学，夏衍、史东山如何在上海发展电影艺术。便是戏曲曲艺，上海有13个京剧团，集中了多少红伶名角，有120多个南方剧种剧团，光是女子越剧便有80多个。最好的演员都跑到上海去了。集中优秀评弹艺人于上海者，数量肯定可观，上海有200多个大小剧场和200多个大小书场，1945年以后每天观众听众超过30万，到50年代初仍然保持其盛（这是听老朋友蒋珂夫说的，他新中国成立前当过剧场经理，新中国成立后在市文化局管理演出），可见上海戏曲曲艺的人才优势是划时代的。可上海忽然要变商业城市为工业城市，许许多多商店都关门了，计划经济的流通渠道，不需要万商云集到上海，把上海原来的繁荣看做畸形繁荣。娱乐场子太多了，上海的戏改工作开始，只留下一个京剧院、一个越剧院、一个话剧团、一个评弹团，还允许各个区保留极少量的集体剧团。总之，不管有多少优秀艺术人才，毫不吝惜统统送出去。李玉茹、戚雅仙等都到浙江来登门推销自己，可省文化局局长陈守川说"我们不侍候大演员"，只给海滨、山区向上海要了8个小剧团。后来因为陈云同志常到浙江来，施振眉奉命向上海要了一批评弹艺人组织浙江评弹团。"借来老婆焐勿热"，他们户口都在上海，一声"拜拜"，就都回去了，似乎谁也没有撒下种子。现在上海搞市场经济，商业繁荣大大超过50年代，培养大老板容易，培养大艺术家难。想想50年代上海把许多京剧团、越剧团白送给内地各省，大都养不活自己，是很可惜的。日本东京有90多个职业剧团，大本营在东京，每年有计划地到全国各地巡回演出。各地只有些非营业性的业余剧团，艺术团体的高度集中，合乎发展规律。……

给您写信不是给曲协写稿，至多当做资料保存，敬祝新春大安！

评弹名家录

彭本乐

“活鲁智深”——王效松

王效松对评话演出中如何起脚色这一点，起到了规范化、普及化的作用，从而提高了评话艺术的表演力，扩展了听众的范围，功不可没。

在清朝嘉庆以前，苏州说书，不管是评话或者弹词，在表演上，都以平讲为主。也就是说，是不起脚色的。即使演员模仿书中人物的音容笑貌，也不是按照书中人物的性别、年龄和身份来加以区别，只是生活的翻版，不是艺术的美化。

到了19世纪中的道光年间，苏州有一位说《水浒》的评话艺人叫张汉民，他将昆剧中生、旦、净、丑的不同表演程式，引入到他的演出之中。

比如《水浒》中的鲁智深，在昆剧中属于净角。张汉民在起鲁智深脚色时，就虚拟昆剧中鲁智深脚色的手面、身段，模仿净角的念白。又如起武松脚色，就虚拟昆剧中武松脚色的手面、身段，模仿武生的念白。这样，张汉民描述的脚色，不仅有听觉形象，更有视觉形象。张汉民的儿子，也是评话演员，由于是入赘女婿，改姓姚，叫姚士章，他是后四大名家之一。

姚士章又完善了他的父亲张汉民的表演模式，演出效果更好。弹词演员受到启发，便模拟昆剧中的生旦行当。此后，借鉴昆剧的行当分类来起脚色的表演模式，成了说书艺人约定俗成的表演规则。

在姚士章时代，苏州说书的演出范围尚不宽广，因此，普及这一表演模式的历史责任，就落到了王效松的身上。王效松生于清咸丰五年（1855），是姚士章的得意门生。他出道后不久，就有“小姚士章”之称。姚士章去世后，王效松渐成一派，称为“王派”《水浒》，和当时另一位《水浒》名家何云飞的“何派”《水浒》并驾齐驱。

王效松擅长前《水浒》，他总是从林冲的“林十回”开始，接着是宋江的“宋十回”、武松的“武十回”、石秀的“石十回”，到卢俊义的“卢十回”为止。王效松有一定的文化修养，他讲究书情书理，语言精练雅致，品位很高。他身材魁梧，嗓音洪亮，立如松，坐如钟，气度极佳。

王效松尤其擅长花脸脚色（净角），比如花和尚鲁智深、霹雳火秦明、黑旋风李逵、赤发鬼刘唐、双鞭呼延灼等。他在说会书时，经常演出的是“鲁林会”。

这回书是讲鲁智深在菜园里和林冲首次会面，义结金兰的故事。说到鲁智深“倒拔杨柳”的情节时，他“哇哟哟……” 起个爆头，声音宽亮，往往掌声不断。除了净角，像武松、林冲、石秀等武生脚色，武大郎、时迁、高衙内等丑角脚色，甚至像一丈青扈三娘、母夜叉孙二娘、潘金莲、阎婆惜等不同类型的女脚色，他都能起得形象鲜明，极少类同。

王效松能起好脚色的原因，是昆剧表演评弹化的结果。所谓评弹化，是指他能抓住昆剧行当中各种不同身段、动作和念白的典型特征，加以虚拟模仿，从而演“活”书中脚色。

由于王效松长期在上海和苏州等大中城市逗留，业内人士能经常观摩到他的演出，得到他的指点。所以说，王效松对于规范和提高评话的表演艺术，有着历史性的贡献。另外，他的“八技”也是非常出名的。

所谓“八技”，是指评弹演员运用语声和语调，来模拟各种不同的声音和气氛。比如：击鼓、鸣号、敲锣、放炮、犬吠、马叫、状哭、状笑等。如王效松说到拼命三郎石秀，推着独轮车在山坡上行走。他一面做推车的动作，一面发出“嗯——嗯——”的声音。听众可以通过他动作和声音的变化，判断出车子是上坡还是下坡，是转弯还是刹车，令人笑倒。

后来，演唱《啼笑因缘》的弹词名家姚荫梅，说到何丽娜驾驶汽车，在北京的胡同里东转西弯地开出来。他一边做开车动作，一边模仿汽车声音，逼真有趣。姚说，这是从王效松的“石秀推车”那里借鉴来的。

王效松艺德很高。凡是同行中有人在台上乱放噱头，油腔滑调，语言粗俗，他会严加斥责。对于听众，却很尊重。

一次，他在上海怡情处书场做会书。有位听客吃醉了，大声叫喊：“听不懂，听不懂。”王效松在台上和颜悦色地作了解释。刚过片刻，此人又高喊听不懂。听众们愤愤不平，而王效松却说：“吃醉之人，身不由己，请大家原谅。”有位青年当场将这名醉汉拖到门口，罚他“立壁角”。演出结束，王效松即向醉汉连连道歉。

“活鲁智深”王效松，立像苍松坐像钟。书中脚色鉴昆剧，书品高雅气度宏。

书坛才子——朱寄庵

朱寄庵和马如飞都是清朝同治、光绪年间的弹词艺人，都以文才出众著称。马如飞的《珍珠塔》唱本和朱寄庵的《西厢记》唱本，都是评弹艺术不可多得的精品。

不过有一点是明显的：在马如飞出生之前，就有了弹词《珍珠塔》的木刻本；而长篇弹词《西厢记》，则是朱寄庵根据王实甫的同名杂剧，又参考《会真记》小说，独自改编而成的。曾和他们两位有过文字交往的听众记述，说是朱寄庵的文才不在马如飞之下。

朱寄庵编写弹词《西厢记》，绝不是在原著基础上加些解释性的说表，再把长短句改成七字句而已，而是按照评弹演出的特点，在内容、情节和结构上都有创新和突破。比如长篇弹词《西厢记》中有一回书叫"莺莺操琴"。这个"莺莺操琴"的情节，在各种《西厢记》版本中都是没有的，这是朱寄庵的独创。

王实甫的《西厢记》杂剧中，没有"莺莺操琴"的情节，只有"张生操琴"。那是在第二本"崔莺莺夜听琴"中第四折的末尾：夫人赖婚，张生痛苦万状，要离开普救寺。红娘就对张生说，先生既有囊琴一张，明晚不妨操琴一曲，看小姐听到了琴声说些什么。次日，张生操了一曲《凤求凰》，深深打动了莺莺。因此，莺莺差红娘去留住张生，接着就有了传柬、闹柬、回柬、赖柬、寄方、佳期等一系列情节。

而朱寄庵的"莺莺操琴"则出现在长篇的开头：张生在小和尚法聪的引领下，正在宝塔上游览，忽然听到一阵琴声。张生说，操琴人一定是一位未婚女子，她正在为自己的婚姻犯愁。因为她把琴曲《凤求凰》，颠倒弹奏，变成了《凰求凤》。这就成了张生留宿西厢的因由。

评弹界有句行话，叫"说书容易种根难"。朱寄庵设计的"莺莺操琴"，既使张生留宿西厢更为合理，又为以后的"张生操琴"种根铺垫。莺莺操的是《凰求凤》，张生操的是《凤求凰》，通过琴声来交流情感，前后呼应。这种不可多得的神来之笔，如果只会演唱，不会创作的人是写不出来的；而只会创作，不会演唱的人也是写不出来的；只有像朱寄庵那样，既会演唱，又会创作的才子才有如此生花妙笔。

长篇弹词《西厢记》不但关目组织得好，即使说表和唱词也都写得极为出色。朱寄庵能编写出长篇弹词《西厢记》绝非偶然，他是清乾隆年间安徽桐城学派的领军人物、我国文学史上赫赫有名的散文家姚鼐的后代。朱寄庵的祖父辈，大约在道光末年移居常熟。他可谓家学渊源，从小就打下了扎实的文学根基。

朱寄庵原名姚琴荪，是一位读书相公。他原想走读书做官的道路，可是连考九次未中。在第十次会考之前，他立下誓言，要是再次落第，就永不应试，结果他改行说书了。由于当时说书艺人地位低下，所以改名朱寄庵，其母姓朱。

20世纪30年代初，其子朱兰庵为他出版诗文集时，特请江阴名士吴听胪先生作序。序言中讲到，朱寄庵从小就擅长诗词歌赋和书画，后又精通医道。他所以演唱《西厢记》，是要把他的阅历和见闻、失望和叹息、抑郁和悲愤，寄托在演唱之中。

说书之初，他演唱《三笑》和《双金锭》。听众说，朱寄庵的说、噱、弹、唱水准都不低，而后他的《西厢记》更受到了文人们的赞赏。有一次，他在常熟玉壶春书场演出，当地有十三位绅士，坐着轿子前去听书。听众梅寄鹤当场写下七绝记事：“独创西厢朱寄庵，声名响遍大江南。玉壶春里缙绅集，门口停留轿十三。”

朱寄庵的传人共有三个，两个是他的儿子，一个叫朱兰庵，一个叫朱菊庵。还有一个是他的学生叫何许人，此人的来历有些特别。

1940年，上海出版的《弹词画报·书国春秋》上记有一则轶闻：一次，朱寄庵到江苏太仓演出，发现场子里有一位听客在记录他的唱本，当场发问：“何许人在偷记我的《西厢》？”此人立即离场，晚上便去拜访朱寄庵。说明自己也是一名说书艺人，因为钦慕《西厢记》才来偷书的。

朱寄庵看他相貌善良，言词恳切，就收他为徒弟。此人因而改名何许人。何许人将《西厢记》传给了何可人，何可人将《西厢记》传给了黄异庵，黄异庵又传给了杨振雄。

朱兰庵、朱菊庵把《西厢记》传给了学生——朱介生。朱介生又将唱本赠送给上海评弹团。1955年，弹词名家薛筱卿和小济公陈浩然的女儿、陈红霞，在上海西藏书场演出的《西厢记》，就是这份嫡传真本。

不可否定，黄异庵和杨振雄，对朱寄庵的唱本作了发展。然而朱寄庵是长篇弹词《西厢记》的首创者，这也是不争的事实。可是，这样精彩的长篇弹词，而今濒临失传，实在可惜啊。

才子说书朱寄庵，家传苦读腹笥渊。《西厢》独创弹词本，雅曲而今谁相传？

“野《岳传》”——程鸿飞

程鸿飞生于清咸丰九年（1859）。上海人，原是店员，由于欢喜《岳传》这部弘扬爱国主义精神的评话，所以改行说书。

当时演唱《岳传》最有名的演员是光裕社的钟士良，书中主人公岳飞使用的是一条长枪。钟士良对岳飞如何用枪，有许多精细的描写；在表演上，还有舞枪、播枪、出枪、收枪等出神入化的手面动作，故有“钟家一条枪”的美称。而程鸿飞没有老师，唱本自编，书中既没有精细的描写，更没有优美的手面，讲的是带有上海口音的“半苏白”，所以被称为“野《岳传》”，其中的贬义是明显的。

程鸿飞刚开始演出时，唱本和表演都比较粗糙。后在一位名叫陈宝铭的听客的帮助下，对唱本和表演进行了精心加工，从而面貌一新。陈宝铭是江阴后塍的一位秀才，年轻时长期在北方游历。他每到一地，都要对山川道路、风土人情作详细的笔录，收集到很多第一手的资料。他对《宋史》、《金史》深有研究。程鸿飞非常敬重这位博学多才的老听众，他们经过反复切磋，重新设计了《岳传》的故事情节。以金兀术九进中原为主线，编制出金兀术的进关路线。又根据史料记载，以宋朝和金的几次重大战役为中心事件，来组织关目。凡是重要人物出场，程鸿飞都能按照史实，讲出他的家世谱系，头头是道，如数家珍。

尤其可贵的是，程鸿飞的《岳传》中剔除了别家说本中常见的神怪色彩。比如说到“夜战荷叶岭”一段。金太子粘罕有三千人马，而宋军只有八百将士。别人的说法是，在危急时刻，宋军有了神仙的帮助，才战胜了金兵。而程鸿飞的“野《岳传》”却是宋军大将牛皋设置疑兵之计，以虚张声势来吓退金兵。这样，突出了牛皋的智慧，书情也更加引人入胜。

还有，《岳传》中有一个大关子叫“泥马渡康王”，传统的说法是，宋朝的康王被金兵追逐到河边，正在走投无路之际。突然，从河里跳出一只泥土塑成的马匹，驮着康王逃过了劫难。

而在程鸿飞的“野《岳传》”中，这匹马原是金营中的烈马，它挣脱缰绳，独自来到河中嬉水，弄得浑身是泥。康王逃到河边，就甩上马背，逃过了一劫。金邦士兵误以为是“泥马”相救，宋营就将计就计，说是“泥马渡康王”，天助大宋。

程鸿飞的说本既讲究故事情节的合理性，又注重对环境和气氛的描写。他常常从“康王失驾牛头山”开书。第一天上台，是以口技开场：风声、雨声、雷电交加，飞沙走石；然后表述牛头山荒凉的环境；接着是康王以凄苦的声音念过四句挂口，叫一声“众爱卿”；几名惊魂未定的大臣，有气无力地称呼“万岁”。这样，康王一行狼狈落拓的情景，就展现在听众的眼前了。

程鸿飞的演出，主要是通过说表来演绎故事和塑造人物的。他脚色并不起足。比如金的军师哈米蚩是齉鼻头，别人起这个脚色时，有“咳咳咳”的声音，十分夸张。而程鸿飞的哈米蚩只是鼻音较重而已，没有“咳咳咳”的声音。又如金兀术和牛皋这类性格粗犷的脚色，他也起得不太张扬，点到为止。

其实，程鸿飞的“野《岳传》”并不野。他得到了听众的好评，他和郭少梅、凌云祥、朱少卿、严焕祥五人，被赞誉为润余社的评话“五虎将”。由于程鸿飞不是评弹界最有影响的行会组织光裕社的传人，所以业内人士始终称他演出的是“野《岳传》”。

评话名家程鸿飞，自编《岳传》费心机。人说野书并不野，合理合情又出奇。

六百壶——郭少梅

郭少梅擅说《三国》，是润余社评话五虎将之一，有一个外号叫“六百壶”。

为啥叫他六百壶呢？大约在20世纪20年代中，评话家黄兆麟在上海柴行厅书场开讲《三国》，半年有余，三百只座位天天满座。黄兆麟剪书，由郭少梅接下脚，他要演唱的也是《三国》。当时的黄兆麟正如日中天，有《三国》之王的美誉，郭少梅接他的下脚，能接得牢吗？会不会一开书就漂脱？柴行厅老板忧心忡忡。哪知出乎预料，郭少梅非但没有漂脱，卖座情况还远远超过黄兆麟。天天加座，最多的一天，竟然达到六百客，听众直挤到老虎灶周围。因为老式书场里用的是茶壶，每客一壶，六百壶因此得名。

柴行厅是一副专说评话、不唱弹词的老书场，其中有很多被称为“书博士”的资深听客。郭少梅能有六百壶成绩，说明听众对他“正而不野，雅而不俗”的演出内容和演出风格是欢迎的。

郭少梅是浙江海宁人，生于清同治五年（1866）。他读书非常聪明，可是科举考试连连失败。当过私塾老师，做过医生，开过商店，在上海还摆过拆字摊。20世纪30年代，上海滩上大名鼎鼎的拆字先生“小糊涂”就是他的嫡传弟子。最后，他拜评话演员李亭梅学说评话《五虎平西》。

郭少梅说《三国》，是和别人斗气“斗”出来的。有一次，他在书场里听一位光裕社演员说《三国》，发现书中有一个漏洞，便告诉了这位演员。哪知此人非但没有接受，还生气地说：“不说《三国》的人，不要妄加评论。”郭少梅一气之下决定自己编说《三国》。

他以罗贯中的《三国演义》为蓝本，又参考陈寿的《三国志》和各种历史典籍、轶闻传说，边写边说。清光绪末年，他到上海演出，由于不是光裕社的社员，所以不能进正规书场，只能在小茶馆里演唱。1907年，他和凌云祥、李文彬、朱少卿、程鸿飞、沈莲芳等十多位说书艺人，组建了上海润余社。此后，他就定居上海。

郭少梅的《三国》和黄兆麟的《三国》有很大不同。黄兆麟的《三国》注重起脚色、起爆头，手面动作丰富而优美，这种表演风格称为“开讲”。而郭少梅的《三国》，不起脚色，不起爆头，手面动作也很少，一块醒木，只是在开书和落回的时候各拍一记。他只是运用第三人称的表白，来讲述故事，刻画人物。全凭书情和书理来吸引听众，这种表演风格，称为“评话”。

郭少梅在六十岁的时候，曾于报上发表过一篇文章，说道：“我虽然不会起爆头，也不会起脚色，只想把故事讲述清楚。说话必求简练，情理说得透彻，照这样的说书已经几十年了！”

郭少梅的这番说话耐人寻味。其实，说书这门艺术，主要是靠故事内容的精彩来吸引听众。演员的说表技巧，是表达唱本内容的主要手段。起脚色、起爆头和手面动作虽然重要，毕竟是为了辅助说表，以更好地表达故事内容。在评弹演出中，故事内容是起决定作用的，一切表演手段都是为了表达故事内容。绝不能本末倒置，把起脚色、手面动作和外插花噱头当成评话表演的主要手段。目前评话衰落的原因，是否有点本末倒置了？值得深思。

郭少梅的演出，有两个与众不同之处：一是，每当讲到一个历史事件，他一定要引经据典加以证实。比如，说到火烧赤壁中的某一情节，他就会背诵几句当时的公文、典章、诏书、信件来加以证实。有时还会背诵《三国演义》中罗贯中的赋赞和毛宗岗的注释，能够做到基本正确。二是，每当说完一段故事，他就要把《三国演义》和正史的不同之点作一番说明。比如，他说完“诸葛亮草船借箭”之后说道：其实在史书上并没有诸葛亮草船借箭这个故事。只提到东吴的孙权，在大雾迷漫之日，乘船去曹营探察虚实。曹营以为东吴偷袭，乱箭齐发。孙权的坐船中箭太多，开始倾斜。孙权下令，船只逆向行驶。另一侧同样中箭，保持了平衡。当曹操得知真相后，叹道：“生子当如孙仲谋。”所以说，“诸葛亮草船借箭”，来自于“孙仲谋探察曹营”。

听众中有人表示赞赏，认为听郭少梅的书非但有味道，还可以增长知识。也有听众认为，这种说明有点煞风景，何必多此一举。

除了《三国》，郭少梅还说过《聊斋》、《列国志》、《水浒》、《辰州擂》（又叫《后水浒》），其中最受好评的是《水浒》。他在书中，常常把北宋末年的社会情状和清末民初的现实作对比，引起了听众的共鸣。

郭少梅非但艺术好，艺德也好。他运用自己的丰富知识，来帮助润余社的李文彬编写弹词《杨乃武和小白菜》，又帮助朱少卿编写评话《张文祥刺马》，而张鉴庭的《十美图》和《顾鼎臣》中的全部唱词，都经过他仔细改写。郭少梅为评弹书目的创新，作出过不小贡献。

六百壶，郭少梅，编、演两技皆精湛。评话《三国》立新意，德艺俱佳是表率。

“大小由之”——金桂庭

所谓“四庭柱”是指19世纪末至20世纪初，评弹界一致公认的四位弹词名家：一是说评话《金台传》和弹词《落金扇》的金桂庭；二是说弹词《玉蜻蜓》的张云亭；三是说弹词《白蛇传》的杨小亭；四是说弹词《双珠凤》的朱耀庭。

在评弹的历史长河中，出现过不少名家响档，只有那些为评弹艺术的发展和提高作出过杰出贡献的一代宗师，而且他们的名字中都有一个“庭（亭）”字的，才被听众和同道们赞誉为评弹界的“庭柱”。

金桂庭生于1861年，他所以被称为“大小由之”，是因为他既能说大书《金台传》，又能唱小书《落金扇》，并以功力深厚、艺术超群享誉书坛。

金桂庭评弹世家出身，他先后得到过三位名师的传授，第一位是他的祖父金大祥。金大祥原是说《金台传》的安徽艺人，因擅长武术而被清朝大吏李鸿章招入淮军营中。在与太平军作战时，他因功从一名士兵升到七品武官。太平天国既灭，金大祥作为小吏留任于苏州。卸任后重操旧业，以“徽夹苏”白演说《金台传》，辗转于苏州四乡八镇，并将书艺和武术全数传授给了其子金耀祥。其时，桂庭虽然年少，却也耳濡目染学到了其祖父的一些本事。

金桂庭的第二位老师是他的父亲金耀祥，一位正宗的苏州说书艺人。早期的《金台传》，前半部是有说有唱的弹词，后半部才是只说不唱的评话，金耀祥擅说不擅唱。起初，他只是减少前半部中的唱篇；最终，却把《金台传》变成了一部纯评话。桂庭从其父亲那里学到的只是评话艺术。

金桂庭的第三位老师，也就是他真正的业师，是一位说唱《描金凤》和《落金扇》的高手，名叫钱玉卿。钱玉卿是后四大名家之一、赵湘洲的学生。他唱腔圆润稳健，弹得一手好三弦；在表演上，尤擅生旦脚色。

金桂庭继承了三位老师的长处，且有所发展创造，在其步入中年之始，便形成了自己的表演风格。

他擅长武打书。《金台传》中有很多打擂比武的情节，听众说，听金桂庭的书就像走进了比武场，有身临其境的感觉。比如说到金台在少林寺与天林和尚比武这段故事，在两位武林高手对垒时，他能把武术中的各种套路说得细致具体，并配以正宗优美的手面动作，连武术家们也对之赞不绝口。同时，他又能把比武中的道德规则说得简要分明，从而刻画出不同脚色的心理素养和性格特征。这些技艺，在当时的评话界中是绝无仅有的。

金桂庭最擅长的书段是“金台打石猴”。他从番邦把石猴带到京城开书，说到宋朝大将连连败北，直至金台将石猴打死为止，说足一个月。单是金台打掉石猴头上插有三把毒药尖刀的盔帽，就要连说三天。据说，每当金桂庭说到“金台打石猴”时，半个苏州城的听客都会蜂拥前往，因而他得到个雅号叫“金半城”。

金桂庭演唱弹词也称一绝。他继承了钱玉卿的特长，非但三弦飞得起，唱腔悦耳动听，尤其是起生旦脚色可谓不同凡响。据前辈名家朱介生回忆，“四庭柱”之一的朱耀庭先生，每每提起金桂庭的艺术，总会列举以下例子：《落金扇·堂楼相会》中有三个妙龄少“女”：一个是十五六岁天真烂漫的丫头红玉，一个是十六七岁的闺阁千金陆庆云，还有一个是男扮女装的年轻公子周学文。金桂庭能把三个“女”脚色分得清清楚楚，只要他一开口，听众就能从声音和语气中辨别出这是哪个人物。有时候，脚色还没有开口，只要金桂庭拉一个身段，听众就能从他的形态中看出，哪个脚色要开口了。这真叫绘声绘影了。

金桂庭的传承人中，有一位是20世纪30年代的名家，他叫蒋如庭。

“大小由之”金桂庭，唱弹说噱俱求精。金台说到石猴打，倾倒苏州半座城。

“活九皋”——朱耀庭

朱耀庭是评弹界的一位长寿星官。他生于1866年，身体一向很好，活了八十二岁。他长寿的秘诀是欢喜吃肉，自称“吃肉和尚”。在20世纪40年代初，当时他已经七十多岁，还担任评弹界的行会组织、光裕社的社长。他热心公益，受到同行的尊敬。

朱耀庭在从业说书以前，曾经是一位业余苏滩演员，二十四岁才开始学弹词。他和金桂庭一样，也有三位老师：一位叫王润泉，一位叫朱蕴泉，还有一位叫朱幼轩。他一生至少演唱过四部长篇：《双珠凤》、《落金扇》、《黄金印》、《七义图》。朱耀庭经常演唱的是《双珠凤》和《落金扇》，说得顶好的是《双珠凤》。

朱耀庭的说表功夫十分了得。他说起书来语气自然而亲切，就像和好朋友在客厅中，一杯茶、一支烟，作随意交谈一样。他特别讲究书路的清晰，总能把人物和故事的来龙去脉交代得一清二楚；而且十分口俏，即使是长段表述，或者说到软档书，他也能以娓娓动听的语言艺术来引人入胜。

他擅起脚色。在《双珠凤》中，有几个人物他起得堪称一绝。一个是陆九皋，此人是一位五十岁左右、耿直厚道的体力劳动者。他为了替书生文必正申冤，敢冒风险到衙门去告状。陆九皋讲起话来有点“仔舌头”，但他苏州地区的常言俗语往往脱口而出，生动形象，风趣幽默，有“活九皋”之称。

此外，他起来富这个脚色也是一绝。来富是一名与女主人徐氏私通的男仆，他性格刁钻，言行粗俗，还要假装斯文。朱耀庭起这个脚色时，十分注重眼神的运用：时而睁，时而闭；时而凶，时而笑；有时目露淫色，有时用不同的方式来转动纸扇，以表露其时之心态。真可谓形神兼备，入木三分。一曲“来富唱山歌”更是他的拿手杰作，故又有“活来富”之称。

朱耀庭起女脚色也颇有特色。在《双珠凤·盘问》书回中，那耿直善良的陆九皋，为了掌握来富和女主人徐氏通奸的证据，去盘问徐氏的贴身丫头秋菊。书里只有两个脚色，一个是阅历丰富、经验老到的陆九皋；另一个是十二三岁涉世未深的小丫头。

逢到做会书时，朱耀庭常常会应听众之邀，单档演出“盘问”。他一个人起两个脚色：一老一小，一问一答，如闻其声，如见其人。每当脚色因语言缺陷而引起误会时，更让听众捧腹大笑。

还有《落金扇》里的倪媒婆脚色也是朱耀庭的一绝。倪媒婆和秋菊完全不同，她年纪三四十岁，阅历丰富。眼中有说话，嘴里吐莲花。朱耀庭起这个脚色时，先来一个亮相：右手拿绢头一敨，左手往腰里一叉；边说边做，眉飞色舞，浑身是戏。

朱耀庭所以擅起“下三路”脚色，这和他的出身有关。他在演唱苏滩之前，是一名丝绸作坊的工人，长期生活在社会的底层。他熟悉那些人，故能演活这类脚色。

朱耀庭还是评弹界演唱书戏的第一人。据其子朱介生先生回忆，1911年10月，辛亥革命成功的消息传到苏州，全城欢庆。为了庆祝光复，光裕社社员演了一场书戏《醉归》。故事取材于《描金凤》，讲钱瓩笤吃醉老酒半夜回转屋里，许媒婆起床去开门，“黑踢陌塌”闹出不少笑话来。朱耀庭饰演钱瓩笤一角，他有一定的昆曲根基，故在书戏中运用了某些昆曲表演技巧，如将一副脚带套在脚背上不停转动，以示酒醉后难以自制的形态，演出效果很好。他的弟弟朱耀笙饰演许媒婆，也获好评。

由于这次演出的成功，接着为辛亥革命胜利募捐，又排演了根据京剧《黑藉冤魂》改编的书戏。从此，书戏便在评弹界流传开了。如此说来，朱耀庭还是书戏的创始人之一。

在讲到朱耀庭时，不得不提及他的合作者、胞弟朱耀笙，这也是一位了不起的演员。朱耀笙说、噱、弹、唱俱佳，尤擅俞调。他能把昆曲、苏滩中的一些音乐和唱法融化到俞调之中，从而大大提高了俞调的表现力。弹词音乐的经典之作《满洲开篇》就是朱耀笙从苏滩《昭君出塞》中吸收、改编、发展而来的。此外，他又把大量流行于苏南地区的小曲、小调，经过改编引入书中，丰富和提高了曲牌的数量和质量。评弹艺术大师刘天韵先生曾说，朱耀笙对弹词音乐的发展有划时代的影响。

“活九皋”朱耀庭，说书炉火显纯青。精研一世求新意，德艺双馨示后人。

翡翠《玉蜻蜓》——张云亭

20世纪80年代初，笔者在苏州静园书场听评弹界老演员做会书。那天，年逾八十的俞筱云先生说的是《玉蜻蜓·问卜》，他起的何瞎子脚色可谓一绝。

俞老的说书，向来以幽默见长。开场先是一段韵白，表达了他在粉碎“四人帮”后的兴奋心情，夹有英语，妙趣横生。结尾是：“现在闲话少说，何瞎子来了。”说完，抓起三弦往肩上一掮，右手的折扇不停地点动，作明杖引路状；眼睛半睁，眼皮闪烁……顿时一个算命瞎子的形象活现于听众眼前。

开座谈会时，笔者正好坐在俞老旁侧，请教他何瞎子脚色的来历。俞先生说：他的老师是王子和，不过何瞎子这个脚色有不少地方倒是从师叔张云亭那里学来的；张云亭和王子和是嫡亲弟兄，他们是从其父亲、首创何瞎子脚色的王秋泉那里学来的。又说，这样算起来何瞎子要一百岁了。

讲到"翡翠《玉蜻蜓》"，俞老说，这个雅号起先不属张云亭，乃属王子和。王子和去世后，张云亭有不俗的表现，听众才将雅号赐给了他。

张云亭生于1875年前后，是王秋泉的次子，原名王子畦，十五岁登台拼父子档，入赘张家后改姓换名。

王秋泉不但书路宽、书艺精，尤擅修补长篇书目。张云亭在协助其父修改《落金扇》等书的时候，深入探索了唱本的技巧，这对他日后说好《玉蜻蜓》大有裨益。秋泉去世，他与兄长拼档。

王子和也是位身手不凡的弹词名家，他以说表干净利索、噱头含蓄幽默、擅起脚色享誉书坛。子和去世，云亭便放单档，仅在码头上"滚"了一年，便进入最大的"书码头"上海。

起初，场方和听众对张云亭并不看好。认为他和父兄拼档时只做下手，说法也显温吞。一个连上手也没有做过的演员竟放单档，会有什么苗头？哪知艺事比世事更难预料，竟然"冷镬子里爆出个热栗子"，张云亭一放单档就像换了人生：他的说表生动老练，脚色不温不火；不仅保持了其父兄的唱本特色，还有丰富和发展；书中的噱头，也非"炒炒冷饭"，颇多创新，隽永含蓄，回味无穷。当一排（十回）书还未说完，听众断言，其艺不在父兄之下。"翡翠《玉蜻蜓》"的桂冠便自然而然地加到了张云亭的头上。

其实，张云亭走红书坛也非偶然。他和父兄长期拼档，耳濡目染，羽毛早丰，因任下手而未能充分展示才艺。一放单档，天马行空，自然锋芒毕露。

张云亭高超的书艺，还得益于他的两个习惯：一是喜欢逛街。他无论去哪个码头演出，只要有空便四处游转。时而与人攀谈，时而驻足观望，因而熟悉了各地的风土人情，掌握了众多俚俗语言，并将生活感知融入演出之中。另一个习惯是喜欢修改唱本。他从父亲那里学到的长篇共有五部，除了《玉蜻蜓》，还有《白蛇传》、《双珠球》、《落金扇》和《青蛇传》。起先，他五部长篇轮流演唱；后来渐渐将各部书中的长处，化入《玉蜻蜓》之中；最终，因听众不要听，他也懒得去说其他长篇了。

“翡翠《玉蜻蜓》”的艺术特色，首先体现在唱本之中。其书故事情节曲折饱满、结构严谨；说唱中，几乎囊括了所有吴方言中生动形象的常言俗语；人物形象尤为鲜明，不仅主角，即使书中的丫头、男仆也性格迥然，极少类同。不能否认，其中有前人创造的成果，然而张云亭的多年磨砺，锦上添花，也功不可没。

就以“云房产子”为例。以前，这段很难讨俏的“软档书”，不少演员只是一表带过。经过张云亭父子三人的长期修补，书中突出了老佛婆的深谙世故、善良体贴，富有人情味的性格特征。又通过老佛婆对志贞临产前后的亲切安慰和悉心照料，展现了一对患难之交的深厚情谊，弘扬了助人为乐的人间美德。致使这段“软档书”，演变成细微入理、以情动人的好书，为以后的关子书“庵堂认母”的精彩，在情节上、情理上和情感上作了重要铺垫，实为神来之笔，值得后学借鉴。据说，每当张云亭说到“云房产子”，书场里就上足听众，连不少女听客也慕名前去。

在表演上，张云亭说表口俏，擅起脚色。像金贵升、徐元宰、志贞、金大娘娘等生旦脚色当然是他的拿手；即使下三路脚色，如算命吴瞎子、更夫陆洪其，老佛婆、关亡婆等，也都起得活龙活现。

评弹演员的说书风格大致有两种：一种叫“方口”，一种叫“活口”，各有所长。方口，不管在什么场合，他的演出内容和表演方式，基本上是不变或少变的，演出质量大多稳定。活口，即演员能根据不同的场合或不同的听众，对演出内容作临时调整，以适应变化了的环境。

张云亭是出名的活口，他会说五部长篇，所以能依据演出环境之不同，把几部书中的情节移花接木，搬来搬去，取悦听众。虽然他的演出内容要比别家丰富，却也难免几部长篇的情节颇多类同。

有关张云亭的逸闻传说很多。据说，他每每想到一个点子，就立即写在香烟壳子的反面，有空时便查看琢磨，一旦酝酿成熟，就添入演出之中。

自从犯上不良嗜好之后，他便不修边幅起来，性格也日渐孤傲。一次，他听到一位听客说：张云亭的艺术倒蛮好，可惜长衫太旧了。第二天早上，他去街上买了一件新长衫，挂在书椅上。开演时间到了不肯上台，老板去请，他说：这些听众不是来听书的，是来看长衫的，新长衫就在台上，让他们看看畅快吧。听众闻言，有的笑得前俯后仰，连说：“阴噱，阴噱……”有的气得退场。又及，有位学生去请教张云亭几句唱词，他躺在烟榻上懒洋洋地说：“急匆匆一路慢吞吞……”学生啼笑皆非。

吸毒损害了他的健康。五十过后，精力已衰；六十左右，即已去世。传承人有钟月樵、冯筱卿和蒋月泉等。

宗师一代张云亭，刻意修书贯一生。精美语言阴噱擅，人称“翡翠玉蜻蜓”。

杨筱亭和小阳调

杨筱亭是沈友庭的徒弟、王秋泉的徒孙、杨仁麟的父亲，演唱长篇弹词《白蛇传》和《双珠球》。

《白蛇传》和《双珠球》的书性都好，却有弱点。《白蛇传》从游西湖起，到白娘娘闹公堂——许仙在苏州开张保和堂——白素贞现原形吓死许仙——上昆仑盗仙草——白素贞与道士斗法——许仙斗宝……故事情节紧凑而富有情趣。可是到了“水漫金山”以后，书情就显得悲切沉闷，演唱起来吃力不讨俏。《玉蜻蜓》正好相反，后半部要比前半部好听，所以评弹界有“蜻蜓尾巴白蛇头”之说。

《双珠球》更是部难以演唱的“五毒书”。“五毒书”这个名词来自昆剧的“五毒戏”：一是《金锁记·羊肚汤》中的张驴儿父亲，误吃毒药腹痛如绞，满台游转像蛇；二是《雁翎甲·盗甲》中的鼓上蚤时迁，在表演盗甲时，演员要登上几张叠起的桌椅，身体倒挂像壁虎；三是《孽海记·下山》中的小和尚本无，他在转动项上串珠时，张口伸舌像癞团；四是《连环记·问探》中的探子，他舞动令字旗，窜、跳、蹦、纵像蜈蚣；五是《义侠记》中的武大郎，他身圆脚细，走矮步像蜘蛛。昆剧演员要模仿这五种毒虫的动态，来演绎故事和刻画人物，难度极高。评弹演员借用五毒戏这个名词，把书情复杂、文武脚色全齐的长篇弹词称为五毒书，如《描金凤》、《文武香球》，包括《双珠球》。

《双珠球》非但难说，那时唱本也不精细。为了说好此书，杨筱亭在几位文人的帮助下，对《双珠球》的故事情节和人物性格，进行了反复的爬梳和整理，致使书性明显改观：不仅书路清晰合理、关子迭起，更一改以往三位女主角（大家闺秀陈美云、绿林女杰焦赛花、巾帼英雄曹秀英）言行类同的弊病，使杨筱亭能通过说唱和手面，把她们不同的身份和性格，表演得泾渭分明。这三位贯穿全书的女角，都是善良大义的绝色佳人，深得听众的喜爱，塑造好她们的形象，这是后来《双珠球》受欢迎的关键因素，也是杨筱亭被誉为“庭柱”的缘由之一。

在完善书情和提高唱篇质量的同时，《白蛇传》后半部还增加了不少笑料。如“断桥”一段，过去的唱本，无论是情节或对白都近似昆剧，缺乏表述和衬托，少有评弹特色。而杨筱亭的“断桥”，一开始便是描述许仙从镇江通往杭州的隧道中，丧魂落魄、匆匆奔波的一档长唱篇，其精心设计的唱腔，是小阳调的代表作之一。出了山洞，正好遇见一位胆小的路人，许仙自称是鬼，有一段人与“鬼”对白，妙趣横生。接着，许仙在和小青的对话中，处处显露出憨厚胆小的本性，引发出不少笑料。整个书回喜、怒、哀、乐的感情起伏极大，加上杨筱亭出色的表演，总使听众兴味盎然。

杨筱亭的大嗓略带沙音，小嗓清脆优美。其调的节奏和旋律以及低音部分，均以爽利明快的马调为基础；高音部分，则吸收委婉多姿的俞调运腔；并将两者融合变化，形成了那高得上、沉得下、舒展婀娜、清丽甜润的特色。这种唱腔因大嗓（阳面）用得少，小嗓（阴面）用得多，被称之为“小阳调”（“小阳调”之称，在其他曲种，如四明南词中也有），又因其调的上呼拖腔中时有“哇哇”之声，也有人称其为“哇哇调”。

小阳调的经典之作，无疑是选回“合钵”中，白娘娘被金钵罩住后，那段自述身世、怜悯娇儿、表达其与许仙生离死别之情的唱篇。由于杨筱亭没有留下任何音像资料，因此，笔者在一次评弹界中青年演员进修班上，作为精品唱段分析，播放了杨筱亭之子、杨仁麟演唱的“合钵”选曲。起先，少数青年演员因对小阳调不够熟悉，有点漫不经心，甚至嗤笑其怪；无多片刻，他们就被引入了书情，屏息静听；一曲唱罢无不动容，竟情不自禁地热烈鼓掌。这是笔者的亲身经历，可见小阳调艺术感染力之强。

据前辈们说，杨筱亭擅起“十三门半”脚色，即表演生、旦、净、丑各路人物都能胜任。其中，《双珠球》中凶恶的超凡和尚，以及《白蛇传》中厚道的许仙，表演尤为出色。他起超凡和尚，突出的是夸张的面风和凶残的眼神；起许仙，则是突出其说话的语气、语调和声音。相传，他的许仙脚色很难模仿，能够学得形神皆似者唯有其子杨仁麟。曾向杨仁麟先生学习《白蛇传》的弹词名家蒋月泉先生说过：杨仁麟的其他脚色都可以学像，只有许仙这个脚色无论如何也学不像。

杨筱亭放的噱头，大多是从书情中生发出来的肉里噱。偶尔也有从书情中引申出来的外插花噱头。笔者曾听一位老听众说起杨筱亭在“盗仙草”中的笑料：老寿星炼丹三千年，炼出红、黄、青、白、黑五种丹，其中黑丹是渣，毒得非凡，老寿星把黑丹埋藏在昆仑山脚下。哪知有一名英国人，到昆仑山去探险，发现了黑丹，放在嘴里尝尝，一下子毒死了。为了报复，英国人就拿鸦片运到中国来，毒死中国人。所以中国人不要上当啊！这个噱头在杨仁麟的演出中也有人听到过。

《白蛇》、《珠球》杨筱亭，精雕细刻艺新颖。小阳调胜莺声曲，唯有仁麟得继承。

《刺马》祖师——朱少卿

《刺马》是一部长篇评话，全称叫《张文祥刺马》。故事发生在清朝同治年间，有一个叫张文祥的人，在南京刺杀了两江总督马新贻，这是清朝四大奇案之一。朱少卿是这部评话的原创者，所以称他为《刺马》祖师。

朱少卿是上海人，生于清光绪七年（1881），初拜苏州光裕社的龚怡卿为师，演出《大红袍》。当时的《大红袍》还是一部评话，称为“清拍”。宣统元年（1909），朱少卿又拜程鸿飞为师，学习所谓的“野《岳传》”。

同年，朱少卿和凌云祥、郭少梅、程鸿飞、李文彬等人，在上海“三牌楼”组织了润余社。润余社有一个好风气，那就是互相帮助，编说新书。该社李文彬编唱的《杨乃武与小白菜》，就得到了同道的帮助。朱少卿也是在程鸿飞、郭少梅等人的帮助下，开始编说《张文祥刺马》。演出还不到一年，就受到了听众的欢迎。原因有二。

一是政治因素。因为在马新贻被刺以后，清政府的公告说：张文祥原来是一名捻军头目，后来被马新贻招安。他杀害两江总督是“漏网发逆，挟仇报复”。意思是：张文祥是漏网的叛逆者，他是为同党报仇，才杀害马新贻的。

不过纸包不住火，事实真相终于泄露：原来马新贻是一个好色之徒，他看中了部下曹二虎的妻子，因此借刀杀人，谋夫夺妇。曹二虎被害之后，他的结拜兄弟张文祥，金陵刺马，报仇雪恨。

同治十年（1871），上海有一家戏园，根据事实，编演了一出新戏叫《张文祥刺马》，轰动一时。当时有一首《咏事》诗写道：“群公奏章分明在，不及歌场独写真。”

到了民国初年，演出《张文祥刺马》的剧团越来越多，朱少卿的演出本，就是根据同名京剧连台本戏改编的。在演出中，朱少卿又充分发挥了评话的叙事功能，他经常拿清政府的告示，和事实真相进行对比。还不时揭露官场黑幕和清宫秘史，这就引起了听众更大的兴趣。

除了政治因素，还有艺术因素。《张文祥刺马》的关子组织得非常好。评话的前半部，以张文祥七刺马新贻为贯串线。每次行刺不相类同，扣人心弦；而屡屡失败的原因，又都讲得合情合理。书的后半部，以清朝大吏彭玉麟的破案过程，作为贯串线来组织故事，引人入胜。

评弹界有一句行话叫："没有关子就没有书。"那么马新贻被刺以后，关子也没有了，还有什么好听的呢？《张文祥刺马》的可贵之处，就在于马新贻被刺的一刹那，一个新的关子已经形成了。朱少卿是这样说的：张文祥举起毒药匕首，"辣一刀"，刺中马新贻的腹部。见血封喉，当场毙命。接着他代表听众，自问自答——

（问）那么听众要问了。阿是促听了你朱少卿一个多月的"七刺"马新贻，就听你"辣一刀"啊？

（答）对啊！

（问）呒啥好听嘛。

（答）我朱少卿又没有说过好听，是你们自己来听的。

（问）好，上你的当，明天我们不来了。

（答）慢，连下来的书就好听了。因为张文祥能够在校场里刺杀政府大员，肯定有内线帮助。慈禧太后晓得案情复杂，就派得力干将彭玉麟去审理。而张文祥又是一条硬汉，他是不会招供的。那么彭玉麟又是怎样来查清这桩奇案的呢？明日请早。第二天，听众老早就来了。他们想晓得，彭玉麟是怎样查出张文祥同党的破案全过程。

朱少卿的表演也很有特色，他说表流畅，又擅长手面动作和起脚色。他常常利用手帕、醒木、扇子、茶杯等道具，来模拟人物的各种形态，比如吸水烟、打算盘、奏乐器、挑担牵磨、争风打斗等等。在起清朝官吏脚色时，他又创造了耍翎子、整帽子、翻袖子、拿朝珠、打千、叩头等一系列表演动作，使人物形象生动逼真，妙趣横生。此后，凡是说清朝书的评弹演员，都会借鉴他创造的这套表演方式。

有人说，朱少卿经常在台上飞扇子、飞茶杯、飞茶壶。不，不是经常，只有过一次。20世纪20年代初，他在上海四美轩书场和他的儿子朱伯雄拼档做会书，说《三本铁公鸡》。在说到开打的场面时，他们父子俩，先是在椅子上跳上跳下，然后朱少卿飞出一把扇子，被朱伯雄接住；又飞出一只茶杯，又被接住；最后竟飞出一把茶壶，再被接住，场内掌声雷动。

朱少卿说道："今天是做会书，热闹一下而已，下不为例，以免失手，伤到听众。"

朱少卿书艺出众，艺德也好。他在上海只说《刺马》，不说《岳传》，因为其师程鸿飞长期在上海演出。有一次，师徒俩在柴行厅书场合做，程鸿飞突然病倒，听众一定要朱少卿接说《岳传》。在征得老师的同意后，朱少卿先向听众表示歉意，说自己的艺术不及老师。演出后的口碑却是：音容笑貌极像乃师，青出于蓝而胜于蓝。

《刺马》祖师朱少卿，艺术精湛艺德馨。佳作佳技传后世，评弹史册须留名。

“王中之王”——黄兆麟

评话《三国》，在评弹界历来有“大书之王”的美誉。黄兆麟又被听众赞为“《三国》之王”，因此，有人称他为“王中之王”。

黄兆麟生于1887年。其父黄永年擅说《五义图》和《绿牡丹》，他的表演精气神十足，注重起脚色。念白和手面，均借鉴昆剧的表演程式，这种风格被称为开讲。兆麟十四岁时随父学艺，但是他不喜欢侠义公案的短打书，爱说金戈铁马的长靠书，尤爱《三国》。所以在他十六岁时，又投拜于《三国》名家许文安的门下。

许文安的表演风格和黄永年不同。他以叙述为主，几乎不起脚色，这种风格和开讲相对应，称为评话。特点是说法潇洒飘逸，描述细腻，语言精美。

若说黄兆麟只是继承了黄永年重起脚色，许文安擅长说功的长处，而发展成他的“黄派”《三国》，那还不够全面，他还是评话家何云飞的私淑弟子。

何云飞（1880年出道）是说《水浒》的名家，擅长“着甲书”（书中脚色多是穿戴盔甲的武将）。他的套路来自京剧，手面逼真、规范、丰富、优美。如在《水浒·关胜大战栾廷玉》等书回中，他运用折扇的开合和把持，演化出执刀、舞刀、举刀、拖刀、砍刀、劈刀等一整套大刀的运用程式，有“何一刀”之称。而《三国》又是一部典型的“着甲书”，黄兆麟诸多精彩的使枪、舞刀动作，都从何云飞那里得到继承和发展。

在20世纪30年代，说《三国》的演员至少有七八十位，演出风格大致分为三派：一派是黄兆麟的“黄派”，以说法正功、擅起脚色见长；另一派是唐再良的“唐派”，以说表为主，兼有脚色；还有一派是何绶良的“何派”，纯为说表，极少脚色，说本精细合理。

有人形容黄兆麟的表演，就像书法中的颜（正卿）体：浑厚端庄，雍容大度。他起脚色，主要是通过眼神、声音、语气和动作来表现的。比如关公、张飞、曹操这三个脚色都是净角。他起关公：双目微睁，神态威严；左手捋长须，右手执大刀；声音洪亮，略带鼻音；语气凝重沉着。起曹操脚色：双肩耸起，两眼左右转动，面颊肌肉跳动；语声宽而低沉，略有痰音，还不时发出阵阵奸笑。起张飞时，双目圆睁，声音嘶炸，语气粗犷，双手做拉须状，时作怒吼之声。在“大闹辕门”这回书中，张飞因看不起出山不久的诸葛亮，故意喝得酩酊大醉闯进辕门。先是大喝一声：“老张来也！”连下来是“蓬蓬蓬”一阵沉重的脚步声，再一个亮相。立马之间，一个喝得醉醺醺的张飞活现在听众的面前。正由于他能抓住脚色不同的外形和性格特征，因此在如《三国·赠马、挑袍、古城会》等书回中，几个净角会面，各具风貌，绝不类同。

黄兆麟嗓音亮堂，说表抑扬顿挫，富有强烈的节奏感和音乐性。且声威壮阔、气势磅礴，这种高妙的说表功夫，在其同时代的名家中无出其右。他的传世录音《三国·古城会、三里桥挑袍》则集中体现了其表演特色。

黄兆麟擅长八技，他的马叫又是书坛一绝。笔者曾听前辈评话家吴子安先生讲起这样一件轶事：约在20世纪20年代末，他在苏州吴苑书场做会书，说“赠马”一回。当曹操派人将赤兔马从马房里牵出来的时候，有一声马叫。黄兆麟奇峰突起，起音就高，又越翻越高，越高越响，再由高而低，由低而高，最后以一声长嘶收尾。哪知他的马叫还没有结束，书场附近的养马场中许多马匹一起叫了起来。听众们先是一呆，然后热烈鼓掌，从此黄兆麟的马叫就更加出名了。

黄兆麟说书，不仅语言雅驯，表演规范，台风也可谓风流倜傥，气派不凡。他的穿着十分讲究，衣料非丝即毛，多为深色。头戴瓜皮帽，身穿长袍罩马褂，手夹雪茄。坐上书台后，先将雪茄熄灭，再把帽子放到书桌右上角，最后解开纽扣，脱下马褂，转身挂到椅背上……动作有条不紊，功架十足。听众从不嫌其烦琐，反倒认为这是他演出的一部分。

1936年，上海光裕社、润余社、同义社三社合并，成立上海市评话弹词研究会，黄兆麟被推选为首任会长。他热心社会公益，兼任上海平凡儿童教养院劝募委员会主任。学生有张玉书和顾宏伯。

称王《三国》黄兆麟，老到说功脚色精。嘶叫一声惊四座，周边群马起呼应。

书坛怪才——朱兰庵

朱兰庵是朱寄庵的儿子，说他怪才，原因有三。

第一怪，是他的人生经历。朱兰庵本姓姚，名朕，字肖尧。祖籍安徽，清光绪十五年（1889）生于常熟，到1939年去世，只活了五十岁，却干过多种职业。先是当教师，其间，成为著名的文学团体南社成员之一。后来由教书改行说书，跟他的父亲朱寄庵学唱《西厢记》。清朝末年，他到上海，当过专职编辑、专业作家、戏曲评论家、报人、记者。这一时期，他和黑社会有深入交往，又秘密加入了反清革命组织光复会和中华革命党。1911年，辛亥革命爆发，他参加上海起义，担任光复军文书。1920年以后，又重新说书。

第二怪，是他的出众才华。朱兰庵擅长写会党小说，具名姚民哀。会党小说是专门讲述黑社会的活动、揭示其内幕的纪实体小说。姚民哀写的会党小说真可谓入木三分，他能揭露出黑帮中最隐蔽的内情和各种鲜为人知的犯罪手法。他小说中的黑话、切口之丰富，其机密程度之高，连黑帮大佬也惊叹不已。作品有《江湖豪侠传》、《四海群龙记》、《山东响马传》、《荆棘江湖》、《民哀小说集》等长、中、短篇二十余种。他的会党小说盛名一时，被称为上海滩“三大怪人”之一。

由于他揭露黑社会内幕过于深入，被黑帮勒令停笔，从而转入戏剧界。从1919年12月到第二年7月，他在《申报》上连载昆剧专论《仙韵寸知录》，每天一篇；另有《丹桂歌闻》、《歌场闻见录》、《歌坛剩语》、《南部枝言》、《菊部轶闻》等文章。还在《晶报》、《游戏世界》、《新声杂志》、《新剧杂志》等刊物上发表了大量戏曲史和评论文章。1922年4月，创办《戏杂志》，自任主编。该刊内容涉及弹词、评话、京剧、昆剧、新剧、滩簧、电影等方面，反映了当时上海演艺界的情况。笔名有小妖、乡下人、社员、老匏、护法家、筝声琴韵楼、花萼楼、息庐等。他的文章，资料翔实，文笔生动流畅，有极高的欣赏和研究价值，不仅受到当时读者的青睐，也为历来戏曲曲艺研究家所尊重。

朱兰庵一再声明，说书是他的终生职业。从1925年起到1939年，他和弟弟朱菊庵拼档说唱《西厢记》等书，演出于上海各大游艺场和书场。朱兰庵身材不高，略显瘦弱，但其台风大度，说唱豪放，具阳刚之气。他的语言尤为丰富生动，更擅长引经据典，将历史人物和书中脚色进行对比。据老听客说，朱兰庵的“张生游殿”可演唱两个月。

“张生游殿”在《西厢记》原著中，最多只有三四百字，怎么能演唱两个月呢？这就是朱兰庵的本事了。他说到普救禅寺的每一处文物古迹，都能旁征博引，讲出其历史沿革。一旦进入罗汉堂后，又能讲出每尊罗汉的来历，并将罗汉的特点和法聪进行对比，巧言调侃，妙趣横生。在他之前，苏州地区还从来没有人演唱过弹词《西厢记》。1925年，朱兰庵、朱菊庵弟兄应邀到苏演出，连演连满，获得书博士、茶博士们的一致好评。

此后，他又自编自演了《空谷兰》、《巧姻缘》、《荆钗记》三部长篇弹词。其中《荆钗记》一书，曾经和朱耀庭、朱耀笙拼三个档，在上海东方电台演唱。

作为弹词演员，他的弹唱朴实清新、气势磅礴。有听众赋诗评论说："君是东坡词弟子，铜琶铁板大江东。"他的说表，以口俏自然、风趣幽默见长。说表胜于弹唱。

20世纪20年代末，当张恨水的小说《啼笑因缘》在《新闻报》上连载的时候，上海萝春阁书场老板李耀良，认为这部小说如能改编成弹词，定受欢迎。因此特请朱兰庵执笔，由朱耀祥、赵稼秋演唱。初试锋芒，便大获成功。哪知前半部刚刚写完，朱兰庵病倒了。李耀良只得另请时任同济大学教授的陆澹庵先生重新编写。虽然朱兰庵的唱本没有流传，但他是编写《啼笑因缘》的第一人。

还有，评话祭酒曹仁安先生的《东周列国志》也请他加工润色。朱兰庵对评弹书目的发展和提高，有过很大的贡献。

第三怪，是他的放浪性格。他认为书场是男人的去所，要是他发现场内有女性在座，便出粗俗语言，直讲得女听客坐立不安，离场而去才肯作罢。另外，他也挥霍无度，经常囊中羞涩。有一次，他从典当中出来，见一人匆匆闪避，追上一看，原来是好友、国学大师胡朴安，胡先生也去典当，因羞而避之。当即结伴同饮，直到将典押长衫所得化尽为止。

1937年，抗日战争开始后，朱兰庵在汪伪政府中担任文职。1939年9月24日，在常熟被抗日游击队打死。为此，南社诗人柳亚子先生曾感叹道："荃蕙化茅，不乏旧侣，最为伤心。"不过，这是传闻，尚无佐证。

朱兰庵的《西厢记》传给了弹词名家朱介生，但朱先生很少演唱该书。事实上，朱兰庵的说书艺术已经失传了。

才高八斗朱兰庵，有能无德也枉然。豪放说书豪放性，音容已失著文传。

"起码说书"——曹仁安

"起码说书"不是听众给曹仁安起的外号，而是曹仁安为《弹词画报》编写话本小说《聊斋》时用的笔名，听众则称他是"评话祭酒"。

啥叫"祭酒"？戏曲界称门生多的名家叫"祭酒"，比如演唱《珍珠塔》的马如飞，至少有十二弟子，所以有"弹词祭酒"之称。不过曹仁安的徒弟并不多，听众们称他为“评话祭酒”，是因为他博学多才，书艺出众。

曹仁安生于1890年，从小跟他的父亲曹安山学习《隋唐》和《吴越春秋》两部评话。《吴越春秋》主要是讲吴王夫差和越王勾践的故事，时间跨度仅几十年，只能演唱两个月。于是曹仁安就参考《左传》、《春秋》、《战国策》、《史记》，以及各种稗官野史来充实书情。经过他多年的努力，到了20世纪30年代，《吴越春秋》已经发展成《东周列国志》了。故事从周平王迁都雒邑开始，说到秦始皇统一中国为止，前后跨度有522年，可以演出一年以上。

曹仁安的演出风格，既没有身段和动作，也不起脚色和爆头，更没有半点外插花噱头，只是平铺直叙地讲述故事，可谓是正宗评话。他能牢牢吸引住听众，靠的是两样本事：一是靠深厚的说表功力。曹仁安身材魁伟，面如重枣，富有书卷气。他说起书来，神态自若，语言流畅；语调抑扬顿挫，有很强的节奏感。尤其是他的语气，变化无穷，极富表现力，能打动听众。二是靠他非凡的编织故事的能力。尽管《东周列国志》的时间跨度要有五百多年，而且人物众多，事件浩繁。但是曹仁安始终掌握一个原则：“有书则说，无书则表。”

他在每回书的开头，先是交代故事的时代背景和人物的来龙去脉。等到理出头绪之后，他就抓住一个重要历史人物，在某一重大历史事件中的作为，组织成一个故事。然后抽丝剥茧，有条不紊地细细描述，很有听头。他的脚本还有一个特点：引经据典，真实可信。比如《东周列国志》的第一回书，他是这样开头的：

> 公元前11世纪，周武王姬发，灭掉商朝，创立周朝，建都镐京。镐京就是后来的陕西长安，历史上称为西周。到了公元前770年，周平王姬宜臼，为了避开犬戎的骚扰，迁都到雒邑。雒邑，在东汉改名雒阳，也就是现在的河南洛阳，称为东周。从此出现了诸侯争霸的局面，历史上称为春秋战国时期。

接着便进入故事，真是言简意赅，思路清晰。他又擅长在恰当的地方，对书中的人物和事件加以点评，以使书情书理更为透彻。这种语言形式，称为“托白”。

比如当他说完“聂政刺侠累”的故事后，就有一段点评。他说：聂政受朋友之托，便去杀死宰相侠累。幸亏侠累是一名奸臣，如果杀死的是忠臣良将，聂政岂不要遗臭万年啊。史书上的记载是：韩国盗，杀相国侠累。所谓“盗”者，就是强盗。聂政得到的只是一个“盗”字，岂不可悲？！

再有一个例子：当吴王夫差杀掉了大司马伍子胥之后，曹仁安的点评是，同样一个历史人物，齐桓公重耳和吴王夫差相比就大不相同了。齐桓公也是沉湎于酒色的君主，但是他把朝政托付给贤臣管仲来处理，国家照样强盛。而吴王夫差，既要迷恋美女西施，又要杀害忠良，必然是亡国丧命。一个是淫而明，一个是昏而暗，夫差不如重耳也。

像这样的点评，在他的演出中经常能够听到。所以听众说，曹仁安的评话有格调、有分量、有内涵、有回味。

20世纪30年代初，当他四十多岁的时候，首次进入上海，在城隍庙逍遥楼书场开演早场。起初，听众寥寥无几。曹仁安不管听众多少，认认真真说好每一回书。久而久之，听众越来越多，并且赞誉他为评话祭酒。

除了《东周列国志》，曹仁安还说过《隋唐》、《聊斋》、《明末遗恨》、《封神榜》等。40年代以后，就很少在上海看到他了。

腹笥丰富曹仁安，议事论史必有源。起码说书不起码，评话祭酒美名传。

“活海瑞”——杨斌奎

杨斌奎先生是擅唱“龙凤”两书的弹词名家。龙，是《玉夔龙》，又称《大红袍》；凤，是《描金凤》。《大红袍》是讲海瑞的故事，由于杨先生塑造了一个活龙活现的海瑞形象，所以听众就称他为“活海瑞”。那么杨先生是通过什么方法来塑造海瑞这个艺术形象的呢？

首先是在表演上。杨斌奎先生的海瑞脚色，无论念白和手面，都借鉴昆剧的表演程式。虽然身段极少，手面不多，但功架老到，形神兼备，符合这位七十高龄、一品大员的身份。他的海瑞脚色，可以用八个字来概括：儒雅、朴实、严正、亲切。这和群众心目中的海瑞形象——一个平民化的高官，是相一致的。

海瑞脚色起得好，并不是杨斌奎先生所以有“活海瑞”美称的主要原因，主要原因是他通过说表，塑造了海瑞这个艺术形象。

评弹界人士总是强调，评弹的主要表现手段是说表。那么说表在评弹艺术中是如何发挥作用的呢？只要看看杨斌奎先生是如何塑造海瑞形象的，就可了解其基本原理。

说表，是评弹语言形式的总称。从表演的角度来讲，说表，是指演员的语言天赋和其表达能力。然而，演员的说表功夫再好，要是没有良好的唱本，也就“英雄无用武之地”了。因此，好的唱本，必须充分运用说表技巧来叙述故事，刻画人物。杨斌奎先生所以会有“活海瑞”之称，首先得益于他有一部充分运用说表手段的好唱本。

《大红袍》原先不是弹词，是一部比较粗糙的长篇评话。杨先生刚从他的老师赵筱卿那里继承这个唱本的时候，还是一部所谓的“破书”。破就破在故事情节简单，结构杂乱松散。所以杨先生对情节进行了几次大的梳理，并以海瑞除暴安良为行动主线，来组织故事。

就以“邹炳告状”这段书为例：当海瑞得知书生邹炳蒙受冤屈之后，立即微服出访，从南京赶到苏州——因为“怒碰粮船”，而被捉进监牢——在监牢里，海瑞听到了有关邹炳一案的线索——出狱之后，根据线索实地踏勘——在茶馆里摸清了案子的来龙去脉——当即逮捕真凶冷五福，连夜审讯——又使用巧计迫使凶手招供认罪——为邹炳平反。随着故事情节的层层展开，海瑞为民请命、朴实干练的形象，得到了彰显。

有了好的故事情节后，杨斌奎先生进而运用细节描写来刻画海瑞的形象。比如在“夜探辕门”这回书中，有这样一个场面：杜鹊桥半夜进入辕门，只看见公案前红烛高照，海瑞纱帽红袍，神情严肃，端坐在那里批阅公文。背后站着海洪、海良两个侍从，就像城隍老爷一样。接着，海瑞吩咐，既有红烛照明，可将油盏熄灭。海洪回答，油盏火并不费油，不用熄火。海瑞说，“两火（虎）相争，必有一伤”，还是熄火的好。淡淡一笔，刻画了海瑞既威严又风趣的侧面性格。

还有，在“窃袍盗印”这回书中，海瑞审批两卷公文：一卷是松江知府请求动用国库修筑海塘。海瑞批道：修海塘十万火急，可先动国库，再行申报。而另一卷是：吴县知县判决书生邹炳谋财害命，处以死刑。海瑞看罢，拍案大怒。说道，凶器未见，画纸为刀，草菅人命，可恶之极。从这个场面中，反映出海瑞爱憎分明的性格特征。

再有，杜鹊桥潜入海瑞卧室去盗印，看到室内既无古玩，也无字画，只有床铺一张，竹箱一个，体现了海瑞廉洁的风范。

这种细节描写，在杨斌奎先生的《大红袍》中数不胜数。他的唱本就是运用说表来编织故事和刻画人物的典范。

杨斌奎先生从小学艺，学历不高，但是他好学不倦，博闻强记，有很好的文学根基。他花费了十多年的心血，来精心修补《大红袍》，到了20世纪30年代，当他和他的小儿子杨振言在上海各家电台演唱《大红袍》时，每天听众有十多万人次。“活海瑞”的美誉，也就应运而生了。

在40年代初，有人将杨斌奎和“描王”夏荷生作过对比：

同样是刻画《描金凤》中老地保洪魁良这个人物，夏荷生是通过起脚色，把人物活现于听众面前；而杨斌奎则是通过洪魁良对案情有独到见解的判断，来刻画这个老公事的形象。

夏荷生的说表火爆生动，杨斌奎的说表练达稳健。

夏荷生的噱头风趣突梯，杨斌奎的噱头含蓄幽默。

因此，听夏荷生的《描金凤》好比喝一杯祁门红茶，口味醇厚，提神解渴；而听杨斌奎的《描金凤》，就像品味一杯西湖龙井，清香甜润，回味无穷。

名家一代杨斌奎，誉载书坛“活海瑞”。炉火纯青入胜境，宗师艺事传美谈。

评话四大济公

长篇评话《济公》是一部骨子老书。大约在170年前的清朝道光年间，就有一位叫张松亭的评话艺人在演出了。后来说的人越来越多，到了20世纪前半期，演唱该书的演员就有：也是娥、尤凤台、尤少台、张震伯、范玉山、虞文伯、沈笑梅、贾啸峰、陈浩然、贾彩云、龚炳南、徐效山等，其中不乏评话大家。

据说，济公和尚还真有其人，他叫李修元，生活在浙江地区。不过评话不是根据李修元的真人真事改编的，书中的济公形象，和真实生活不同，具有浓厚的神怪色彩。而且评话《济公》有几种版本，张松亭的脚本来自小说；范玉山的脚本来自京剧连台本戏；沈笑梅的脚本来自维扬评话、杭州评话和民间传说。不仅脚本各不相同，表演风格也大相径庭。当然，故事情节也有共同之处。比如，讲到济公的身世，各派说法大同小异：李修元少时到杭州灵隐寺出家，他的师父叫远堂禅师，给他取了个法名叫道济。道济出家只有两个月，就对师父说：“我要还俗，应去哪里？”

远堂禅师说：“你从哪里来，连你自己也说不清爽，反要问我到哪里去，荒唐！”说完，就在道济的头上“秃”地敲了一记。这一记倒拿小和尚敲醒了，从此以后，他一心拜佛念经，再也不提还俗的事情。

随着道济和尚年龄的增长，行为渐渐怪异起来：他落拓不羁，整天拿着一把破扇子东荡西晃；他喜欢吃酒，特别喜欢吃狗肉，每当吃醉之后，就胡言乱语；他喜欢捉盗贼、降妖魔、除奸邪、帮穷人，神通广大，所向无敌。因为他的法名叫道济，又疯疯癫癫，所以大家叫他“济癫僧”；又因为他扬善除恶，所以百姓都尊称他为济公。

这部书所以历来受到欢迎，其主要原因是，故事反映了弱势群体对社会公正的渴望；而且人物形象生动可爱，故事情节风趣幽默，故能在一百多年间久演不衰。据笔者所知，在20世纪30年代前后，至少出过四位擅唱《济公》的响档。

活济公范玉山

范玉山生于1898年，江苏靖江人，从十七岁起，就在上海的著名戏院——新舞台当拉幕工。新舞台经常上演京剧连台本戏《济公传》，范玉山天天拉幕，天天看戏，对济公的故事熟而又熟。

他二十岁改行说书。先拜王嘉梅为师，习弹词《倭袍》。不久，他发现自己的弹唱天赋并不理想，便改说评话。他以京剧连台本戏《济公传》为底本，自编自演。他的演出本，在故事情节的连贯性上不及张松亭的《济公》，但是戏剧性强，结构紧凑。为了突出济公的形象，他别出心裁，剃了个光头。久而久之，光头便成了范玉山的招牌形象。

范玉山的文化水平不高，所以每逢开书的第一天，总有几句开场白："鄙人生来落拓，四书五经未读。倘有漏洞别字，诸位包涵勿驳。"这几句来自济公圆寂时念的四句偈语："六十年来狼藉，东壁打倒西壁。而今收拾归来，依然天清水碧。"

笔者举这个例子是想说明，范玉山的文化水平虽然不高，但是他的头脑相当灵活。他京戏看得很多，模仿能力又强，所以起各路脚色都能惟妙惟肖。尤其是起济公这个脚色，有三个特点：一是造型特别。他起济公时，先把左脚往书台上一搁，把瓜皮帽推到前额（过去，评话演员上台都戴瓜皮帽）。济公一手执扇、一手拜佛；斜眼睛，歪嘴巴。这和京剧里的济公造型一模一样。

第二个特点是，济公的"身段"。范玉山的济公是个跷脚，走起路来一颠一簸。他可以用不同的姿态和不同的抖动方式，让听众分辨出济公是在走慢步，还是走快步，或者走急步。更妙的是，济公一面走路，嘴里还念念有词，同时又能发出"笃笃笃笃……"敲木鱼的声音，真可谓书坛一绝。所以范玉山有"活济公"之称。

第三个特点是，他常常借济公之口来抨击时政。范玉山长期生活在社会的底层，对各种社会弊病了如指掌，深恶痛绝。在演出中，他经常穿插一些针砭时弊的噱头，言词辛辣，入木三分，令人解颐又解恨。有不少听众，是专门到书场里去听"活济公"抨击时政的。

20世纪50年代末范玉山销声于书坛，他的《济公》也就成了绝响。

“活济公”范玉山，口没遮拦必有灾。神仙入狱自难救，未有善终究可哀。

滑稽济公虞文伯

虞文伯生于1911年，苏州人，十九岁拜李汉臣为师，习《岳飞传》、《济公传》和《封神榜》。

1936年，虞文伯初到上海，在老城隍庙的四美轩书场演唱《济公》，一鸣惊人。评弹界的同行，称赞他的嗓音为八大歌音中的首位——“磁音”（又称“子音”）。意思是这种声音像磁铁那样，富有吸引力。虞文伯的声音高亮清晰、悦耳动听、传送很远。只要他一上台，乱哄哄的场子里顿时寂静无声，听众们等着欣赏他那美妙的声音和精彩演出。

如果说，范玉山的济公有一股世俗气，那么虞文伯的济公就透露出一股神仙气。他起的济公脚色，不是斜眼，而是一双斗鸡眼，半开半闭，似睡似醒；济公说话时，声音纤细，语调柔和，像念经，又像自言自语。每当一段白口说完，面颊骨上的肌肉“嗒嗒嗒……”抖动几下；同时，浑身上下不停地牵动，笑料百出，故被称为滑稽济公。

他的拿手书回之一是“济公斗蟋蟀”。在这回书里，他同时起几个脚色。不要说济公起得活龙活现，就是连蟋蟀和公鸡这两个“脚色”，也是绘声绘影，刻画入微。听众可以从公鸡和蟋蟀的不同叫声中，辨别出此时此刻谁占了上风。

有人评论：虞文伯说《济公》，真可谓熟极而流，随心所欲。听他的书，就像在欣赏一幅“恣意驰骋，挥洒自如”的草书。草书写得好，要有正楷的基础。相传，他的老师李汉臣艺术功力很深，虞文伯得益于老师为他打下的基本功。很可惜，这样一位好演员，在三十多岁时就急病身亡了。

小济公陈浩然

陈浩然生于1915年，浙江宁波人。十五岁拜贾啸峰为师。

贾啸峰是上海润余社社长凌云祥的徒弟，凌云祥只说《金台》，不说《济公》，贾啸峰的《济公》是他自己编写的。陈浩然继承了贾啸峰的说本和表演艺术。特点是热闹风趣，具有海派艺术的特色。

首先，陈浩然擅长各地方言。他能运用不同的语言，来表现不同身份和性格的脚色。比如，一名刻薄的放高利贷者，讲的是山西话；性格张扬的卖叉烧包女子，讲广东话；脾气爽直的卖拳头青年，讲山东话；老于世故的典当老板，讲安徽话。上海是一座五方杂处的城市，陈浩然能巧妙地运用方言技巧，大受赞赏。

另外，陈浩然的“身段”也特别丰富。济公“骑毛驴”就是他的绝活。他用左手提起长衫的下摆，拉出两只长长的尖角，算是毛驴的耳朵；一手拿扇子，当做皮鞭。每当“济公”骑着毛驴，一边喝酒，一边“哩呼拉呼”地唱着小曲，在书台上来回游荡的时候，听众总会笑得东歪西倒。由于他身材矮小，起济公脚色用小嗓，所以听众称他为“小济公”。

成名之后，未能自珍自爱。纵情酒色，三十多岁就去世了。

醉济公沈笑梅

沈笑梅生于1905年。原是位扬州评话演员，他的太太是杭州的曲艺艺人。沈笑梅的《济公》唱本，是以扬州评话为基础，又吸收了杭州评话和有关济癫僧的传说，经过他长期加工而形成的。他的演出风格，和前面三位“济公”有所不同：虽注重起脚色，更注重以生动奇突的故事情节，和对人物的细腻描述来塑造济公形象。如“济公背新娘”一回，是说济公路过某山村，见有喜事，讨吃喜酒。主人热情款待，他却醉卧新床，又抢走新娘。全村老少愤怒追赶上山，忽然洪水暴发淹没村子，村人得救后欲谢恩公，济公已无影无踪。沈笑梅在杭州学唱过“小热昏”，表演时伶牙俐齿，冷面滑稽。听众笑倒，他却“无动于衷”。

由于他起的济公脚色，只是歪嘴巴、大舌头，一副醉醺醺的样子，不如另外三位济公来得火爆，苏州话也不太纯正，所以长期演出于中小城镇，直到1946年，才立足于上海。当时，抗战刚刚胜利，上海市民充满着喜悦心情，爱听新奇有趣的故事。沈笑梅和演唱《啼笑因缘》的姚荫梅先生都以风趣幽默见长，迎合时代潮流。他们在沧洲书场两档合做，称为“双梅档”，红极一时。20世纪80年代摄制的电视连续剧《济公·割瘤移瘤》，就是根据沈笑梅的演出录音改编的。

虞文伯、范玉山、陈浩然、沈笑梅，四大济公显风采，扬善除恶传美谈。

“描王”夏荷生

夏荷生是浙江嘉善人，生于1899年。其父夏又梅在嘉善城厢镇开设“夏厅”书场，可以说，夏荷生是听书听大的。他几乎听遍清末民初所有评弹名家的演出，用行话来说，他“奶水”吃得很足。

十四岁那年，他随伯父夏吟道习弹词《倭袍》。不满四个月，伯父亡故，即去上海商务印书馆当学徒，因病而归。后从弹词名家钱幼卿习《描金凤》，曾拼师徒档几年。从十九岁起放单档，演出于江浙城乡。

笔者听书已晚，未及听得夏荷生先生的演出。每每听到前辈提及这位擅唱《描金凤》、享有“描王”之誉的一代宗师，往往大加赞赏：称赞他慷慨大度、情深义重；称赞他提携后进、艺术超群。更不止一次地听到夏荷生年轻时的一段趣闻。

20世纪20年代初的一个大年夜，苏州吴苑书场里正在进行年终会书。这天演出的大多是当时的大响档，气氛热烈。突然台上出现一位二十岁出头的年轻人：身材修长，眉清目秀，穿一件深灰色的棉袍子，风度翩翩。他刚拿起三弦，听众便叫了起来。

“你叫啥名字？”

“你的先生是啥人，报出来听听看。”

青年人不慌不忙地说：“我叫夏荷生，我的恩师是钱幼卿。”

听众说：“钱幼卿是大响档，你的名字没有听见过，下去！调一个！”

在当时苏州的书场里，做会书有这种习俗：演员说得好，听众高喊“连下去！”每连一段约一刻钟。要是说得不好，随时会被赶下书台。

面对啰唣，夏荷生显得非常镇静，一曲弹完，说道：“各位听众，我是一个刚刚出道的小说书，让我说一刻钟，假使大家覅听，我马上下台，阿好？”

听众看他年纪虽轻，说起话来口齿清晰老练，而且嗓音特别好听，顿时改变了口气：“那好，你就说一段，说得不灵自己下来！”

夏荷生说的是《描金凤·俊巧戏主》。故事讲：轻佻的王府丫头俊巧，在送书生徐蕙兰回转书房的备弄里，不断对其挑逗，频遭拒绝。一个是旦角，一个是巾生；一个轻薄浮华，一个稳重厚道。夏荷生牢牢抓住了两个脚色的行当属性和性格特征，模拟他们的音容笑貌，有说有唱，惟妙惟肖。一段说完，起身致意，正要下台。

“说得好！连下去！”

“再来一段！”

夏荷生重新坐定，又说了一刻钟。这时场内开了锅，连说数段，欲罢不能。①

此后，夏荷生声名鹊起，与王斌泉、陈瑞麟合称“码头三巨头”。从1924年起，他在上海大世界游艺场连演两年之久。游艺场的演出环境不像书场那样安静，那里的观众是流动的，周边剧场中的喧闹声又不时影响着听众。评弹演员不仅要把坐着的听众牢牢抓住，还要把路过的观众吸引过来，静听下去。因此，平稳飘逸的书场演出模式，已不能适应游艺场的环境，只有改变风格，才能在这巨大的娱乐市场中占有一席之地。如何改变？首先，故事要紧凑，不能拖沓，语言要精练，不可噜苏；另外，说、噱、弹、唱都要突兀凛神，尤其要加强“演”的成分，手面也应丰富而夸张。据蒋月泉先生说，夏荷生和张鉴庭那种激情火爆的演出风格，就是在游艺场的演出环境中形成的。

演出之余，夏荷生尽情观摩大世界的各种表演艺术，除了京剧、昆剧和各种地方戏曲外，还有来自全国各地的曲艺，如大鼓、相声、双簧、河南坠子以及电影、话剧等，从而开阔了视野，提高了素养，也形成了他自己独特的表演风格。在大世界演出的两年，是夏荷生从艺史上重要的两年。

夏荷生风靡书坛二十多年。他所创造的流派唱腔，称为“夏调”。其调以老书调为基础，吸收了俞调的声腔和唱法，融会变通，出新创异。其特点是：挥洒自如，柔中带刚；简洁流畅，响弹响唱。因其嗓音高亮清甜，音色丰富，又擅用顿挫、徐疾之节奏变化，以及明暗、高低之声调转换，来演绎词意，故能做到：声随情变，情随词转，极富感染力。听其弹唱，犹见夜空中飞舞的火龙，刚劲妩媚，动人心魄。其代表作《描金凤·托三桩》和《三笑·周美人上堂楼》，既好听又耐听，对弹词音乐的发展影响颇大。如张（鉴庭）调、姚（荫梅）调、严（雪亭）调，以及其徒（徐天）翔调等流派唱腔的形成，均受夏调之影响。

他的说功更是一绝：语速不快，字字清脱有力，精气神十足；边说边演，手面多而不杂。可谓飘逸中见遒劲，火爆中显沉稳。他擅起各路脚色，个个形神俱备，性格分明。如《描金凤·换监》中的徐蕙兰和金继春两人，虽都是年青书生，但徐蕙兰饱经沧桑，身陷囹圄，话语沉稳，神情悲楚；金继春则尽显青春明朗之气。

又如在“劫法场”这段关子书中，有一回“青龙会黑虎”的闹猛书。“青龙”是指二龙山大王董武昌，“黑虎”是指徐蕙兰的老家人、陈荣老将军。两人皆净角行当，又都性格刚烈，脾气暴躁。他们因一件小事而发生争斗，双方边骂边打。有时只有动作没有说话，有时只有说话没有动作，听众都能辨别出这是董武昌还是陈荣。

听夏荷生的书总是轻松有趣的，因为书中噱头很多，几乎全是肉里噱，更无低级庸俗之处。他从不扦讲同行，有时做会书同行扦讲了他，他也绝不回敬，只是一笑了之。演出格调极高，不愧为大家风范。

笔者曾听多位评弹名家讲起夏荷生的故事，摘选几段，进而了解先生的艺事、艺德。

姚荫梅先生如是说：

1. 我是从十七岁（1924年）起，在上海大世界游乐场开始听夏荷生先生演出的，前后共7年。起先，我的母亲也是娥（评话艺人）请夏先生收我为徒，夏说不必，听书就是。听夏先生的书，总觉得场面特别清爽，有时一回书中要出十几个脚色（如“劫法场”），也不显紊乱。夏先生说，出脚色和收脚色要有上场门和下场门之分。

比如，在《描金凤·门斗报信》中，钱玌笞和许媒婆听说女婿徐蕙兰被捕入狱，便哭闹起来。老家人陈荣闻声赶来，大喝道：“吵吵闹闹，成何体统……”陈荣出场时，夏先生是站在书台的右侧；当得知小主人受冤时匆匆离去，演员手指左前方，表示脚色已收。

凡是人物出场，夏先生总是站于书台右侧，这是上场门；人物下场，不是站于书台左侧，便是手指左方，这是下场门。他出脚色的规律大致如此。

2. 夏先生认为，弹唱和说表应该交替穿插，可在唱篇中不时加入简短的官白或表白，此谓“说中夹唱，唱中夹说”，单档演出尤需如此。好处之一，可使唱篇的意思更加连贯完整，听众容易听懂。好处之二，以加强感情色彩。因为弹词唱腔比较简单，在表达脚色的感情时，往往受唱腔的限制而不能尽情发挥，如用官白或表白加以补充，则有利于表达人物的感情。

此话，笔者久久不能理解。后来听了夏荷生先生的录音《描金凤·汪宣自尽》才恍然明白。姚荫梅先生的《双按院·炼印》中几档重要唱篇，就是运用“说中夹唱，唱中夹说”的表现手法，这对表达人物的情感极有好处。

张鉴庭先生如是说：

在我刚出道时，夏荷生已经蛮红了。我去请教他，他总是叫我先说一段或唱一段，再给我指点。

1. 有一次，我说完一段后，他说：“你口齿清楚，可惜说法太温，没有劲道，抓不住听众。你必须用足全部的精气神来说书，如果听众要吃香烟，你只能让他吸一口，要把他拉进书情，直到香烟烧痛手指才发觉。即使你生了病，要是上了台，就要拼命，不能让听众看出你在生病。”这些话对我帮助很大。那年，我到无锡去演出，开书这天正在发高烧，我还是像平常一样地用劲，演出结束几乎瘫倒，但是我没有被漂脱，我站住了。

2. 另有一次，我唱了一档王文（《倭袍》中脚色）的篇子请他指教。他说："王文是有痨病的，所以起这个脚色要带三分病容，这是对的。不过你在唱的时候不能有气无力，也像生了痨病一样。你的本意是想表现王文的病态，但是唱得温温吞吞，听众提不起精神来，这就不对了。弹唱总是要有精气神的，只要在弹过门时，加一声'呃哼'的咳嗽声，有时可用嘶哑的声音补一两句官白，那么王文的病态也就出来了。"

3. 还有一次，问他为什么《顾鼎臣·踏勘》这回书我总是说不好。夏荷生说：这回书他也听我说过，主要毛病在于知县官杨廷正到案发现场踏勘时，他身边没有人陪同，自己又是外行，只能在现场走一圈了事，当然不好听啰。又说，同样是踏勘，《描金凤》中的老地保洪奎良去马王府查看杀人现场，身边就有真凶马寿陪同。马寿为了遮掩真相，反露马脚。洪奎良步步进逼，马寿狼狈应付。这样就有故事、有人物、有噱头，书就好听了，说起来也省力得多。

我听了夏荷生的话，对《顾鼎臣·踏勘》作了修改，不但加进了凶犯毛七虎，还把绍兴师爷朱恒也安排到踏勘现场。朱恒是"老公事"，他查出不少破绽，再让毛七虎和他当面对质。一可显出绍兴师爷的能耐，故事有听头；二可为以后"花厅评理"等书回埋下伏笔。经过这样的加工，《顾鼎臣·踏勘》就成了我的常演节目。

张鸿声如是说：

1. 大概是在20世纪30年代末，我和夏荷生在上海东方书场越档，我是第三档，他送客。演出结束后，我经常去他家吃夜饭。我先吃酒他不吃，坐在一边闭着眼睛抽烟。一次，他问我，当天的这回书他说得怎样？我说，书是说得蛮好，可惜起错了脚色。他睁开眼睛吃惊地问：起错了哪个脚色。我说："你自己去想。"他想了好一会儿又问："我没有起错脚色嘛，你倒说说看。"我还是叫他自己去想，他光火了："我不懂，你教我啊！"

我说："你是'描王'，我有啥资格教你呢？不过金图远这个脚色是啥个行当？"他回答是老外。我说："既是老外，怎么你'捋'的是三绺清须？"他吃惊地说："我怎么不觉得。"我说："你觉着了还会错吗？"

2. 又一次，也是我吃酒，他抽烟。问道："鸿声，今天我这回书说得哪亨？"听口气他很满意，我故意扫他的兴，说道："书是蛮好，不过徐蕙兰出场的挂口有毛病。上山（啊）擒虎易（啊），开口告人难（啊）！一共只有十个字，你要吃三只"鸭"，当心吃伤！"

夏荷生几乎跳了起来："鸿声啊，倷促狭的，促狭的。"

我一边笑，一边吃酒。后来再听到他念这两句挂口时，“啊”字已经没有了。

3. 上海有一家富春楼书场，老板经营不善生意清淡，想把场子做热，几次邀请夏荷生前去，都没有成功。这位老板还开一家豆腐店，知道夏先生欢喜吃豆浆，每天早上给夏家送豆浆。一连三年天天不断，使夏荷生大为感动，应邀前去。“描王”身手不凡，一期（三个多月）做完，富春楼大有起色。再连一期，场子更加热闹。两期演毕夏荷生要出码头了，他干脆把书场的业务安排承担下来，请去不少名家响档，使富春楼长盛不衰。

奇才旷世夏荷生，金曲“夏调”称绝伦。皆颂“描王”功德大，评弹艺术得提升。

《包公》鼻祖——杨莲青

称杨莲青为《包公》鼻祖，因为他是这部长篇评话的原创者和首演者。

清咸丰年间，光裕社有一位说《金台传》的评话艺人叫张树庭，他去浙江乌镇演出，偶尔听到当地艺人金秋泉的《五虎平西》。故事从狄青大闹万花楼开始，接着是恶战大狼山——狄青挂帅——狄青招亲——庞吉谋反——三盗打皇鞭——大破铁剑山……一连说了三个月，非常精彩。因此，张树庭就把金秋泉请到苏州去演出，让他住在自己家里，天天去书场接送，像学生敬重老师一样。金秋泉把《五虎平西》传给了张树庭，张树庭传给了学生全如青，全如青又传给他的学生杨莲青。所以在杨莲青以前，只有《五虎平西》，没有《包公》。

1921年，杨莲青去上海说书。当时有很多京剧名家，正在同时演出连台本戏《狸猫换太子》。比如，天蟾舞台有常春恒、于振廷、刘筱衡；大舞台有李桂春（小达子）、赵如泉、小杨月楼；丹桂第一台有周信芳、白玉昆、冯子和；大世界乾坤剧场有露兰春。《狸猫换太子》的故事，在江南地区已经家喻户晓。杨莲青认为，这出戏情节曲折动人，包公又受到民众的敬重，如果将它改编成评话，一定会受到欢迎。杨莲青就以老生演员常春恒的剧本为蓝本，开始边写边说。由于京剧唱本情节庞杂、枝蔓繁复，所以杨莲青对蓝本作了不少删节。

他以“包公为李太后申冤”作主线，主要情节有：包公陈州放粮——李娘娘破窑告状——断太后——审郭槐——迎太后——打龙袍等。凡是与这条主线无关的情节，比如，包公进京赶考、包公联姻、乌盆计、铡国舅等，全都删除。又把带有神怪色彩的情节，也作了改动。

比如京剧中有这样一个情节：包公到达陈州的当夜，做了一个梦。梦见天上的太阳落了下来，他赶紧撩袍去接，醒来大汗淋漓。包公想，此地一定有弥天大冤等待昭雪。他到处查访，终于找到了李太后。

杨莲青将此情节改为：包公骑马出行，狂风吹走了他的乌纱帽。张龙、赵虎奉命捉拿"落帽风"，听到有人叫冤，引出李太后告状的故事。这一改，非但合乎情理，又增加了不少趣味。

要编成一部长篇评话，单靠京剧本是不够的。杨莲青还参照史料和有关包公的民间传说，不断丰富，经过多年的揣摩，《狸猫换太子》这段书得到了听众的认同。

《五虎平西》和《狸猫换太子》这两段故事，在内容上是相互连接的，而且都有包公出场，所以长篇总称《包公》。如果只说前段，就挂牌《狸猫换太子》；只说后段，就挂牌《五虎平西》；只说狄青游东京，打死皇城总兵王天禄一节，就挂牌《万花楼》。

评弹界的道众和听众，一直认为杨莲青有学问，当时的报纸上也是这样讲的。可是近来有人说，杨莲青的学问并不多。据我所知，杨莲青上学确实不多，但他的父亲开过书场，他又爱看京戏，从听书和看戏中他学到很多知识。尤其他治学严谨，只要书中提到的历史事件，总要查阅资料，或者向人请教，加以核证，决不信口开河。要知道，没有一定文化底蕴的演员，是编不出一部好书来的。我认为他有文化，说的是正功书。

所谓正功书，那就是：脚本内容充实，故事合情合理；书回结构严谨，语言雅致精炼；再加上功架老到，演出认真。杨莲青说的《包公》就是这样的正功书。

杨莲青十三门半脚色门门精通，这在评弹界是出了名的。由于他的《狸猫换太子》来自京剧，所以脚色的功架、念白和发音，近于京，远于昆。比如他起包公脚色，按照昆剧，应是净角做派。而杨莲青却起老生脚色，因为南派包公是老生应工。他起的李太后脚色，也是借鉴京剧老旦行当的表演程式，并加以评弹化。比如，京剧中李太后的念白，苍劲有力；而杨莲青只借鉴其语调和节奏，语气却温和而亲切。又如，京剧中的李太后，对双目失明这一点，并没有很多的渲染；而杨莲青的李太后，对双目失明，却有丰富的创造。他不断眨动眼皮，眼珠向上翻动，随着感情的起伏，眼神变化无穷。据说，演唱《玉蜻蜓》的弹词演员也向他学习，用于算命先生何瞎子身上。这说明他不仅创造了一部优秀的长篇评话，还带动了评弹表演艺术的发展。

他书中的噱头不少，大多是从书情中生发出来的肉里噱。据说，外插花噱头只有两个。其中之一，说道：扬州人都晓得他的名字，接着便唱扬州小调："一把扇子七寸长哟，杨啊杨莲（哩）青哪。"

杨莲青的实践证明：第一，评弹艺术只有创新才能生存。第二，编说评话长篇，应该选择群众熟悉的故事为蓝本，驾轻就熟；第三，书中主角必须是令人尊敬的英雄，他在逆境中奋斗，屡战屡胜，鼓舞人心。

杨莲青是一位名师，又有一部好书，他培养出不少高徒，如：陈晋伯、顾宏伯、金声伯、陈卫伯。

《包公》鼻祖杨莲青，书品清高书艺精。敬业一生示后辈，事业永存唯创新。

"催眠调"宗师——祁莲芳

祁莲芳创造的流派唱腔祁调，轻盈优雅，委婉柔和，听众称之为"催眠调"。据说，在20世纪30年代，每到夜里十点钟，上海的空中书场总要安排祁莲芳的节目。不少上海人一定要听了祁调才能入睡，认为祁调有按摩神经、引入梦乡的作用。

祁莲芳的父亲叫祁名扬，是说《三国》的评话演员。祁名扬希望自己的儿子能够继承《三国》。可是就在祁莲芳十多岁的时候，发生了一件意想不到的事情，改变了他的命运。

有一次，祁名扬在苏州参加年终会书，他演出的书回叫"截江夺斗"。故事讲，刘备的妻子孙尚香，抱了刘备之子阿斗，准备乘船回转东吴。赵子龙闻讯，驾起小船，追到江心，把刘阿斗夺了下来。哪里知道，祁名扬在将要落回的时候，出了口冲。他说："赵子龙夺过刘阿斗，圈转马头就走……"

听众哄堂大笑，叫道："小船上哪来马匹啊？"

又说："'船头上跑马——走投无路'你懂不懂。"

这下羞得祁名扬满面通红，他改变了主意，再也不让儿子说《三国》了。祁莲芳从十三岁起，就跟他的外公陈子祥学唱《文武香球》。两年后，就和他的舅父陈莲卿拼档，陈祁档前后拼了三十余年。

祁莲芳学艺的时候先学俞调，可是他的嗓音虽然甜润，却不高亮，唱到高音往往达不到规定的要求。于是祁莲芳就在俞调的基础上对自己的唱腔进行变化。他早年学过昆剧，进入上海后，又入迷于京剧名家程砚秋的唱腔。他从京昆剧唱腔中吸收乐律和唱法，经过多年的磨炼，逐渐形成了他自己的风格——祁调。

人们认为，祁调只有一种节奏，其实不然。祁调至少有两种节奏。一种是慢声长韵的慢祁调；还有一种节奏明快的快祁调，比如《绣香囊·夫妻相会》就是快祁调的代表作。虽然祁调有快慢之分，但基本特征是一致的：轻盈优雅，委婉柔和。

祁调的形成离不开陈莲卿的指点和帮助。陈莲卿说唱俱佳，艺术功力深厚。他的三弦伴奏，朴实稳健，节奏感很强，就像打拍子一样，成为祁调音乐的特色之一。

在20世纪30年代，弹词界学唱祁调的青年演员很多。可是到了40年代，一批新生的流派唱腔产生了，比如蒋调、严调、张调、杨调、姚调，以及后来的琴调和丽调等，这样，唱祁调的人渐渐稀少。到了50年代，有人认为，祁调只能表达哀怨、悲切的感情，不合潮流，因此唱的人就更少了。

就在祁调将要在书坛上销声匿迹的时候，有一位对弹词音乐有深入研究的名演员，认为祁调特色鲜明，有极高的艺术价值，是弹词流派唱腔的珍品，一旦祁调湮没，那将是弹词音乐的巨大损失。因此，他对祁调的唱法和过门作了某些改革后，于1959年夏天，在文化广场演唱了祁调代表作《双珠凤·霍定金私吊》。不出所料，一曲祁调深深迷倒了一万三千多名听众。后来此人又用祁调谱唱了开篇《秋思》，经常在各种重要的晚会上演唱，还灌制成唱片广为流传。这位让祁调重放光彩的演员叫周云瑞。

要唱好祁调并不容易。祁莲芳说，既要注重声音的放，还要注意声音的收；收音时，要低沉而有力，不能飘忽，更不能吃音。应该做到“高而不喧，低而不闪”。他在80年代的一次艺术讲座中指出，有的青年演员为了显露自己的嗓音，唱祁调时“只管放，不顾收；只管高，不顾低”，所以失去了祁调的特色。

现在，唱祁调的演员仍然很多。本人认为，最好听的祁调，还是祁莲芳先生的唱段。他的运腔之婉转，韵味之浓郁，感情之深沉都是无与伦比的。绝大多数的演员，只是在模仿祁调的声腔，往往淡而无味。

催眠调，声悠扬，催侬早早入梦乡。祁调一曲奇葩在，阵阵莲香飘四方。

注：

①这个故事的版本不少，所述不同，这里记录的是吴剑秋先生的回忆。剑

秋先生是弹词女演员朱慧珍的丈夫，其父吴小舫和祖父吴陞泉演唱《玉蜻蜓》和《白蛇传》。他从小出入书场，从年龄来看，是目击者的可能性较高。

另一位“目击者”著文说，此事发生在1929年。其时夏荷生年已三十，走红书坛多年，哪有老听众不认识他之理，似不可信。

留住渐行渐远的背影

周　良

1982年10月，苏州评弹研究会委托苏州评弹学校举办第一期中青年弹词演员讲习班。请来讲课的老师，有蒋月泉、张鸿声、张鉴庭、张鉴国、姚荫梅、唐耿良、曹汉昌等人。参加学习的二十多位学员，大都是当时书坛上的响档，已经很有影响的中青年演员。老师们在开班前备课时，有点担心。他们担心学员来学不到东西。有人说，40年代的响档来教80年代的响档，能行吗？是他们水平不够，老师没有信心？不是。想当年，他们大都是喝水倒流的响档，在粉碎"四人帮"以后，他们仍然受到听众的热烈欢迎，又有好几年。虽然，现在他们已渐渐离开书台，不再经常说长篇了，但他们都有很高的艺术成就和丰富的经验积累。作为艺术老师，绰绰有余。老师们认真备课，集体商量，上课时相互听课，一起讨论。这种临事以惧的态度，充分表现了老一辈艺术家的谦虚谨慎和对艺术的不断追求。唐耿良在讲习班开始时讲的一段话，就体现了老师们的这种精神。他说："这一次我们老中青一起来参加讲习班，主要的目的是相互交流、相互学习。我们老同志有以前的书台实践经验，而你们中青年在第一线，也有你们的新经验，让我们相互交流，共同提高。老同志接受任务之后，都作了一些准备，希望能对同志们有所裨益。但是，由于十几年脱离书台实践，讲的课不一定都正确，请同志们提出意见，相互探讨。因为得道不在于年龄高低，鸿声同志说，有志者不在年高，孔夫子有了这样大的学问，也要虚心请教别人。所以，师不必贤于弟子，弟子不必不如师。让我们携起手来，为探讨和发展评弹艺术贡献力量。"（《第一期中青年弹词演员讲习班资料汇编》苏州市评弹研究室编印）这次讲习班结束时总结，参加学习的演员，大家都说有很大的收获，老师的讲课，起到了主导的作用。老师们也说有收获。

已经离开我们的老一辈艺术家们，留给我们一个共同的启示，谦虚是艺术家应有的美德。谦虚才好学，才会不断追求，永不满足。如果容易满足已有的一点成绩，安于现状，就不会进步，不再进步。才有一点成绩，自以为是，骄傲起来了，怎么能继续进步呢？

徐云志成名以后，长期在上海演出。书场说熟了，到电台唱，曾经一天跑八家电台。电台唱熟了，唱堂会。注重了唱，把书说熟、说短了。这时有朋友提醒他，“你近年来，一直唱堂会，老听客把你忘掉了。堂会是唱不出艺术来的”。朋友的忠告，使他决心离开上海到码头上去说书。这使他没有继续脱离广大听众，没有偏离艺术正道，在艺术上继续提高。（见苏州市曲协编《凌云之志》）

蒋月泉也有类似的经历。蒋调在上海红起来以后，蒋月泉在上海，在电台上唱得多，去书场少，到码头上去更少。姚荫梅曾写文章说到他的困惑。“月泉很早就出了名，尤其在电台上唱开篇，简直是风靡一时。有一年，我到无锡去吃喜酒，知道月泉也在无锡演出，便到他那里去拼铺借宿。他叫我‘老阿哥’，不但盛情地接待了我，还一再要我给他的表演提意见。老实说，我有点犹豫，人家已经是名家了，我要是敷衍两句，不够朋友，照直说，怕人家受不了。但月泉那么诚恳，我就脱口而出地说了一句，‘小人着大衣裳’。意思是说，他的唱功胜过了说表”。听众是来听书的，所以会不满意。“以后，他果然在说表上发愤用功，放弃了上海优裕的生活条件，专门到小码头的书场去磨炼。没有几年，便使人刮目相看了。”①

谦虚、好学，不断地追求、提高艺术，才能成为艺术家。这就要求艺术家热爱艺术，具有很强的事业心。事业心强，才有追求艺术的、不断进取的恒心和毅力，以提高艺术为责任，为艺术而献身。所以，能为提高艺术作出坚持不懈的努力。这样的故事很多。

传说，马如飞随身带一个本子，叫“说书日记”。只要想到，哪怕艺术上的一点一滴，随手记下来。譬如有一段书如何修改，要补充点什么。一有空，就把本子拿出来，动手修改脚本。张云亭的习惯，说完书回家，就靠在榻上休息。一面在想今天说的书，有什么心得体会，哪些地方要改，要丰富。想到一点，就随手记在香烟壳子上，丢在身背后一只字纸篓内。隔一段时间，再倒出来整理。（《书坛轶事》，古吴轩出版社，2003）

这样的事例还有。如张玉书曾经说，他上台前要想书情，想说法。“下台后更要想，想效果、反应——何处为何哄堂大笑？何处为何全场震惊？何以今日之书能使听众全神贯注，而昨日一回书中时有啰嗦？从而进行加工。”张玉书说，因为这样，“使自己所说之书，逐渐充实提高。”（《艺海聚珍》第71页，古吴轩出版社，2002）

曹汉昌也有同样的体会。他在回忆老师周亦亮时，说了这样一段话，

"我记住了他说的一句话，'说一遍，想一遍'，受用终生。说完书，下台要想想，哪些地方说得可以，哪些地方说得不好，听众反应如何？说书上台前再想想，今天说书要注意什么，哪些地方要动一下，温故知新。不断地改进，才能提高。而且这是应有的严肃的艺术态度"。(《书坛烟云录》见《书坛口述历史》第53页，古吴轩出版社，2006）他在回忆自己说《岳传》的经过时，又满怀深情地重复了这段意思的话。他说，"说《岳传》几十年，如果说对这部书的发展，有一点成绩的话，我的体会是要不断想书，艺术上要日新月异。每天说过的书，要想一想，有哪些地方说得不对，不合理，不动人，现场没有效果。下次再说，应该如何改动。每天将要说的书，也想一想，今天怎么说，照原来的说法，有没有要修改的地方，如何修改？今天的听众是生是熟，怎么说好？我年轻的时候，老师曾经这样教我，我这样做了。我把老师传给我的这部书，像接力棒一样传下去的时候，稍感心安"。（同上，第81页）

老一辈的艺术家，对听众认真负责，对艺术严格要求，孜孜以求，精益求精，临事以惧，这种艺术态度相当感人。今天的年青演员，应该好好学习他们。知道的人都说，杨振雄每次演出前，有一段时间，独坐后台，不再讲话。或者躺在一边，用一块手帕把脸盖住，在默背今天将要说的书，培养说书的感情。即使日夜场说同一回书，晚上仍然如此。有人问他，书不是很熟了吗？他说："演完日场，觉得有些地方语言不精练，衬托不到，在想办法改一改。"（《书坛轶事》第141页）吴君玉也有这样的习惯，上台前两小时就开始谢客静坐。他说："我要想一想，静一静，准备准备。"即使已经说熟了的书，也是如此。（周明华《恩师吴君玉，艺术楷模》，见《评弹艺术》第39集）

蒋月泉拜周玉泉为师时，已经成名。有人劝他，降低了辈分拜师，值得吗？蒋月泉说："周老师说书干净利落，唱功独特，是很有修养的艺术大家，拜他为师学艺，值得。"（唐耿良《'蒋调'艺术形成和发展中的故事》，见《评弹艺术》第27集）也是在蒋月泉成名以后，有人向他指出，开篇《战长沙》中的"郡"字唱倒了，他打算改"郡"为"城"。别人劝说："你的录音和学生们都按你原来的唱，成了规范，现在你要改，恐怕不容易吧？"　蒋月泉认真地说："既然知道有错，应该纠正才对呀！"（徐希博《忆蒋月泉先生二三事》，见《评弹艺术》第30集）

这种一丝不苟、严格要求的艺术态度，还有如杨振雄在1957年灌过一张唱片，弹词开篇《宫怨》，"紫薇花对紫薇郎"一句中的"花"字，因袭旧的唱法，唱成了“化”。事后，他非常懊悔，念念不忘，要求重录。但后来的“大跃进”“说新唱新”，使他一直未能如愿。到1976年末，才实现了他重录的心愿。杨振雄说：“我总算了却一桩心愿。”（《书坛轶事》第142页）认真、不断追求的艺术态度，才能不断取得艺术上的成就。

张鉴庭曾经介绍过他说好弹词《林子文》中《踏勘》一回书的经过。他说，为了说好这回书，向他人学习，多次修改，反复加工，经过了很长时间的努力。开始时，这段书只能说二十分钟，很平淡，是一段弄堂书。听众也不满意。他们说：“同样一回书，《描金凤》里的《踏勘》，既刻画了洪奎良这个人物，又有细致的情节描写，听起来有味道，倷这回书，勿好听。”张鉴庭向夏荷生讨教。夏让他听自己说的《踏勘》，果然说得好，“有具体末事”。但是，情节不同，虽然学到一点东西，却不能都搬过来用，夏荷生帮他改动了一点情节，丰富了不少。为了把踏勘的情节做细，在苏州找到了一位曾经做过仵作的“道中”，向他请教。了解了如何验尸的过程和技术细节，还请他帮助写了一张验尸单。经过多次加工，使这回书说得具体生动，受到听众欢迎。（《艺海聚珍》第188页）张鉴庭还有“七进上海”的故事，一次次到上海演出失败，一次次再努力，终于在上海站住脚跟。

20世纪60年代，周玉泉已经年老。他住在苏州北局，只要不演出，总是到书场听书，或看戏。有人劝他多休息，或说，说书的人水平不高。而周玉泉总是说，听别人的书，是照镜子，学习人家的优点。听到人家的不足，也是提醒自己。天外有天，不要坐井观天。他还说：“无论说书人的艺术水平在自己之上还是之下，都应当去听。因为别人总有别人的长处，哪怕十分之中有九分不如你，但是总有一分比你好，这一分就是值得虚心学习的东西。”（《艺海聚珍》第6页）周玉泉虚心好学，从小就是如此。他刚学艺时，有一次听谢少泉说弹词《三笑》，有一段书，他认为对自己说书有用，听完书，在回家的路上，一路学回去。他说：“练本事要迷才行。”虽然，事后他自己想想也觉得好笑，但学到了东西。

20世纪30年代，夏荷生已经很红了，人称“描王”。一天，张鸿声去听书，夏荷生听见张鸿声咕了一声，下台后就问他有什么意见？张鸿声不响。夏荷生就把张鸿声拉到家中，知道他喜欢喝酒，拿出酒来，边喝边谈，请张鸿声提意见。张鸿声才讲。何等虚心，诚恳求教。（《书坛轶事》第88页）

吴子安说书几年后，已稍有影响。曾对放噱头和穿插有偏爱。用一个小本子，搜集了不少噱头，每次说书前，找几个出来，上台用，效果不错。一次，在上海说书，请了徐凌云听书。那天，书场演出效果很好，满以为徐凌云会肯定他有进步的。岂知，下台后，徐凌云给他兜头一盆冷水。他说：“倷说坏脱哉！外插花噱头太多，连脚色也冲脱哉！评弹不是滑稽。”徐凌云更语重心长地对他说：“你究属初出茅庐，近路抄不得呀！还是老老实实，正书正道多练几年，功到自然成。要有真功夫，不要硬学人家的噱头。”使吴子安懂得噱头、穿插为说书、为塑造人物服务的道理，认真改掉了艺病，才有后来的成就。(《评弹艺术家评传》第82页)

1984年，弹词《九龙口》在常州试演。为征求听众意见，作者在书场门口设摊，请听众提意见。邱肖鹏在摊前写小诗一首：“艺苑一嫩枝，携手说新书。不吝望指教，听众是我师。”(杨作铭《不平常的道路》，见《评弹艺术》第6集，第233页)艺术家应该以听众为师，才能受到听众欢迎。

老一辈艺术家，他们把艺术当做自己的事业，把艺术融入了生命。徐丽仙舌上生病，医生主张开刀治疗。当得知开刀后不能再演唱时，她拒绝开刀，要求采用保守疗法。她说：“如果不能再唱，我活着还有什么意义呢？”(《别梦依稀》第412页)1981年，她在演出时昏倒，医生为她输血，找静脉，她在昏迷中喊出声来，“不要扎我的手指，我还要弹琵琶”。在场的人，无不为之感动。(《书坛轶事》第156页)

严雪亭晚年病重，已失去生活自理能力，话也说不清楚了。有一次，他家人为他修剪手指甲。剪到右手食指的指甲时，他把手一缩，不让修剪。费了很大的劲，艰难地说出一句话：“这只指甲留下来，还要弹三弦哩！”(万鸣《严雪亭评传》，江苏文艺出版社，2002)

徐云志老艺人临终时，手指一直在身上弹拨。(钱璎《他心中有听众》，《凌云之志》第114页)这是艺术融入生命后的痴迷。

老艺术家们刻苦学艺，经过长时期演出实践的磨炼，艺术来自实践，艺术从群众中来。尽管过去的书场条件差，生活很艰苦，要比现在差得多，但是他们的演出积极性都很高，对听众有满腔热情和高度的负责态度。他们乐于到书场、在书场演出，从不害怕到书场去，怕出码头。过去，艺人因为生活，有对“衣食父母”的报效之情。新中国成立后懂得了艺术要为人民服务。所以，热情地为听众说书。平均主义曾经影响了艺人们的演出积极性，但是，老一辈艺术家有创造艺术的事业心，为听众服务的热情，这是他们能取得很高艺术成就的根本保证。对听众不热情，不热心为听众说书，能成为热爱艺术的艺术家吗？

因为热心演出，认真积极地为听众服务，受到听众欢迎，才会出很多响档。艺术家生长在和听众的密切联系中，艺术家不能脱离群众，不能悬在半空中。

1986年，张雪麟在湖州演出。有一天，从书台上下来，见到去看望他的朋友时，他说："你知道什么时候是我最高兴的时候？现在，就是现在！我现在听到听众为我拍手的声音，是我做人最适意的时光。"（《艺海聚珍》第502页）他视艺术为生命，听众为知己。他还说过，"艺术是在实践中提高的，我的演出，一年做到头，每年年初一做到大年夜，一天两场。……一年到头，马不停蹄，还要挤出时间来编书。演员只有在台上磨炼，才能提高。不演出，哪有成就？"（同上）

在曹汉昌的回忆录中，讲到过夏荷生说的一段话。有一次，曹汉昌因夏荷生身体不好，从书台上下来，气喘吁吁，就劝他多休息。夏回答他说："我在台上说书，是最高兴的辰光。听众盛意而来，我竭尽全力，报答听客。"既有老艺人生活上的辛酸，又有艺术家对听众的热忱。夏荷生的演出，受到听众的欢迎，轰动一时。一年，他在苏州梅园书场演出，书场坐满了，后来借了个礼堂演出。礼堂也坐满了，坐到天井里。天井里有不少水缸，缸沿上也坐了人。有听客听书出了神，跌进水缸。（《评弹艺术》第13集）夏荷生受到如此欢迎，不是偶然的，是他精湛的艺术和他对听众的热情。

唐耿良刚学会说书时，正逢淡季，接不到生意。乘夏夜纳凉之际，请邻居、小朋友来，说书给他们听，请他们提意见。他自己说，对他提高说书艺术很有帮助。（《别梦依稀》第17页）这就是拳不离手，曲不离口。

吴子安刚出道时，做小书场，上百个听众，凑满一块半钱，说一个半小时。可以应听众要求，延长演出时间。每二十分钟，收一次钱。经常要说两个多小时。一次，在上海南市高昌庙书场演出，听众要听《金殿比武》，多次延时。吴子安说："我肚皮饿了！"听众去买排骨面给他吃。"吃好擦把脸，接接力再说。七点钟开书，说到夜里十一点多钟。实在说不动了，听众才放我走。出书场时，电车也停了，电车工人用开道车送我回家。这样说，当然是苦的，但是，一个人要艰苦一点，才能锻炼出艺术，而且还觉得有一种乐趣。一回书说下来，如果说好了，只觉得轻松愉快。"（《艺海聚珍》第375页）

1948年，严雪亭在常熟说书，仪凤书场天天挤满听众。有一天，一位老听客来，实在没有座位，就挤在水缸边上听书。台上一个噱头，听客笑得前仰后翻。前仰不要紧，后翻就使那个老听客跌进了水缸，引得全场听众哄堂大笑。

严雪亭的《杨乃武》曾风靡一时，上海的广播电台，到处在放。有一位

听客，从南京路走到静安寺路（今南京西路）正好听完一回书，足见盛况。（见《书坛轶事》）

1946年姚荫梅在上海说唱弹词《啼笑因缘》，有一段时间，在东方书场做头档，再到沧洲书场送客。姚当时骑自行车赶场子，竟有二十多个听客，每天跟在他自行车后面，从东方书场赶到沧洲书场，再听一遍他说的书。（周荣耀《追忆弹词艺术家姚荫梅》，《评弹艺术》第24集）有一次，姚荫梅在常熟说唱《啼笑因缘》，要剪书的时候，听众不让他走，要他说下去。逼出了姚荫梅编的“续集”，说了几回书，才放他走。但此时，张恨水的小说《啼笑因缘》尚未出续集。后来，小说续集出来和姚的“续集”，当然不同。（见《评弹艺术家评传录》）

如上所述，评弹受到听众如此欢迎，因其精湛的艺术水平和艺术家的热情。不论听众多少，认真为听众演出。1947年冬天，严雪亭在朱家角演出，有一天，天气突然转冷，下起了大雪。夜场只来了十几位听客。场方说，今天就不开书了吧！已经来的听客也很体谅。但严雪亭坚持演出。他说：“不要说十几位听客，就是只有一个听客，我也照样开书。你们不怕顶风踏雪，都是我的知音客。”他当天的演出，照样精神抖擞。（见《书坛轶事》）周玉泉也说过：“演出时，不论听众多少，要一样的表演，不能因为听众多就有劲，听众少就吊儿郎当。有时候下雪、落雨、刮大风，听众很少。但是这些很少的听客，是特别诚心来欣赏评弹艺术的，如果演员吊儿郎当，就会使他们失望。这样就对不起他们的一片诚心。我遇到这种情形，总是特别卖力，以回报他们的诚心，使他们感到满足。”（《艺海聚珍》第2页）

受到听众欢迎的艺术家，他们的艺术为听众喜爱，他们对艺术和听众的态度，受到听众的尊重。“响档”就是这样的一个昵称。生意好，听客多，受到欢迎。过去，也有“名家”的称号，但用得少。过去有捧艺人的小报，有言过其实胡吹乱捧的报屁股文章，还有不怀好意的捧杀和棒杀。不过，这种风气，至今仍甚。名家似应产生于响档之中，但现今，响档不多，“大师”却不少。有人说，现在不是出大师的时代，而是急于封“大师”的时代。说的是笑话，语带讽刺。但确有这样的流弊，似乎出大师也是时代的需要，让人感到有点悲哀和苦涩。响档是从听众中来的，演员要到听众中去，认真、积极、热心为听众服务，才有可能成为响档。不到书场去演出，不为听众演出，哪能成为响档呢？不能成为响档，响档不多，何来大师？响档从听众中来，自下而上，是听众“封”的。而大师却都可以“封”，还可以自封。艺术衰落，“大师”降格以求，为了某种需要，可以哄抬出大师来。

《艺海聚珍》出版的时候，吴文科曾经写过篇书评，题目为《聆听大师》（《评弹艺术》第33集）。已经离世的上一代、上两代的艺术家中，确有不少大师。现在不是要去追封一批大师，大师的艺术永在。时间的逝去，他们的艺术成就，可能会更加彰显。但是，我们要努力记住他们的艺术成就，总结他们的艺术经验，在此基础上，了解、通晓评弹艺术的规律。

我们要努力留住老艺术家们渐行渐远的背影。作为我们今天保护评弹艺术的基础工作，把他们的艺术经验和认识、掌握的规律，作为应该遵循的努力方向，非常重要。

苏州评弹是民间艺术，限于过去的条件，理论、历史研究工作落后。新中国成立以后，虽有改善，仍很薄弱。对过去的老一辈艺术家的经验、艺论，重视挖掘、总结不够，影响了评弹艺术的合规律的发展。《艺海聚珍》是值得重视、研究的一本书，汇聚了许多老艺人的经验和艺论，应该继续挖掘、搜集，加以汇编，提供总结研究。这对保护和发展评弹，是非常重要的一项工作。

我们试举一些方面来探讨。过去，老艺人、老一辈的艺术家，都是说长篇的，没有不说长篇的评弹艺术家。他们说好一二部长篇，为听众服务。为说好一部书，要作长时间的努力，甚至付出一辈子的心血。有的传统书，经过了几代人的努力，方大放异彩。

如曹汉昌，他汇聚了锺士亮、锺子亮、周亦亮的艺术，又花了一辈子的心血，为后人留下了一部宣扬爱国主义的《岳传》。传承谢派、王派《三笑》的徐云志，说了一辈子的《三笑》，改了一辈子的《三笑》。在20世纪60年代，他曾经满怀深情地说过：“我今年六十岁，这部书（《三笑》）可算说了一世了。我是喜欢唐伯虎、秋香、祝枝山的，但我没有把他们说好，说得不好，对不起他们。”（见《凌云之志》第121页）但徐云志把一个说一夫多妻、颇多庸俗气息的故事，整理成能为新社会听众所接受、风趣明快的书，受到听众欢迎，流传至今，贡献不小。

20世纪30年代，姚荫梅去金山演出。场方以为他是朱耀祥的学生，会说《啼笑因缘》，代他挂了牌。姚荫梅到书场，经不住场方和听众的一再要求，自己也想逼一逼自己，“闯一闯”，竟开始边编边演。十年努力，终有成就，成为说唱《啼笑因缘》最有成就的艺术家。（见《评弹艺术家评传录》）

还有，周玉泉、蒋月泉之对《玉蜻蜓》，李家父子之于《杨乃武》，杨振雄之于《西厢记》和《长生殿》，黄异庵之于《西厢记》，魏氏传人魏含英、薛筱卿、锺笑侬，以及沈俭安、周云瑞、朱雪琴等之于《珍珠塔》，杨莲青的传人顾宏伯等之于《包公》，吴子安的评话《隋唐》，张鸿声的评话《英烈》，杨震新的评话《东汉》，张鉴庭、张鉴国的弹词《十美图》和《林子文》。他们都是长时期地努力说好一二部长篇，传承并积累艺术。他们都认识到长篇书目是苏州评话、苏州弹词的主要存在形式，是评弹演员的安身立命之本。他们这样做，也这样讲。他们讲的，为节省篇幅，不再举例，请参阅《艺海聚珍》。

新中国成立后的评弹工作，因为缺乏经验，政策上有"左"的思想，对过去的老艺术家、艺人群众的经验、认识和意见，重视不够。缺乏艺术民主。对长篇书目的建设重视不够，有重短轻长的偏向。把艺术形式政治化，认为提倡长篇，有违文艺为工农兵服务的方向。提出过"以中短篇为主"的要求。说新书、说中短篇才是"积极"，说长篇成了落伍。有人因坚持说长篇为主的主张，而受到批判。潘伯英对新中国成立后的评弹工作很有贡献，在书目建设上也很有成绩。在20世纪60年代中，因为不赞同"评弹以中短篇为主"这种错误主张，成了政治上的异己，受到批判，因而赍志以殁。（周良《短长录》，《评弹艺术》第42集）保护评弹，要尊重艺术规律，尊重了解、熟悉、掌握艺术规律的艺术家。可见艺术民主，何等重要！

回顾老艺人们总结的经验，有一条重要的体会，苏州评话、苏州弹词是说书，不是演戏。评弹不同于戏曲，不是戏曲。他们怎么讲的，这里也不举例，请参阅《评弹艺术》第33集，第119页。吴君玉说："说书、说书，最要紧的就是说。"（《评弹艺术》第39集，第35页）说书中的"起脚色"表演，在艺术发展中，逐渐增多。作为表演手法的丰富，表演风格、特色的多样化，要鼓励。但说书中的戏剧化倾向，是要防止的。向戏曲发展，是说书的变异。戏曲、说书，两个不同的艺术门类。不能认为戏曲高，戏曲高说书一等。让苏州评话、苏州弹词挤入戏曲、模仿戏曲是不明智的。

说书不同于戏曲，还在于戏曲是集体性艺术。说书的说，主要是演员本人的"说"，说书人的客观叙述和主观叙述，是一个人在说，或一两个人的说。不是戏曲那样的一群"脚色"在行动。在说书中，代言体部分不是主要的。只有在中篇演出中，因为演员增多，演员的叙述减少，"脚色"的话就多了。这是中篇演出时的状况，和说书的特色发生矛盾。如果认为说书的语言特色，如演员主观叙述的灵活穿插，和听众的呼应，是不好的，像有人说的，说书不要偏重个人发挥，以免"自我炫耀"并"取悦听众"，并要求说书建立群体风格，那就值得研究。有的评弹团体，曾经注重演出中篇，演出过很多中篇，把若干有成就的艺术家捏合在一起，磨掉他们的特色，连评话、弹词也不分，演出要反复排练、敲定，这样做好不好？如果是演出中篇要这样做，要这种"群体风格"，那么，演出长篇也要这样做吗？这种要求，束缚了许多艺术家的演出积极性和创造能力，妨害了长篇书目的丰富和积累，把生龙活虎都关进狭小的笼子。把说书这种最需要、最容易发挥演员和艺术家个人创造性的个体性艺术，强变成群体性艺术，是发展、提高吗？中篇作为一种演出形式，有其特点，但不能把所有的评话、弹词的演出，变形，变性，变异！

老一辈艺术家们，他们对弹词的唱，比较一致的认识是，说书主要是说，唱为辅。在长篇书目中，唱有多有少，但总是说的部分占多数、大多数，而且说的部分起主要作用。唱是说的补充和延续。但后来出现过重唱轻说的偏颇，至今犹然。

苏州评话和弹词进入大城市以后，竞争加剧，发展加快。如表演时的"起脚色"和（弹词的）唱，都有较快发展。这是上海对苏州评弹发展作出的贡献。流行发展在上海的评弹，仍然是苏州评弹。迄今尚未有人倡"上海评弹"之说。但我们对"海派苏州评弹"②应该很好研究，这种研究，是有意义的、有益的。

老一辈艺术家们，留下了一批艺术经验，这是产生于大量、丰富的艺术实践基础之上的、宝贵的遗产。虽然已经有一部分经过整理发表，由于过去对此重视不够，所以有待我们继续去挖掘、整理、出版推广。

曾经活动在新中国书坛上的老一辈艺术家们，他们经历了新旧社会的变化，见证了艺术的兴衰。大多数人体会到自己社会地位的变化，感受到为人民服务所受到的尊重，热爱新社会、新中国。虽然他们中有人在政治上受过委屈，经济上不少人受到限制，但他们的事业心都很强，他们在艺术上的贡献，使新中国成立后的苏州评弹，出现过兴盛，满足了广大听众的要求。

他们的贡献，包括上述艺术上的遗产，他们在艺术实践中总结的经验和艺论，他们认识的评弹艺术的规律。我们要保护评弹艺术，应该重视尊重艺术规律，珍视前辈艺术家留给我们的这份遗产。

老一辈艺术家的处世态度、道德风貌，包括艺德，也有许多值得传承、发扬的。如不少老艺人的处世、处人，包括他们受到不应该的批评后的善良和宽容，重艺术，生活上的淡泊态度。在传承艺术方面，过去的师徒关系，因社会、经济等原因，有处理不好的。但也有不少认真传艺的佳话和范例，值得今天的艺师学习和发扬。

为保护评弹，让我们努力留住他们渐行渐远的背影。

注：

①姚荫梅的文章，见《新民晚报》。可参阅唐耿良的《别梦依稀》。蒋月泉开始成名时，在同道中威信不高。有人说："跟蒋月泉敌档，只要顶住他十只开篇，十天之后，可以敌漂他。"蒋月泉下决心出码头去锻炼，说书技艺大大提高，人们开始夸他："说噱得张云亭之妙，弹唱获周玉泉之神。"

②"海派"一说，很早就有了。顾锡东曾用过这种称谓，见《评弹艺术》第30集。实肇始于润余社之倡扬革新。

下编

风风雨雨七十年

余韵霖口述　周克敏整理

一、学　艺

我十二岁拜杨筱亭为师学《白蛇》，到今年（2011）春节，已经七十五个年头。为啥我会走上吃说书饭的路，说来话长。

我幼年丧父，家庭贫穷。娘体弱多病，一家生活全由已成家的胞兄余韵兰负担。韵兰兄为了维持生计，只学了半部《白蛇传》就跑码头了。所以，我十二岁学说书时，胞兄嘱咐我把《白蛇传》学全，再学先生的另一部书《双珠球》。我学得很专心，也很刻苦。

拜师时，先生给我取名韵霖。杨筱亭夫子的徒弟都是"韵"字辈。这是评弹行规，如徐云志的学生都是"亭"字辈，夏荷生弟子"天"字辈，徐天翔、赵天飞等。我的拜师仪式在先生杨筱亭家中完成。因为家穷，拜师金讲明"树上开花"，即自己跑码头赚钱后再给。老夫子是一位忠厚长者，一口应允。

学艺生涯开始先学琵琶、弦子，曲谱是"工尺谱"。我家住在温家岸，与临顿路隔河相对。早晨起身，走到先生家十全街。学会了傢伙，再学习开篇和唱腔。记得学的第一支开篇是《西湖十景》："一出门来二条桥，三人掮缔四人摇。……"然后学《宫怨》，俞调唱腔，唱词有本子，唱腔是手拍口传的。我的先生在书目中的唱腔是出名的"弯弯调"，就是说每句有"喂喂"的腔，唱完后最后还要拖一句韵，很抒情，只是我感觉节奏太慢。后来师兄杨仁麟进行了改革，改为一半阴面、一半阳面，创造出小阳调唱腔。我有时唱别人的调，被先生训，不许唱他人腔。

开篇学多了可以"插边花"，在先生开正书前"戴只帽子"，唱一支开篇。这样做有两个好处，温故而知新，台上实践锻炼一遍，还可以培养和锻炼自己勿怯场。学书很辛苦，跟先生到书场里去听书，先生上书场坐的黄包车，我是两脚车跟在后面，黄包车上桥时要推一把，下桥还要拉一把。不让车子过快下桥，要闯祸。好得从前街道不阔，车行得比较慢，我才跟得上。阊门城外石路上的集贤楼书场，是我跟先生听书的第一副场子。那里男女听客分坐，有时男听客多，我只能坐在女客栏里。女听客有的看我年龄小就学说书不容易，给我小吃零食，我不敢。被先生在台上看见我和听客答话，回去要训的，“不专心听”。先生在本城只做日场，外码头要开日夜两场。每日听了日场后，回去路上已开始要先念，一遍，两遍……到明日上午先生家去“还书”，说给先生听。当然不会一样，先生允许你漏，只是多了要“训”，漏得少，先生满意，指导补足，脚色起不像，先生会再示范补充，总之我的先生管得勿算过分“凶”。

第一只码头跟先生到盛泽，日夜两场《白蛇传》、《双珠球》。第二只码头是常熟花园饭店的客厅书场。我是先听《白蛇传》，基本会了后再听《双珠球》。一起听恐怕吸收勿进，“贪多嚼勿烂”。

在常熟花园书场演出时，上午跟先生去石梅吃茶，先生常和当地的老听客叙谈。《白蛇传》的最后一回书《三教团圆》，法海告白蛇十大罪状，被金母驳去，反告法海十大罪，法海认输，只得放白蛇出塔“团圆”。就是在这个时期与老听客聊天中得到的启发，而创作完成的。这可以说是杨家的《白蛇》秘本。所以伲说书的要经常上茶会，与听客直接交流对话，对伲书艺的增进，书目的发展，大有裨益。可惜这个优良传统，现在的孩子们没有继承下来。而我，虽年近九十，一直到现在，还要上茶会。上茶会成了我的生活习惯。

先生了解我的家境，也希望我早日演出，可以有收入贴补家用。有意加快我学《白蛇》的步伐，在码头日夜开《白蛇》，希望我学会后早日和胞兄拼双档。《双珠球》书半部已完成，今后再来补。在我正式说书时，要加一个手续，即由哥哥领我“出道”。在光裕公所茶会上付所有茶资，介绍给同行。“我叫余韵霖，是杨筱亭的最后一个徒弟，请各位叔叔、伯伯照应。”这叫出小道。完成这道手续后，可以上台演出了。否则不能演出。如果要收徒弟，必须出大道，就是办几桌酒，请大家聚聚，把名字写上“台图轴子”。光裕社长当时是朱耀庭，每年正月十四和十二月初八，把“台图轴子”挂出来，供的水果和香烛都是同道自愿捐献的。我在出小道的时候，也要对台图三鞠躬。这是行规。

二、破口浪迹码头

从前出码头演出，必须要满月。场方给你一元大洋，这叫“盘洋”。做不满月非但没有“盘洋”，还要背后被批评为“偷吃稀饭”。场方来邀请你，先要给你定洋，叫“带档”。演出完成还他，如果不要你还了，就是叫你下次再来，叫“复档的带档”。最后一天的拆账，收入不能拿的，是给堂倌即职工的，叫“谢堂”。平时侍候你送水冲茶，搬行李，每天上台前他来邀请的。都是行规。临走时（出码头）都是先生叫我千万记住，否则被人说先生“没有规矩”，既指演出的先生，又指“先生”的先生。

母亲亲手在地摊上为我买一段料子，做了一件上台穿的长衫。和替换短衫裤、日常用品，都放在一只小的籐箱里，一只弦子用一条旧单被包好，再用绳子捆扎紧，掮在肩上。一手籐箱，一手拎一个铺盖，出门了。码头哪来呢？以前没有什么组织委派，都是场方到茶会上来请的。有的是同行介绍，每天到茶会上吃茶寻码头。第一次说书叫“破口”。我的破口地是苏州乡下一个小村庄“向街”，现在属于苏州市区了。那里村小，只有几十户人家，夜场演出，书坛上点一盏火油灯，即洋灯。一个月后到附近的白马涧镇。两个月的演唱，自觉有点把握了。回来把赚来的钱交给母亲，老娘显得非常激动，不断用衣襟拭泪。演出过程，向哥哥作了汇报，哥哥很高兴，说再做几只码头，练练成熟，可以拼双档做大码头了。春节叫年档，我接着一只好码头，浙江菱湖。是在光裕茶会上由叔叔、伯伯介绍我去的（可能是范寄舟老夫子）。因为路远，别人忙于过年，不愿去。我就小年夜动身，大年夜开书。那时交通不方便，无汽车，更无火车。乘船到嘉兴，再转乘航船到菱湖，到船埠上岸，已近黄昏了。也不知书场在哪条街上，朔风凛凛，天寒地冻，夜色渐已深浓，四顾无人，要问讯也很难，除非要问到听客才能知道书场。在船上未上岸时曾打听过，连摇船人吃四方饭的人也勿晓得。正在我徬徨的时候，有一位中年妇女经过，见我提箱，背包裹，掮弦子，问我可是说书先生？我说：“是的。”“他们怎么不来接你啊？”我说：“他们不知我什么时候来。”是呀，现在可以电话联系，那时哪有？中年妇女又问我几岁？我说“十三岁”，说这话时，我多少还带有些童真。“唉，你这么小小年纪，怎么就出来跑码头说书呢？真不容易啊。”我说：“我家穷，爷勿在了，娘身体又不好……”“真苦了你这小囡，我来领你去吧。”我说谢谢你，告诉地址我自己来摸过去，这位阿姨真好心，她说要过大桥转弯过来，还要穿小街，告诉你也勿会认得格。在这位好心听客帮助下，把我领到书场。这时街上家家户户已透出了蜡烛火或煤油灯。场方为我接风，酒菜尚可，我也无心大嚼，一天的旅程劳累，再加上要略略准备明朝的开书，洗刷后倒头睡觉。不敢马上睡着，上下眼皮开始要好，我硬撑着，默诵了明天演出的一遍书后，才安心睡去。明朝是除夕，年档第一天开书，生意很好。新年新岁，镇上没什么其他娱乐，先生传授的书性好，《白蛇传》是神话书，笑料多，我又年仅十三岁，叫“童子触”，所以很受欢迎。做到半月后，我先把折的签子（即收入），通过当地邮局汇到苏州。家中还有两个兄弟，一个叫小龙，一个外号小老虎和娘三个要开销的（胞兄此时基本已独立，稍微贴补老家）。一个月后，卸另一只码头双林。我在当地认识了一个同行叫钱静华，和她合合傢住，弹弹唱唱。过了年，她要到上海去跟先生，叫浦振芳，是杨斌奎的学生。

三、与哥哥拼双档

做了几只码头后，我回苏和哥哥拼双档。一来码头可以做大点，业务自然会相应跟上。把后半部的《白蛇》通过拼档演出，可以传给哥哥，也不辜负先生的嘱咐，让哥哥实现原来的期望。我们当时也有“野心”，拼熟后准备进上海。说书人在上海立勿牢脚头，码头浪做得再红，也是呒不用格，只能称码头老虎。

到上海演出，上海的书场无住宿，要自己租房子住。而且上海的演出不是一个月为期，是以节为单位的。年初一开书到端阳一节，端午到八月半，而后到大年夜，一年共三节。所以一档书单独演出，力不胜任。要三档先生一起进上海“越做”。我们合的三档，是王抱良开讲《乾隆下江南》，虞文伯的《济公》、《封神榜》，和我们余双档《白蛇传》。房子租在淮海路近八仙桥附近，衡山公园对面的弄堂里。两个亭子间，一个后楼。这时候张鸿声也住在这条弄堂里的前面，我们先去拜客，当然不忘请他照顾、介绍场子。他一口答应。我们接的雅庐书场、城隍庙得意楼书场、汇泉楼和怡情处等共四副场子，日夜各做两面。初进上海能接到这四副二流场子，已不容易了。因为上海是竞争激烈的地方，都抱成团块，小团体把持书场。十弟兄，四响档，七煞档；还有顾家庄，张家班等。书场也有为首、为头的人。有好的阵容，可以和他环做，没有好的阵容，不客满就收入少了！所以上海既是施展本领、变龙变虎的地方，也是争名夺利，角逐十分激烈的所在。我们是初生力量，初进上海，场方不知我们的尺寸，先要听听众的反映，先生口碑如何，好的邀请，口碑一般，他就不要。所以被我们一炮打响，很不容易，说我们是“双余档”，因为上海常年演出的《白蛇》双档，有名的俞双档，即俞筱云、俞筱霞。我们年纪轻，称“双余档”，心里自然很高兴。再请我们连续一节。后来我们加入了顾宏伯的顾家庄，住在他家，大世界对面的保安坊五号内。场子由他安排，进入了一流场子演出，所谓四亭柱、一正梁。沧洲、南园、大陆和湖园等，一正梁是东方书场，就是现在的工人文化宫。东方书场地段好，座位舒适，书场在三楼，场内有扩音设备，而且由电台传播到收音机，外面都可收听到，影响很大。艺人能够做到东方书场，名气就响了。当时我们已参加了顾家庄，整个上海的大小场子几乎唱过了，做了一节连一节，连续演出了几年。

四、鬼门关走了一圈

但是，好景不长。日本人侵略中国，"七七"事变爆发后，中国人民进行了伟大的抗日战争。日军为了占领中国第一大都市上海，派飞机狂轰滥炸上海城，在闹市区大世界门前丢掷一颗重磅炸弹，震惊了全上海，吓得民众纷纷逃难。上海不能立脚了，我和哥嫂带了弟弟跟随姊姊、姊丈到绍兴他老家去避难。离沪到杭州摆江，那时还无钱塘江大桥，在绍兴耽搁了好几个月。绍兴只有当地曲艺莲花落，没有评弹场子。不演出，没有收入，眼看经济日渐窘迫，虽说姊夫家境宽裕，不时照顾，毕竟客气，不能过分依赖。后来有消息传到我们的居住处袁家桥，上海已被日军占领，苏州一带也沦陷了。老百姓报上户口，领取良民证后可以经商、演出。于是，我们六个人回到上海。姊姊、姊丈各操旧业，兄嫂、我和兄弟回了苏州，继续接码头演出。上海不敢演出，吓怕了。业务都不景气，上海如此，江浙两省的码头也是这样。都不敢到聚人气的地方演出，如果被日军疑心盘问，要吃苦头。

我在浙江码头上演出，遭遇到两件事，每当想起，心有余悸。

一次是在青浦县乡下章练塘镇演出时，日军下乡清乡，搜索游击队。那时我在台上演出，他们进书场后，上台把我一拳一脚踢下台。说我是游击队乔扮。幸亏有个翻译说我在台上讲故事，是艺人，不是游击队，下面听的人都是农民。日军才相信，免去了一场灾厄。因为日本也有讲故事的艺人，否则我真的要吃苦头。

还有一次在嘉兴附近乡下一个小镇，叫"新篁"演出。日军下乡扫荡，游击队避到别处。镇上当地男人全部逃在乡下角角里隐藏起来，女的都逃在尼姑庵里。我没有地方去，只能躲在书场旁边烧水的灶头间里。一只弦子放在书坛上，如果日军冲进书场，我可以指指弦子，表示我是卖唱艺人，以防万一。不久，只听见外面机关枪声音不断，日军冲进小镇，四面搜索，还冲进书场，寻到炉子间里。看见我，把我捉到书场里。我拼命叫，"我是叮咚、叮咚的"，一方面不断指着台上的弦子，边做着弹弦手势。他们没理会，把我绑起来吊在梁上，进行逼问，我不会日语，只会一边手势，一边不绝声地说“叮咚，叮咚”，不是游击队。有一个日军似乎明白了我的手势，到台上弦子看看，又拿下来弄弄，好得我弦马没有拿掉，预备万一时弹给他们听。只见拿弦子的军士对另外几个日军叽哩咕噜说几句后，把我放了下来松绑，指指弦子“你的叮咚叮咚？”我急忙连连点头，“我是叮咚叮咚的。”“游击队的有？”我摇摇头，“这里没有，都是良民。”我随手拿了弦子叮咚起来。因为听我说没有游击队，他们也定心了。其实他们见伲游击队很怕！要我烧水冲茶吃后，观察了一下四面情况走了。见他们离开，我吓得瘫在一条长凳上，半天没动！乖乖，阎王路上走了一圈。此地还可说书？！我寻着老板后结账要走。但是老板不知逃往何处，这时腹中早已饿透。我硬着头皮只能到街上去寻小饭店和点心。

街上不见一个人，有的店门都被日军打开了，店里不见人影，都逃命去了。布店里的布匹、衣服都摔在街上。南货店中桂圆、枣子、柿饼满街都是，就是没有人。平时显得街道狭窄、拥挤不堪的小镇，此时空旷得很，空寂得令人害怕。

此地不好再说下去了，命也要被《白蛇》妖怪吃掉了。三十六计走为上。回去吧，航船早已不敢开了，我只能寻到街梢的船埠，船行中也不见有船，大约怕被征用，都隐蔽了。找不到船，只能回书场，在一条弄内，见有尼姑庵，进去想解决腹饥问题。谁知大殿背后都是街上的女眷，有的还是听客。问我外面情况，听我回答，她们都定了心。她们也告诉我，今天无航船了，即使有也要明天开。就明天动身吧。在尼姑庵内用过素斋，回到书场里住，天亮后打听到有船了，拿了铺盖、弦子等物上了船。到嘉兴的航船钱还有，转苏州的船钱已经没有了。只能到嘉兴，去书场里看同行道中去商借。因为有行规的，告借人只要报出先生名，就可留住一夜一餐，给盘费，这叫“一宿两餐”，宛如和尚化缘一样，以后在茶会上见面归还。我见到的道友叫夏天麟，是夏荷生弟子，在嘉兴公益书场演出。借给我一元大洋，回苏后，曾在茶会上见到，还给他。夏兄很大方，不要我还了，再三推让未果，最后仅接受我请他吃一碗肉面，以表寸心。

五、补书《杨乃武》

从此，我浙江的乡村小码头不敢去了。要到大码头，比较安全。单靠一部《白蛇》明显吃亏。码头上，书场多，“敌档”生意无把握。乘这个机会，再到先生家去补全《双珠球》。这部书费力，有三个大面脚色：超凡和尚、宁王、祝大力。女听客不爱听，我也不经常唱。于是与哥哥再度合作拼档，除苏州外，常熟、无锡、常州、杭嘉湖各处做了几个月。再到无锡，正值春节，在迎兴书场演出。场内的负责人叫二姐，评弹界闻名。这期间，我和她妹子顾洪芬结婚。评弹界场方有一个二姐，两个三姐，都比较出名。两位三姐，一个是常熟仪凤书场负责聘先生的，另一位是浒浦书场专聘先生的。

无锡市中心有四副书场，北门、南门都有书场，还有一家叫蓬莱书场，由李仲康演出《杨乃武》，生意最好。当时这部书最红。我哥哥和我商量，《双珠球》不卖座，单一部《白蛇》吃亏，乘李仲康在无锡演出，我们向他去补《杨乃武》，进上海去。将来分开也可以多一部书。我已结婚，开支增大。与仲康夫子交谈，我兄弟拜他为师学《杨乃武》，李先生一口答应。拜师金十担米，先付五担，学全以后再付五担。有个条件，就是要我教他儿子李子红琵琶。以后，准备和儿子拼档。我也一口应允。拜师要有一个荐送人，即介绍人，是曹汉昌。当场讲妥，春节年档做完，再做一只码头积点钱，正式跟师听书学《杨乃武》。无锡后去做了常州大观园书场，然后与兄分手，他单档养家活口，我去学《杨乃武》，我妻回苏照顾我老娘、弟兄。

我跟仲康先生的第一只码头是苏州郊区角直。开书前代先生唱开篇、听书，然后教子红师弟琵琶。老先生的唱本没有说白，只有唱词，我认真抄录。这是我今后赚钞票的本钱呵。第二只码头唱下半部。正在按计划进行中，突然先生、师母和我谈判，叫我唱词慢一步抄，问我唱词抄完可是要走？答是的。师母要我和先生拼双档，做下手，要等李子红能上台合作，我才能离开他们。我想不能答应，哥哥在等我排书，我已写信告诉老娘和妻子，先生做第三只码头，我可以回来了。而且师母对我说，这部书是李家秘本，不得到同意，不能唱。既然我拜师，只能我一人唱，别人不许可唱。当时拜师时没有讲清楚，也没有写成文。我只能把我家境和盘托出，说明了不和先生拼档的原因，希望谅解。因为等李子红上台不是一两年的事，他们也同情我，允许我先学半部，以后再去补。我抄了半部脚本，离开了仲康夫子。根据师训，不能和哥哥合作，原因就是“李家秘本”。只能我一个人放单档，从刘锡彤训子起，到三堂会审结束。只有半部书，只能说半个月，生意到处都是很好，这部书是当时最热门的，到处客满。可惜只有半个月，下半部还在先生处呢。要剪书，场方不肯放。怎么办？我只能说谎，推托。要家里打电报来，谎说父亲过世了，回去办丧事。场方见电文，没奈何只能放我走。我每到一处，说到一半，再如法炮制。只是下脚（下一只码头）不能离这儿太近，穿帮是不得了的。非但赔损失，还和诚信有关。纸总包不住火，长此下去总非了局。因为有的同道知道我父早已亡故。没奈何还是放弃不唱《杨乃武》，改说《双珠球》。家兄不喜此书，只能仍和他说《白蛇》。再进上海时，我们住在大世界对面保安场顾家。场子由顾宏伯安排，又唱了好几年。终因劳累过度，生了病，只能离开上海，到码头上边唱边休息，治病养身。这段时期，不幸接踵而来，先生杨筱亭、胞兄韵兰相继去世，对我们打击极大。我单档重进上海，直到解放。

在上海演出这一段，所有的“四庭柱”场子我都做过。一直向往的“一正梁”的东方书场，亦由张鸿声介绍梦想成真。时周（云瑞）陈（希安）档剪书，我接唱他们的第三档，得到了听众的认可。其时上海有一份《上海书坛》小报，对我作了肯定的评价。说“上有飞机《英烈》张鸿声，后有特快马车刘（天韵）谢（毓菁）档，中间第三档为有阴有噱的‘小妖怪’余韵霖《白蛇》……”我们在场内演唱，外面的收音机里都能收听到。同行中有的很羡慕，说“余韵霖你已经响了”，我谦逊说谢谢捧场，“我的艺术本领还不够”，“这是一个偶然机会，他们一时无人顶替周、陈，蒙张鸿声介绍的……”

六、宣传“土改”

时间在消逝。人民解放军横渡长江后向上海进发。国民党叫嚷要“保卫大上海”，作最后挣扎。把没有上海户口的居民都抓去修筑工事，掘壕沟，筑碉堡。我也在马路上行走时被抓了去，集中到淮海路巡捕房准备开发。幸亏我姐姐得讯，托人送了十元大洋，暗里有人把我放出来。上海又不能唱了，只能再到码头演出了一个时期。直到解放上海后，我再度进沪，住在姐姐的小百货店楼上。

勤做上海，主要是为了收入，不但场子比码头多，接得巧有时每天可做三面、四面，有时甚至五六副场子同时做。码头上做满月要换码头，而上海以节计算，即基本上是一季度换一副场子，人省力得多，收入又大，故尽量想到上海演出。当然你也要立得牢，听客是勿买账的，场方更是无情，稍一疏忽，就要铲你“交椅”。

不久，解放了，人民解放军进上海。初时秩序很乱。艺人都要登记。后来先组织起来，成立评弹协会，领一张会员证可以去演出，但各场听客不多。

我只得出码头，向北到常州演出。恰逢常州专区文联在组织艺人响应捐献“鲁迅号”飞机大炮。我参加了一场中篇，收入全部捐赠给专区文联。此期间，我还动员好友景文梅、华士亭、华佩亭、言君如、蒋君豪六人参加常州专区文联举办的全市艺人讲习班，有当地的京剧、锡剧、沪剧、评弹四个方面五十人参加，讲习班内容包括政治（为主），戏曲如何改革，怎样进行创作等。与会者积极要求进步，吃宿都在讲习班所在地辅华中学内。上午听报告，下午小组讨论，星期日试验演出新创作的节目。当时有一位文化干部，是沪剧团的团长，平时喜欢听评弹的，组织我们成立一个常州专区评弹队，配合乡下土改运动。常州专区范围很大，金坛、溧阳、武进、丹阳，都是专区领导的。单是一个武进县，是全国最大的县。并讲明等土改运动结束，扩大些要求进步的同行队伍，成立常州专区评弹团，上级批准后再定固定工资。当时暂时脱产巡回演出，我任队长，景文梅任副队长，大家要求进步，一致都演新节目。我和景文梅的《林则徐》，华双档《林冲》，言君如、蒋君豪的《红娘子》，在大东书场实验。下乡巡回演出创作的大合唱《耕者有其田》、《劳动光荣》，配合土改运动。演出外还参加一点劳动，体验农民生活。吃住都由农民招待。小地方无招待所，则住在农民家里的稻草铺上，有时就住在地主家里。几个县的农村都跑遍，各处都欢迎我们，一个多月后回常州“整休”，汇报情况，锦旗、纪念品送来许多，我们也很高兴。

岂知常州那位领导费定不在市里，有病到上海医院住院去了。我们估计他病肯定很重，否则可在常州的医院治疗。他临走委派的一位钱姓干部告诉了我们。我们商量暂时各自回家，会会家里人，到时再定是否联系。我心不定，问明地址后赶到上海医院。费定见我，很兴奋，说我太辛苦了。听完我汇报后，很感动地对我说，病不会就好，也无力再协助，建团事还未批准，还在搞运动，无暇研究。为了不影响你们的经济收入，可以去自接码头演出，有机会建团时，我们再联系吧。我表示了遗憾，谢谢他对我们艺人的关心照顾，衷心祝愿他早日恢复健康。至于锦旗等纪念物品，他说不要上交了，带回去“留作纪念吧”。当时都很动情、难过，似有不好的预兆，向亲人、战友、同事告别似的，依依惜别。我临走时，不断回头看他，不知何日能够再见！他也挥手注视着我。此情此景，至今记忆犹新。后来再到常州，方知他生的癌症，已过世了。他是我们接触到的第一位共产党的好干部。我们经常提到他，怀念他，回忆起他对我们的热忱、关怀，我们对共产党的认识由此也进一步加深了。

七、整理《白蛇传》

离开常州后，我去了上海，告别了费定，与师兄杨仁麟见面。他告诉我，现在不能说传统老书，要创新、说新，或者是修改过的传统书，经批准后，才能对外演出。他送我一部《粉妆楼》，在电台上播过一遍。现上海禁演，“你到外地暂时可能好说”，我排给他《林冲》，可以说的，但他不欢喜。后来我们四个人申请修改《白蛇传》，文化局同意，起先在“戏曲改革协会”上班讨论记录。因天气特别热，路上不便，改在浙江路。即四马路的素菜馆二楼，每天九时到中午十一时，下午各人到书场演出。杨仁麟、我、徐绿霞和刚跟先生的陈毓麟，我们四人边讨论、边修改、边学习、边笔录，准备整理完毕呈文化局审批，而后就可对外演出。不料苏州派人来沪和我们联系。他们也在整理两部传统书：大书《岳传》，小书《白蛇传》，要请我们到苏州共同整理。审定人由文化局专业干部钱江领导。还有同行干部潘伯英，审定后即能对外演出。供应住宿，集体讨论，由干部记录整理本。这三个条件很吸引人，尤其是整理记录本，说实在的，我们文化程度不高，记录很困难，现在不需要自己动笔了，而且审批也必然绿灯，不会延误时间，可以早日去演出。于是剪书，约定日期到苏州，由潘伯英介绍见了钱江。上午在北局静园书场集中，评弹团由曹啸君，团外艺人凡唱《白蛇传》的都参加，上海由我和师兄被选为组长，分组讨论。后来才知道，曹家的《白蛇》不全，所以邀请我们共同来整理。可是好景不长，还没有结束，半途发生矛盾，《白蛇传》是神话，钱江同志日以继夜地创作唱词，有的地方删改幅度太大。当时正是“斩尾巴”时期，“左”的倾向浓厚，讨论时有分歧，把神话都当成迷信。本来杨派《白蛇》，不愿把《后白蛇》献出，意见达不到统一，他们决定退出，回上海自己去整理，搞得不欢而散。潘伯英来做我思想工作，挽留我在苏州继续整理《白蛇》，对我说，他们回上海可以一面演出，一面审批整理，你回上海接场子比他们（杨仁麟、徐绿霞）麻烦，经济上有损失。如果你肯留在苏州，我争取你入评弹团，有工资收入，《白蛇》整理结束，就可以演出。你的家又在苏州，各方面有利，“你自己考虑”。被他这样一讲，我很为难。如果拒绝，不受人抬举，毕竟我家在苏州。反正都是为了演出，答应了潘伯英，留在苏州。入团，继续在苏州讨论。共有三十多人参加，分成五个小组。由苏州文化局干部钱江同志领导，掌握、记录、修改、创作唱词。他很辛苦。由我每天上午说老《白蛇传》给参考，下午讨论后，由钱江同志总结修改创作。有时一日要三课。我对修改后的《白蛇》感到神话部分改删比较多，都当迷信处理了，其实是神话。举两个例子：一是神仙庙许仙遇见茅山道士，骗许仙二两人参，要他回家去捉妖。许仙不肯。茅山道士对他说，不要他亲自动手捉妖，有三道灵符带回去，够了。到时上苍将下凡来打死妖怪，所以许仙应允回去捉妖。上苍怎样呢？天界赵玄壇（专门负责降妖捉怪事务）接了茅山道士"法旨"（灵符）下凡来捉妖。见白氏是千载修成人，未曾损伤过草木的"好妖"，到红尘是来报答许仙救命大恩的，不能捉，"违反天意"。天将查明之后回转南天门去了。这一节在整理时当做迷信，删掉了。

删掉后的《喷符》那回书，好不好呢？愚见不好。没有天将的这一情节，就不能塑造许仙的人物形象：他们夫妻是恩爱的，他怎肯贸然相信茅山道士的话，回头把爱妻当妖怪捉掉，岂不是变负心汉薄情郎了？而且他是胆小的人，心地很善良。许仙轻信茅山道士，就是因为有天将来降魔捉妖，而不是自己。因为他胆小、善良，所以容易被僧道恐吓受骗，容易轻信"江湖骗子"的"胡言乱语"。也就是说，无赵公元帅这一节具有神话色彩情节的书，《喷符》整回书就立不起来，变成无源之水、无本之木，歪曲了许仙形象。

二是白氏一夜到镇江，三戏陈伯成。苏州的许氏保和堂药店，因许仙的"犯案"，白娘娘一夜移店到镇江，开设在镇江五条街上的中心地段。房主陈伯成是当地恶霸，房客如果是美貌女子，都要被他奸污。告到官衙亦无用，他和镇江知府、丹徒知县都有往来，受害者奈何他不得。有一对夫妻叫李建康，租他五条街房屋开店。结果丈夫被他害死，谋夫夺妇，霸占他妻子。李妻不愿，吊死在屋中，要来活捉他。几次未成，吓得陈伯成搬出，住到三牌坊一条街上去了。五条街房子空关召租。起先有房客，但经常见到吊死鬼出现，不敢居住。白娘娘迁进去后，见李妻冤魂，哭诉经过，要为夫报仇。白氏就帮她三戏陈伯成，除掉镇江一霸。当时《白蛇》小组钱江同志认为"活捉"是迷信，删掉了。没有组员反对，也没有组员提议再"商量、商量"。我也没反对。感觉上认为《白蛇》一书主题是神话，不像"活捉张三郎"。"活捉王魁"是"鬼戏"，但"活捉陈伯成"是知恩报德，除暴安良。所以不提出，认为早日审定结束可以演出，就有经济来源。至于那段书，可以补充进去的，只要说明情况，且在大地方（如上海某些大书场）不演出就可以了。再有一个理由是《白蛇》中神话与迷信混淆，冲突矛盾很多。如果每一次都计较，时间要拖得很长，而且损害相互之间的感情。况且当时很"左"，这样，整理《白蛇》的工作很快，排成三个中篇上集、中集、下集。在静园书场演出。请文化局主管领导来观摩审查，通过。最后每位整理组成员发一本《白蛇传》小组纪念册，日期是1952年，就可以对外演出。另外，如有合理建议尽管记录，以待今后加强、补充。

我被吸收入团，还有金月庵、金凤娟兄妹档。三人由潘伯英介绍入团。他既是言而有信，又是器重我。我很尴尬。因为我入团后难做人。沪友写信告诉我，上海的同道对我意见很大，不义气，应该同到苏，同返沪。师兄（杨仁麟）说我“出卖脚本，争取入团”，都对我另眼相看。我很苦闷，因为我姊姊、兄弟都在上海常住。我的演出码头，也以上海为主。如果道中及师弟兄对我另眼看待，我如何做人？上海还能立足？再三考虑后，向潘伯英同志提出要求出团。理由是身负重债，在整审时，脱产负的债，仅团里工资负担老母妻子全家及寡嫂一家，实在难还债。伯英同志两次劝导，表示待今后有机会增加工资。这是我出团的借口（事实上也是如此），哪里劝得醒！潘伯英同意了我的要求，并希望今后经济问题解决了再来，“团的大门永远为你开着”。我很感激他。他不但没反感我此举，还语重心长，寄以希望。因之，直到现在近九十岁，每想起此事，还非常怀念他。

潘伯英同志是苏州评弹团的发起人和组织者。他对苏州评弹演员的培养，对书目的建设，建立了无比功业。我在前阶段建议要塑造他的铜像来纪念他。枫桥有钱（徐）丽仙，唯亭有朱慧珍，盛泽有刘天韵，为什么像潘伯英同志这样的艺术家、创作家、杰出的评弹艺术领导人，不在适当的地方建造铜像，让吃评弹饭的后进永远缅怀他？！当然我人微言轻，一粒细沙撒入河海，不会掀起微波细浪的。

八、去西北演出

我出团后，没直接奔上海，是由唯亭、正仪再“摆渡”过去的。目的是先通过与师兄沟通，再和别人说明我的处境，求得别人理解。有了这个缓冲，到上海的遭遇就好得多。昆山、正仪的演出结束后，我到上海，却逢上海文化局正在动员评弹艺人去西北慰问演出。我报了名，由龚丽声、沈东山、张振华、马小虹、张文艳和我六人组成一队“上海市评弹巡回演出队”，带去三个中篇：《钱秀才》、《神弹子》、《春香传》及《水浒》、《十五贯》、《海瑞》的选回。由龚丽声打前站，去西北接洽演出场地。上海市文化局演出处出具了去郑州、洛阳、西安和兰州四地介绍信，都是上海企业迁移西北的重地。郑州以纺织厂为重点，洛阳以大学为重点，西安、兰州除了大学，还有钢铁、煤矿、化工为重点。接洽中，如果联系到剧场或俱乐部剧场，对外公演，可以售票，经济自负盈亏。如是单位内演出，不售票，只要供给住宿就可以。也有大学和单位给我们演出费，多寡我们也不计较。有困难，文化局会补助的，我们去演出的单位，原来都是上海的重点单位，为防战争，响应党的号召，迁移内地。所以演出的单位，除上海、南京、北京都有文艺单位去慰问演出。在洛阳就遇到南京的竺水招越剧团。在兰州看到了北京市杂技团的演出，和他们都合影留念。那些地方，上海和江南人比较多，对于用苏州话演出的评弹，听来尤其入耳、亲切！他乡遇故知呵，负责人都和我们合影留念，陪伴我们去龙门石窟等地游览，见识了中国第一位女皇帝武则天造在山上的佛像。此外，还有悬庙飞天、古代长城、佛教大殿等，扩充了我们的视野，进一步感到祖国大好河山的娇美壮丽。尤其是飞天悬庙，这座庙宇似乎悬在空中，无所依傍，不得不佩服和惊叹古人的智慧！西岳华山的游览，以前我们只看过战争影片《智取华山》中的华山险绝。现在亲临实地后，向北上山的一条狭仄山路百尺峡，真是"一夫当关，万夫莫开"，可见我解放军的智勇双全！我们拉住铁链，像上天梯般"爬"上北峰山顶。天公不作美，下起细雨，只能借住在南天门的一座道观里，四人一床过夜避雨。黎明时分，雨过天晴，我们下山路过华阴县华清池，那是唐朝杨贵妃沐浴处，还浏览了杨贵妃坟墓，增进了地理知识和历史文化，到达了西安。西安是九朝古都之地，我们在西安市小剧场对外售票演出。客满，由于北方人较多，说白接受较困难，对弹唱和曲调十分感兴趣。同样的演出，在交通大学的演出效果就很好，掌声不绝，笑声不断。不时爆发出再来一个的喝彩声，盖因沪、苏江南人占主要比例。而参与听书的部分北方人，在南方人的感染下，也鼓动了起来，我们得到了满意的效果。到兰州去演出时，还出现了一个小插曲。兰州市广播电台邀请我们播音，并向我们提出留驻兰州，成立兰州市广播电台评弹团。因为那时的兰州，几乎是江南人的天下，所谓"乡音慰乡人"吧。经过考虑，我们谢绝了他们的好意。原若还要向西，"西出阳关无故人"的春风不度处——玉门关去慰问大同乡，苏、沪人。但因已落雪（十月），我们未置办寒衣，只能作罢。

这次到西北巡回演出，既完成了演出任务，又体验和增长了文化和生活知识。除了游览古迹、领略祖国河山的壮丽，还收集到地方上的一些具有神话色彩的掌故。比如，兰州有一座玉泉山，整个山，可说是不毛之地，很荒凉。整个山岭只有一棵大树。当地人告诉我们说，当年唐僧去西天取经，坐的那匹小白龙驹马，就是系在这棵树上的。因为这马是东海龙王的三太子变的，留下了"龙泉"，所以这棵树活到目前。下面老远望过去，坚屹挺立，绿油油，高耸耸！说也奇怪，环顾四周或更远处，竟是"大漠孤烟直"，一片荒凉。至于到21世纪的今日，那树还在否，荒原变了绿野？不得而知了。这是当地的传说，很有神话色彩。龚丽声后来回沪开讲《西游记》时，就借用了这节故事，丰富了书情内容。所以作为演员，要随处观察，随处留神，随处设法为我所用，生活是艺术的源泉，一点不虚，千真万确。

返沪后，我们一行六人向文化局汇报，得到了表扬。但当时传统旧书还未开放，正在组织起来，搞所谓评弹实验。我参加了新评弹实验第四组，汪雄飞和我担任正副组长，学习创作新书中篇《打乾隆》。在苏州静园书场演出，结识了评弹业余作家俞中权先生，他工作在人民商场布匹部。帮助我们创作了几部中篇，而且不收我们的创作费。计有《南冠草》、《荔枝换绛桃》、《李十娘》及《周仁献嫂》等。我们集体创作的《谁害了她》这中篇是在无锡演出时，就地取材，以真人真事结构编写的。还有《祝福》，根据鲁迅先生的小说改编，在上海大华、大沪、红星、西藏四副书场环做，填补了部分传统书目不够演出的"书荒"，也开始开创了舞场改书场的黄金时代。

九、二次整理《白蛇》

此时，上海人民评弹工作团蒋月泉同志邀我到团内商量，他们打算要整理修改《白蛇传》。本欲请教我师兄"蛇王"杨仁麟，并共同搞了一个中篇《大生堂》。蒋月泉充当我师兄下手，但他毕竟年事已高，身体不佳，不能继续。欲请我到团中当艺术顾问，协商整理《白蛇》长篇。待遇全部由上海团负责。我剪书后，到团内报到。他们组织了一个由领导、演员、作家、顾问三结合的《白蛇传》整理小组，到常熟花园书场边整改边演出，所谓"现吃现吐"。同时收集和倾听听众反应，另外再带一名誊写员，因为当时没有录音机。常熟花园书场只有两个房间，我们六七个人，只能在隔壁再租两间，一日三班地干。上午我先说一回老《白蛇》，蒋月泉、朱慧珍、陈灵犀和领导听后讨论，"扳错头"，由陈灵犀修改、创作唱词。由抄写员誊写四份给演员、作家、领导。蒋、朱读熟后，夜场演出。时间真紧张。只有夜饭后的半小时，在花园书场附近田埂上散步，放松绷紧的神经。有时还要对台词、排书、背篇子，很辛苦。蒋月泉是拿弦子放在床横头，每档唱篇俚要唱几遍，甚至十几遍，要唱到自己满意为止。有时为了某句唱词的字摆勿平，月泉反复唱，睡在床上，还在吟唱。想到一个好腔，马上坐起来，拎起傢什捺音、唱，直到熨帖。慧珍亦然如此。他们对艺术真是一丝不苟，对事业的高度执著、认真、负责和热爱，不愧为一代名人、划时代的艺术大师。通过边整、边改、边演，《白蛇传》整理出了共十八回书。就是现在电台经常听到的由蒋月泉和朱慧珍弹唱的《白蛇》，从《游湖》开始，一直唱到《合钵》。个人认为，虽不很成熟，但由于蒋、朱的唱，艺术高超，成了评弹界的经典书目。不过，这不是《白蛇传》的全貌，相反是抹杀了“白蛇”故事的神话性，某些地方还具有浓厚的“左”的色彩。白蛇应该别师下山报恩，不应该一见钟情。当时批判报恩思想，有“左”的思潮。这是历史的局限，也是无可奈何的。

接着开始了文艺整风运动。在沪的评弹演员，都在上海评弹协会报名。共分十大小组，均由文化局的工作组领导运动。从政治思想、书目内容和生活作风三方面，几乎要人人过关。我在运动中是工作组组员，第一组的组长，主要是对《白蛇传》的“迷信色彩”，作了批判。整风结束后，文化局和中国曲协分会主办上海市第一届曲艺会演，检阅书目内容和整风效果。在“整旧”类内，我和石文磊双档演出《白蛇·见礼》；创作的书目，是我和蒋云仙拼档的《僮族王美伦》，属于说新唱新，根据报纸上一段小故事改编的，得到了一定的评价。

十、十年浩劫

会演期间，常州文化局派人来沪邀请评弹艺人组建常州评弹团。知我与常州有所接触，找到了我，议及此事，我即报名参加。并动员了一共十个人，在1957年下半年，正式成立常州评弹团。这十人是：庞学卿、李娟珍、余韵霖、周志华、沈韵秋、徐虹丹、王凤珠、王凤瑛、王凤琳及评话演员高翔飞。后来吸收了学员邢晏春、邢晏芝及潘瑛、倪淑英。然后我们参加了江苏省新书目会演。书目有中篇《方向盘》，短篇弹词《一只表》等。那时，我们可说“跟得很紧”。说新创新，但书目质量十分粗糙。延续到“文化大革命”期间，合并成立了文工团，七名青年周希明、汤小君、胡创文、张克勤、周嫦虹等充实到了文工团内，改名为常州市歌舞团，由军代表领导，到无锡去学习芭蕾舞《红色娘子军》。那时是全国十亿人口八部样板戏，不管你有无基本功、年龄大小，都学跳“足尖舞”。我参加演出了三部戏：《收租院》、《红色娘子军》和《白毛女》。我年龄大了，不要说是足尖舞，连民族舞也学不进去，跳也不会像样。怎么办？演反派人物。评弹只会起脚色、小开门，开打都是由京剧老师来排练，现教、现练，匪兵、壮丁、地主、土豪劣绅等。开打动作生疏，甚至忘了，节拍跟不上，倒真的会被“正派脚色”吃着生活。因为开打都有程式，随着器乐锣鼓点子。跟不牢，“正派”（与你对打者）正面动作已出来了，你反应慢，就会挨打。我们还要化妆上台，在《收租院》、《红色娘子军》演出中，还要换（脚色）衣服、改妆，而且不能误场。这是对待样板戏的态度问题。而我，在这三部戏的演出中，恰恰都出过洋相。

《红色娘子军》中的第一场，我演匪丁。用一根绳子牵住捉牢的六个姑娘，躲在幕后“拍拉坊”上，等幕拉起，我手执绳子牵六个姑娘出场。一路鞭打，一路牵着走。我算卖力，清脆地叫了一声：“走！”不晓得芭蕾舞不能开口。我忘记了，我吓得准备下场被批斗。军代表后来了解到我是评弹演员，开口成了习惯，原谅了我。从此我吓得再也不敢开口了。在《收租院》中，我扮的坏人与女主角单打独斗，我被打败后，一人过场逃走。在舞台中独跳，音乐已完，我还在跳。下场门的舞台监督对我招手，可以进场了。我想我规定动作还没有跳完，怎能进场呢？哪知芭蕾舞的动作根据音乐设计的，音乐结束再跳，像猢狲出巴戏，出足洋相，引起了台下观众的哄笑！类似的还有很多。我体会到了“好角儿不及苦说书”的含义。总之，隔行如隔山，每一门艺术，都有自己的规律。只有努力学习、钻研，才能适应。否则，只会纰漏百出，出尽洋相。

后来，他们知道我接业务较熟悉，又富有经验，下来去跑业务，联系演出单位了。但跑业务也不一帆风顺，困难重重。不说有些工矿单位没剧场，只能露天演出，场地高低不平，又很小，怎能跳芭蕾呢？与两位队长商议后，改换戏码，保证了演出。由此也得出了经验，这类场所，均以短小节目来替代。

十一、往事回顾

有一件事颇值一提，我那时已退休在家。

有一次，南京电影制片厂和北京电影制片厂合拍电影《我也是公民》。后来改名为《我为爸爸加颗星》，其中要一个评弹老艺人脚色。先于江苏省团物色，不理想。去苏州评弹团、苏州评校找寻，均无适合人选。因为这个脚色要符合五个要求：（1）六十岁左右的老艺人。（2）要会单档演出。（3）会唱各种流派曲调。（4）身体健康，尤其没有胃病。因为电影拍摄间，演员的用餐时间，没法正常，万一半途生病，不能替代而前功尽弃。所以必须一人到底。（5）艰苦耐劳，什么地方都去。已在评校工作的邢晏芝介绍给导演，到我家来试试，一接触，基本上符合他们的要求。未几，苏州市文联的一位同志陪伴我到南京制片厂办手续。导演、书记向我介绍了剧情，分发了电影分镜头剧本，要求我熟谙自己脚色。导演对我说，这不是群众脚色，是个退休的曲艺老艺人，要我记熟对话，背诵台词。评弹艺人过去只有拍电视连续剧，真正拍电影，脚色贯串，我还是第一个。而且这部电影的音乐主旋律准备用弹词的流派曲调来配音，先录音，再配到剧中去。

电影剧本中，我有二十七个镜头。它和评弹脚本不同，电影是要几百、几千个镜头剪辑而成。在唱各流派唱调时，一次性顺利过了关录成。拍脚色，我一无经验。我扮演的是一个退休艺人，身退休，心还在艺术上，经常在家弹弹唱唱，不离不弃。左邻是刑警队长家，家中有一个十余岁的儿子，欢喜听弹词各曲调，听不太懂，觉得很好听。右面是一犯罪分子的儿子与左邻那个几乎同龄，两个年轻人经常吵架，甚至拔拳。“我”常劝架调解。右舍年轻人认为，父亲犯法服罪，理所当然，我不能和他一样，要走正路。“我”认为他对的，劝左邻刑警儿子不要歧视他，更不能吵闹打架，要“治病救人”。我既要劝慰犯罪人的儿子，要走正路，不能小偷小摸，要靠劳动养活自己。这位年轻人很感动，坚持以拾荒为主，还摒弃了恶习。我穿梭于这两个人间，对白较多。为了练好普通话，每天清晨在制片厂的小花园里练，间杂弹唱，惊动了周围邻居来听。拍片过程中，我的对白几次都过不了关，倒不是普通话的语言关，而是手势动作关。促说书，在台上习惯于指手画脚，讲究的是眼到手到，这与电影里的人物完全相反。要自然，无做作，就是逼真。指手画脚，电影里看来反而不像。幸亏我演的是评弹老艺人，导演允许我稍有手势，但要我注意自然、逼真，不要做足。通过这次拍摄，获得很多知识。本来我以为，电影（视）演员比我们惬意，其实比我们辛苦得多。特别是女演员，拍外景，只能在简单篷帐里更衣，三九天穿夏衣，酷日下着冬装，时有之事。江边船上，或山头野径，寒风刺骨，烈日蒸熏，我们在书场室内，相较之下，环境幽雅舒服得多，我们应该珍惜。

在江浙沪出码头演出，业务普遍很好。上海的场方来邀请演出时，我们带去了传统中篇《十五贯》、《点秋香》，也有一些现代书目，场场客满。我对创作的现代书目，中篇《方向盘》、《友谊之花》印象深刻。《方向盘》的内容是，驾驶员开车时不准和乘客熟人说话，防止思想开小差。其中有一个轧杀羊的矛盾，串联进去，在笑声中让听众得到教育。中篇《友谊之花》是“本地产品”。深入了常州市灯芯绒厂“创名牌产品”生活后创作的。在上海演出，得到了好评。创作的短篇较多。印象深刻的，有三个。《一只表》讲的是外国人来旅游，在火车上失落一只具有纪念性的名贵手表。为创作此短篇，我特地到常州铁路的火车龙头上去体验生活。为寻此表，动员了这段路范围内的有关员工去寻找，终于找到，派人送往上海。同时与外交部取得联系，失主已离开宾馆动身往飞机场，再赶到机场，正值失主提行李准备上机，收到失物后连感谢也来不及说一声，就匆匆登机。到机上后，在窗口跷起大拇指高呼“中国伟大！中国伟大！”我和周志华双档参加江苏省第一次省会演，收到出奇的效果，谢了两次幕。另外一只短篇是《两包药粉》。这是真人真事，事情发生在扬州市某药房里，拿错两包药粉。如果不及时追回，服下后病人有生命危险。最后通过各种方法找寻，保全了买药者的生命。第三个短篇，名叫《小铁口》。内容是破除迷信，戳穿迷信骗人的把戏。一位双目失明的年青算命人，为一位中年妇女算命，原来是幼年失散的一对母子。终于骨肉团圆，这算命人从此改行，另行谋生。

十二、人退心不退

退休后，我参与了南影与北影厂拍摄的电影外，还创作了长篇弹词《岳阳楼窃案》。由浙江省团的同志演出。事情的缘起是浙江团的高美玲同志与我同埠在上海南汇演出。她给我看了一个题材，关于保护《岳阳楼记》紫檀木版雕的传奇，故事内容很好，想和我合作。题材是提倡爱国主义。我同意，并和她订一年合同，包括演出的码头和创作。浙江团领导很重视，批准同意合同文本。我在演出《粉妆楼》的同时，依据素材，列成十五回书的细提纲。为了充实脚色，到湖南岳阳市文化局去访问，体验生活，得到文化局领导的支持和帮助，获得了颇具价值的材料。岳阳楼上有四绝：“木”、“刻”、“字”、“诗”。十二扇紫檀木屏风，镌刻着范文正（仲淹）的《岳阳楼记》。范公的“先天下之忧而忧，后天下之乐而乐”的精神，充分体现了一位知识分子的民生、民本思想，直至今天都闪耀着光辉！

长篇《岳阳楼》的大致内容是，在晚清巴陵当地有座教堂，神父是英国人，名艾诺斯。买通巴陵知县，愿以二百两金子买下岳阳楼上这十二块紫檀木雕屏。这巴陵知县海盗出身，以四百两银子买的巴陵知县官帽，一口答应神父要求。但是屏风是国宝，而且遐迩闻名，如果卖掉，被士绅百姓晓得上告，自己要被追查，会得因小失大。只有想法偷梁换柱，用假屏雕代替这真的，岂不是神不知鬼不觉？两人密谋定当，木料派人去缅甸采购，滕子京的重修岳阳楼缘起，可请书法家仿写。困难的是范仲淹的宏文，苏子美的长诗，怎能雕刻得以假乱真？经周密查访，访得文庙附近一位刻字高手柳河东，五十八岁，女儿柳一枝，十八岁，父女俩擅长雕刻。其实柳河东是太平军石达开手下一位将军，有一身好武艺。因石达开兵败，他隐姓埋名，流落江湖。知县出高价请他去雕屏，但有一条件，只能晚间作业，吃住在船上。父女答应，即将完工，知县命心腹要暗杀灭口，幸被一义贼得悉，设法除害，救出父女二人。知县见行刺不成，又派人去捉拿父女，几经曲折均未成功，终于保护了国宝。直到民国年间，将国宝献于政府，仍供奉在岳阳楼原处二楼，那伪造的赝品也供奉在一楼，以纪念柳河东等人护卫的英勇事迹。

创作的辛苦，搞过长篇创作的人都体会得到。但有一点，就是只要执著热爱事业，天大的困难，也会想方设法予以克服的。虽说是废寝忘食，食不甘味，当一朝分娩自己的十月胎儿时，其兴奋劲不亚于初为人母的心情。而我，创作的作品不知多少，但对这部长篇弹词的问世，觉得格外兴奋。我扪心自思，为什么会这样？经过几多反思，弄明白了道理。原来以前的创作，多少出于要我创作，带有任务观点，而且有所拘束，生怕与政治冲突，颇有患得患失，顾虑重重。而这次创作是我要写，是轻装上阵，没有包袱，尤其是怀着一颗对评弹艺术的执著劲、负责心搞的。在写这部书目时，我已古稀之年，总希望为评弹多做些事，多留些财富下来，让年轻人有书说（至少多一部书吧），让评弹事业逐渐走出低谷，两次中兴！

因为怀着对评弹的眷恋和执著，我和王凤珠双档在苏州人民广播电台录了我们杨家的另一部长篇《双珠球》。受常熟评弹团的邀请，单档录制了老《白蛇传》，作为传统保留书目。让有识之士和青年演员学习，参照演出。此外还应旅游部门的邀请，我创作了关于寒山寺中“寒山拾得”的短篇弹词，日本朋友听后很感兴趣。通过翻译录音后，带回日本。还和我座谈交流，苏州弹拨乐器三弦，与日本讲故事艺人的三弦的异同，边讲述，边弹唱了一首开篇给他们听，融洽了气氛，和我合影留念。

今年我已八十九岁，自知垂垂老矣。但是对评弹的热爱始终未曾“退烧”，仍然在做一些力所能及，有利于评弹的琐屑小事。比如当有家把公益书场或评弹活动室，需要演员垫脚演出时，我仍会不顾年迈体弱，乐意带仔三弦去参加演出。又比如当一些青年演员来问我有关《白蛇传》中的情节如何展开，人物形象白素贞、许仙等，应怎样理解个性，起什么样脚色时，我会毫不保留地告诉他们。白娘娘往“旦角”靠，但不能起足，因为她是“神”（妖），不是大家闺秀或小家碧玉出身的人物。因此要似“旦”，而不尽是“旦”。同样的，许仙这个脚色，很难起。现在一般在书坛上出现的许仙形象，似乎都是“生”，值得商榷。因为他不是文人雅士，更不是官宦子弟。他是一个小市民，是药材店的小伙计。自己开了保和堂药店后，充其量是一个老板。因此，脚色不能靠向“生”，不能出“吭鼻头，画圈圈”

书生气十足的形象。但也不能起十足的小市民脚色。毕竟他是整部《白蛇》的主角，人物形象不能过于低下。因此，很值得研究探讨，我师兄杨仁麟对于这个许仙脚色很有研究，他起的形象就是介于“生”与“市民”之间，得到了听众的认可，被誉之为“蛇王”。当然，我与师兄的书艺相比，难望其项背，很值得我继续学习探索，可惜年纪不饶人呵。

十三、我的《白蛇传》情结

古人曰：“廉颇老矣，尚能饭否？”每当国家存亡危急之秋，人们会想起曾为国出过力的忠臣良将，怀念他们的功绩，感叹时代人才的凋零。评弹目前的景况，令人担忧。虽然已得到国家的扶助，然而人才呢？这使我们不禁想起鼎盛时代的名人、大家，他们现在大都已驾返道山。纵然还有，也是凤毛麟角。就如老朽，在评弹界名不见经传，也已望九之人。可以说，几乎看不到评弹复兴之日，更不可能再次重温人山人海听评弹的盛况。但是，凡事都是靠人做出来的。过去评弹的盛况，也是艺人们前赴后继创造出来的。他们对评弹艺术的酷爱、执著、创新，才使书目能精益求精，成为精品；才使说噱弹唱五彩缤纷，而各具面貌。仅以我为例，对弹唱的出窠书《白蛇传》，还在呕心沥血地精雕细琢，具有与众不同的面貌，得到了听众的认可。

我从十二岁跟先生杨筱亭学说《白蛇传》，到今年已有七十七个春秋。新中国建立后，评弹界整理传统书目，苏州、上海两次对《白蛇传》进行了整理，我都忝列在侧。由于文艺路线的“左”倾，这两次整理，我打心里有保留意见。

两次整理经过，在前文已提到。一次是在苏州，由潘伯英同志为首的《白蛇》整理小组，第二次是20世纪50年代中期，蒋月泉、朱慧珍、我师兄杨仁麟和陈灵犀先生。由于师兄违和，月泉写信给我，赶去上海参加整理。

这两次的整理，我认为都不太成功。当然这是个人观点，见仁见智不一定要强求一致。不成功的理由，在于没弄清《白蛇传》的主旨和性质，即没弄清主题或误解了主题。评弹，无论是评话、弹词，讲究的是“理、味、趣、细、技”。“理”是第一位的。《白蛇》的主旨是什么？白娘娘（蛇）为什么三番五次，吃足苦头，甚至冒着性命危险救许仙？白秀英（素贞）的指导思想是什么？《三笑》中唐伯虎卖身华相府，目的是什么？得到秋香。《描金凤》中钱氒笤进京做官目的是什么？救女婿徐蕙兰。每一部书，有一部书的性质和主题。《白蛇传》是神话，它的主题，是“知恩报德”。因为要报前世的恩，所以此番宁愿冒死，也要报恩。白蛇是一条富有人性，且是善良人性的妖怪，还是义妖。所以《白蛇传》，又称《义妖传》。白素贞盗仙草时，“老寿星想哪个妖怪什梗胆大，偷到我昆仑山上的灵芝仙草来哉？掐指一算，哦，原来是白蛇，是个好妖怪，下凡去报恩格，吓煞仔小官人许仙嘞来盗仙草，我来帮帮忙吧……”十足浓厚的神话味！但在两次整理中，被全删或部分删去了。如第一回（新《白蛇》），指的是上海评弹团整理后的《游西湖》，那回书，白素贞为了报恩，所以要结识许仙，所以才会叫小青作法，春雨阵阵，两人风雨同舟。如无“报恩”思想，一位“闺阁千金”怎么会和许仙风雨同舟，怎会缔结朱陈？这回书拿掉“报恩”这条主线，就成为无源之水，无根之木，脱脱空空。

我在弹唱《白蛇传》时，既没有按新《白蛇》路子走，也没全部走老《白蛇》。在长逾甲子的时间跨度里，我是边说、边改，边改、边说，不断整改修正，主要体现在三个方面：

首先确立主脑。《白蛇传》是我国四大民间故事之一，深得人们喜爱。我认为白娘娘（秀英，或名素贞）对爱情是执著的，向往凡间生活，追求个性解放，婚姻自主；更是出于她的心地善良，“以恩报德”。民间流传的四大民间故事，都具有浓厚的神话色彩，寄托着平民百姓的美好念想——“有情人终成眷属”和民主自由。但在故事的缘起处，都贯以神话色彩（有的是结尾处，有的是神话贯串于始终）。《白蛇传》的神话色彩非常浓厚，它贯串于整部故事中，要想把神话色彩部分看成迷信而抛弃，必然会降低故事的思想意义和趣味性。《白蛇传》产生的大前提是什么？报恩。当然这是个人见解，见仁见智可以商榷。据说许仙的前世救了白蛇，使蛇逃过一劫，不至于被人打死。这条蛇恰恰是修炼多年，但还未人形的蛇精。许仙不但养好“蛇”的伤，还放了生，小白蛇很感激。所以今世奉师命下山报恩，报许仙出手相救的救“命”之恩。这是整部《白蛇传》的基点。因要报恩，遂“巧遇”西湖，自荐枕席……吃足苦头，最后为许氏门中留下一脉香烟，儿子许梦蛟得中状元，荣宗耀祖。故事的结局是娘娘从雷峰塔中出来，“三教”（儒、释、道）团圆。体现了人民要安定、民族大团结、和为贵的良好愿望。而这，恰恰也是我们当前努力的目标。

因主脑确立的不同，对于《白蛇传》的整理，出现了歧见。这是很正常的。我这里为什么要特别强调“主脑”，我希望这部《白蛇传》后继有人，一代一代继续传下去。因为现在仅留传《白蛇传》书情的一小部分，大部分书情都被“整理”掉了，很可惜！

但是，老《白蛇传》也有缺点。主要在两个地方歪曲了白娘娘形象。我在演出中作了整理和删减。

删去了《白蛇·昆山》书。昆山书主要写“荷莲吃醋”，小青和白氏的反目。怎会反目？原来小青也看中了“相公”许仙，白素贞阻止了她，阻止的原因不是“吃醋”，而是小青道行比较浅，只有五百多年，身上流毒很多，倷搭相公好，不是爱他，而是害他，所以屡屡相劝。小青呢？表面上“遵娘娘吩咐”，暗地里我行我素。一次小青趁许仙一人在账房算账机会，又来挑逗他。被娘娘发现，于是主婢二人爆发了战争，差一点动手。小青一气之下，出走到昆山顾家。顾公子几乎病入膏肓，幸得白氏援手，治好顾公子病，把小青领回家中。自此，小青总算心悦诚服。这段书，过去演出时，很上人头，几乎爆满。为什么？老先生“拉关子”，添枝加叶，充满了荒诞、黄色。其实，是冲淡了《义妖传》的性质，贬低了白氏素贞和小青青的人格。“义妖”怎会反目？我将它当毒瘤割掉了，虽然有近十天的书。

还有，在苏州开保和堂药店立牢脚头。原书是白氏要为许仙的保和堂大扬名气，让许仙发财，她半夜架云头散瘟疫，让苏州人都肚皮痛，去保和堂买药治疗。这段书很不合理。为了一己之利，不顾百姓受苦难，被上苍晓得是犯天条的。白氏犯有罪孽，有损人物形象。我进行了整理，保留了这个情节，改成了天然瘟疫，改动了瘟疫发病的原因。原来春季本来就是发病天，在别的地方有一股污水，流经苏州城区，使苏州人吃了污水后肚皮痛，腹泻。逐步蔓延，传遍了全苏州城，纷纷到药店去买药，其他店货源少，且疗效慢。唯有许仙开的专诸巷保和堂，货源充足，药方赛仙方。真正所谓药到病除，这张药方是白娘娘和许仙针对病情在原来有的陈方上加减了药味，作了调整。可说是对症下药，救了全城老百姓。保和堂治瘟疫的药哪里来的？前面有伏笔，是王永昌这位“好阿叔”挑俚的。从此保和堂声名鹊起，响彻苏城，许仙成为百姓眼中的大善人、仙人。这样一改动，未损坏书性，可以继续行下去，与原来不冲突，又没有损害白氏形象，反而突出了“与民为善”的善字。

这样改动，还有一个好处。白氏不但无罪，反而有功。到后来法海诉述白娘娘十大罪状时，金光圣母有力地进行驳斥，这也是一款。更主要的是，填补了后《白蛇》中，梦蛟中状元一段书的空白。

原来梦蛟考状元，不能姓许。因为娘是妖怪，爷已当了和尚（法海的徒弟）。皈依了佛门，出家无家，许梦蛟是按法不准入科场的。只能借用姑丈陈彪的姓，说是陈家儿郎。陈梦蛟，来赶考功名。梦蛟考功名目的，想获得一官半职后搭救镇压于雷峰塔下的母亲白素贞。果然一举成名，状元及第，但是若要复姓归宗，困难重重，几乎是万万不能。而长期顶姓冒名，一旦皇上察觉，欺君大罪。而且是白蛇的儿子，是个妖怪。有道是“国家将亡，必出妖孽”，对于皇帝是犯大忌的，必然罪连九族，连姑丈一家也要问斩。这是个大矛盾，这个问题一直不能解决。唱《白蛇》的艺人，凡说到此处，都是“嘴上打个滚”，一卷而过的。不提如何中状元，如何拆塔。我不做昆山书，书好像短了许多，但我做梦蛟中状元、参相、金殿见驾，感动皇上，钦赐复姓归宗，钦赐拆塔救出白蛇。这书如何接榫的呢？根就种在保和堂许半仙救治瘟疫上。故事的脉络是这样的：

梦蛟中状元，三鼎甲参相。相爷即是主考大人。看见榜眼、探花喜气洋洋，高高兴兴，唯有状元陈梦蛟，双眉紧锁，心事重重，时时流露出满面愁容，感到奇怪。参相毕，留住状元，单独到书房间叙谈，仔细盘问，为啥不高兴，有为难的地方，告诉我先生，先生一定会帮你解决。梦蛟双膝跪地，拿自己家世一五一十和盘托出，恳求恩师救我娘亲出塔。父亲被逼出家金山，是否能还俗，使得我复姓归宗，衣锦回乡，一家团圆。相爷是苏州人，老家在苏州。在苏州寄来的家报中好像提到过许仙、白娘娘的事体。虽说事体隔了多年，印象蛮深，苏州城发生瘟疫，是大事体，震动朝野，后来听说平了，哦，俚笃夫妻俩撮药方，施药相救。如果瘟疫控制不住，后果不堪设想，所以称俚笃为恩人，称许仙为许半仙。相爷在过去的家报中，寻查仔一歇，最终拨俚发现格封信，信上说得明白，自己一家在苏州的人，几乎都传染着这瘟疫，幸得保和堂老板许仙相救等等。所以相爷一直记挂心头，印象很深，总有一日要报这场大恩。现在新科状元自己心爱门生就是许仙格儿子，俚笃屋里发生什梗大格麻烦，是我报恩格机会来哉。我不相救谁人相救？如果不救，不报恩，我连一条蛇妖也不及，还像人？我要相救！怎样救？写奏本直接陈述？希望皇帝下旨复姓归宗，荣归祭塔救母，不可以。皇帝最忌讳“妖孽”两字。怎样救呢？想起了皇帝是他伴读教大的，他的性格喜欢听故事，倒不如以讲故事的形式告诉皇帝。果然皇帝宣召，要相爷讲故事给他听。相爷就顺水推舟，今日我讲的故事，既奇怪又曲折，而且很长，跨度十八年。皇上说越长越好啊，故事叫什么名字？“这故事名叫《白蛇传》”，这《白蛇传》书名是相爷提的。皇帝听完很感动。对相爷说，世上真有这样的好白蛇？相爷说是的，现在还活着。她的儿子就是新科状元陈梦蛟。原来他姓许，因为娘是“白蛇”，爷又被恶僧强迫出家，许梦蛟为了出仕皇家，报效朝廷，同时又希望万岁开天高地厚之恩，圆满解决他们许家的事情。万岁呀，苏州全城百姓都得过格条“白蛇”和许仙的恩，如果不是他们及时制止和治疗好百姓们的瘟疫，倘然让瘟疫蔓延开来，百姓不知要死去多少，朝廷不知要花多少钱币来治疗，防病！就是我苏州全家，也得他们的恩惠，我的老妻得病，几乎命丧黄泉，也是服用保和堂的避瘟金丹后活命的。万岁呀，滴水之恩，应当涌泉相报。我们人不及蛇，请皇上发慈悲之念，体上苍好生之德，颁下圣旨，恩准陈梦蛟复姓归宗，荣归回乡。代巡至金山进香，命法海去杭州西湖边雷峰塔，放出白蛇，让他们一家骨肉团圆！皇帝听了故事很感动，再听自己先生相爷什梗一讲，想想这条蛇果然立下大功，苏州城当时发生瘟疫我晓得，我要省去几化国库银子来消除扑灭瘟疫。而且更重要一点，皇帝崇尚道教的，对佛教素来排斥，白蛇能上昆仑山，见老寿星盗仙草，岂非道教班人，我信“道”，她也信“道”，真叫“同道”，所以皇帝更同情白蛇的遭遇，恨不得要见一见格条白蛇。其实白蛇搭茅山道士神仙庙斗法，是相爷故意瞒去的，皇帝勿曾听着。于是，皇上恩准，面召梦蛟，看他举止文雅，眉清目秀，盘问肚才，果然满腹锦绣，是国家可选之才。准许梦蛟复姓归宗，奉旨回乡，金山寺父子相会。法海不敢违旨，约定黄道吉日，请许状元先回杭州祭塔，到时带了悟心，即许仙，到杭州放白素贞。法海是否真的甘心放出白素贞？不是，后面还有很多书。

许梦蛟返杭后，告诉陈彪夫妇。到吉日，传齐地方文武官员、差人、佚子，在雷峰塔前摆下香案，祭塔完毕。准备拆塔，等法海到，救出母亲，骨肉团圆。法海未来，小青先到。她在泰山顶上十八年，练成九天霹雷真元火，准备来烧塔救出娘娘。刚要动手，法海带徒弟悟心（许仙）到，制止小青，不许烧塔。他对放出白氏，心有不甘，要用三昧真火把“白妖”烧死在塔里。待放出，已死，让你们乐极生悲。好恶毒！谁知“道高一尺，魔高一丈”。白娘娘的师父鹧鸪仙到，制止了法海的逆行。随后师祖金光圣母带众仙女赶到，先责问法海，何故把白氏压在塔底十八年。法海说白妖犯下十大罪状，一一列举。在均可辩驳情况下，法海认罪。答应放出白氏素贞。圣母知道法海口服心不服，对法海讲，我并不包庇徒孙，她有过错，三次失算阴阳：(1) 误赠库银，虽说小青作为，但账要算勒主子身上。(2) 误饮雄黄，吓煞许仙，幸亏老寿星慈悲，否则非但不能报恩，反而害忒许仙一条性命。(3) 产子后能算阴阳而未算，吉凶未卜，主要是眷恋红尘。此时，你已报了许仙恩，为许仙门产下一子，延续了香烟，亟应该凡间事结束，回转峨眉山。这是最大的过错，以致触犯天戒，法海来擒捉。倘使没有三次失算，我早已来把徒孙领回瑶池仙山去了。这样，法海心悦诚服，仍旧把悟心和尚带回西天，领他修行，将功赎罪。悟心跟随法海返西天交（金）钵（盂）销差。白氏、小青跟师父、师祖返瑶池站立仙班。许梦蛟奉旨完婚，儒释道三教团圆，《白蛇传》到此圆满结束。

传统书素来各家各说。同一师父教出来的弟子，说同一部书，也因人而异。依靠各人的理解、悟性。对《白蛇》也是这样。我是说“三教团圆”，和为贵；其他说的人是小青把法海打败，救出娘娘。法海逃到蟹壳里去结束，很风趣。符合“坏人吃不好下场”的朴实思想。但是我想，水漫金山时没有打败法海，弥月时，抵挡不住法海一只金钵，纵然小青苦练十八年武功（修为），这个法海也有十八年的修炼，怎么能打到蟹壳里去呢？愿望是好的，但似乎不太可信，道理上说不过去。评弹讲究的是“理、味、趣、细、技”，“理”是第一位。一部书在道理上讲不通，听客就不容易接受。当然评弹界还留传一句俗话：“一好遮百丑。”不过在整理长篇书目时，希望尽量整理得完美，弹唱、说表、脚色都要配合。出书重要，出人更要紧。《珍珠塔》如果没有马如飞的加工整理，能否留传到现在，也很难说。在任何的时代里，在任何环境里，始终要记住陈云老首长的教诲：“出人、出书、走正路”，而出人，是第一位的。出了人，不会出书，有了书，就会磨炼人，就会产生名家，甚至新的流派。

希望后来的同道朋友们在这条光明宽广的大道上坚定不移地走下去，一代更比一代好，让评弹事业现辉煌！

七十多年的从艺道路，想起的和要讲的太多了，但又讲不尽许多。更主要的对我们的青年演员是否有启发、教益，真的不敢奢望。但鲁迅先生有句名言，“我以我血荐轩辕”，我也算是评弹界的一员老兵，对新兵们作一个唠唠叨叨的发言吧。

我的学艺经历

王啸泉口述　周克敏记录、整理

流传了一两百年的任何一部传统书目，都出过艺术家、大响档，不是书出人，就是人出书。无论大书（评话）小书（弹词），概莫能外。“大王”《三国》，曾一度衰落，经许文安前辈挑起继承重担后，至今百余年，代有人出。小王《三笑》，弹词状元《珍珠塔》等无不如此。长篇弹词《双珠凤》的名家，知名度或许没有上述书目的名家知名度高，却毫不逊色。家父王斌泉就是其中的一位。

一、全家都唱《双珠凤》

我父亲斌泉公，苏州（吴县）人。生于清光绪十九年（1893），卒于新中国建立后的第三年，即1952年。早年在珠宝行当学徒，因喜听书，拜近邻邹涌泉为师，学说《双珠凤》。邹当时尚未出道，按光裕社行规，不允收徒。再投师于擅唱《双珠凤》的朱耀庭老夫子，并于民国廿一年（1932）领出了道，正式成为光裕社成员，吃上了“开口饭”。父亲学艺勤奋努力，谦虚好学，刻苦钻研，访寻名师，融汇了朱韫泉老夫子等五个人《双珠凤》脚本内容，集其大成，做到了“人无我有，人有我精，人精我绝，人绝我丢（扬弃）”，充实了书情，夯实了艺术基础。斌泉公善于揣摩书情，正面脚色拿准，又擅起下三路脚色，被听众和道中赞誉为“活陆九皋”、“活来富”，码头业务长期处于兴旺状态，是出名的卷场扫帚——把敌档场子的听客，全卷到自己场里来，成为“码头五虎将”之一。所谓“五虎将 ”，是对五名评弹艺人的谑称，赞他们的码头业务像古代的大将那样勇猛犀利。这五位老虎是指开讲《绿牡丹》的蒋少琴，开讲《血滴子》的殷剑虹，弹唱《倭袍》的王金生、程小舫以及弹唱《双珠凤》的王斌泉。（另一说五虎将为杨莲青、冯翼飞、朱永春、夏荷生、王斌泉。）

父亲的两个弟弟雪泉、如泉，都是跟兄长学唱《双珠凤》的。雪泉三叔的艺术，青出于蓝，可能高于我父，惜英年早逝，未能全部展现他的风采。何以见得三叔艺术高于我父？从代书中可看出。我父身体较弱，患有肺结核，时常吐血。在我尚幼不能登坛前，父犯病总由三叔代书。初时业务基本持平，书代得多了，叔叔的签子要涨一二成，可见我叔父之艺术功力。二叔如泉的女儿中，三女兰香、四女再香和小女月香，弹唱的《双珠凤》，在评弹界都占有一定的地位。尤其是王月香，悟性高，感情丰富，在家父一口干唱腔基础上，吸收了她两位姐姐，特别是再香书调营养成分，王月香的唱，唱出了一串叠句，呈现出自己风格。她的唱，就如水银泻地，行云流水，一气呵成！她唱中的干扎快板，简直是我父书调中某部分的翻板，时而跌宕起伏，时而银瓶乍破，时而刀枪齐鸣，真是大珠嘈嘈、小珠切切，珠落玉盘，听得人回肠荡气。结合她丰富的感情倾注，赢得满堂彩声，洒下一掬泪水！这个独特的风格，就是深得喜爱的王月香调。说得确切些，应该是我们王氏流派唱调！因为任何一种流派唱调的形成，不是他一人之力，是类似体育运动中的接力棒式，一棒一棒地传接继承，发扬光大的。王月香调的形成，就是在家父书调基础上，吸收她二姊、三姊唱的成分，再根据个人的感受（这个人感受就是平时的生活积累，如看书、听书、看电影、看戏剧、听歌曲、曲艺等等）然后再予提炼，撷取化合有效成分，为自己书调的丰满、补充等等。不是一朝一夕的工夫，也不是靠个人的有限力量能铸成的。

有一句俗语，似乎不太准确，却有一定道理。“龙生龙，凤生凤，贼养妮子掘壁洞”。这就是所谓“近朱者赤，近墨者黑”的缘故吧。由此看来，家教是很重要的。

二、“大人就是我”

唯有我，区区王啸泉，枉活了八十七岁，一无所成，十分惭愧。不过，虽然在艺术上毫无骄傲的地方，但回想起走过的艺术道路，倒亦蛮有趣，一个人时常会莞尔，甚至捧腹。

我学说书没有先生，也没拜过师。有人问你怎么会说书的呢？我是听书听会的。

我是家中独子，乳名桂男。在牙牙学语时，就听父亲的书。会走路了，坐在书台旁边听书，每天如此。可说书是听熟的，唱是听会的。九腔十八调，各种腔都要学唱。一上台，只能唱父亲的书调，其他唱腔不准唱，除非偶尔唱两支曲牌，也要根据书中的人物而定。如“来富唱山歌”，就要唱书调，而且是父亲的书调。即使要使唱有所变化，丰富乐汇，也要在父亲书调基础上“小动动”，不能唱“山歌调”等曲牌和民间小调，这是风格。一部书，要有一部书的风格。不管是说，是唱调，都要有自己的风格。你不能把《倭袍》中王文与刁刘氏的结识私情，拿来用于来富与二房奶奶文张氏的私情上。同样是勾搭成奸，因人物的不同，个性、地位、气质、环境等等的不同而不同，不可以搬用抄袭，即使借鉴，也要“化”。“化”得人家觉不出是在借鉴别人的。

我八岁就开始艺海生涯，插边花。就是旁边摆只凳子，唱开篇。十岁那年和父亲拼双档说书了。

第一次登台，我很紧张。像上法场，心虚，饭也没有吃（自己不想吃）；两只髈发软，发抖，跨不开步，还是听客扶我上台的。人到了书坛上，浑身仍旧在抖，“魂”似乎不在泥丸宫内。幸亏书听得熟，没有忘记，人物也熟，脱口而出，终算没有忘记。破口得还算顺利，一颗心从喉咙口回到了胸腔里——得到了听客的认可和赞扬。有听客对我父亲说，是一块说书的“料”。父亲听了很惬意、窝心，但是没赞扬我。就是以后，我放单档了，也从来不说我好。

父亲有肺病，经常吐血，一度常由三叔代书（二叔在调教他的女儿们），三叔谢世后，把我逼上了梁山，放单档代父亲上台。父亲不放心，我毕竟只是十一岁的孩子！常在后面暗暗听我的书。下台后，有听客告诉我，说“倷爷勒外面听倷格书”。听客赞我说得“蛮好”，其实他们是在鼓励我，我轻骨头得很，自以为真的是好了。于是，肩胛毛干了，要出去飞了，这时我只有十二岁，单档闯码头，一点都不怕。

记得第一只码头到泗泾去演出。上海是必经之路，开旅馆耽搁一夜。吃过夜饭后，去四马路听张鉴庭、张鉴邦昆仲的书。散书场回栈房（旅馆），寻勿着哉。有没有哭呢？没有。去寻巡捕问讯（看我多胆大！）巡捕问我大人呢？我说，“大人就是我”，“我就是大人”。问我栈房叫啥名字？我脱口而出叫“吴宫”，看我那时记性多好，而且十分老练，遇事丝毫不慌张。巡捕拿我领到吴宫旅店，摸摸我头，“very good!”就这样到书场开书。放了半年单档，生意很好，我的头脑发热了，只觉得自己事事好，了不起。书场里天天客满，甚至要早来抢位子。飘呵！父亲又病了，我还去代书，但人头有不足现象。父亲病稍好转，叫我做下手拼双档，这次拼档，觉得与父亲拼得很吃力。书路似乎不对头，忘记了不少，脚色、说表、弹唱，都不行。似乎是刚刚学说书的人在说表弹唱。父亲没有教训我，更没有骂我，但一句话也不讲，我觉得很不是滋味。倘然父亲骂我、敲我，我的心理承受能力可能好些，容易接受些。现在闷声不响，比打骂还重。我垂首毕恭毕敬地立在父亲面前，请父亲指责。

三、“是我、非我”

父亲仍旧没有教训、指责我，只是要我每天一个脚色。重敲锣鼓重开场。从头学起，啥叫每天一个脚色？就是从早到晚，与父亲谈话都是起脚色，包括动作。对脚色的一生要有所了解，晓得人物的性格、特点、个人爱好、喜欢什么、穿什么衣裳、喜爱什么颜色，练武人要掌握他擅用何种兵器，有何特长，总之要掌握脚色的灵魂，叫“非我”。“就是我”，“不是我却是我”。不做到这点，就不能掌握书中人物的个性特点，人物的分寸就不容易掌握好。这与书法、画画的原理相同，有着共同点。齐白石大师说：“妙在似与不似之间，太似为媚俗，不似为欺世。”“是我却不似我”，“不是我，却似我”就是介于齐老说的“似”与“不似”之间。一个说书艺术家，为什么往往被人称为“活”什么、什么的，如“活胡大海”、“活关公”、“活武松”等，家父被人称为“活来富”、“活陆九皋”，就是指他在台上所显现的脚色就是“来富”、“陆九皋”。因为你是“说书的”，来富和陆九皋只是书中的人物脚色，只能一现（或称一显），更加不可以演“像”，既要“似是而非”，又要“似非而是”，到了这步境界，听众们就会认可你了，听众的感情也会被你抓住，对你书中的坏人，如来富就恨，好人就同情（如杨虎），陆九皋仗义执言，更是人人喜爱的人物了。要像排八字一样，熟悉脚色的一生和他们性格。

闲话又要说转来，全身心投入书情，做到来富就是我，我就是来富，也应该的。只有现形说法，如见其人，如闻其声，方能紧扣听众心弦，深深打动听众，调动听众的感悟、情绪，书才能说得声情并茂，出神入化。又不能彼即是我，我即是彼。应该彼是我，我却不全是彼。我还是我。这就是艺人对书情的跳出与跳进的问题。这是一对矛盾，既要是我，又不能是我。当演员书说到，或者唱到伤心的辰光，你可以满脸愁容，形悲声悲，哀怨悲伤，但不能因之而泪流满面，痛哭失声，或者哭泣不已，满脸泪痕，连到书也无法说下去。你应该牢记自己是在演绎情景，在艺术地再现书中人物的形态，但你毕竟不是书中的人物，不能完全替代他的喜怒哀乐的情感！总之，要善于控制自己的感情。既要物我两忘，又不能忘记自己的本性，即本来面目。所以老前辈告诫我们这些后生，要“哀而不怨”，“哭而不惨”（王周士《书忌》）身要现，不能现得不到，更不能现得过头。说书与唱戏的区别就在这里。戏台上，你扮演什么人物，你就是扮演的这个人物。比如说，你扮演了霍定金，改名后为代天巡狩霍必正，为丈夫文必正报仇杀杨虎。戏台上，你就是霍必正，你不能是杨虎，也不能是秋华及其他人物。你更不是扮演霍必正的那位演员。说书则不同，既是霍定金，又是我说书的王啸泉，还可以是杨虎、秋华……随着书情的发展和需要跳进跳出。不到和现场过头，都是不足取的。我在演出中，时刻牢记着父亲的教诲。

要注意喜怒哀乐，说说容易，做起来很难。有些艺人，他说了一世书，始终掌握不了这四个字。只有掌握了这四字，实际是掌握了书中人物的感情脉络，才能懂得轻重缓急，抑扬顿挫，书方能说得“落窠”。所谓“落窠”，既要“快而不乱，慢而不断”，字眼个个爆得出。第一排的人听上去不刺耳，末几排的人却声声入耳，清清楚楚，过去没有扩音设备，二三百、三五百人的场子怎么做？靠的是齿力、口劲，字眼着实了，才能送得远。唱的字咬得准了，腔相应显得圆了。有些人的唱，他为了“圆”而去别字眼“做”，始终不会腔圆。只有唱准字，咬着实，不能滑，有齿力，具口劲，要想腔不圆也困难。常常听到一些艺人，特别是青年演员的唱，存在着严重的吃音问题。末一个字似乎气分不够了，送不出去，好像被吃掉了。产生这现象，还是口劲问题，基本功不扎实。我十二岁就放单档了，咬字基本功始终不敢松懈，哪怕我一度“轻飘飘”，自以为是满足本领的时候，都不敢放松。这对我大有好处。我今年八十七岁了，自以为口劲仍很好，没有扩音机的地方，偶然唱唱，末排人听来还蛮清爽，这是我值得自豪的。

四、“说”是第一位的

书说得落窠，艺人在书坛上要善于掌握和运用口、眼、身、法、步五字诀。口，就是重说，“说书说书”，以说为主。唱很重要，但应符合书情的需要，不能为唱而唱。应该唱的地方，非唱不可；不该唱的，或可唱可不唱的地方不要唱。把唱让位于说，以说表来代替唱。这样的书听来有味儿。当然，需要唱的地方，就必须唱，而且要大唱而特唱，要唱足。比如《双珠凤》中一段《坟吊》，再香讲来，语气、节奏、顿挫都很到位，唱得很紧。这样的唱，是必须唱，不是为唱而唱。再如月香的《三斩杨虎》，起口“好比无情利剑”就把听众一下子带到了大堂上，扣紧听众的心灵。因为这时的说，已不能充分表述书中人物的感情了。古人云：“情动于中而形于言，言之不足，故嗟叹之，嗟叹不足，故咏歌之。”（《诗·大序》）唱是为了更好地说，是弥补说的不足。《诗·大序》中说的“嗟叹不足，故咏歌之”，就是这个道理。眼指眼风、眼神，书坛上一定要做到眼到、手到，手眼配合。身指身段，所谓坐有坐相（钟），立有立相（松），不论跳进表演人物，还是艺人叙述，上身均不能动，要正。不能摇晃，哪怕舞刀、播枪、打拳、使剑，上半身挺正为主，不可呼腰曲背，弹奏傢伙更不能身子委顿，要身体凛直。但也不能像僵尸那样直挺挺。法，有几层含义，动作、手势、眼神一定要到位，这就叫合“法”。不能过之，有人说矫枉必须过正，似乎有道理，实际无道理。过了头，哪里是好的、善的、美的东西，也会不被人理解和接受。为啥？因为你过了头，人们接受不了。“法”的另一解是啥等样人说啥等样话，也就是说，你是读书相公，讲的话必是文绉绉，不会是俚言俗语。同样问“阿曾吃饭勒”，文人相公就会说“可曾用过（点膳）否？”也就是说合乎人物的形象。贾府中焦大决不会讲出宝玉口中的话，同样的，贾母也不可能吐出刘姥姥的常言俗语。这是人物决定了语言，穿着等也是这个道理。一定要合乎人物身份、地位、教养等，这就是合法，合乎法度。再有书中人物的举手投足，也属这类。步，就是步位，角度、方向。你出杨虎的脚色在上首，那么在同样的场合下，杨虎始终是显现在上首方位。一会儿上首方位，一会儿下首，一会儿又在中间，人物形象太乱（这上中下的位置感，我是就单档而讲的），同样与人对话、开打甚至与人见礼，都要注意，不能乱。乱，只能说明你这艺人对人物也没底，所以会不知所措。

五、学而知不足

常言道，初学三年天下可行，再学三年寸步难行，很有道理。我十二岁放单档，真叫初生牛犊不怕虎，再加上借光了父亲的知名度，业务还可以，飘飘然起来，似乎全身都是本领。是否真的这样？不是，乃是卖个小，听众有好奇心。再加上童子戳，牙齿干咂咂，老茄茄，博得听众的好感，所以业务还可。随着年齿渐长，新鲜感的消去，业务渐落了。与父亲重新拼档后，发现了与父亲的差距，开始懂得要学了。这时，学也学得进了，因为自己在码头上吃过亏，知不足，才能专心地学，也开始学得进了。怎样学？三管齐下。跟父亲学，多向前辈叔叔伯伯请教，脑子活络点，嘴巴勤快点，态度谦虚点，有了这三点，不但问，而且要善于问，再加上尊敬长辈，自然得益多多。再有一个方面是多听书，名家响档格书要听，稳档，甚至漂档先生格书也要听。这个听，又包含两层含义，稳档先生的书为什么听客会得不足？漂档先生的败笔在啥场化？同样一部书，张三来做，书场里轧满，李四来说，几乎是“五台山”。什么道理？总结经验，让自己扬长避短，使自己少走弯路。只有三管齐下，勤学苦练，进步得快，才能学到说书的真本事。

说起勤学苦练，我想到一件事。那时还是与父亲第二次合作拼双档阶段。其间我每上街回家，父亲总会问我街面上看见什么？我就讲起路过肉店，看见大块头在斩前腿，还有讨饭叫花子在讨饭。父亲就要我扮演大块头斩肉，叫花子讨饭的乞讨声，还有黄包车喊开闲人……起先我不懂，后来理解了。我们说的书都来自于现实生活中，很多艺术是从生活中提取出来的。我父“活来富”、“活陆九皋”的扮相、“雅称”就是从实际生活中撷取来的。

六、响应号召，创新说新

新中国成立前后那一阶段，我常年在上海各书场演出。即使出码头，也辗转于上海附近各县城乡区。那时欢庆新社会，自动和自觉地与黄色的、不符合社会要求的书目情节整理扬弃，《双珠凤》的书情有一部分不太健康，自觉不演。即使演出“霍家书”，也改动了许多情节——在那时看似乎很正确，现在回过头来看看，“左”的色彩太浓厚了。然而，这就是历史，是无可奈何的。1951年，上海十八位评弹艺人成立了上海人民评弹工作团，艺人们在其影响下，自发组织成立评弹演出小组，我于1955年参加了上海评弹六组的活动。在苏州演出期间，堂姐王兰香、妹月香等都参加了苏州评弹实验小组，我在王雪帆的动员下（王时任苏州评弹协会秘书），加入了苏州评弹实验一组。后来并入了苏州评弹二团。

由于我几乎没读什么书，肚里有几个字，也全靠自己要，向听众请教来的。但我没有因循守旧，墨守成规，坚持走说新创新的路。当然，一大原因是社会环境迫使自己要说新创新；主观上感到时代变了，像文必正这样的读书人，一夫多妻，远远脱离了时代的要求，也促使自己说新创新。我曾经改编过《王贵与李香香》、《汾水长流》，二类书目有《沉香府》、《奇双会》（即《贩马记》根据昆曲与人合作改编），反映现实的，创作了根据道前街上粮店优秀事迹改编的《六好粮店》等，以及无数歌颂新社会、新风貌和园林风光景色的短篇、开篇等。在说新演新的同时，对唱腔作了一定的改革，不但是对自己习惯唱的书调，而且结合开篇内容对演唱程式、唱调都作了一定的探讨，例如人民桥翻扩后，我搞了一只小组唱开篇《人民桥》，来歌唱人民桥的壮阔亮丽和古雅，获得了有关方面的好评，得了奖。

为了支援兄弟县市的文化建设，1965年我和一些苏州评弹团的成员共赴沙洲县(现张家港市),成立沙洲县人民评弹团,作为党的文艺轻骑兵,活跃于广大基层,为工农兵服务。

时间流逝得真快,眼睛一眨,我已奔九之人。儿童时拖鼻涕、脑勺后一根小辫子甩勒甩坐在书坛旁听书吃零食的景象,尚在眼前。现在已两鬓萧萧,而自己七十余年的艺术生涯,没给后人留下什么可以珍惜的东西,真是徒叹唏嘘!然而,有一点是肯定的,我还是想给坚持吃评弹这口饭的年轻人唠叨一句,首先感谢你们为我们老祖宗开创的事业,在努力继承发展!吃评弹饭,说书,只要不是哑子,人人会说,翻翻历史,讲讲过去,讲述发生于市井巷尾的小故事……似乎很简单。真正要说好书,就难了。评弹既是说唱艺术,更是一门综合艺术,具有喜剧、悲剧、闹剧、功夫剧,甚至哑剧、舞剧的综合特点,生旦净末丑,口技、痴子、哑子、瞎子、聋子、葛子、饞兄……都要做到"是我,非我",得其神韵,谈何容易!非要下苦工夫不可。有人认为现在说的现代书中,似乎不需要起这些脚色了,是在丑化人民。貌似有理,其实不然。现在的书,不好听,干、枯,也许原因就在这里,缺少市民生活气息,是在讲故事,不是在说书。因而希望大家不要丢掉评弹的五字诀:"理味趣细技",趣味性往往生发于最底层的小市民身上,有了趣味性,适当运用口技(如八法等),就会有味道。当然还不能忘记一个"噱"字,需知"噱乃书中宝",但也不能瞎噱,不能为噱而噱,都必须建筑在"理"字上,合情合理了,噱头就有可信性。老前辈曾经说过这么一句话:"三年出个状元容易,三年出名艺人容易,三年出个艺术家万难!"值得玩味。

2011年5月

上海说书先生的日常生活及演艺生涯①
——访弹词家陈希安

陈希安口述　李明访谈、整理

［**整理者按**］苏州评弹艺术发展史上，曾出现过盛况空前的顶峰时代。那就是大都市上海崛起后，评弹艺人纷纷从江浙农村走向城市，谋求生存和发展。20世纪20—40年代，评弹名家荟萃于上海滩，响档辈出，流派纷呈，蔚成海派。着长衫、旗袍的说书先生，藉舌底波澜，以一块醒木、一把折扇或琵琶、三弦，话说古今，弹唱雅韵，征服了海上之人。上海由此成为评弹的第二故乡，上海的文化经脉，离不开评弹艺术的浸润。

本文访谈对象陈希安先生即为著名的弹词演员，人称书坛常青松。他师承沈俭安，与师兄周云瑞曾为20世纪40年代后期赫赫有名的"七煞档"之一。1951年为上海市人民评弹工作团（今上海评弹团）首批18位演员之一。其出道早，盛名书坛五十多年，亲见亲历评弹艺术在十里洋场之兴衰。此次访谈于2008年10月31日上午在上海南京西路乡音书苑进行。八十一岁高龄的陈先生精神矍铄，虽然外边不断有电锯声干扰，但老人侃侃而谈，三个多小时的交谈，话题涉及日常生活、演艺生涯、艺术传习、艺人心态、政治影响等诸方面。本文根据录音整理，又于2011年3月19日与口述者本人逐字逐句核对，确保内容的真实客观。行文方面，努力做到既不影响读者阅读理解，亦尽可能保持原汁"苏"味。

一、艺人个人爱好和日常生活

李：陈老师，晚清以来，评弹演员的日常生活发生了很大变化。您是20世纪40年代加入评弹艺人行列的，能否谈谈前辈艺人的个人爱好和生活常态，特别是上海"说书先生"这一社会群体的生活节律。譬如说一天的活动安排。早上几点起床？做点啥事体？哪亨生活？怎样演出？一年的生活节律？有的艺人是要歇夏的，逢年过节又是如何度过的？

陈：我晓得的很粗浅，有的全是听老先生讲格。我观察，像说评话《三国志》的黄兆麟、唐耿良格长辈，这一批老先生（20世纪二三十年代）其他呒啥爱好，到外码头说书，一日两场，日场夜场。从前老先生真好，其实，这些老先生真正文化程度并不高，好多老先生两场书下来，呒啥大格消遣，看书，丰富自家格历史知识。特别是说大书的，(拿看来的）摆到演出当中去。譬如他们说书说东，西面学格物事可以插进来。码头上合做辰光，譬如一边在光裕书场，一边在阊门梅竹书场，早上顶多讲好九点钟到光裕书场碰碰头，或是梅竹书场碰碰头，吃吃茶。吃茶也是谈道。我拜格先生沈俭安也是如此，早上吃吃茶，上茶会。由于当时辰光30年代左右，上海畸形发展，听书人多，层次比较高档。层次一高，有很多有身价格人不出来听书，请堂会，请到屋里厢，有辰光是一个人听，有辰光是全家听，一般也是夫妻两个，或者再有个把老人。我和先生做几次堂会，全是一两个人。比方说，我与先生去的一家人家，是上海文化广场（以前叫逸园跑狗场）老板格家里，叫叶四太太，欢喜听书，苏州人。

李：叶家是大人家，东山叶氏家族是望族，世代为官，叶梦得做到翰林学士，后来经商格人也蛮多。

陈：叶四太太有辰光一个人听阿拉说书，有辰光和囡囝惠囡一道听。后来“文革”辰光，伊（指惠囡）从淮海大楼跳下来死脱格。再有，苏州留园盛家，盛老五，我搭先生去唱，伊着仔日本和服，吃鸦片呀，人是瘦得来，怕格，像个妖怪哉，也是一个人听书。格种情况有好多。还有一个纸头大王徐大统，当时日本人打进来辰光，伊救了一个加拿大人到家里，这个加拿大人有点身价，所以回去后加拿大纸头进来叫伊代理的。解放初伊到香港去了，香港回归后的立法会主席叫范徐丽泰，就是伊格囡囝。当时先生接触格全是上层人物。像协大祥老板，阿拉到伊家里去，夫妻两家头听书。还有一个搞纸头格詹沛霖，实业轰轰烈烈，住在虹桥附近，也是一个人听书，家里房子大得热昏。当时辰光，住在虹桥全是要有身价的人，呒不身价格人住勿进。像我先生，包括许继祥、周玉泉等，这些人实在忙不过，日夜全在电台、书场、人家屋里唱，伲先生要吃点鸦片。格歇辰光，在畸形格社会环境里，有些姨太太或交际花，譬如说，有铜钿老板包伊，事实上伊并勿欢喜，那么，自家要寻找自家格欢乐，就和阿拉格种演员轧朋友、交往，蛮多格。一般来说，在三四十年代，格种事体很普遍，酒、色全来格。

李：当时社会淫靡不堪，我曾在不少资料上看到一些大红大紫的评弹演员，往往在私生活方面难以把握，缺乏检点，似乎全结交异性朋友，这样，是否会对他们家庭的稳定造成影响？另外，演员在十里洋场真的蛮吃力，长期生活无规律，加上疲劳，以至于不少演员染上不良嗜好，他们吃上鸦片以后怎么办？

陈：这倒还好。因为在旧社会，两房、三房全无所谓，全有格。伲先生有两房，外加外头还有“朋友”。其实周玉泉外头也有“朋友”，徐云志也有“朋友”，包括严雪亭，算得正人君子，也要伸只脚，也有“朋友”，所以被蒋月泉讲，“俚也要缚手缚脚哉”。蒋月泉自家呢，“朋友”多来，张鸿声虽然大书，“朋友”也多，顾宏伯也多。因为外面引诱多。那么，再看看听书格点人，全是中上层，起码是中层，当然职员也很多，再上层格人也多。有种听书就勿到书场，请转去唱堂会。所以包括周玉泉、徐云志、阿拉先生等，堂会唱得蛮多，一日天有辰光有两三家堂会，长堂会，电台再唱两三家，再做头两家书场，一日天吃力得不得了。譬如说，到盛家、叶家去唱堂会，四太太欢喜吃鸦片，就说“来啊，休息一歇，香香，香香”（鸦片），有辰光是蹋便宜货“香”上格呀！但有辰光就是自家体力不够了，精神不够了，那么就吃一点。慢慢地自家也要吃了，那么就自家弄来吃。关键还是引诱多，你不去，他们要来引诱。外码头就呒不引诱。上海不管是大人家格二房或三房，不管是交际花，对你（指演员）欢喜得不得了，是格能样子。格点引诱，码头上呒不，只有清当清说书。还有，在电台一唱，电台一红后，经常有电话打进来点唱。譬如说点南京路评弹团陈希安唱啥物事，每次捧场，假使一日天三只电台全来捧场，就会注意（格是啥人）。

李：你们在上层社会成员家唱堂会辰光，特别是为一个人、两个人演出辰光是啥个心态？对方是怎么看待你们的？关系怎样？

陈：像朋友。有辰光阿拉到协大祥老板家里，去时对方来电话，你们过来吧，阿拉就到俚写字间，坐了汽车一道到他家里去，俚换脱衣裳，大家坐在一道讲讲，说伲开始吧，唱脱一歇，俚就讲好了，歇一歇，蛮随和。像伲先生到盛家去，叶四太太喜欢我得不得了，不当说书先生，像朋友一样，像好朋友，看见了开心得来，没有要求说要唱得好点。另外，当时伲头颈骨蛮硬的，所以对阿拉交关客气。

李：您能描绘评弹名家们常态的一天生活吗？譬如几点起来？几点演出？做点啥？

陈：一般讲起来，早晨身体、精神好点格（演员），茶会里吃茶，吃脱茶下来大家回去吃饭。吃好饭上书场，那么基本上一直要到夜里回转去，名家基本都是如此。有辰光回去吃顿夜饭，马上亦要出去，到点把钟再回来，唱电台，唱书场，夜里还有堂会，所以有辰光，由于夜里睏得晚，早上勿起来吃饭也有，起来得晚，像阿拉先生早上起来要11点敲过，擦擦面、弄弄好，吃脱顿饭，包车下面停好，出去，那么一路直到夜书场散后回到家里吃老酒，再吃脱两筒烟，一般就是这样的生活。

李：评弹演员，喉咙是本钱。以前老先生一天场子这样多，他们是怎样保护嗓子的？

陈：保护喉咙，其实顶重要是在嗜好方面要注意。不过像张鸿声，不吃老酒呒不劲格，板要吃了酒上台，俚只喉咙蛮好格，所以很难讲。包括顾宏伯每顿也要吃酒。像张鸿声、顾宏伯等说大书的艺人，还有好多人追求，假使你自己不注意，或日夜胡闹，或者烟酒一来，喉咙就去脱。所以，保护喉咙一方面有些嗜好能控制要控制点，另一方面要多休息。你如果一天八九场唱下来，再出去胡闹，吃酒吃烟，喉咙肯定要去脱格，到底人不是铁打的。夏荷生，有评弹梅兰芳之称，一代"描王"，喉咙多少好，但是吃鸦片。记得1945年日本人投降后，我搭俚一道在青年电台（国民党办的），在陕西路延安路处，演出上下档，俚对我也蛮好的，当年可能四十五或四十六岁。结果吃鸦片，第二年就走脱了，最后连棺材钞票全是道众出格，这样一个大响档！所以吃鸦片，格是既伤身体，亦伤喉咙，亦伤铜钿。包括朱介生，喉咙去脱了。

李：夏荷生家里呢？后来生活情况怎样？

陈：夏荷生也有两房太太。第二房叫小妹、小妹的，本来在一个店里做会计，解放后还看到，后来勿晓得了，听说俚的儿子还可以。

李：去脱喉咙格演员真是勿少。

陈：所以要真正保护好喉咙，是不容易格事体。一方面在七八家、八九家场子做下来，已经疲劳得勿得了，再去吃烟，胡调，人亦勿是铁打格！所以有辰光一些绯闻，在文艺界很难免。我勿去寻俚，俚要来寻你。有辰光严雪亭也有"朋友"，唐耿良算得老实，也有"朋友"。

李：解放前上海这批评弹名家收入应当很丰厚吧？

陈：像严雪亭，苏州买房子，自家屋里造只亭子叫雪亭。张鸿声在苏州颜家巷有五进房子。姚荫梅格房子，就是现在金声伯住的地方，当时金声伯买下来辰光，大约只有七千洋钿，现在连地皮价值一千多万。

李：格歇辰光说书先生对衣着全特别讲究，他们一年四季有哪些行头？

陈：一年四季行头，阿拉先生特别考究，皮袍子有好几件。今朝天稍微热一点点，灰鼠，顶冷辰光狐坎，外面是狐坎大衣、皮领头、丝绒帽子，一般中上听众看见，全觉着说书先生“吃价”，都是这样子的。而且蛮噱头格，伲在台上个打扮，长衫、大袖口、纺绸短衫裤子，蛮多中层的高级职员看见了，也着长衫，学伲格种派头呀。

李： 好像模特儿哉。

陈： 对对。

李： 那么上台也是这样？

陈： 上台大衣、呢罩袍脱掉就是皮袍子，灰鼠灰背，狐坎，勿得了。灰鼠有几种。狐坎大衣，不得了格皮袍。格歇辰光包括徐云志、周玉泉、夏荷生、蒋月泉、张鉴庭、薛筱卿，全是格能样子。出去，丝绒铜盆帽一戴，皮鞋锃亮，外头狐坎大衣，里厢狐坎袍子，扎脚管裤子，全是像织锦缎那样的，包车赤刮辣新，两盏灯，夜里厢叮当叮当，哗，到书场去。

李： 格歇辰光，伲姆妈住勒陕西北路威海卫路，经常看见说书先生赶场子，包车上插仔野鸡毛，吧布叮当，风光得不得了。俚姑夫开剧院，所以常常可以看电影，听书，最欢喜到玻璃电台，看蒋月泉着仔白格纺绸短衫唱开篇。

另外还要请教陈老师，当时风头健的演员，在上海或到码头上演出，食膳情况一般来讲是哪亨格情况？三四流演员场方又是怎样招待，等级区别大吗？

陈： 阿拉出去格食膳全是场方提供。即使三四流的（演员），自家也勿烧。像伲老先生，中午六七只菜，晚上六七只菜，留下两三只菜夜里吃点心。一般格演员弄个三四只菜，不用自家开伙仓。解放后是自己弄，像困难辰光还要自家拎了米到杭州去演出。

李： 出去要带行李，还要带米，而且交通也不方便啊！

陈： 是格，交通也不方便。还要背两只琵琶、两只弦子，蛮苦格，做评弹演员真格蛮苦。勿像从前。从前评弹演员像薛筱卿、蒋月泉、张鉴庭开奥斯汀汽车。伲出去包车（自己包的三轮车），人家看仔蛮风光，噢哟！说书先生“吃价”。

李： 不过闲话也要讲转来，评弹演员里厢，等级差别太大，蹩脚说书先生真格是蛮苦的。

陈： 对对，阿拉到茶会里吃茶也是如此。一看就晓得，等级差不多的演员聚在一起，最差的坐在旮旯里等代书。从前叫“茶会”。大家平时吃吃茶，有辰光有人说今天啥人身体不灵，叫人去代书，有种人连得代书都呒不资格。

李: 以前到码头上演出，除轮船和汽车外，还有什么经常利用的交通工具?

陈: 还有小的独轮车，我搭先生在常熟乡下梅里，梅里到浒浦全是独轮车。半边放行李、半边坐人，常熟乡下最多了。夏荷生去浒浦说书，阿拉在梅里做，倷就坐独轮车轧浪浪过来格。其他像航船、轮船，伲全坐过，还有长途公共汽车。现在不一样了，自家开车子，阿拉团里大约六七部，苏州团还要比伲多。

李: 陈老师，您认为三四十年代，上海评弹最好的演出场所是啥地方?

陈: 最好是"老沧洲"，在现在"锦昌文华"隔壁，大得不得了。"老沧洲"饭店里住的全是高档人。伲吃茶都在里边，门口有片草地。还有"新沧洲"，这两爿书场最好。到后来就是"新仙林"、"仙乐斯"。这种书场真格有气派，踏进去人一凛，全是地毯、弹簧地板，因为本来是舞厅，座位全是一只只软靠背。

李: 听众阿可以吃茶?

陈: 可以吃茶。踏进去的环境，一个人感到舒服得不得了。最最高级是"新仙林"，大门进去，一个圆形环岛花坛，两面汽车开进去，到门口停下来，四周一排全部是窗，八九百只位子。

李: 在台上唱有什么感觉?

陈: 心情舒畅，望下去层次高得不得了，有不少是开汽车来听书的。

李: 与听众的交流是哪亨格?

陈: 跑进去，上台了，路过听众门前，一排一排打招呼。

李: 苏州的茶馆书场呢，听众层次参差不齐，也蛮随便，吃茶、吃零食全有。更多呈现为一种苏州人的生活方式，而上海可能要"海派"得多。

陈: 非常高档，而且就像出席盛会一样。进来的人打扮全是讲究得不得了，即使一般的职员，也是着得挺挺括括，呒不啥七峤八裂，全是中上等人。

二、学艺心态和生活

李: 陈老师，您当初投拜于沈俭安老师门下，真是有幸，请谈谈拜师的初衷。

陈: 我跟先生，当时辰光只有十二周岁。哪亨会学格呢? 也是受了影响。噢! 顾宏伯、张鸿声到常熟来演出，生意好得热昏。蒋如庭、朱介生，还有张鉴庭搭倷大兄弟张鉴邦全到常熟来演出。当时张鉴庭说书还呒不上正规，伲等到一场书说下来，（对听客）讲“还有啦”。啥物事？就是唱“小热昏”。戴了个头套，搭张鉴邦滴笃嗒、滴笃嗒唱“小热昏”，所以生意好得热昏。生意一好，家里大人就觉着说书先生不得了，将来红出来真格吃勿光用勿光，格是只金饭碗，收入高，受人尊重，所以学说书人多呀，现在啥人去学？

也是搭先生有缘。格一年先生齐巧到常熟来演出，要收学生子。格歇辰光伲搭薛筱卿已经拆搭哉，那么我乡邻李筱珊，伲是王子和格学生，王子和是周玉泉格先生，李筱珊认得我先生，就介绍我去学。伲先生一看我蛮好，蛮讨人欢喜，当时就拜师。但是，从前辰光拜老师要十担米、二十担米，伲家里蛮清贫，呒不啥物事，后来先生说不要了，就请一桌酒吧，写张纸头。

李：这张纸头是否就是以前的关书呢？写点啥内容？拜师下来业师是怎样授徒的？说说您自身的学艺轶事。

陈：正是关书。上面写好，说仔书下来，学四年，帮师四年，要八年以后好拿铜钿。听听一张纸，蛮结棍格，但事实上呒不做到。先生心地善良，师母为人也很好，我吃饭全吃伲格。跟先生到上海后就住在先生家里，大世界对过格久安里。因为先生屋里房子勿大，三层楼，有两房太太，还有囡囿，所以先生到三层楼，我帆布床就搭在二层楼，先生到二层楼，我帆布床搭到三层楼。到后来，伲小人大哉，我就睏阁楼。再下来，实在呒不睏处，我就睏在灶披间进来扶梯底下一小间里格木板上，旁边全是煤球，还有三只煤炉。大概蹲仔一年还不知一年半，到后来日本人来，户口米买勿着，我亦是吃得下，家里米不够吃，先生叫我先回转去住一阵，上海太乱，等形势好了再来。我住在苏州亲眷屋里（仓米巷），住仔一阵再回到常熟。

李：那么，在这一年多时间里，您是怎样跟师的？先生怎样向您传授技艺？请谈谈您个人的艺术学习途径。

陈：我跟师后，（艺术上）阿拉先生不太讲格，就是喊我听书。先生到啥地方说书，我就跟到啥地方。伲接的场子多，忙得不得了，先生坐包车，我总归在后头跟得去听书。譬如讲，伲今朝到东方书场，再到工人文化宫，再到其他地方，像湖苑书场、富春楼啊，我就跟伲车。假使实在太远，先生就给我铜钿，让我乘电车。有辰光先生吃消夜，就在大世界对过转弯处的一家面店里吃面，伲吃肉面，我吃阳春面。但是，在基本功方面，先生倒是认真教我学本事格。伲叫我用竹头做好一只弓，每天练，洒、滚，弹琵琶，练轮指。弹辰光，用的是老法格工尺谱记，“工工四尺上，上四上，四上上工尺，六六工工六六尺”。

李：听书后，哪亨向先生回课呢？

陈：听仔书下来，我自己想，今朝格回书哪能一条路顺下来。有辰光，先生会问问我：今朝格回书听得哪能？阿背得出来？有时夜场结束了，（先生）老酒吃好，横在铺上，叫我唱只开篇拨俚听，就这样来教。呒不一本正经一个字一个字点拨格。粗框框，唱给他听，俚觉着啥地方不对，自家记。不像现在的学生，一个字不对，不但要重新来一遍，先生还要唱给他听，作示范，伲格歇辰光从来呒不过，全要我自家去悟出来。

李：那您回到常熟后又做些什么呢？离开了先生，怎样学艺？

陈：我回转去辰光，先生拿几本账簿交给我，格就是《珍珠塔》的脚本，俚叫我带到常熟抄。

李：这真的很少见。我在调查中体会到，艺人的脚本，一般全是守秘而不肯公开的，即使老师要传授书艺给门生，也不会拿脚本全部拿出来，真是难得！

陈：对，一般性勿大有，呒不格。阿拉老师气量大。因此我在常熟有事体做。每天早晨起来唱开篇，基本上唱两个钟头到三个钟头，吊喉咙，所以我只嗓子被我吊出来的，一直不倒。下午就拿毛笔拿脚本抄下来，也是牛吃蟹。后来局势稍微好点，先生写信喊我上去②了。

李：回上海后，您又开始了一种怎样的学艺生活？

陈：回到上海，先生屋里人多住不下，我就住在师兄汤乃安屋里。俚经常教我。格歇辰光，先生亦已经和朱霞飞拆档，搭师兄李念安拼档。李念安弹唱说表全好得勿得了，而且唱格是正宗薛调，我呒不看见过师叔薛筱卿台上的说法和唱法，所以倒是念安师兄教我格。我总归早晨到师兄搭，俚教我弹，教我唱，使我得益匪浅，我特别感激。

李：您真幸运，作为小师弟，受到同门师兄的悉心指点，这种情况好像不多。除此之外，专业上您还得到过哪些老师的点拨？

陈：提到这个问题，我要感谢一代大师夏荷生。我未来先讲。早先，先生带我第二次到梅里，夏荷生老师搭伲先生是好朋友。俚来看伲先生，看见我早晨对仔河面练唱，就走过来拍拍我肩胛讲，“喜官啊”，我格小名叫喜官，“你这样唱蛮好，不过下头要打高一个字，要多练，然后到台上再打低一个字”。我听仔先生格闲话，这些年来，基本上照这种方法练，结果得益匪浅，在台上唱觉着蛮轻松，游刃有余。而且，唱了六十多年，音调始终在A音区里，称得上诀窍，一字千金啊！

李: 您什么时候和先生拼档?

陈: 我1941年拜先生，第一只码头跟到无锡。先生搭朱霞飞拼双档，生意好得不得了，日夜两场。大概到1943年初，我就开始搭先生拼双档了，带仔我到处跑。开头辰光，插边花，唱只开篇，排一成书。先生在台上要求严格得不得了。有次，我在常熟梅李做畅园，对面大概相隔50米左右，有个龙园。大概是虞文伯在说《济公》，俚起个爆头③，我拨俚拉过去呀，分心哉，(当时)伲在台上说书，正好说到《婆媳相会》，先生一只"钩子"甩下来，我没有接，呆瞪瞪，顿时冷场，几化尴尬！先生拿弦子往台上一掷，说："你在转啥念头?"当仔听客面，我面孔红了，现开销，无地自容。那么从今往后，自家晓得注意哉，不敢有半点懈怠。总之，学艺方面，先生终归早上问问我："你阿唱了?"具体教我书，脚色哪亨起，不大有。

李: 您和先生拼档有多长时间? 关系如何?

陈: 我搭先生是1945年拆档的，俚待我真好。刚拼档辰光在演出收入上就已经给我一成，到后来二成、三成。所以讲，学四年帮四年根本是句空话。另外师母也不错，大师母儿子在云南，不在身边，所以拿我当儿子格。

三、演艺生涯与艺术追求

李: 陈老师，您当时和师兄周云瑞拼档，在书坛崭露头角，有"小沈薛"之称，如此年轻就已出道，肯定付出了艰辛努力。谈谈你们的演艺生涯，特别是对艺术的追求和创造。

陈: 抗日战争胜利辰光，上海有三副大书场的老板联合提出要求，要伲先生重新搭薛筱卿拼档，恢复名牌，先生欣然应允。我哪亨办呢? 先生就关照我搭师兄周云瑞搭档。那么从1945年8月份开始，伲师弟兄拼档，一直到1946年。这一年多在码头上是关键，真正是打基础打得牢得不得了。所以我讲周云瑞既是我师兄，亦像我老师。我这点本事，包括弹琵琶、把位、唱腔全是俚教格，真是天地良心，良师益友。我是个音盲，师兄多才多艺，我琵琶不来，俚一小节一小节手把手教。有辰光反而我不耐烦，俚仍旧循循善诱。在码头上，伲睁开眼睛，吃脱点心弄艺术；日场下来再弄艺术；夜场下来再弄艺术，一年多一直是这样，学了很多物事。格个一年多艺术上有了一个飞跃，从此以后成为小双档。

伲俩家头码头浪生意交关好，但阿拉仍旧如此，仍旧排书、弹傢伙。所以，后来到1946年，张鸿声在上海得信了。格歇辰光，张鸿声是上海格些书场的托拉斯，晓得以后，就写封信拨伲。张鸿声有啥个特点呢? 俚就是发现哪一档书在外码头有点苗头，就请到上海。虽然对俚讲起来呒不回扣，但俚可以蹲在上海，不是半年、一年，有辰光是两年甚至三年，因为全是生意，这样一来，大家全活了。俚写封信来，问倪阿有兴趣一道到上海来演出？阿拉想求之不得，阿拉这样磨刀，就是为了要到上海来。（到上海后，张鸿声替倪）安排格场次交关好，沧洲书场，唱中场。当时辰光有头场、中场、夜场。阿拉唱中场，第一档严雪亭，第二档阿拉，第三档张鸿声。上头刚刚引进来，下头有人挡，阿拉在中场顶稳了。但是也有坏处，如果当中一档书烂脱了，挑扁担④挑勿起，整个一场书就完结。倪就在沧洲书场一炮走红，那么叫"响弹响唱小沈薛"。从1947年底还是1948年开始，就是搭唐耿良、蒋月泉、张鉴庭、张鸿声、潘伯英、韩士良七档书蹲勒一道，叫"七煞档"。大概到1948年，张鸿声、韩士良，还有潘伯英分出来，就变"四响档"，一路到解放。

李：您和周老师在上海立牢脚头，正好遂了你们的心愿，不负先生，发扬他们的风格，因为沈、薛是一流大响档。据说，两位先生当年也是无比用功，一心扑在艺术上，才获"塔王"之称的。

陈：的确是这样。30年代下来，评弹演员未成名格辰光，全是一门心思想成名。说实话，当时一个演员蹿出来，一炮走红，成为响档，就可以得到自家所需要的，包括享受等，所以拼命研究，包括倪先生沈俭安，到后来搭薛筱卿合作，名震书坛。为啥说沈薛是划时代的，就是要想成名成家，所以在艺术上钻研。倪先生根据自家嗓子条件，根据时代精神和听众要求，在马调基础上进行发挥。俚动脑筋改造曲调，使之符合人物感情，听起来圆润、哑糯，韵味十足，创造出沈调。薛筱卿老师琵琶勿得了，俚想办法创新，由本来上手唱、下手一道停，变为上手唱、下手琵琶勿停，伴奏支声复调，你唱1–2–3–，我弹3–6–5–，这样烘托，使得音乐丰富、不单调、音节加强，具有烘云托月的艺术效果，这对弹词事业的发展有很大很大格贡献。弹词音乐本来我也听格呀，阿拉太先生魏钰卿一只弦子，"啥咕啥咕啥咕啥啥咕，啥咕啥咕啥，啥咕啥咕啥咕，咚咚咚，咚咚咚啥"，单调伐？在当时辰光讲起来，俚可能比马如飞调要好，马如飞是念咏式格，书雾腾腾，但已经有音乐性，一泻千里，十几句一道，叠句唱，但艺术还不够。三四十年代听众要求也很高，当时外国电影进来，歌曲进来，还有美国歌王等，对比之下弹词还不够。所以沈、薛在这方面可以讲是一代宗师，后来格伴奏，不管是蒋调还是其他调也要伴奏，格个伴奏从啥地方来，就是从薛筱卿老师伴奏创造基础上来。

李： 您和周云瑞师兄拼档时，走了不少地方吧？

陈： 跑格码头蛮多，像湖州、常熟、嘉兴、无锡等。到上海电台唱得多，因为有一批朋友全唱电台，杨振言、我以及师兄吕亦安，还有顾玉笙、冯筱庆、徐天翔、华伯明等等，唱电台，唱开篇，混在一道。格歇辰光年纪轻，听众点开篇，开心得勿得了哉。阿拉一道唱电台辰光，听众熟到哪亨程度呢？只要伲两家头乐器傢伙当当当一来，听众就晓得是周陈档。所以双档一定要拼得长，熟能生巧，听众有印象。有辰光伲在上海要做七八家，四家书场、四家电台，有辰光一家电台就专门唱开篇，譬如这家电台做8—9点，那家电台做9—10点，来不及赶场子哪亨办？那么只好采用偷懒办法，我先走一刻钟，师兄结束后再过来。不过，真正要钻研艺术还是在码头上，码头上是钻研艺术、提高艺术的顶顶好格地方。你要是到上海，有朋友请吃，还要应酬。在码头上，虽然自己带家眷，一日到夜上下手终归在一道研究艺术。

李： 和沈薛档相比，周陈档在艺术上有点啥吸引人的地方和特点呢？

陈： 关于这个问题，伲师弟兄当时商量，因为伲两位先生全是大牌，伲要生存，要有立足之地，板要有改进。首先，说书节奏要跟上时代，行书要稍微快点；另外，要想点噱头。最重要格是，音乐上要想点名堂出来，有所突破。所以就尝试弹弹时代歌曲，有时休息辰光弹弹《春江花月夜》、《步步高》、《夜深沉》、《梅花三弄》，定定场，很受听众欢迎，因为比较新颖。另外，伲对书也有改动。譬如伲先生说《方卿见姑娘》唱道情，实际上道情是勿唱格，只背一只《鹧鸪天》就结束哉，格个大关子上听众是不满足格。所以伲想出来正式唱道情，听众全蛮欢迎。

李： 陈老师，在您的艺术生涯中，有一段很特殊的经历，就是四响档应邀到香港淘金，结果这桩事体留下仔不少隐患。唐耿良回忆录里也谈到，是这样吗？

陈： 事体是这样的：有一日天，米高美舞厅格老板孙洪元搭伲联系，希望伲到香港去演出。当时我搭蒋月泉、张鉴庭一道在新仙林做，那么蒋月泉就来搭伲商量，因为对方管吃、管住、管接、管送，包银讲金子，问我阿肯去。我觉着机会难得，来得正好，所以答应到香港。不过，当时辰光已经解放哉，伲要到军管会文艺处去申请。刘处长劝伲不要去，做伲工作。外加还讲假使去香港，将来要后悔格。后来看看伲实在想去，就讲希望到了香港之后要注意，而且欢迎伲回转来。到最后，伲四档书还是一道香港去了，就是张双档、蒋王档、周陈档，还有唐耿良。到了香港之后，白天做百乐门舞厅，三块洋钿一张票，夜里唱长堂会，就在杜月笙家里。当时俞振飞、马连良、张君秋全在杜月笙家里唱。伲四档书轮流做了一阶段堂会。但是，伲后来生意不好，香港立不牢脚，就准备转来。格歇辰光，亦有人来寻伲，就是金都电台格陈老板，喊伲到台湾去演出。伲听了一吓，因为家眷全在上海，到仔台湾就真格回不转去哉，所以伲就婉言回头，总算回到上海。

李：回转上海后有没有受到批评？说说有关“十八艺人”的事。

陈：这倒呒不。但是这次到香港，因为当初军管会是劝伲不要去，所以回来后总归感觉自家错了一点点。那么就想办法要求进步啊！转来之后就开始说新书，我记得当时唱格是《陈圆圆》，还得着三等奖。

到后来看看形势，觉着共产党来了之后，将来听书人勿大会有，每人全会有工作，不工作的人将来呒不格，“有闲阶级”呒不了，说书看上去也勿来事。封建社会的书勿来事，新社会的书要重新说起来，要再学习。那么伲就自家组织到无锡学习，自觉自愿，脱产学习，呒不收入。借了大娄巷里格房子，请文化局干部来上课，讲社会发展史。后来还到苏州学习，住在吴剑秋家里，俚屋里有一只大厅，伲就在厅上学习，还弄新书。伲弄《陈圆圆》，蒋月泉弄《林冲》，刘天韵弄《三上轿》，夜里还排新书。另外，伲还写信到戏改处，要争取组织起来，成立评弹团。因为只有争取参加国家剧团，让国家来组织，脱产学习就可以由国家拨伲薪水。后来刘处长叫伲努力争取，创造条件。伲就拼命说新书，到1951年11月20日，终于成立国家团体。当时辰光有五个团，不过只有评弹团和杂技团是国家格，其他三个团是地方国营性质。首批进去格演员有刘天韵、蒋月泉、王柏荫、张鉴庭、张鉴国、张鸿声、唐耿良、姚荫梅、周云瑞、朱慧珍、徐雪月等18个人，所以“十八艺人”格说法是这样来的。

李：为了争取参加国家团体，好像你们在个人收入方面受到很大影响？

陈：当时为了要求进步，大家讲工资尽量要低点。张鉴庭拿200多元，我拿120元。这和外码头做起来相比，相差好多倍，但为了要进评弹团。我本来房子住在卢湾区妇幼保健院那边，蒋月泉家对面，蒋月泉住念吾新村，我住在对面，隔一条马路，叶子咖啡馆上面，因为顶下来辰光还欠点债，一两千块洋钿，但是要进评弹团，工资要降下来了，所以只好卖脱。所以伲参加评弹团也有一定牺牲。

格些老先生进来之后真格艰苦，苦到哪能程度，由于格些人格开销，旧社会里手脚全放大，现在勿会一下子就收转来。所以贴贴贴，贴到后来，姚荫梅呒不铜钿，房子卖掉，7000元，后来分到一间房子。张鸿声五进房子出租，结果社会主义改造全改造脱，而且后来全呒不拿着房子，只有个别人倒拿着洋房格。所以讲这些人参加革命，进入评弹团，实际上从个人来讲是作出牺牲格。

李： 上海人民评弹工作团成立之后，在五六十年代，创作了一大批中篇，感觉投入力量蛮大，你们是怎样体验生活的？

陈： 评弹团一建立，伲马上就到淮河工地上去体验生活，18人全去格，住工棚，盖棉花胎，外头大雪，里厢小雪，外头大雨，里厢小雨，吃高粱饼、胡萝卜丝，搭农民兄弟同吃同住同劳动一个半月。后来又到霍山佛子岭水库，同样一个半月。回到上海后就集体创作了中篇《一定要把淮河修好》，在沧洲书场整整演三个月，天天客满。

到1952年，伲又下工厂，到上海电机厂参加劳动。呒不多少辰光，接上级通知，和唐耿良、朱慧珍三人参加第二届慰问团，赴朝鲜战场演出，慰问志愿军。这个文艺团体里还有赵丹、金焰等人。到了朝鲜，一般全在坑道里演出。因为当时还在打仗，过鸭绿江时，只看见飞机上扔炸弹，志愿军高射炮打飞机，连得夜里开车全不打灯。有一次，伲刚刚演出完毕，坐在卡车上，后面一个炸弹下来，大家全紧张得不得了。不过我倒觉着就是牺牲也是光荣，当时只有二十二岁，正好血气方刚辰光。还有一次，伲就在平地上演出，四面全是山头，山上架好机关枪、大炮，碘钨灯锃亮，场面激动人心，印象极深。回国后，伲亦参加华东六省一市汇报演出，回到团里，正好蒋月泉等创作仔《海上英雄》，解放军题材，接下来亦跟杨振言、周云瑞到江南造船厂，一道创作中篇《江南春潮》，到1955年，又创作了中篇《王孝和》，在静园书场演出三个月，全是客满。

李：《王孝和》书中《党的叮咛》格段唱我顶欢喜，60年代辰光电台里放得蛮多，我也学唱过，觉着特别抒情、好听，“有了你共产党，方有我今日的王孝和”这句有名的唱腔我从小就会哼。

陈： 想不到你也是位老听客。我当时搭蒋月泉老师分别演王孝和，俚唱蒋调，我唱薛调，风格不一样。为仔能够统一，蒋老师、周云瑞、张鉴国三位老师一道辅导我，用蒋调旋律和薛调结合起来，再加上张鉴国老师琵琶一托，唱起来蛮有新意，蛮有韵味，老听众也全蛮欢喜，到现在也算是名段了。

1960年到西北慰问上海工人，到过西安、延安、宁夏、青海，碰着不少上海人。伲还在青海盐河表演，我还客串过滑稽（戏）《满面春风》。回到上海以后，团里亦组织到井冈山深入生活，大家着仔破裤子、破衣裳，准备参加劳动。不晓得等到回到省会南昌辰光，省里领导晓得伲从上海来，特别招待，夜里搞舞会，呒不衣裳，后来有人想出来，说陆雁华有条好格哔叽裤子，那么就着仔俚格裤子跳舞去，着女同志裤子，真格有点出洋相。到1963年，开始大写十三年，当时周云瑞已经搭别人拼档，我就搭陆雁华合作，改编长篇弹词《年青一代》。

李：1962、1963年辰光，我已经八九岁哉，当时伲父亲拿家里全部积蓄，买了一只四灯无线电收音机，好像已经蛮显焕哉。上海台每天中午吃饭辰光有一档评弹节目，我总归用青边碗盛一碗饭，夹点菜，像盖浇饭一样，捧只碗到楼上，边听书，边吃饭。《年青一代》就是格歇辰光听格，对萧继业崇敬得不得了，《党的考验》格段唱篇我也顶欢喜听。这几年，评弹歌颂的对象基本上以党和工农兵为主。电台里还定时教唱开篇，像徐丽仙老师格《六十年代第一春》、《光荣妈妈》、《社员都是向阳花》，周云瑞老师格《雷锋，伟大的普通一兵》等我也跟着学唱过。陈老师，您在电台里也教唱了不少开篇，可惜我只记得唱词，叫不出篇名。有一只开篇格唱词是："我是参军入伍一年零，革命欢歌唱不尽。解放前，我是饥寒交迫哭声惨，如今是我的歌声甜津津。旧社会，杀人不见血，恶地主逼死我父母亲。幸亏来了共产党，红旗带来雨露恩，共产党把我抚养大，我是永远难忘党恩情，革命男儿凌云志，十八岁我参加了解放军，要做一个保卫祖国的五好兵。沿着长征的道路迈步走，把革命事业来继承。不怕风浪大，不怕路不平，永远要革命，永远敢斗争，勤学习，勤练兵，保祖国，保和平，紧握枪杆表决心。哪一个敢把祖国来侵犯，我就把他坚决彻底消灭干净……"另外一只开篇，唱的是："江水汹涌卷巨波，黑夜风暴雨滂沱。电光闪闪照千里，霹雳声声震山河。蓦地一声军号响，战士集合要把江渡。一个个似蛟龙，胜猛虎，枪炮弹药肩上荷，跃入江中练硬功夫。哪怕滚滚巨浪迎面扑，战士心头热如火……"您还记得它们分别叫什么名字吗？

陈：噢哟，我根本全忘记了。有辰光电台上去，给你一张稿子，给你一只开篇，叫你自家谱曲，唱过一遍算数。你现在篇子讲起来好像有印象，你记性真好。

李：陈老师，"文化大革命"之前，上海团中篇说得特别多，那么中篇搭长篇毕竟不一样。请说说中篇在当时来讲有啥积极意义？

陈：中篇、"折子书"对评弹演员来讲、对评弹事业来讲，中篇扩大了影响。因为有辰光、刚解放辰光，有一批人对评弹不晓得，中篇一唱以后，吸引了不少人。特别是唱现代中篇，吸引了一批以前不听书的人。新的容易接受。中篇好在啥地方呢？一个夜里解决问题，所以听你一场就解决问题了。还有“折子书”，都浓缩、集中了，用不着连续来听了。那么对演员来讲，根据现在书台的节奏，你不好再拖沓，你一定也要有删有改。你还是按以前老先生的，像我跟先生说《珍珠塔》，最长的一次从正月初唱到五月半，要唱格点辰光，人家吃不消。以前唱，所有物事全要唱在里边，所有物事全要做在里边，人家吃不消。所以我后来的录像，我是这样做格。根据电台上三刻钟，拿书切成三刻、三刻，我在下面搭薛惠君排好，到台上去说，相差顶多分把钟，不要大格，为啥呢？我一个观点：每回书里厢全要给听众物事，你是给他唱、给他做，还是给他噱头比较好？总归让人家有一个满足。得不到满足，人家来听啥？所以中篇、“折子书”对唱长篇全有好处，能够晓得紧凑，晓得哪能才可以抓牢观众。以前讲起来评弹连蟹脚都要剔清爽，现在听客不要你剔，烦也烦死了，勒来勒去。

李：陈老师，您在70年代以后就翻做上手，想必这对您来说是一个挑战，对于这个上手，您是怎样下工夫来胜任的呢？

陈：从前我搭周云瑞拼双档，对于艺术追求，自家晓得还可以，要想蹿出来，要想成名。等到周云瑞搭我拆档了，我做上手了。我自己有个目标：我做上手，我勿能输于周陈档格陈希安，我还要超过陈希安。所以包括放噱头、唱，我全动脑筋。我本来唱薛调，下手薛惠君也唱薛调，两人全唱薛调，人家听仔要觉着枯燥，亦勿能唱什锦调。格么，我就以薛调为基础，拿俚先生格沈调和薛调混在一道，既勿像沈调，也勿像薛调，但也勿脱离俚笃原来格旋律和框架。这样，对薛惠君来讲呒不冲碰，对我来说也是一种机会。怎样才能把它糅合在一起，就是根据自家的嗓音特点，因为我的高音区来得好，根据格一特点来发挥，这样一来听众相当欢迎，自己也感到安慰。在艺术上，有辰光我一面踏自行车一面还在想：噢哟，格句闲话格个字假使放到门前来，可能效果稍些好点，到明朝一试，果然效果好格，所以踏自行车我还在动脑筋。特别是我跟薛惠君拼双档，自家做上手，勿好自说自话，本来有个周云瑞做依靠，现在你独立操作了，对勿拉。

我觉着《珍珠塔》要动，要推陈出新，正像陈云老首长所说，《珍珠塔》是一部骨子书，家喻户晓，但是要碰一碰。《珍珠塔》从长篇来讲是一部优秀作品，不仅文学性强，还有艺术性。当然，里厢有不少封建物事，要去其糟粕，保存精华。所以我拿书里带宿命论色彩的物事全删脱了，尽量做到通俗易懂，让现在格青年人也能听懂，所以我不断动脑筋，不断改，要演好方卿、势利姑娘、采苹姑娘，处理好人物关系，精益求精，使俚有所提高。

四、政治运动中的特殊经历

李：陈老师，您虽是首批上海评弹团成员，但作为解放以前格响档，而且还到过香港，可能在“文革”中要受牵连吧？还有其他一些老先生，他们因政治因素，又有过怎样的惨痛经历？

陈：谈起这些问题蛮痛心。当初，格些人（十八艺人）降低仔工资进入评弹团，结果，姚荫梅“右派”，张鉴庭“右派”，两个“右派”。两个老先生想想阿伤心。这样有名的专家，丢脱仔这么高的收入，进你评弹团，真格过的是苦日子，结果因为几句牢骚打成“右派”。还有吴君玉。俚为啥是“右派”呢？嘴太畅。去参观中苏友好展览馆，庭柱裂开了，俚讲全是苏联人来造格，这不是反苏么？加上平时跟几个老板吃吃酒，讲讲真话，当时抓住不放，那么“右派”。还有杨德麟，是搞文艺宣传的，黑板上画仔一杆秤，叫“称煞人”，结果说俚反共产党，当了“右派”，就是画这样一幅画。所以一共有张鉴庭、姚荫梅、吴君玉、杨德麟四个“右派”。

李：四个“右派”当时如何生活？是否看管起来？

陈：不看管。吴君玉到农场里养猪，杨德麟也是到农场养猪。但张鉴庭、姚荫梅因年纪大，呒不去，说书照旧。不过挂牌挂“张鉴国双档”，姚荫梅挂牌“姚单档”。姚荫梅评过先进工作者，俚在台上掀起衣裳来，身上贴一张伤膏药，等于表示自家是用受伤换来先进称号，结果说俚污蔑攻击，就这样打成“右派”的。

还有我爱人张维桢。俚1954年进评弹团，第一个先生王兆熊，第二个先生是张鉴庭老师，先后搭王柏荫、周云瑞拼过双档，受到好评。后来搭张鉴庭拼档说《十美图》，也相当成功。俚还拿《红色的种子》改编为长篇，名曲名段《留凤》就是俚写格。1957年，俚搭徐丽仙拼档演出《双珠凤》，陈云老首长看后还和她们商量，哪能整理《火烧堂楼》。张维桢1956年搭我结婚，呒不过着好日子。1959年辰光就批判俚，因为俚一个人单档，西藏书场生意好，就说她是资产阶级思想，拿俚格服装全部拿出来，摆几只房间让大家看。

李：啥个服装？

陈：高领头旗袍、短格裤子。后来不知哪亨被陈云晓得，老首长讲，张维桢的演出服装是评弹界最好的服装，才算呒不事体。

李：我曾在王玉立、庞婷婷两位先生家里看见过张维桢老师格手迹，

《白蛇》脚本，圆珠笔复写，竖写，字迹工整清秀，时间是1956年8月21日，看后我心里充满敬意。

陈：“文革”当中，俚（张维桢）就是因为杨振言成立红色造反队，喊朱雪琴也参加进来，夜里去贴大字报，朱雪琴也要去，张维桢讲朱雪琴年纪大哉，我来代表吧。俚坐在汽车里，那么一道被扯进去，造反派对俚恨之入骨。1970年辰光，当时叫“战高温”，把俚弄出评弹团，转业到工厂去。开始到灯泡厂，后来到瓦楞钉厂，格种钉造房子用，每只钉像一把伞，每天几十斤重的箱子要搬不少，早晨一只白口罩戴出去，夜里回转来，口罩鼻头上两个洞洞全是黑的，身上衣裳汏出来全是黑水。但是俚是硬骨头，从来勿出一滴眼泪。结果忧忧郁郁，1974年得病，生直肠癌，1976年结肠癌，到1986年肾癌，1989年就不幸去世。可以安慰格是两个儿子，大儿子在伦敦，英国最大一家DVD出口公司任亚太区经理，小儿子在日本，一只四百多年公司里任上海首席代表。

李：“文化大革命”中，上海评弹团有好多名家遭难，简单说说情况。

陈：“文革”是劫难，团里主要演员全遭难。杨振雄是“反动学术权威”，喇叭里广播，整个上海全晓得。杨振言来寻我，请求帮帮忙，一道和造反派辩论。我喊张鉴国去，张鉴国有点犹豫。我就讲你不要参加了，我参加吧。结果出事体，辩论辰光打起来。有人喊虹口体育界委员会，当时叫虹体司来人，喊像小流氓那样的人打杨振雄、杨振言，最后工厂里也来人打。杨振言被打了三十几次，是在夜里用像台脚那样的硬木打的。有一次，一夜天打得隔壁乡邻全吓得来喊救命，当鬼出现。拿俚血打出来，大便打出来，再送到复旦大学医务室。

李：那您自身情况哪亨呢？

陈：我搭当初参加香港演出格其他人，全部被卷入潜伏特务组织案件里，除王柏荫调浙江去了，上海格些人关了两三年。

李：关在什么地方？

陈：关在新华路民族乐团。团里有一间间琴房，关在琴房里，叫隔离审查。子女来看，东西只好送到看管人员那里，房门反锁。吃、住、排泄全在一间里。

李：关在琴房每天怎么过？

陈：门上有个洞，外头遮块布，掀起来可以看见你在做啥事体。里边一间大房间，隔三间，每间里有只钵头，钵头上一只盖头，让你大、小便，睡地板。规定：每人自己报吃多少，早晨二两，中午三两，夜里三两，不管你吃得落还是吃勿落，板要吃光。今朝吃勿落少吃点，不可以，有人开门进来给你。上午和下午大概有一刻钟出去放风。那么关照写交代材料，我写勿出，哪能写得出？是写勿出。我讲我相信共产党，终归查得清爽格。说我一条金杠两颗星，中尉啥个，哈哈……张鉴庭一吓，吓出来，编戏哉，在香港参加特务组织，“万金油”老板吴文虎花园里，夜里，紫红色窗帘，一辆黑色汽车开进来，阿拉坐在里厢，几个人参加特务组织。（你想）特务组织可以几个人一道参加吗？隔离辰光，伲倒反而希望出去劳动，有辰光看见无花果掉下来，就拾起来吃只无花果，因为身体缺乏营养。一直到1970年才正式解放。

李：正式解放下来做的啥？

陈：正式解放下来学习，看俚笃去演出，伲上班学习，下班，就是格点。

五、带徒方式及殷切期望

李：陈老师，您有两个高徒，一个郑缨，一个高博文，是您的骄傲。

陈：郑缨跟娘舅学过，后来搭我拼《珍珠塔》，提出来要拜我做先生。我要求俚规范化，听众反映进步很快。后来中央电视台在2000年邀请我搭郑缨录了三十回长篇弹词《珍珠塔》，3频道、11频道向海内外广播，历史上呒不过，赢得了很好格反响。高博文这个学生是外快货，俚是饶一尘格得意门生，因为欢喜唱我的唱腔，所以俚也叫我先生。

李：现在的师徒关系与过去的师徒关系有啥区别？

陈：像朋友哉，现在大两样哉。本来以前伲看见先生吓的，先生坐在那里，要自己识相点。现在勿关了，与你“打打棚”。实事求是讲，现在，即使高博文艺术上有点啥，包括秦建国，我也只能说：这样讲不太好，顶好这样，供参考。不是像从前伲先生，格个地方不对，哪能好这样说，应该哪能格。现在即使对高博文也不可以这样，“博文啊，下趟你自己注意点啊！”我顶多这样，客气格呀。现在教上去有辰光还勿服帖，“我现在蛮好，勿要来搞”。那么我自己也要晓得自家，退休哉，勿要去缠，俚听得进稍微多讲两句，听勿进勿要去多讲，反而使人家感到烦得来，关你啥体，自家识相，要拎得清。

李：现在先生带学生子，学生是主要靠碟片学还是靠先生的脚本？先生的脚本是否会全部给他？

陈：应该说，从我来讲是毫无保留。最近苏州评弹学校戴晶到上海来，几回书听下来，倒对《珍珠塔》兴趣蛮好，团里喊俚到我搭来，我全部录像交给俚看，书场里的现场录音二十几回书全部交给她。倨以前，啥个脚本，根本拿勿着，先生不肯给你的，主要是靠背。不过我格先生好，拿脚本让我带到常熟去抄。只有《珍珠塔》有这样的脚本，其他书没有这样脚本的。所以我现在的脚本呢，情况不同，是演出本。是我自家的演出本，1985年到苏州去，我在苏州书场演出半个月，日场唱脱下来就写演出本子，别人假使要唱，拿着本子就好用。

李：真是难为您了，因为日场下来还有夜场，夜里要写到几点钟？

陈：夜场呒不。有辰光写到靠10点。现在对这种小朋友客气格呀，呒不办法，你不客气，俚笃不会听你的。

李：您认为顶好的带学生子的方式应该是怎样的？现在能做到吗？

陈：照道理，听了下来背熟，背熟下来再回课，然后再点拨，格是顶顶好了。但是现在不可能做到。现在小年轻有辰光睏到10点多起来，我和学生子讲，高博文本来高音呒不，我喊俚一定要练出来，丹田一定要练出来，现在练出来了。假使睡到靠10点钟，夜里嘛还要白相电脑、游戏，头两点钟睡觉，啥辰光练功呢？我还跟几个学生讲，要自己争气，你只要想，有哪家厂长欢喜一级工而不要八级工的？总归喜欢八级工多，对八级工好的。你自家不努力，将来去做一级工，你不要去怪人家。

李：您是怎样要求高博文的？

陈：我也搭高博文讲，勿要和人家争，顶要紧自家有本事，有本事压不掉你，总要蹿出来。你没有本事，不要去怪张三、怪李四。

李：您对评弹艺术的将来怎么看？

陈：蛮讨厌，前途不太乐观。现在评弹学校多元化，有学礼仪，还有学其他，为的是以后评弹不行还可以有出路。但是否会使学生子分心，思想不集中？评弹是口传心授的艺术，最好是一回书给我背熟，背熟后先生处回课，回课辰光就要指出来，学生啥个地方不对，你再听听看，这个地方应该哪能，这样才对。现在还有个问题，俚（学生）学的物事老师不唱的。从前是我先生唱，俚一日天唱七场，还要电台。我跟七场，一遍一遍听七遍，聪明点朋友大约50%已经记牢了，一天七遍下来总要记牢哉。现在老师全勿认得，没有模特儿，苦恼，先生的表情到底哪能，看勿见，无线电台里听录音带呀。现在有录像带，学生看过一遍，“阿晓得了”？“晓得了呀”，俚笃已经晓得了。

李：有句话叫：“学而时习之。”这个“习”就是强调要经常练习。

陈：现在我听听中年演员说书，觉着他们在艺术上还应该花更多努力。我们有这样好格条件，有这么多好的老艺术家，中青年演员在评弹团蹲了二十多年，平常熏陶，耳濡目染，应当在说表弹唱方面再要更上一层楼。现在苏州团好多人在园林里、饭店里唱开篇。唱唱开篇收入蛮好，几百元一日，一万多元一个月，比一本正经码头上说书赚得多。我觉着，多赚钞票无可非议，但我希望还是要多花些时间在长篇演出上，拿评弹艺术更好地传承下去。

李：评弹已经申请为国家级非物质文化遗产，应该讲这是一个很好的契机。

陈：从国家来说，对评弹相当重视，观众对评弹也十分欢迎和喜爱，但是，现在好书往往在书场里听得不多，倒是无线电台和电视里还可以听到和欣赏好多名家的艺术。希望评弹界领导能够重视、培养演员的说表弹唱艺术，真正拿评弹传承下去，因为伲现在拥有格财富不是一生一世吃勿光、用勿光格，希望名家辈出，后继有人！

李：您是评弹界的老前辈了，是“大熊猫”，衷心希望您保重身体，健康长寿，对后辈多加指教。现在的年轻人，太缺乏这方面的点拨，衷心地谢谢您！

（苏州冶金厂技校郑家骏先生参与初稿整理，特此鸣谢！）

注：

①本口述实录为上海市重点学科、上海市普通高校人文社科重点研究基地、上海师范大学中国近代社会研究中心《评弹艺术百年传承口述实录及研究》项目内容之一。

②苏州人习惯于将到上海称之为“上去”，回苏州称之为“下去”。

③指脚色的突然高声吼叫。

④即三档书中间一回。

书坛常青松

——弹词艺术家陈希安的故事

彭本乐

陈希安，学名陈喜元，小名阿喜。他的长辈们叫他喜官，听众们则称他为书坛常青松。

称他书坛常青松不仅是因为他出道得早，又盛名书坛五十多年而不衰；还因为他现在年过七十，依然频频在广播中、电视里或书坛上亮相；近几年，他七次去我国香港特别行政区、两次去我国台湾地区，再赴新加坡、澳大利亚和法国演出。无论在台上或台下，陈希安总是精神矍铄，满面春风，显得那么年轻而富有生机，这岂不像一棵四季常青的松树啊！

经常听到一些听众在问：陈希安艺术青春常驻有什么秘诀？他六十年书坛生涯是怎么经历过来的？最近，笔者带着这些问题，访问了陈希安先生，又从侧面了解到一些有关他的情况，并根据笔者与他四十多年来交往中的所见所闻写成此文，以飨读者和听众。

阿喜童年时代印象最深的事情是炸弹、鸡蛋和评弹

陈希安是江苏常熟人，生于1927年。他的父亲叫陈幼泉，是常熟县政府里的一名税收员；他的母亲叫秦惠珍，年纪比她的丈夫小十五岁。常熟这地方历来出美女，秦惠珍姿色尤为出众。因她娘家开爿豆腐店，故以"豆腐西施"闻名远近。阿喜长相像他的母亲：天灵饱满，地角丰隆，鼻正口方，两耳贴肉，两眼灵活有神。阿喜从小就讨人喜欢，取名喜元就是表达了父母对这第一个孩子的喜爱。他还有一个弟弟、一个妹妹和一个后来领养的哥哥。一家六口，生活虽不富裕却也过得安稳。可是，就在阿喜十岁那年一场灾难降临了。

1937年7月7日，日本发动了全面侵华战争。"八一三事变"后，有一支日军从常熟浒浦登陆，一路杀向县城。城里居民听到炮声便仓促逃命。陈幼泉带了全家先是逃到乡下大寺桥朋友家中避难，接着又逃到小寺桥一带。白天，日本飞机在他们头顶上盘旋，眼看着一排排黑色的炸弹从天而降，

呼啸声惊心动魄，爆炸声震耳欲聋。村庄在燃烧，牛羊四处乱窜，尸横遍野，血染庄稼。阿喜在惊恐中度过了一个又一个白天。晚上，就蜷缩在坟堂屋里。坟堂是有钱人家存放祖先灵位和灵柩的建筑，空敞阴森，向来没人愿意去住。可这时几乎所有坟堂都挤满了难民和军队伤病员。炎热的夏天，坟堂里闷热难熬。更可怕的是日军突然闯入，见到伤兵就杀，不少难民也被当做伤兵惨遭杀戮。提起往事陈希安还心有余悸。

乡下并不比城里安全，阿喜一家终于随着人群又从乡下逃回城里。陈幼泉在县政府里的差使丢了，只好开一家烟纸店谋生。为了贴补家用，阿喜像他的同龄孩子们一样，每天抄着一只竹篮到街上去卖鸡蛋。顾客主要是当地人，有时日军营也有人去采购鸡蛋。见到全副武装的日本兵，阿喜虽然恐惧，但是为了生活也不得不与之周旋。

“孩子大了，不读书不行啊。”阿喜的寄爹说，他是上海光华大学毕业生。在阿喜十一岁那年，他进了虞阳小学读三年级。接着，转到石梅小学读五年级。只读了半年，他的命运便发生了转变。

阿喜家住在一座名叫慧日寺的古庙后面，地名是寺后街吉翠园。常熟盛行听书，是江南有名的书码头。仅在吉翠园周围就有五家书场，其中以仪凤和湖园两家最为著名。秦惠珍是个书迷，只要有空就带着阿喜去听书。因此，凡是当时说书名家的演出，阿喜几乎都听过。这在评弹界称之为“奶水”吃得足，对他日后从艺大有裨益。阿喜也天生喜爱说书这门艺术，不少孩子进书场只是为了吃些零食和点心，阿喜是真正来听书的。他特别喜欢听有说有唱的弹词，回到家里就抱起一把蒲扇，扇柄朝上算做琵琶，像模像样地一边“弹”，一边唱，自得其乐。邻居们都说他唱得入调，是块说书的料子，秦惠珍听了不免动心。

那时，说书在长江三角洲地区十分风靡，小有名气的评弹演员收入就很可观。而且吃住全由书场老板承担，招待大多很热情。秦惠珍想，要是让阿喜去学说书岂不是捧上了金饭碗！于是她有意带着阿喜到处去听书，又委托一位叫李筱珊的老乡邻，为阿喜寻找一位名师。1943年年初，这是阿喜永远难忘的日子，机会随着春节到来了。

业师没有收阿喜的拜师金，
却订了个契约：学四年，帮四年

那年春节，湖园书场从上海请来一位大紫大红的弹词名家，他叫沈俭安。沈俭安擅唱《珍珠塔》，他的唱腔清雅飘逸，寓苍劲于柔糯之中，称

为沈调，是弹词音乐中最为流行的流派唱腔之一。沈俭安表演时，手势、面风、眼神和语言密切配合，有出神入化之妙。自1924年起，他一直和其师弟薛筱卿拼档，他俩有“塔王”之称。这时，他刚与薛筱卿拆档，正在和他的学生李念安拼档。李念安艺术水平不低，可惜经常生病。因此，沈俭安此番到常熟去演出，还想找一个天赋条件好的徒弟，以便将来与他拼师徒档。沈俭安把这个想法告诉他的朋友李筱珊，经李筱珊介绍，双方一拍即合。要投拜像沈俭安这样的名师，拜师金少则十担米钱，多则二三十担。陈家哪来那么多钱？幸亏沈俭安好说话，尤其是他看中了聪明伶俐的阿喜，因此答应免收拜师金。不过要订个契约，规定学四年，帮四年。在这八年中，沈俭安只管阿喜的吃住和衣着，今后阿喜和老师拼档演出不拿包银，以补偿这笔拜师金。这叫“树上开花”，评弹界有这个惯例。

1941年夏历四月初八，沈俭安演完年档离开常熟前去无锡，阿喜随师同行，正式开始了他的从艺生涯，是年他十四岁。在无锡，阿喜一面听书，一面向师叔朱霞飞，师兄李念安、吕逸安、汤乃安学习弹唱。除了学艺，他一有空就帮助师母抱孩子、洗水烟筒、买东西、做家务。他做事主动勤快，言行得体，深得老师和师母的信任。同年年底，阿喜跟着老师来到上海，住在大世界对面的久安里4号。他的床铺搁在灶间旁边、楼梯底下，周围都是煤球炉和煤球箩。老师每天赶场子坐的是包车，这是一种由人力拉动的两轮车。篷顶由牛皮制成，两侧装有玻璃灯：踏脚步上铺有绒毯，座后还插一根漂亮的鸡毛掸帚。在20世纪40年代初，包车是上海除了汽车之外最讲究的交通工具。

阿喜每天下午和晚上都是跟在包车后面奔跑，去各家书场听书的。上午练习说唱并抄写《珍珠塔》脚本。他用笔抄在账簿上，一共抄了五大本，现在存放在上海评弹团的资料室里。《珍珠塔》的语言精美，唱词雅驯，是评弹界一致公认的才子书。阿喜通过抄脚本、读脚本、背脚本文化水平不断得到提高。

经过一年多的苦练，阿喜的说表弹唱有了一定的基础，脚本也已经抄好。于是在1943年年初，阿喜开始和老师拼师徒档演出，艺名为陈希安。刚开始时他只唱一首开篇，说一成书，以后逐步增加。契约上虽然写明“学四年，帮四年”，事实上沈俭安很宽容，至少拆给他一成包银，后来增加到两成。因此陈希安不满十七岁，已经能挣钱了。

沈俭安在经济上对学生很宽容，可是在艺术上却很严格。有一次在常熟梅李镇与评话家虞文伯敌档。虞文伯擅说《济公传》，他起济公脚色时，斗鸡眼似睁似闭，面颊颤抖，浑身牵动，佯狂之态真是不同凡俗，所以有“活济公”之称。这次，虞文伯做龙园，沈俭安和陈希安做畅园。两家书场，一河相隔，竞争激烈。有一天正好说到“婆媳相会”，那是《珍珠塔》中的一段关子书，场内几近满座。这时，陈希安非常得意，一得意便想入非非。这下可出事了。他把老师丢过来的一个“钩子”忘了接上，顿时场子里出现了令人尴尬的冷场局面。沈俭安气得将三弦往书桌上一扔，当着全场听众的面对学生严厉训斥：“你在转什么念头？”

陈希安羞得满脸通红，真是少个地洞钻钻啊！从此以后他再也不敢在台上想入非非了。

“描王”夏荷生的一句话，让陈希安受益了一辈子

一天上午，陈希安正在专心练习下午要演唱的篇子，突然背后传来了一声清脆高亮的声音：“喜官，你在练唱啊？”

陈希安回头一看大为惊喜。此人四十多岁，面容清瘦，身材修长，穿一件淡灰色长衫，举止文雅潇洒。他就是擅唱《描金凤》、有“描王”之称的评弹界一代宗师夏荷生先生。夏荷生对说、噱、弹、唱、演无不精通，评弹历史上不少风云人物，如严雪亭、张鉴庭、刘天韵、杨振雄、姚荫梅、张鸿声等，他们表演风格的形成，均受夏荷生的影响。此时，他正在梅里附近的浒浦镇演出，那天“描王”前来拜会“塔王”。陈希安慌忙起身，恭恭敬敬地叫了一声“阿叔”。

“喜官，”夏荷生说，“你在台下练唱的音调，应该比台上唱的要打高一个字。”说完，他笑着点了点头就走了。

“描王”素来有点石成金之能，后辈们对他的指点都奉若神明。从此以后，陈希安每天练唱时总是把音调打高一个字。台上他唱“A”字调，台下练唱他定音“B”字调。这样长时期的从难从严练习，终于使他打下了扎实的功底，演出时，他总能轻松自如，游刃有余。在最繁忙的年代里，他每天要赶七八家场子。有时连演几回唱工书，但他的嗓音总是处于良好状态。现在，他年过七十，仍能唱“A”字调。1997年，他动了甲状腺手术，两片声带中有一片已经失去了功能，他自嘲为“单声道”。可唱起来还是那么亮丽流畅，听众们根本就听不出他是靠一片声带在演唱。

有一次，一位喉科专家（也是评弹迷）在给他做检查时，连连称奇，并传唤周围的年轻医生们过来看那奇特的“单声道发生器”。说道：“只靠一

片声带能唱出这样美妙的声音真是奇迹，这就叫艺术功底啊！”

大概很少人知道，这种艺术功底的形成，主要是陈希安几十年来在练唱时“打高一个字”。

和周云瑞拼档走红书坛，是“七煞档”和“四响档”成员之一

抗战胜利时，陈希安正跟着沈俭安在上海郊区南翔镇演出。这时，他上台将近两年了，艺事已有长足的进步。突然，上海的沧洲、东方和大陆三家大型书场的老板一起来到南翔。他们来劝说沈俭安重新和薛筱卿拼档，以振“塔王”雄风，沈俭安同意了。在老师的安排下，陈希安开始和他的师兄周云瑞拼档。

周云瑞出身京昆世家。他的祖父周世钊是清代光绪年间上海有名的昆剧“全能小生”；他的父亲周凤文，艺名夜来香，为南派京剧名角。周云瑞既能京昆，又擅国乐，更有扎实的弹词功底。他不仅多才多艺，而且为人正直厚道。陈希安经常深情地说，周云瑞手把手地教他说书，他更从周云瑞身上学到了做人的道理，周云瑞是他的良师益友。

1946年秋天，周云瑞、陈希安去湖州的吴兴书场开青龙（首演于新开书场）。湖州是浙江的书码头，吴兴书场附近还有两家书场。一家由朱耀祥、赵稼秋演唱《啼笑因缘》，另一家由刘天韵、谢毓菁演唱《落金扇》。朱赵档擅演，周陈档擅唱，他们各展所长，有口皆碑。

在湖州尚未演满一个月，周陈档便接到评话家张鸿声的来信，邀请他们在湖州剪书（演毕）之后，立即去上海沧洲书场演唱。沧洲书场是当时上海最高级的书场之一，谁能在那里站稳脚跟，谁就能走红书坛。周云瑞、陈希安怀着兴奋和恐惧的复杂心情去往上海。

他们演的是中场，一共三档书：头档是严雪亭的《杨乃武》，送客是张鸿声的《英烈》。严雪亭和张鸿声正是红得发紫的时候，周陈档夹在他们中间，既是受保护，也是受煎熬。

“有本事，楼上楼；没本事，搬砖头。”张鸿声对他们说。等到一期（约三个月）演完，周陈档终于上了楼。听众们说，他们的说唱风格和沈薛档有异曲同工之妙，称之为“小沈薛”。于是，书场和电台的聘书合约如雪片飞来。那年，陈希安十九岁，周云瑞二十五岁，可算是当时最年轻的响档。

自从沧洲书场一炮打响以后，他们被吸收到当时掌管着书场调度大权的张鸿声麾下，周陈档和说《玉蜻蜓》的蒋月泉、王柏荫，说《十美图》

的张鉴庭、张鉴国，说《三国》的唐耿良，说《张文祥刺马》的潘伯英，说《水浒》的韩士良，再加上张鸿声本人，一共七档，经常在一起演出。他们几乎垄断了上海和江浙一带的好书场。演到哪里，哪里爆满，致使一般的评弹演员叫苦连天。有人在报上撰文骂他们是凶神七煞，因此评弹界称他们为“七煞档”。1948年“七煞档”分裂，周陈档和张鉴庭、张鉴国，蒋月泉、王柏荫，还有唐耿良，一共四档，抱成一团，在书坛上叱咤风云，被称为“四响档”。

“七煞档”和“四响档”虽遭到同行非议，但他们在一起经常研究和改革艺术，相互指点，共同提高。如周云瑞和陈希安，他们一面苦攻专业，一面勤学文化。因此周陈档演唱《珍珠塔》，不仅弹唱俱佳，而且富有书卷气，继承发扬了沈薛档的高雅风格。应该说，当时的这些年轻人，对评弹艺术的发展，起过正面的历史作用。

赴港演出三个月，隔离审查两年半

中华人民共和国成立之初，已去香港的米高美书场老板孙某，托人到上海来邀请四响档赴港演出，包银出得很大。当时上海还在实行军事管制，四响档便向军管会文艺处提出申请。先遭拒绝，后被批准。

在香港，他们白天在百乐门舞厅演出，很多上海去的评弹迷前往捧场，著名的香港电影演员夏梦也经常和她的父母同去听书。晚上，他们到上海闻人杜月笙家中唱堂会。有一次，在杜公馆见到杜月笙的学生吴开先，此人是国民党情治系统的官员。虽然大家仅仅打了个招呼，却从此种下了祸根。

回到上海以后，他们七个人，每逢政治运动总要交代在香港的活动情况，以及去香港的动机和目的。“文革”中四响档一个不漏地被揪了出来，打入“牛棚”，隔离审查。陈希安的问题比别人还要复杂，他有一兄一弟都在台湾军队里干事，更需细查。那时他才三十九岁半，是牛棚中最年轻的“公牛”。

陈希安被审查了两年半。虽然肉体和精神都受到了伤害，但他始终拒不认“罪”。他对工宣队队长说：“我不能为了自己的解脱去编造口供，这样既害了自己的家庭，又要害别人的家庭。我相信事情一定会搞清楚的。”此是后话。

顶掉房子参加评弹团，唱一曲“人民当家做主人”响遍江浙沪

从香港回来，四响档审时度势，认为单干已经没有出路，唯有组织起来走集体化道路，评弹事业和演员本人才有前途。他们把这个想法向军管会作了汇报。为了使这一要求得到批准，大家把工资标准定得很低，陈希安每月一百二十元。这时他已经成家，既要抚养父母、妻子和女儿，还要偿还在结婚时背上的债务。为此，他只得把在延安中路叶子咖啡馆楼上的住房顶掉，让新婚的妻子带了孩子住到常熟老家去。

经过军管会文艺处的批准，1951年1月，以四响档为基础，共有十八位演员组成的上海市人民评弹工作团宣告成立，并立即去安徽治理淮河的工地深入生活。他们住在称之为“列宁式工棚”的滚地笼里，吃的是高粱米，睡的是烂泥地。这对于舒适惯了的响档先生来说是一记“下马威”。他们经受了三个月的考验后回到上海，编演了中篇《一定要把淮河修好》。这个作品以其形式的新颖和题材的合适而轰动一时。其中，陈希安有一档名为“人民当家做主人”的篇子，唱得高昂流畅，刚柔兼备，具有独特的风格，极受欢迎。此曲灌成唱片后传遍江浙沪城乡。不少老听客称这种唱腔为“陈希安调”，他的名声也因此而大增。

陈希安性格开朗，心胸坦荡。他对工作从不挑剔，安排他干什么他就尽力去做。他在中篇《王孝和》、《方卿见姑娘》中唱主角；在《老地保》、《江南春潮》中唱配角。不管唱主角或配角他都演得出色，给听众留下美好的印象。

他曾赴东北、西北地区以及朝鲜巡回演出。有时很艰苦，有时很危险，他都能泰然处之。去朝鲜时尚在打仗，山路崎岖，又遭轰炸，随时都有生命危险。他只有一个想法：死了是光荣的。

他对青年关怀备至。师兄周云瑞的儿子当了上海评弹团的团长，他这个阿叔辈以副团长身份热情辅佐。工作上有了偏差，他出来承担责任。

青年演员高博文的《珍珠塔》唱本不全，陈希安把自己在80年代中，和其师兄倪萍倩共同笔录的全部演出本无偿送给了他。这部唱本已经比原来的《珍珠塔》脚本有了发展，这是陈希安几十年来心血的结晶，也是他长期努力学习文化的见证，弥足珍贵。

去年，在他七十二岁高龄时，又完成了上级交与的、录制八张光盘的任务，以便把《珍珠塔》中他最拿手的段子留给后人。

与人为善，豁达大度，乐观知足，心平气和，这就是他艺术之路常青

的秘诀。

弟兄三人血浓于水；三任妻子，五位子女，情深于海

1998年3月，笔者和陈希安先生同去台湾的几所大学介绍评弹艺术。一天晚上，在住所听到他以浓重的常熟口音与人电话交谈，见他兴奋的情绪中洋溢着一股纯真的稚气。

他告诉我，和他通电话的是他住在台北的哥哥，长他七岁，抗战时期加入国民党伞兵部队。1947年他在苏州演出时，哥哥也在当地，他们经常相聚。虽说是表兄弟，却也情同手足。1949年初，陈希安的弟弟随着其表兄去了台湾，此后相互间三十余年没有音信往来。改革开放以后，他的兄弟带着他们的家人数度来到大陆探亲。后来，陈希安的哥哥卧床不起，无法再来大陆，他一再邀请弟弟去台湾晤面。只是当时未能如愿。这次愿望实现了，怎不令他高兴?

“那么你是共产党员，你的哥哥和弟弟是国民党员，而且一个是上校，一个是上尉，你们之间有什么隔阂吗？”当时我问道。

“有什么隔阂？”陈希安反问道，“我们在一起谈论家事，回忆过去，从来不谈国共两党的历史宿怨。交谈时都讲一口道道地地的常熟话，亲切和睦，这就叫血浓于水啊！”

陈希安结过三次婚。第一任妻子是位电台播音员，她的文化背景和他完全不同。她喜欢音乐、跳舞，他喜欢京剧戏曲。她要求两人世界，过小家庭生活；而他却是家乡有名的孝子，要和父母同住。这样，难免发生纠葛，最终夫妻“和平分手”，育有三个女儿。第二任妻子是上海评弹团的演员，叫张维桢。她既是位好演员，又是位好妻子。在“文革”中他们患难与共，可惜她去世很早，育有两个儿子。第三任妻子比他年轻许多，是位公司职员，性格温柔，对丈夫体贴入微，最近退休。她们仨经历不同，性格各异，却有共同之点：美貌贤惠，热爱丈夫。陈希安也热爱他的妻子和满堂子孙。现在小辈们散居四方，因此他经常带着妻子去探望他们。国内走走，国外兜兜，好不快乐。

江南人有句老话，叫“甘蔗老头甜，越老越新鲜”，这句话应在陈希安身上倒也十分贴切。

六十春秋磨一剑

吴迪君　刘家昌整理

学艺说书

我生长在“戏迷”家庭。对京戏痴迷，也欢喜听评弹，看滑稽。在学校读书时，功课只有语文、历史、地理逢到考试，不准备能够得优秀。其他课程能够及格已是大大的幸运了。

家道中落，我是独子。眼看一副家庭重担将要由我来挑起，我说服了父母，同意我辍学。离开了寄读的桃坞中学（原名圣公会学校）。1953年3月回到上海，经张如君、汪梅韵引荐，拜凌文君先生为师学艺。从此，我辍学踏上社会。

路是自己选的。学评弹是我自己要学，不是家里人逼迫去学的。到现在我已是古稀之年，无论书场条件再差，即使像20世纪50年代农村的书场，条件很差，我愿意、高兴去演出。受到听客欢迎，场子里满座，我会发自内心的自我陶醉。评弹作为我的终生事业，精神上感到富足，胜过金钱的富翁！我无比热爱评弹事业，更希望“江山代有才人出，各领风骚五百年”！

那年，我在上海华园书场拜师（拜师金是三两黄金），适逢业师四十华诞，名家云集，华筵盛开。跟师学艺后，先生及全家都待我很好。因为先生实在没空亲授，当年他在上海每天赶六副场子，要负担三处的生活开支。说的书，表白没有脚本，唱词在苏州太师母处，真所谓远水救不得近火。况且先生赶的六副场子，有的说《杀马》，有的说《兰翠缘》（因为当年斩尾巴《描金凤》改姓换名）。先生说书是“活口”，同样一回书，他的说法遍遍不一样。对我这个初学说书的，好似“雾里看花”，感觉云里雾里。我经过一段时间用心听书，总算摸索出先生的艺术规律，抓到每回书的主题，从先生多变说法的艺术技巧中得到要领。我专心听一部书，听书回家就动笔记下来。就这样约有半年光景，我把一部《金陵杀马》学会了。算了一算，整部书的唱词，反反复复只有三十几档。多数是“蒙动问、告分明”，“待我前来说你听”，“此刻文祥胆心慌”，“此际文祥着了凉”等等。我决心在学唱这部书时，自己动手，把全书唱词按照情节重写。在跟师期间，先生忙里抽闲，亲授过我一句“夏调”过门（3 2 1）三个音符。先生的确没有工夫亲自教，只能自己听、学。到了一定程度，来点一点。我从此领悟到什么叫“师父领进门，修行在各人”的道理。

我出了钱，进联合社票房学弹唱。那里都是上海出了名的票友，像严大君、顾景云、李德荣（人称飞机三弦）等等。我特别用功，刻苦钻研，一天学一只蒋调开篇。足有半年时间，掌握了一百多首开篇（主要是蒋调，兼学俞调和张调）和会弹琵琶、三弦。后来我放单档到荡口、甘露，冬天里手插在雪里，冻得发僵，坚持弹三弦（当然这是不科学的，是“误区”会有后遗症“关节炎”，主要在于多练、多弹），与各种流派唱腔多合、多练。通过勤学苦练和书台实践，我对任何流派的“过门”都娴熟，可以三弦独奏，得到同行及听客的认可。回想起来，老师能一板一眼地教，果然是好的，如果自己能“偷学”也会了。记得当年在听书学艺过程中，上海的花色书场里，六档越做，不但让自己学到老师的艺术，也同时在“偷学”中学到其他名家的书艺，真是大有裨益。

崭露头角

我是1953年3月辍学拜师学说书的，同年10月1日正式破口说书。当时由太先生朱琴香带我上台。第一只码头在浦东大团，日场说《双金锭》，夜场说《杀马》（《杀马》是我排给太先生的）。记得第一天日场开书，老先生怕我会“怯场”，上台前他要我在下手座位上“拍二记”，可以不胆怯。到书落回后，他对我说：“只要用功，将来有饭吃的。倷是‘活口’，阿是叫倷上台‘拍二记’派用场格！”其实我根本未拍。我和太先生拼档约一年，我学会了《描金凤》和《双金锭》。太先生的戚子卿家小二倌堪称“活泛”（活脱活现）。后来又有张振华带我三只码头，我做下手说《神弹子》（《海瑞大红袍》），我一生也就做过这两次下手。另外上海邻居王效荪先生对我十分垂青，无偿赠我《十三妹》、《蝴蝶杯》两部脚本，并教我起脚色，获益匪浅。（《蝴蝶杯》一书与业师说的都是上海杨逸云写的，不是宋劲秋和刘宗英的本子）。

我想做上手锻炼，没有下手。当时有一位上海评话演员的爱人愿意和我合作拼档。但这位评话演员放出话风：“吴某某，道童儿，无名小辈，焉能拼得？！”它激励我专放单档，在“说噱弹唱演”上刻苦钻研，要求自己全面发展。通过多年书台实践，终于“功夫不负有心人”，初见成效。后来我受聘到镇江市曲艺团（筹），与殷美琳拼档，我已从庙、桥、村、浜进入县市级码头献艺了。我放弃了《描金凤》、《双金锭》两部书，原因是我的两位师兄张如君、余瑞君都对该书有所建树，出道比我早，他们已经成名。还有杨振言、余红仙也是说《描金凤》的专家，我不必把工夫下在此，只能花在跟岳父刘肖云老先生学的《落金扇》和师承的《杀马》上。尤其清朝书，先祖曾跟盛杏荪应差去北京，后又在京开过“南味斋”饭店，结识了诸多前清遗老遗少，了解到许多轶事。我幼时耳濡许多趣闻、掌故，跟师后鉴于对清朝历史不熟悉，故而查阅了很多资料。清史、野史，单是弄懂清朝官制就借阅了《大清甲申年全书》等五百本。仅举一例：清与明官衔级别都是九品十八级。但为什么两个朝代的官品级别一个样呢？原来清朝是仿明制。那么是谁在什么情况下定出来的呢？说书人说到这时，就该向听众有个交代。如果自己不知，又怎能让听众了解？我查阅了许多资料后，在一处查到“明兵部侍郎金之俊，为官清正，多尔衮以礼劝降。金谓：要降，须允许十件事：（1）男从女不从，（2）生从死不从，（3）阳从阴不从，（4）官从隶不从，（5）老从少不从，（6）儒从释道不从，（7）倡从优不从，（8）仕官从而婚姻不从，（9）国号从而官号不从，（10）役税从而语言文字不从。多尔衮答应，金仍任兵部侍郎……”为此，有关清朝的书籍，不管正史、野史、传奇、轶事……我阅读不下万余册。在上海演出时，曾国藩的外孙（曾女嫁给上海聂云台道台），当时已近古稀之年，我才二十多岁，他提供给我大量资料。盛宫保的后代，丹阳知县的儿子都是我的忘年交，给予我很多的清代趣闻、轶事，充实我书中之内容。当时我已整理了《落金扇》、《游龙传》、《金陵杀马》，编写了二类书《喜相逢》。在“大写十三年”时期，我又根据长篇小说改编了《红岩》、《野火春风斗古城》、《飞刀华》、《欧阳海之歌》四部长篇。评弹说现代书对我来说更为有利，因为一般老先生或名家大多不会说国语的，在起传统官员脚色时都说的“蓝青官话”。而我从五岁起就学京戏，绝不会将“郭沫若”说成“割没事”的。说现代书要用“乡谈”，我能够应付各地方言，再说我出生在上海，虽然年纪小，由于受家庭及周围环境影响，对于那些魑魅魍魉、官僚、帮派人物之流，所见所闻比较多，各类人物都映现脑海中。所以，凡此种种都比我同年龄的，甚至年长者说现代书的条件有利得多。因此，在江浙沪演出，我的票房上座率直线上升。那时候镇江团吸收、签约了邢晏春、邢晏芝、孙纪庭、秦文莲、朱传鸣、陈丽鸣、赵慧卿等很有造就的中青年演员，扩大了队伍，增强了阵容。可惜在紧缩编制名义下，这批演员另投他处，镇江团又回到了原来状态。

劫后余生

“文革”开始，当时我才二十七岁，受隔离审查、批斗，直到三十二岁。在这期间，我尝遍五味，几度没顶。造反派整我的黑材料送公检法（据后来所知七次都被退回）。镇江团范围小，没有“黑权威”，我就成为“蜀中无大将，廖化作先锋”。最不可思议的是有一个评话演员，当他在十分困难之时，由我请求镇江局领导同意，经试用之后吸收到团里的。谁知此人在“文革”时，要当“头头”联合其他团体的造反派，十五天里批斗我十五次，甚至通宵达旦地批斗，还要逼我拉板车运煤走二十多里路，美其名曰“劳动锻炼”。我亲眼目睹许多干部和所谓“权威”被斗、被批情景。最使我伤感的是，我的父亲在上海突发心脏病而急死，发来了电报，被造反派“捺搁”，不准我回沪奔丧（后来学习班领导得悉，准我回沪，捧到的是家父的骨灰盒）。

我受到审查被隔离，剥夺了上台说书的机会。造反派规定，只能他们演出，不准我演出“放毒”；只可以在幕后帮他们伴奏三弦（因为他们弹不好）。让人可笑的是从门缝里塞条子给我，要我替他们写样板戏的短篇和报纸上的“英雄事迹”开篇，供他们在书场演唱。叫我在台下为听客冲茶（真是滑稽，赛过唱戏）。

“文革”后期落实政策，恢复我名誉，和王筱堂加入新成立的文工团。我在声乐组兼演出歌舞剧反面主角，也可以说书。按照当时演样板戏演员级别定工资，还补发了部分工资。经过一段时间，局里同意恢复评弹，在文工团内成立了一个独立演出的曲艺队。从此我不再唱戏，恢复了弹词本行。但是，我作为一个青年演员，只是让我管管业务，直拖到最后才真正“解放”！

运动结束了，杭州来商调，又拖了很久未调成。究其原因是造反派塞在我档案里的黑材料没有烧掉。局里领导发觉之后，当即断然处理，专门为我重新写了运动表现的结论，当面告诉了我。就这样杭州商调的事得到解决。在镇江文工团成立了一个独立的曲艺队，要演出时因为人手少，借用了下放在苏北的陈毓麟、林慧娟，还有戴一英、张佩芳等。我们在江浙两省巡回演出。在杭州两次受到中央首长陈云同志的接见（一次在三元书场，一次在刘庄）。当时杭州也在筹备恢复杭州曲艺团，但缺乏演员，经杭州滑稽曲艺团团长王鹏飞先生推荐，我特地在杭州市文化馆招待演出一场，浙江省、杭州市分管文艺工作的领导和负责同志都来观赏。经过商调我和外甥女郑缨及全家调入杭州市曲艺团。

此时，我已到不惑之年。艺术上渐趋成熟，尤其是粉碎“四人帮”后，两省一市评弹领导小组召开的会议（同里和莫干山），我都参加了。在会上聆听到评弹界许多大师的传经布道、点化，对我这个已有二十多年演出实践的演员来说，是一次找差距和深造的良机，得益良多。如创作方面，杨振雄先生的《长生殿》中，把“君皇掩面救不得”化成一回“埋玉”。姚荫梅先生把原《啼笑因缘》的唱篇化成长篇书目，把长篇说表化为“唱篇”。在表演方面，顾宏伯先生介绍老师杨莲青把京剧《包公》，化成长篇评话《狸猫换太子》，及许多“盪空架子”，还有他说功方面的“吸、蓄、稳、喷”。张鉴庭先生说，夏荷生教他“说功”，要使听众点上一支烟后，来不及去“呼”，直至烫痛手。蒋月泉先生在唱腔上，如何揉入杨宝森的唱腔，谱成自己的蒋调。杨振雄为了适合书中人物自成杨派俞调及雄调等等。大师们的言传身教，使我深有所悟，艺术上突飞猛进地全面发展。

为了抓紧弥补十年浩劫夺去的艺术生命损失，我发起办一个跨省市兄弟团合作拼档联袂演出（本来只是由各团自己拼档，这是一次突破），请出无锡团赵丽芳，湖州团王文稼、严燕君、陈平宇、秦锦雯，德清团张雪麟、严小屏，张家港团张国良等，组成跨省市联合演出。经张振华介绍，在“文革”后首次外地评弹团进上海大华书场。日场分档演出，夜场演出中篇《蝴蝶杯》、《白罗山》，书场轰动，同行们戏称“八国联军”。后又受浙江省曲协主席、两省一市评弹领导小组成员施振眉老师的重视，组成浙江省评弹队，由蒋希钧编导带人在两省一市巡回演出。还各自分回编写了《黄泉碧落》、《桃井案》、《冤家夫妻》、《美女蛇》等中篇，由蒋希钧统筹整理修改。《冤家夫妻》、《桃井案》参加了全国调演并获奖，我也得表演一等奖。在浙江省会演时，我又获得优秀演员奖及长篇创作奖。

业有所成

我和赵丽芳的合作，艺术追求，目标一致。我俩结合成为夫妻档。当时，赵丽芳是无锡团的，在落户于杭州还是无锡的选择上，考虑足有一年多时间。考虑到赵丽芳家居无锡有亲属，她九岁登台说书，无锡本乡本土有基础，无锡靠近评弹故乡苏州，我毅然决定加盟无锡评弹团。我们坚持进书场演出长篇书目，在演好传统书的同时，认真编演新长篇《智斩安德海》（1988年10月上海文艺出版社出版）。之后我和赵丽芳又合作编写了

《西太后》（系列）、《北汉春秋》、《三大亨》（上、中、下集）、《戴笠与蝴蝶》、《紫玫瑰》等长篇。赵丽芳在艺术观点上借用但丁的一句话：“走自己的路，让别人去说吧！”而我对艺术的追求是：“不甘雌伏，自合雄飞。”一生为之奋斗的目标想做到：“人无我有，人有我优，人优我绝。”我们在这个共同点上奋斗至今三十余年了。

我和赵丽芳合作拼搏，闯过一关又一关。从20世纪80年代初至今，合作编写的书目共十多部，还整理演出《落金扇》、《游龙传》、《金陵杀马》等书目，在上海、苏州、无锡、常熟电台全部播放。无锡电视台、苏州电视台共同播录过的书目计三百多小时，以及多次专访、五十余首开篇。上海电视台和东方电视台也播放《落金扇》、《智斩安德海》、《同治皇帝》、《金陵杀马》、《三大亨》（选回）计二百多小时，以及多次访谈、五十余首开篇。“吴赵三十周年”、“吴赵四十周年”、“吴赵五十周年”作品演唱会等。上海唱片公司出版《吴、赵唱片专辑》（二盒），厦门唱片公司出版《吴赵专辑》（二盒），上海录像公司出版《吴赵经典作品专辑》（之一、之二），《西太后系列专辑》、《吴赵从艺五十周年演唱会——艺海奇葩》、《江浙沪评弹、滑稽名家汇演》（五合VCD、DVD）。上海唱片公司出版了《西太后系列》、《三大亨选回》、《东方妙韵》、《吴赵弹词演唱专集》（之一、之二）。2011年又出版了《评弹名家特辑——吴赵从艺六十周年作品演唱会》（六盒VCD、DVD）。

一次偶然的机会（20世纪90年代初），我与沪剧家邵滨荪、韩元敏、王雅琴、汪秀英、王盘声、赵春芳、杨飞飞和黄永生、沈于兰等联袂组成演出团去深圳演出，得到负责赴港演出事宜的卜啸龙先生赏识，打开了赴港演出之路。我们先后赴港演出四次。第一次是与越剧家毕春芳、张小巧，滑稽家童双春、李青、杨华生；第二次是和苏州评话家金声伯，弹词家邢晏春、邢晏芝；第三次与邢晏春、邢晏芝、刘敏（我与刘敏合作说《筱丹桂之死》，边排边演，行话说法叫“现吃现吐”），中间一档是邢双档，最后是我和赵丽芳说《智斩安德海》（这次时间最长达25天）；第四次参加江苏省赴港演出团，同台演出的有盛小云、吴静、袁小良、王瑾、黄霞芬等十多位青年演员。

我和赵丽芳先后在上海西藏书场、无锡市太湖阳光饭店、上海美琪大戏院、兰心大戏院、上海城市管理学院举办艺术、作品研讨会，二十五周年、四十周年、五十周年作品演唱会。

艺术无止境。我在退休后去了加拿大定居。在那里受温哥华市总领事馆的邀请，为几十个华商社团演出，还公演长篇七个半月，申请登记成立“迪丽艺术中心”传授评弹艺术，应邀VBC大学讲学，在多伦多和美国西雅图、华盛顿演出苏州弹词，受到侨居那里的华人和研究中国文化的学者们欢迎，获得两块金牌。《世界日报》、《星岛日报》、《明报》等刊登文章介绍苏州评弹。那里的电台、电视台的专访达十多次。

我每年回国，在两省一市演出长篇，不计报酬，也不计书场大小和设施优劣。广大听众对我们十分抬举关爱，我们尽心尽力把六十年说长篇练就的基本功作回报。我深深体会到，学好传统等于造屋奠基，说好长篇等于滴水穿石。一分耕耘，一分收获，艺术和一切科学一样，无捷径可抄！

沐浴着党的光辉
——由衷的感受与回忆

刘小琴口述　洪子元整理

一、苦难的童年

绝大多数从旧社会过来的戏曲艺人，都出生在贫苦的家庭。如果不是因为穷苦，父母亲是舍不得送子女去学唱戏、说书的。

日寇蓄意侵略中国，从"九一八"、"七七"，又发动了"八一三"淞沪战争，侵略到上海。1937年那年，日寇竟从蕴藻浜上岸窜到了昆山，眼看苏州就要沦陷，我们全家在父亲的带领下仓促逃难。到香山时，飞机飞来轰炸，父亲一吓，不幸跌下了田岸。当时正是夜间，又地陌生疏，无医生可请，就撒手离世了。一根正梁折断，全家生活陷入了绝境。我母亲支撑不住，无可奈何，不得不狠下心肠，将我送给了住在梵门桥弄的徐琴芳做养女，让我有口饭吃，好生存下来（活下来）。根据所订文契，虽然我家就在离梵门桥弄不远，仅隔条河（现名学士河）的施林巷，但和我们刘家人员是禁止来往的。因此我和亲生母亲、同胞姊妹就此活活地被"生离"了。

收养我时，我是九岁，要我称呼她"好爹爹"（苏州话念"好嗲嗲"），是男性的称呼。但是称呼她的姐姐、哥哥，要叫"大（杜）伯伯"、"娘舅"的。她是和她的表妹徐琴韵拼双档说《落金扇》和《三笑》，去书场都是坐包车的。她父亲徐玉泉，母亲是杨柳青胞妹。

我在她家主要是操持粗细家务，后来跟到码头上去，一边做家务，一边学说书。徐琴芳要我学说书的起因，我不清楚，也没去想。当初收养只是单纯要我做粗细家务，可还有一件事值得一提，是她曾让我去读书。在水潭巷里，门前有几级台阶的一所学校，约读了半年，识不了几个字，所以仍旧是文盲，读书的时间，是坐了她的包车去上学的。

二、从插边花走上书坛

说小书，要学会傢伙：三弦、琵琶。

教我先做张"弓"，学轮指，俗话说"千年琵琶万年琴（指古琴）"，我既是文盲，又不懂音乐乐理，真是很难。还加上学开篇，要记牢、背出来，看懂陌生字，弄通意思，吃透内容，然后心、口、手指并用，连弹带唱地练——前前后后坚持苦练了两年多，才有些眉目。直到我十三岁时，徐琴芳、徐琴韵姐妹和徐玉泉、赵玲芳双档都加上了我徐小琴插边花，才走上了书坛。

这段时间，在日寇投降前，走的都是小码头，如新市、新埭，也到过崇明岛等地方。

三、因何离开徐琴芳

我正式做下手是十五岁。与徐琴芳拼档说《落金扇》、《三笑》。第一次进的是常熟凤仪书场。当时还行接风送行。因为我们生意好，小菜是天天换花样。临走还送土特产，并预约复档时间。而后到湖园书场。还到过如嘉兴、江阴、无锡、昆山、杭州、松江等地的西园、得意楼、畅园、吴苑、大中南、仪凤、双凤、雅乐、中央、仝羽春、龙苑、品芳、梅园、四海楼、硖石、枫桥、葑门等大小书场。业务很好，还赶场子说中场。我十六岁时，经唐耿良介绍进了上海沧洲书场说《落金扇》，同场的是曹织云和曹啸君《玉蜻蜓》及沈笑梅《济公》越做。这一阵子听众还誉称我为“四小金刚”，赞扬我这个下手。

我和徐琴芳都是女说书，光裕社是不收女弟子，没有女说书的。因此我们属于“普裕社”。1949年解放，新中国成立后，我接触了新事物，感到新、旧社会两重天。正遇到评弹界兴起组织评弹团，成立团队的机遇。经过杨学庭的介绍，于1952年7月参加了苏州评弹团——当初全称是“苏州市评弹实验工作团”，团长曹汉昌、副团长杨振新，团址在干将路（前门）诗巷（边门）内。

和徐琴芳拼档做下手是1947年至1952年止。1952年入团后拼档的第一位是朱霞飞《白蛇传》，陆续有：邱肖鹏《描金凤》、《王十朋》，景文梅《钗头凤》，倪萍倩《赵五娘》，魏含英《母亲》、《棠棣之花》。还借到过上海团与朱介生老师带两个学生到闵行书场，现吃现吐说《落金扇》。拼档最长的是庞学庭，说《落金扇》、《双金锭》、《四进士》和《赵五婶》。

进评弹工作团是参加革命，有自豪感和强烈的翻身感。这是离开徐琴芳好爹爹的主要原因。

徐琴芳对我的离去是有意见的，因为我是养女身份，且订有文契。又在业务正兴旺鼎盛时期，经常要复档，但由于我是去参加革命工作，又置身于解放了的新社会，她也就没法阻拦。后来我们曾有机会接触，议论了我进团的事情，她说："你应该事先告诉我，通知或商量一下，因为我（徐自称）也是考虑要进团的。"她作了这样的解释。细想起来，我也有不对的地方，我如果做完下一只码头或等到她找到下手再离开，就对了。但那时一股热情，根本没有想到这些。

但我确信，若不是解放翻了身，我是脱不了养女身份，也无法和生母胞姐重聚的。离开徐琴芳不久，我打听到了母亲和胞姐的信息，终于联系重逢。胞姐现已落户在上海，把母亲从香山接回来赡养团聚，享天伦之乐。这是我新旧社会两重天的深切的亲身体会。

四、上北京

进入苏州市评弹实验工作团不久，领导选中四人：尤惠秋、朱雪吟、王如荪和我去北京说书，这是中央广播事业局派员来苏州市文化局联系下达的任务，要联合各地曲艺成立说唱团。由潘伯英领导到团里来宣布的任务和名单，我们四人，深感荣幸。

我们四人进京，参与组建"说唱团"，临行还举行了欢送会。

出席欢送会的，除团领导和评弹界前辈外，还有市文化宣传部门与青年团的领导。签名的有：曹汉昌、丁冠渔、曹啸君、杨振新、高雪芳、徐雪兰、谢汉庭、唐雪霞、庞学卿、赵惠卿、曹织云、潘伯英、邱肖鹏、庞学庭、余瑞君、庄振华、汪菊韵、景文梅、强逸麟、赵月青、郁如春、许君鸣、郭稼霖、龚丽声、钱璎、凡一、夏锡生、钱江、李雪华、秦雪雯、余雪飞、朱霞飞、程若仙、唐少梅、顾雪琴、濮正明、金凤娟（本签名簿保存在昆曲博物馆）。

欢送会后，由北京派来的联系人郑松林接我们四人乘火车直到北京。

在北京站前门下车后，安排住在一个大宅院里，是北京特有的四合院。每天的伙食安排在长安街中央人民广播电台食堂用餐。

参与中央广播事业局组成的"说唱团"工作，给了我一次弥足珍贵的学习和进修机会。一方面是扩展了评弹传播的平台，另一方面是近距离地观摩和汲取各地曲种精品的优美风格与艺术技巧，同时又结识了多位北方曲艺界朋友，如：西河大鼓马增芬，单弦马增蕙，河南坠子赵玉明、杨青，山东琴书刘敏，京韵大鼓白凤鸣、孙书筠等诸多名家，等于进了研究班上培训课，深受教益。

我们是7月份到北京的，10月1日庆祝国庆节，"说唱团"的队伍正好排在正对天安门城楼前的行列中，当毛主席登上天安门城楼时，我们顿时向前簇拥起来，万分激动地欢呼“毛主席！毛主席！……”止不住流下了喜悦的热泪——我这个苦难的人怎么也想不到会有这样的机会，在天安门广场上亲眼看到毛主席在向我们亲切地挥手。这一幕情景至今记忆犹新。

我们苏州团四个人日常学习和排书，工作就在四合院里，录音要到电台里去录。录了《梁祝》、《龙女牧羊》（《龙女牧羊》就是越剧《柳毅传书》）。

“说唱团”还要学习、听报告，丁一岚同志作了《学习政治常识》、《人民民主专政统一战线政策》报告，还有陈开《党在过渡时期总路线》和事业局温局长《我国工业基本路线》及袁方同志《怎样实现社会主义工业化》以及《为动员一切力量把我国建设成为一个伟大的社会主义国家而奋斗》等报告，还学习宪法。学习后还要讨论，让我们这群曲艺工作者提高，懂得形势和政策，给予了莫大的关怀，深受党的厚爱。

“说唱团”经常只是在电台录音，1953年年底到天津去演出过一次，我与尤惠秋说的是《梁祝·送兄》这回书。

在录音室里说书，和在书场说书完全不同。因为面前看不到听众，也就是没有了“呼应”。说书人和听众不能即时交流，掀不起书场中应有的或是说特有的互动气氛，如果有了，说书人便可以知道自己的这回“书”，在这个场子里受不受欢迎和欢迎的程度，查找原因加以补正改进，做到“常说常新”。没有了听众的“呼应”，说书人很冷清。1954年，苏州市文化局领导夏锡生来北京时，我们说了这个书艺荒疏问题，他同意我们想回苏州到书坛上说书的要求。

1954年年底，我们结束了北京之行，离开“说唱团”，返回评弹故乡苏州。这时苏州团的团址仍在干将路诗巷内。

五、工龄和艺龄与书艺探索

从正式进苏州评弹工作团到1985年退休时止，我的工龄是三十三年。如果从我十三岁插边花算起，应该再加上八年。

前八年主要是和徐琴芳拼档说书，除苏、浙、沪各地大小书场外，还做过电台、唱过堂会。这时候要通过私人关系或同行介绍或场东来邀请，才能敲定一档连一档的说书业务。进团之后，有了组织关系，均由团来安排，演员只要服从分配，不用个人操心了。因此，有更多的时间，来考虑更好地说好书，学习好别人的经验。

在与庞学庭合作说《落金扇》时，他是唱陈调的，他的一曲《笃穷》人人叫绝。我是唱俞调的，在花腔上作了些丰富，有时还用了高调低唱的尝试，也被听众接受了。另外，书中的主要人物周学文在第四回《周学文到房厅》这回书中，有个学唱昆曲的情节，为了起“好”这个脚色，先学好这段昆曲，当说到：

张先生倒勿领盆，难道会有倷格种聪明人，张先生从头到底再唱一遍，勿是全部《长生殿》，不过从“天淡云闲”唱到“桂花初绽”，等到唱完，拿戒尺碰碰。“阿会来？”

周（官白）：会了！

张（白）：会了？蛮好，倷唱！

（表）：我就唱格段昆曲。

周（官白）：先生听了！

张（白）：听好嘞嗨！

周（唱[昆曲]）：《长生殿·惊变》…………

张（白）：双喜官，曲子倷学……过歇格？！

（表）：我是刚刚问昆曲老先生搭学得来格嘞……

插仔段昆曲，听众也蛮欢迎。在书场里很有效果。

庞学庭原来是和高雪芳、徐雪兰三个档，因高雪芳、徐雪兰调入省团，团领导才调整档次和我拼档的。我们相互之间配合得很好。

在这个团的大家庭里非常融洽，团领导和前辈们对我很关怀，给我许多帮助和指导。姜守良老师还谱了《思凡》的曲子让我唱，由此我也想着尝试谱曲编词了。（去年，周明华去北京整理老首长的评弹资料，回苏后告诉我说，老首长的资料库有一首我作的《毛主席在我们村》的开篇在那里。）

六、“文革”前后

1952年年底，我加入青年团，1961年加入共产党。

1964年10月参加社教。

1966年安排在庆元坊评校，与李冰、景定一起在校工作，李冰、景定是评校书记、校长，我仍是演员，仍要演出。嗣后“文革”开始。

1974年调入艺训班。艺训班原在万寿宫，后迁至高长桥今昆剧院院址内。我在艺训班搞行政工作。

1976年又调回评弹团担任出纳，周碧君任会计。其后又由局领导多次调动，记述如下：

1977年调入市文化局托儿所任所长。

1981年1月至6月，任文物商店工场间管理员。

1981年7月至1982年2月，文艺用品厂行政科，姚凯是厂长。

1982年2月调入古吴轩，1983年改选时任工会主席，1985年4月退休，安度晚年。

虽经历次调动，仍在文化部门工作，受市文化局领导，感受党的关怀。

七、评　校

我1965年到评校工作。当时，评校培养的学员有魏含玉、周明华、尤志敏、李晓露、庄洁扬、顾之芬是大班；李幽兰、董梅、朱玉文等是小班。我在评校，曾带领大班到常州演出。这些学员中有的已成为著名的评弹演员，有的已担任团的领导职务，还有转入评校当教员作传承工作，还有转入其他部门担任领导和做文化宣传工作。

从票房里走出来的弹词艺术家
——弹词家薛君亚访谈录

潘　讯

票房练幼功

潘　讯： 薛老师，您好！我计划陆续访谈在苏的评弹老艺术家，周良老先生首先就提起您。他评价您在数十年的说唱生涯中，积累了许多宝贵的艺术经验，值得总结整理出来。那么，先从您的学艺开始吧。您出生在上海，是在20世纪40年代浓厚的海派艺术氛围中成长起来的。

薛君亚： 是的。我从小喜爱文艺，十四岁以前，我迷恋越剧。那时候袁雪芬的班子开始在上海红起来……

潘　讯： 她组建了雪声剧团，力主越剧改革。

薛君亚： 我很想去唱越剧，整天流连在她们后台，袁雪芬、戚雅仙、陆锦花等都很喜欢我。十四岁以后，我开始喜欢京剧了。家里有一个留声机，有许多百代公司的唱片，我跟在大人后面听，听着听着，就跟着唱。有一天，我们账房先生说，你站起来，放开嗓门唱。那时候也不晓得害羞，一口气竟唱完了全部《四郎探母》，老生、花旦、小生，各种行当全唱。

我们弄堂里面也有一家京剧票房，我晚上去票房玩，他们的琴师也让我唱。我那时还是童声啊，经常因为调门太高，把胡琴丝线崩断（那时候还没有尼龙琴弦）。后来就开始听书了，三四十年代上海的电台很多。

潘　讯： 我看过一条资料，20世纪40年代上海的私营电台有一百多家。

薛君亚： 电台里常常播出评弹节目，“一个儿叫林妹妹，一个儿把表兄称”，我跟着电台里哼唱，买个琵琶自己练练。

潘　讯： 接着您就进评弹票房。

薛君亚： 是的。不过到20世纪50年代，上海的评弹票房已经没落了。在我出道之前，上海知名的评弹票房有两个，一个叫和平社，其中各路人马都有；还有个叫银联社，成员主要来自银钱行业，又称宁绍帮。你知道，过去上海滩各行业的从业人员都带有一定地域性，比如广东帮，主要开饭店，经营粤菜。

潘　讯：评弹票房的活跃是20世纪三四十年代评弹兴盛的重要现象，似乎可以1949年为界，以后票房就衰落了。

薛君亚：旧社会花钱玩票，玩票的都是大爷。解放后，社会环境发生很大变化，票友们的生活失去依托，转而在票房里授徒谋生。我们一起活动的也有不少年轻人，当时评弹界出现了不少新书，像《罗汉钱》、《白毛女》，我们结伴去偷书，先分配好脚色，听完大家聚在一起排练，还老是出去义务演出，很是起劲。

潘　讯：您从什么时候正式下海呢？

薛君亚：1954年。我母亲是苏州人，父亲是扬州人，解放前在上海开染织厂。解放后，运动不停，家境渐渐坏了。没有人养你，你得自己去找饭吃。我怎么办呢？下海说书吧。

潘　讯：作出这个决定，家庭有阻力吗？

薛君亚：起先父亲并不同意我出去说书。他说，我们这样的人家怎么能去说书呢？可是我已经结婚了，应该靠自己，出去就不回头。

潘　讯：您高中毕业了吗？

薛君亚：没有，在读高中两年级，19岁的样子。

码头尝甘苦

潘　讯：薛老师，听说在您拜师周玉泉先生后，却因为某种原因无法跟他学艺，只好开始了跑码头的生涯？

薛君亚：是的，当时上海有一个评弹协会……

潘　讯：上海市评弹改进协会。

薛君亚：对，协会规定评弹演员只有加入协会，取得会员资格才可以在上海演出；同时，对于艺人收徒也有严格约束。

潘　讯：有点“关门主义”。

薛君亚：是啊，当时“关”在外面很多人。其实外面很多是人才，不一定招进评弹团，加入协会才是人才。

潘　讯：周老是很欣赏您的。

薛君亚：他心里觉得我条件很好，是块料。他顶着压力，带我在上海演了八天《花魁女》（一天跑四副场子），最后还是被拉下来了，因为我是非会员。当时，徐云志住在淮海路。我经常到徐家玩，和徐家太太很熟悉（和徐老最小一个徒弟孙珏亭也很熟识）。徐家太太同情我，就约了严雪亭（严是徐老大弟子，评弹改进协会副主任委员）和我见面，帮我说项。

严雪亭听了我的情况，对我说，上海管得严一点，但你可以到码头上说。

后来，经人介绍了一个上手，就开始了跑码头的生涯。直至这时我才知道，所有老先生都是从码头上滚过来的。先在小码头演出，渐渐打进集镇、县城，然后做到无锡，最后进入苏州、上海。

潘　讯： 我觉得这个“滚”字很有意思，在码头上摸爬滚打，磨炼艺术。

薛君亚： 我刚出来，做的也是桥庙村浜这些小地方，不久进无锡，由边上的场子做到市中心的场子，然后接二连三有人请，好像一下子就出来了。没多久，作为列席代表参加第一次评弹会演（苏州书场），与周老合作了一档书，我的口碑很好。接着进上海。

潘　讯： 进上海对于评弹艺人来说是一大考验，您却一帆风顺。

薛君亚： 因为我是上海人，对上海书场环境很熟悉（过去我常在书场唱开篇或为人代书），许多观众认识我，格外容易讨好；再加上二十几岁一个小姑娘，年纪轻，又有一定的嗓子，容易得到人家的同情。

潘　讯： 回忆这段经历您谈得很轻松，但是据我所知，20世纪50年代的码头生活还是很艰苦的。

薛君亚： 解放前，特别是女艺人，常常受到流氓、地痞的欺负。50年代，生活上辛苦一点，但已经没人欺负你了。

潘　讯： 还是请您谈谈20世纪50年代码头生活的记忆片段吧。

薛君亚： 我刚出道的时候，一肩行李，四处飘荡。在农村，三五里路一个码头，交通工具只有独轮车，老乡推着我在狭窄的田埂上奔波。有时一个人在乡间码头，夜晚孤独凄凉，很有感触。我写过一首打油诗，记录那种情景：“一张板桌一张床，一盏孤灯半夜光。惊醒睁眼四下看，窗棂透进满地霜。”

潘　讯： 听您读一遍，我就记下来了。这是最真实的生活记录。

薛君亚： 那时候，农村的文艺生活很枯燥，评弹大约是江南乡间唯一的娱乐。虽然乡间书场规模不大，分布却很密集。每当夜晚，老乡们打着灯笼、汽油灯、手电筒，从四乡八里赶来听书，形成一片火海，很是壮观。

我记得，在江阴附近乡下，有一个场子挤满了两百多人，我从房间到书台上，只能横着走进去。当地白相人养一种很大的鸟叫“青椿”，戴着黑皮眼罩，嘴又尖又弯。他们进了书场，就往我脚边一放，我一坐下就不敢动了。

还有一个地方叫门村（靠近长江边），只有短短一条街，却有两副书场。

潘　讯： 是专营书场？

薛君亚：是茶馆书场（过去乡间书场还有附设澡堂的）。我做其中一家，老板看得起我这个先生，让我住在儿子的新房里，算是特别优待。每天下来，还为我蒸好两条刀鱼，即便在当时，也算是很名贵的了。在那里，每天开两场书，早场书的听客多是“乡帮”，下午没事；晚上开夜场书，听客主要是镇上的店员等。

潘　讯：早场几点开书？

薛君亚：八九点钟。乡里人作息早，书场老板半夜起来烧老虎灶，到三四点钟，赶早的乡里人就进来喝茶了，高谈阔论，热闹盈天。书场空间小，又密不透风，待到开早场书，生炉子的烟还没有散去，听客们呼出的黄烟又弥散开来，常常呛得我嗓子生疼。

考进评弹团

潘　讯：1956年，您考入苏州市人民评弹团，结束了“单干”，这是怎样的机缘？

薛君亚：我大概在码头上做了一年多，第二年年底在江阴，又是评弹协会出来，收掉我的介绍信，不许演出了。这时有人介绍我到苏州去考评弹团。待我赶到苏州，正是大雪天，我背着琵琶三弦，去颜家巷（评弹团驻地）考试。

潘　讯：考官是谁？

薛君亚：是几位六七十岁的老艺人了，记得有庄逢申、王兰荪等。

潘　讯：说什么书呢？

薛君亚：《秦香莲·寿堂唱曲》。

潘　讯：这回书行当很全。

薛君亚：我好显本事啊。我说了一大半的时候，外面进来一个人，叫王雪帆，当时评弹协会的秘书。他听了我一小段书后，让我起两个脚色看看。女同志起脚色一般生旦分不清，容易一道汤。我借鉴京剧，把生旦分清，就起了陈世美和秦香莲两个脚色。他又说，你起一个公主给我看看。公主打京片子，这又是我的拿手好戏。结果，老先生们给我打了100分。

潘　讯：100分？

薛君亚：艺术没有100分啊，这是老先生过于偏爱了。

潘　讯：您和徐檬丹老师一同考进评弹团的？

薛君亚：是的，我们一起考的还有石文磊。

潘　讯：石文磊老师刚刚过世了。

薛君亚：是啊，一晃50多年过去了，一个花甲子。我还和徐檬丹合作过一段时间。

潘　讯：但不久又拆开？

薛君亚：入团以后，考虑到我的说表基础好一点，团里有意培养我做女上手，跟徐檬丹拼档。我和檬丹，私下感情很好，但是我认为，单凭我们两个稚稚嫩嫩的，是出不来的。我主张由老先生带着，逐步积累书台经验。

我是听客出身，看得多了，年轻演员出来，要么父亲带着，要么师傅带着。那时候一个女下手，台上只有两三成书，或者开头唱一段开篇，或者中间唱一段，对白的时候简单搭一搭，就没事了，等着下去拿钱吧。

团里还有两个男青年。他们说，薛君亚和徐檬丹两个女的占点便宜，我们两个男的，在台上干巴巴的。后来，团里就把我和檬丹拆开。做上海的时候，我、檬丹分头和两个男演员拼三个档。

潘　讯：大家匀匀。

薛君亚：大家匀匀。但是，三个档的书很难排，要比双档多花两倍以上的工夫。两个人的书，衔接比较容易；三个档，一个等两个，不容易紧凑。有时候三个人同时开口，下面哄堂大笑，当然听众也原谅我们。

潘　讯：后来，您和老艺人俞筱云、俞筱霞兄弟合作过。他们留下的资料不多，您能谈谈他们的艺术特点吗？

薛君亚：我跟他们做了几个码头，主要说《王十朋》等二类书。俞筱云规规矩矩说书，很朴素。俞筱霞更是个老实人，他长年跟哥哥拼双档，坐在那里，说的全是女下手的书。还闹了一个笑话。有一年夏天在码头上，晚上月光很好，大家都睡了。我们宿舍后面有一个不大的园子，跨过园子是厕所。我睡不着，穿了一套白色睡衣，在月光底下，照着自己的影子练“掏翎子”。俞筱霞半夜起来小解，迷迷蒙蒙中看见月光之下一个白衣女子在指手画脚，他吓得退了回去。第二天白天一问，才恍然大悟。他瞪了我一眼，你这个小鬼把我吓得够呛。你看，他是多么老实，真是个好好先生。

回忆周玉泉

潘　讯：您二十二岁就开始拜师弹词大家周玉泉，应该是很幸运的。

薛君亚：未出道之前，我常以票友身份在书场活动，与上海各书场老板很熟悉，我拜师周玉泉先生就是大美书场老板介绍的。

潘　讯：周老留下了不少谈艺文字，别人的回忆文章也很多，谈谈周老教您的细节吧？

薛君亚：俗话说，读万卷书，走万里路；走万里路，不如名师指路；名师指路，不如自己悟。我觉得这段话很切合周老的教育思想，他是一种启发式教育，他总是引导你，你自己想啊，悟啊，自己悟到的，才是你自己的。比如，我在台上也有弄僵的时候，他绝不会当场把你戳穿。也有那些脾气坏的老先生，会当场开销你，甚至三弦戳到你头上。而周老事先就叮嘱我，说错也不要对我看，如果不对，下来我会跟你讲。这样台下经他一提，我常常一辈子也忘不了。

后来，经过一段码头生活的历练后，正式和老师拼档。他也并不是怎么手把手地教，每天晚上给我排第二天的书，就像你我一样，两个人对面坐着，他轻轻地用心地说一遍，就这一遍，没有第二遍，然后马上要我还一遍。说着说着，两个人就对起来，就是排练了，也只有一次，以后永远也不排了。

潘　讯："引而不发，跃如也"，然后就需要自己的悟性了。

薛君亚：他还有点孩子气，看见稀奇的东西会蹲在那里看半天。

潘　讯：有好奇心。

薛君亚：实际上也是向生活学习。比如，苏州人有这么句话，江西人钉碗——自顾自。50年代补碗已经比较少了，有一次周老碰见了，就蹲在那里看了半天。这都是生活的积累，以后说到类似的情节，无形中脑子里会跳出来。

潘　讯：周老以"阴功"闻名，他在谈艺录中说："功夫越深，越不轻易露。""阴功"在周老说书中如何体现？

薛君亚：老听客们说，听周先生的书，夏天也不会出汗。周老也常说，硬功弄不过软功。他说书的时候，对着听客就像家常交谈一样，没有距离，偶尔还问听客一句："你说阿对？"好像征求意见。

潘　讯：与听众有互动。

薛君亚：我理解，周老的"阴功"是一种高超的语言艺术，概言之，就是欲擒故纵，欲扬先抑；话不要说得太透彻、太明白，否则就没有味道了。

比方他说新好日挑方巾，有的用竹竿挑，寓意生活节节高；有的用甘蔗挑，寓意甘蔗老头甜；有的用秤挑，寓意称心如意，但是不会有人用尺格。他前面都是安安静静地说，说到这里把声音稍微拎一拎，下面就不说了。尺（同拆音）什么意思，就是拆家败山嘛。再比方，他说老法结婚，新娘在前面走，后面有两个麻袋，走过这个，再把后面一个拿起来，只能说传，不能叫搬。也只是点到为止。搬（同绝音）袋就是"绝代"嘛。

他的语言简单却含义隽永，语气轻轻的，安安静静的，在关键的时候稍微拎高一点，也只是一言带过，博得听客会心一笑，这就是评弹中的"小卖"。他不是一本正经地费许多口舌安排一个大"噱头"。按我们内行来说，小卖是最好的，所谓妙语如珠，引人入胜。

潘　讯：《玉蜻蜓》的传承，从俞秀山算起，到周老一辈是第五代，周老演出与前辈艺人有哪些区别？

薛君亚：解放以后，《玉蜻蜓》一直在改，一会推翻老的，一会又回到过去，走了许多弯路。比如，金大娘娘这个脚色，传统的说法是书中之胆，但是，解放后把她说成是地主婆，反面人物。那么"抢救三娘"等许多情节就立不起来了，你不能为坏人树碑立传啊，只好又回来，还按老的说。对智贞的处理也是这样，一直有两个极端。其实，一部书老先生一代代传下来不容易，其中人物性格已经定型了，轻易很难改动。当时，周老也有意见，但他不敢说，只是偶尔咕一句：有这么简单？！

潘　讯：我知道解放后有许多内容不许说了，要么说它黄色淫秽，要么说它封建迷信。我想，周老心里一定充满矛盾。

薛君亚：周老的《玉蜻蜓》是王子和传下来的，被称为"翡翠玉蜻蜓"，货色多。解放后，比如"游地府"、"问卜"等涉嫌迷信，就不能做了。

潘　讯：我看过"游地府"几回书的记录本，充满人情味和人性美，是塑造金大娘娘形象的重要一笔。

薛君亚：我听老师说过，解放前在什么场子里演出"游地府"，没有灯，书台上点一支蜡烛，他在台上起一个夜叉小鬼，借鉴京剧《探阴山》中的小鬼形象，一边耍钢叉（扇子功），一边嘴里伴以"叉朗朗朗……"的钢叉声（口技），顿时书场内影影绰绰，阴气森森。

潘　讯：真能让人身临其境了。

薛君亚：他喜欢研究，又注意观察生活，故而他起脚色逼真传神。再比如，他为了练好"问卜"中吴瞎子的"睁眼瞎"（看不见眼黑），几乎生了一场病。我试过"睁眼瞎"，很难练，眼睛很酸很胀。

潘　讯：《文武香球》这部书由清道光年间艺人张洪涛创始，传给孙子张福田，周老便是福田先生的嫡传弟子，我听过部分您和周老60年代的录音。

薛君亚：《文武香球》很难说，有人说这是一部破书。但是，这部书又很噱，有些地方明明不合理，但是拿人，好玩，一经改动，书就不好听了。

潘　讯：周老的唱腔很有特色，与他的说表艺术浑然一体，独得"静功”之妙。

薛君亚： 他常说，大嗓子是我的发明。周老早年做王子和下手，也是小嗓子唱俞调。后来因为常起大脚色，声带渐渐屏不起来（抽鸦片也有影响），就另辟蹊径，改用本嗓演唱。

京剧及其他

潘　讯： 您说过，除了评弹，这辈子最钟爱京剧。20世纪三四十年代评弹界流行过一阵子唱京戏开篇？

薛君亚： 是的。我在台下听听，觉得这个很容易。后来就通过自己改编，在说书中插入几段京剧唱腔，结果场场客满。好比烧只小菜，加点味精，小菜就鲜了。不过，也得罪了很多人，对面场子里的同行啊，就不服气了，他们说这不是评弹，野头野脑。

潘　讯： 野路子。

薛君亚： 对，“野路子”，哈哈。

潘　讯： 您学京剧主要是跟唱片学？

薛君亚： 对，“留学生”。现在是“录先生”教的，录音机。学京剧，是因为我喜爱，从内心发出来的，用心程度就不一样了。我是要把你拿下来，为我所用；到后来是我要吃饭，一定要吸收新东西，我才能丰富自己。

潘　讯： 除了加点“味精”，京剧对您说书还有哪些帮助？

薛君亚： 有帮助。一个是我嗓子没出过毛病，还有一个对起脚色也有很大帮助。后来我在苏州团唱中篇的时候，许多人都喜欢我的小生脚色（包括动作、手势、身段），这主要得益于京剧。一般女下手起脚色不敢站起来，我就不怕站起来，我会跨出去，兜一个圈子，再回过来，这样整个人就活起来了，在舞台上生色不少。我记得，有一次与周老演出《玉蜻蜓》“沈家书”父子相会一折，有三个叫头，“君卿儿啊”，“爹爹”，下面掌声雷动。周老下来很开心，说这样的小生我满意了。后来，我演了不少小生脚色，演《红楼梦》，我演贾宝玉；演《碧玉簪》，我演王玉林。

潘　讯： 现在不少人感觉还是传统书好听，新书比较平淡。

薛君亚： 老书为什么好听，好听就好在两个人对话中间的小闲话，这个必须台上来。这是日积月累、千锤百炼的结晶。比如，一回书三刻钟，反复排，就可能排出话来，原来本子上一百句，排着排着可能变二百句，实际上就是磨炼啊，不经意地冒出一句话了，这个很好，以后就保留下来。现在打一部新书，要在一代人中把这部书说好，我觉得真是很难，不知道要下多少工夫。就像盘玉，三五天盘不好，一代代盘下来，玉才有光彩。

2011年4月28日
灌书园

鹰击长空

——弹词老艺术家王鹰访谈录

潘　讯

潘　讯： 王老师，您年逾七旬，从艺近六十载，有关您的家世、生平经历等，俞明先生在《评弹人家》中写过一些，还想请您简单谈谈。比如您的父亲王筱春，可以说他是您艺术道路的领路人。

王　鹰： 我家里姊妹六个，两个哥哥夭折了，剩下两男两女。妈妈是家庭妇女，没有工作，就靠爸爸一人养活全家，生活比较艰苦。因为旧社会女孩子学说书常受人家欺负，所以爸爸起先并没有让我学说书，我姐姐也一直没有学说书，待在家里。早年，父亲跟我的堂房阿哥王韵春拼档，在上海生意是蛮好的，但是王韵春很早就死了。父亲再和堂哥王展君拼双档，时间比较长。

1949年苏州解放，有一点我父亲印象很深，解放军进苏州城夜里就睡在地上，不惊扰百姓，和国民党部队的作风完全不一样。父亲出去跑码头，也不再受人家欺侮，完全改变了旧社会说书先生的地位。父亲看我比较灵活，就考虑让我学说书。

潘　讯： 您评弹世家出身，走上这条道路好像是很自然的。

王　鹰： 可是当年我并不情愿。解放那年我正十二岁，读小学六年级，我的志愿是读书，将来做一名医生。父亲就对我说：你看看我们这个家庭环境，怎么办？解放前，我大哥在上海做证券，后来失业回到苏州，大姐没有工作，小哥哥还在读书，生活重担全压在父亲肩上。我想想也没办法，只好学。

潘　讯： 也是生活所迫。父亲如何教您呢？

王　鹰： 那时候学评弹就是听书，和现在评弹学校不一样。我和爸爸、堂房阿哥一道跑码头，在书场听书。教主要是王展君，他教我弹琵琶，可是他也不懂谱，只教工尺。“六六工尺六工上，上上六工上，合六工上六工上”，就那么几句过门，然后也不管我，让我随便练。

潘　讯： 听书让您沉浸在一种艺术气氛中，而要学会关键靠自己悟。

王　鹰：那时候，还是父亲在逼我学。比如，弹琵琶的时候我贪省力，轮子滚不圆，练的是小开门，不像现在都是大开门。记得爸爸教我的第一只开篇是《杜十娘》。

潘　讯：这是当年最流行的开篇吧？

王　鹰：可以说是"基本教材"。"窈窕风流杜十娘"，这第一句就很难唱，这个"窈"字音往上翻的，评弹里叫做"教巧韵"，很难发。我就这样跟着父亲在码头上奔波，慢慢地一般开篇也会唱了。

潘　讯：您从什么时候开始和父亲拼档呢？

王　鹰：当时说书，上下手一般是四六拆账，上手拿六成，下手拿四成。堂房哥哥他也有家庭，生活负担也很重，他就提出和父亲拆档。父亲没有下手了，就把我拖上台。我那时只有十几岁啊，梳一对羊角小辫子，还是个黄毛丫头。怎么上台呢？琵琶弹得不灵，行头也没有，衣裳蹩脚，脂粉也不会搽，所以父女俩跑码头一径漂脱。你知道什么叫漂脱吧？

潘　讯：生意不灵，"漂了档"。那时候说什么书？

王　鹰：《落金扇》、《白蛇传》、《双珠球》等。

潘　讯：《双珠球》可惜现在没有什么人说。

王　鹰：这部书也很好，小书大说。生意一径漂脱，接下去怎么办呢？得想办法找工作啊。正巧这时我的大哥开了一爿康乐球场，里面有人刻棋子，我站在旁边看人家刻。我手蛮巧的，一看就会了。我就在场子里刻棋子，那时候刻棋子，五分洋钿一副，后来我刻得熟练了，一天刻60副，好赚3块洋钿。

潘　讯：刻棋子度日，您一定不甘心吧。

王　鹰：当然不愿意这样混下去。这时，我从收音机里听到了丽调。那时候正是徐丽仙老师最红的时候，她的两个学生包丽芳、程丽秋也很红。我就想，人家为啥这样好？我为什么要刻棋子呢？过去是父亲要我学，现在是我要学了。我就夜里听收音机中的唱段，学习徐丽仙老师和其他老师的唱法。她有一只《情探·李花落》，味道好极了。我一面心里揣摩，一面用各种符号记下来，然后默默地悟。这段日子虽然清苦，但我是乐在其中。

潘　讯：您重返书台是哪一年？

王　鹰：大概是1954年底，参加苏州会书。会书实际上是出人的竞赛，大家都在出暗劲，拼命比高低。我记得在阊门外龙园书场，我和父亲说了一回《落金扇》，这回书下来，下面轰得不得了。老听客说这个小姑娘将来有希望的。

潘　讯：说明您的刻苦自学已经初见成效了。

王　鹰：是啊。底下有很多书场老板在听，会书之后，就有常熟常兴书场老板请我和父亲做年档，结果一炮红出来，得到了常熟老听客的交口称赞。

潘　讯：常熟，号称"江南第一书码头"啊。

王　鹰：我吃了甜头了，自己更加拼命钻研。过去说书先生红出来，第一只码头是常熟，接下来进无锡、上海，最后是苏州。苏州听客耳朵最老，书最难说。

潘　讯：那时候是说书先生自己接场子。

王　鹰：演员和演员之间自己联系，互相通信。你下来我来，我下来你来，目的是大家把场子把牢的。响档和响档联系（那时候不是有"七煞档"吗），中等先生和中等先生联系，刚刚出来没有名气的脚色只好去小场化。

潘　讯：桥庙村浜。

王　鹰：是的，你不要小看这些地方，那些场方老板很势利，你稍微差点，就看不起你。

潘　讯：接着是进无锡？

王　鹰：对，进无锡在迎园书场，说唱《秦香莲》，也很红。接下来到上海、湖州、嘉兴、南京等地，都是大码头了。码头上一轮滚下来，我已经有些小名气了，有点铜钿好做几样行头了，买几件漂亮点的绒线衫、好看点的裤子。

潘　讯：这之后您参加了苏州评弹实验小组？

王　鹰：那是1955年，是我艺术人生的一个转折。王月香是苏州评弹实验小组小组长，组员有徐碧英、王兰香等。这个小组大多是年轻演员，只有一两个年纪大的，如朱介生、王筱春等。实验小组是一个改革型的小组，我们长篇不大说，主要说中篇。你想长篇要天天听，中篇一天就可以听完的。这不是一个创新吗？也不大说传统书，主要说二类书。

潘　讯：当时叫"斩尾巴"。

王　鹰：对，当时我们小组罗介人专职创作，比如《春香传》、《王宝钏》、《秦香莲》、《白蛇传》等。年轻人充满朝气，小组里各人有各人的特长，大家互相吸收，共同提高。我是很用功的，自己拼命要学本事。那时候王月香的快调出来了，很受听众欢迎。她说书，我就坐在扶梯上听，像海绵吸水一样拼命地学习。中篇一般三到四回书，最后一档送客书最要紧，因为我和王月香的业务好，不是她最后一回，就是我最后一回。

潘　讯：据说评弹实验小组进上海，轰动了整个上海滩？

王　鹰：在码头上滚了一个阶段，1956年我们评弹实验小组进上海，反响热烈，连电影界的白杨也赶来听。过去上海的场子你没见过，都是外国人舞厅改造的，最大的新城书场能坐千把人，西藏书场、大华书场、大沪书场、仙乐书场也能坐七八百人。

不久，上海评弹界姚荫梅、蒋月泉、徐云志等老前辈提出来请我们招待一场。大响档来听，我们心里还是蛮虚的。我唱了一段《白蛇传·梦蛟哭塔》，结果反响很好，姚荫梅老师兴奋地说，这个小姑娘"将来有将来格"。

潘　讯：这场演出也促成了您和徐云志老艺人的拼档。

王　鹰：这一年徐老五十六岁，他因为拼不到满意的下手，一径放单档。他听了我的演出，就考虑和我拼档。后来经过曹汉昌老先生介绍，我就做了徐老的下手。他也举家从上海迁回苏州，参加了苏州市评弹团。

潘　讯：徐老的加盟对于苏州评弹团来说也是一件大事，因为那时一流的艺人还是集中在上海。作为徐老晚年的主要合作者，谈谈您心目中的徐老吧？

王　鹰：这段经历印象是比较深的。徐老从十六岁开始，就足迹遍及江浙沪一带，在乡间找书场演出。可是，即使侥幸找到书场也只能填空当，别的艺人来了就要让场子。有一次，好容易寻到一家场子能正式演出了，哪晓得当地一个乡董，戴着金丝边眼镜，拿着手杖坐在前面听了一会书，连连摇头说"勿灵，勿灵"。站起身就往外走，其他听客也随声附和着说勿灵跟出去。当时，书场老板马上叫他走人，真叫人欲哭无泪。他心中十分气愤，暗暗立誓，总有一天要你们叫灵。从此后，他特别用功，如饥似渴地吸收前辈的书艺，拼命地苦练。在1922年二十二岁的时候，创造出了徐调。到1928年，他的《三笑》和徐调就风靡了上海滩。

潘　讯：这段掌故我过去也听说过，但是，听您重述一遍，更加感人。

王　鹰：老先生们走过来都是很不容易的。和徐老拼档，一开始我的思想负担很重。他到底是一个大名鼎鼎的艺术家，而我还刚刚出来，只不过年纪轻喉咙好罢了，实际还谈不上艺术。再加上我以前说的是《落金扇》、《双珠球》、《白蛇传》这些书，和《三笑》的艺术风格是完全不同的，因此我必须彻底转变。这个过程是很痛苦的。我的办法是刻苦钻研，每天天不亮就起来练，跟在徐老后面听书，反复揣摩。经过一段磨合期，我们的配合渐渐娴熟起来，不管是琵琶、三弦还是说表都咬得很紧，声音都是一样高，接口也很严谨。

潘　讯：在许多人的回忆中，徐老的性格温厚和蔼。他如何教您？

王　鹰：我现在回想起来，徐老的教育方法非常好，他总是用非常和善、客气的语气鼓励你。他很善解人意，很有人情味。他唱，要我用琵琶跟。他经常告诫我，弹琵琶的人不应该超过唱的人，不应该卖弄琵琶，而是应该随着唱，轻轻地、慢慢地扶上去、托上去。他就这样不厌其烦地给你分析、解说，我跟他学了大约六部长篇《玉蜻蜓》、《宝莲灯》、《三笑》、《贩马记》、《合同记》和《碧玉簪》。

潘　讯：拼档最久、声誉最著的应该是《三笑》。

王　鹰：《三笑》是一部传统长篇书目，成书较早。这部书有两派说法，一是谢少泉派，一是王少泉派。两派的基本情节是相同的。但是在细节和说法上有很多差别。谢派以噱见长，王派以理取胜，徐老是谢派《三笑》。这部书的篇幅相当长，主要内容叙述唐伯虎与秋香、周文宾与王月仙两个爱情故事，在群众中有很大影响，流传广远。评弹界把《三国》称为大书之王，而把《三笑》称为小书之王，可见《三笑》在弹词长篇书目中的地位。《三笑》这部书已经有了名家，有了不同流派。徐老并不躺在前人的成就上，而是自觉对《三笑》进行整理，推陈出新。听众都说整理得好，这位老先生了不起。

《三笑》这部书很难说，和《描金凤》一样被称为"五毒书"。书中脚色多，像祝枝山、小荸荠特别是大踱、二刁这种脚色很难说。最初徐老让我起二踱头，我不愿意，因为要做出来，面孔怕得不得了。有一次上台前他笑眯眯地对我说："今天我教你，你就照我的样子表演，到台上试试看，如果观众欢迎你，你就接着往下演，如果观众不买账，那么下回还是我来。"他到底是先生啊，都这样说了，我只好去演。结果我一起角色，轰得满堂彩，我开心得不得了，劲头就大了。现在评弹界有人说，起二踱头我是最好的。

潘　讯：我读过您和徐老的《三笑》演出本，由江苏文艺出版社出版，是一部长篇巨著。

王　鹰：学这部书给我最深的体会是徐老对艺术精益求精、刻苦钻研的态度。徐老在家里很朴素的，大冷天，穿一件破棉袄，腰间用绳头一结，眼睛闭拢端坐在那里拨弄弦子。我常想他已经成名了，已经是大响档了，为什么还要练？我的体会是他无时无刻不在钻研琢磨。你听他最早灌的唱片《狸猫换太子》，其中没有几种唱腔比较单调，并没有后来唱得好。

后来徐调的腔发展丰富了，有了长短腔、长长腔、长花腔、短花腔等九种腔式，这在弹词唱腔中并不多见。那部《三笑》录音资料中，徐老前后的唱腔并不完全一样，有很多变化。你要研究徐调，必须细细地听，慢慢地领悟。

潘　讯：徐老的说表也很有特色。

王　鹰：我常说，徐老的流派不纯粹是唱腔，而应该是涵盖说、噱、弹、唱、演的“系列流派”。首先徐老的说表艺术自成一格，他一上台就给观众一种自然亲切感，说书时，肌肉放松，脸带微笑，和听众如同朋友一样谈家常。传统书中都有生旦净末丑类的脚色，我们《三笑》中祝枝山、大踱、二刁，这是大家知道与众不同的。但是，徐老在小人物上也很动脑筋，比如我们书中的小荸荠，她是一个叼嘴，但她的叼嘴和二刁完全不同，她完全用舌尖来讲话，动作也是小孩动作，所以这个脚色在台上表演就非常好玩可爱。

潘　讯：徐老成功的原因有哪些？对今天年轻一辈的评弹演员有何启发？

王　鹰：他的教育方法，对艺术不断追求、不断提高的精神，都给我留下了深刻的印象。他总是在不断地动脑筋，没有片刻停下来。晚年他在上海第六人民医院住院，弥留之际他的一根手指还在那里拨弄，弹弦子，完全沉浸在艺术中。“文革”时不能说书，他就在家里偷偷地说给孙子听，如痴如醉。要真正学好本事不容易啊，要持之以恒，要肯吃苦。我有一点小成就，也是认真得来的。我深知要成为一个好演员，就必须把生命沉浸在艺术中去。

潘　讯：王老师，评弹界近几十年来没有出现过有影响力的流派，原因何在？

王　鹰：其中原因很复杂，我想关键在于你能不能如痴如醉，能不能为事业牺牲一切，能不能把身心沉浸到艺术中去？否则，你怎么创造流派？

当年我做徐老下手，他对我说，你的唱不能唱蒋调、丽调一样，他们的唱腔和《三笑》的风格不符合。要我动脑子，自己去创造。我问他是怎么创造徐调的？他说我就听，悟啊。京剧、绍兴戏、文明戏他都听，他还从卖西瓜、糖水芋艿、烫白果、橄榄、山芋等小贩叫卖声中吸取营养。他原来住在曹胡徐巷，那里是机房帮集中区，他从小就爱听织机工人唱山歌。

我自己也动脑子了，那时候我特别喜欢看电影，听电影里的歌曲。像《柳堡的故事》、《刘三姐》、《红珊瑚》等等，当时都很红。我就经常听，经常唱，并融合到自己的演唱中去，我的唱腔跟人家不一样了。如果不是

“文化大革命”，我的唱腔还会发展，慢慢形成自我的风格。

潘　讯：要多借鉴、多吸收、为我所用。

王　鹰：是的。

潘　讯：评弹界对您的快徐调褒奖很多，它是如何产生的？

王　鹰：“文革”结束后，我继续在码头上演出，和顾之芬拼双档。徐老不在了，我成为上手，开始很不习惯。但是我们的生意很好，人家都知道王鹰是说《三笑》的，慕名而来。但我感觉还是不够，我考虑怎么样说得听众满意，说得和别人不一样。我不能老是慢吞吞唱徐调。一般男声是A调，老先生打的是D调E调，高出三四度，因而男声唱徐调好听，女声唱就不大讨巧。女声唱得慢了以后，人家听久了会觉得“恹气”。我就想为什么琴调、沈薛调和孙钰亭、王月香调能那样快，徐调能快吗？

徐老也有一档快的唱篇《上堂楼》，家牌韵，中慢速，我想能不能超过他的速度？如何接上去是关键，比如我们唱快调，七个字下面断就不好听，二、四韵上断，这样连上去，就不显得吃力。《三笑》的唱篇短，没有长的排比，怎么办？我就自己创作，我对《三笑》的书很熟，一面说书，一面写唱篇，加进好多句子。顾之芬也来帮我试。第一次唱快调是在无锡，无锡听众对我很熟悉的，一唱就成功了。后来进上海，我每回书里都加写几段，唱快调，听众很轰，大家写评论文章贴在玻璃窗里，上海老听众说王鹰创造了“快徐调”。

后来我唱了一只《姑苏小桥》，一百多句，连着唱，像天津快板一样，说一段唱一段。这只开篇成为我的代表作。这只开篇的成功说明徐调可以唱新东西，未必老是慢吞吞。

潘　讯：《三笑》这部书过去被称为“长脚笑话”，是一部“噱书”，不过今天听起来，笑料似乎不多了，问题何在？

王　鹰：原因很多，我想主要原因有两点：一是脱离时代，二是书太熟。现在的传统书大多面临这样的问题。社会发生变化了，某些内容与时代脱节了，噱头放出去，年轻人不一定听得懂。评弹要根据社会变化而改革、创新。

潘　讯：您如何看待评弹艺术的现状与未来？

王　鹰：总的说来，现在评弹事业现状很好，市委宣传部提出每个镇都要建设一爿书场，各级政府部门也十分重视。

但是也有危机感，最大的危机感是没有创新书目，那些老书听得熟透了。我记得1963年我们到北京去演出，带去的都是新书，《红色的种子》、

《苦菜花》、《八个鸡蛋一斤》、《五亩地》等，周总理就很赞成。他向在场的鼓书艺人等曲艺界人士说："你们要向苏州评弹学习，他们有创新。"总理在20世纪60年代就提出要创新，如果从那时开始，持续不断地坚持下来，成绩会有多大？评弹是缺少听众吗？评弹听众大量有啊！只要是新书都是客满。说明听众要听新书，但是目前缺乏可听的新书。新书也许没有老书成熟，但这是评弹的希望所在，创新是评弹的生命。过去陈云同志说，新书有三分好就要鼓掌。

另外，创编新书一定要演员自己创作，你看邱肖鹏、徐檬丹、周希明、吴静等都是演员出身，只有了解评弹，才会创作出好作品。

潘　讯：您曾担任评弹学校副校长，又培养了不少学生，在评弹艺术的传承与教育方面有何心得？

王　鹰：我在评弹学校任教20年，体会很深。过去有一段时间大家在争论要不要办评弹学校？现在争论没有了，结论是评校还要继续办下去。评弹学校的一大优势是培养出来的学生弹唱说表基本功扎实，俞调、沈调、薛调、蒋调等各种流派都要教，我们要求学生唱好一种，唱会多种。新时期恢复评校以来，我们培养出不少优秀的学生，如盛小云、王建中、王瑾、施斌、吴静、曹莉茵、王池良、张丽华、程艳秋等，他们已经成为当今评弹界的中坚力量。

不过培养人才不容易，老师是最重要的。除了在校的老师为学生的说表、弹唱打下扎实的基础外，老校长曹汉昌还采取了"请进来走出去"的方法来提高学生的专业素质。把长期坚持在书坛演出的老艺人，如张鸿声、唐耿良、蒋月泉、姚荫梅、张鉴庭、张鉴国、顾宏伯等请来讲座，把他们丰富的实践经验传授给学生。同时也请年富力强正当演出的如秦建国、吴迪君、赵丽芳、沈世华等名家来校讲课，请他们教一回最拿手的书。学生学会一回书，马上出去演出。过去我带着学生到书场、农村、工厂演出，下面观众有反应了，对他们鼓励很大。他们也学会了如何在书场演出，如何面对观众。

潘　讯：王老师，谢谢您接受我的采访。

附录

顾之芬谈王鹰

潘讯：顾老师，最近我访谈了王鹰老师，请她谈一谈自己的艺术人生，不过，她很谦虚，对自己的艺术始终谈得很少。"文革"后，您是王老师的主要合作者，亦师亦友，对她的艺术成就也很熟悉，还想请您谈一谈。

顾之芬：在我和王老师拼档的过程中，她给我留下了不可磨灭的印象。她既是我很好的朋友，又是我的长者，更是我艺术上的老师。她能在艺术上取得这样的成就，我想归结起来就是一句话："业精于勤。"

潘讯：您能具体谈谈吗？

顾之芬：好的，这样的事例很多。她对待艺术勤奋、认真、一丝不苟。我和她拼档说《三笑》，她从来不摆老师架子，一遍遍教我，又一遍遍和我联系。我这个人比较笨，学东西往往需要重复多次，王老师非但不嫌我烦，反而和我一起练习。

潘讯：那个时期演出任务应该很繁重？

顾之芬：当时我们每天日夜两场，夜书场下来她还要和我排书，一早起来和我联系唱段，再排一上午书；下午演出结束，休息一会，还要和我一起排一遍。她曾经和我说过，这样才能保证质量，台上不出错。说实话，这是我所没有碰到过的，因为评弹演员一般演出比较自由，尤其说长篇，只要掌握书情后，可以自由发挥，上下手排书，大多数是搭搭句子，就可以上台。这里有好的一面，就是可以培养演员的灵活性，但是也存在缺点，质量上要精就差些了。王鹰老师为提高我们的演出质量，这样不厌其烦地和我联系，一句话、一个搭口、一个动作，都和我敲定，在演出中是不走样的。

潘讯：当年徐老也是这样精益求精的作风。您和王鹰老师合作，作为女双档，对《三笑》又有哪些修改？

顾之芬：对于《三笑》这部书，王鹰老师告诉我以前的说法如何，其中有哪些精华和糟粕，经过修改整理又有哪些改进。现在我们两个女同志说，也要进行修改，使之符合女双档的演出。因此每排练一遍，每演出一遍，王老师总有修改。比如，书中华相爷和祝枝山的书，我们就适当压缩，因为此类脚色女同志表演起来不太合适。而唐伯虎、秋香的书比较适合我们演，我们就重点在书情和表演上下工夫。每次修改，王鹰老师总是和我商量，这样好不好，这样可合适，直到大家满意为止。

潘讯：和您合作期间，王鹰老师在徐老创造的徐调基础上，又有新的发展，业界称之为"快徐调"，请您谈谈王鹰老师的唱腔。

顾之芬：在《三笑》特定唱腔徐调上，王老师是狠下过工夫的。首先，她每天练唱，并把徐老的唱腔反复听，再自己唱，但演出下来，她总有一种不满足感，感到有的地方唱徐调，观众并不满足。她感到在抒发某种感情时，徐调的节奏达不到那种激情的状态。

为此，她开始在唱词上动脑筋。虽说她自称没读过什么书，但是她居然能够写唱词，真不容易。接着，她又在唱腔上调整。她说王月香调、琴调能激动人心，为什么徐调不能呢？于是她动脑筋，特别在唐伯虎追求秋香时，秋香一次次拒绝他，他的心情愈加迫切，这里有许多唱段。王老师从词上先动手，把原先徐老唱的词，节奏比较慢的改成了先是慢节奏，后边全部是叠句，一口气要唱几十句，连起来唱快速，她一遍遍唱给我听，叫我提意见，进行修改。当时我就被她的这种精神所感动，也帮她一起想办法，记得本来在唱快速结束时，她将节奏停在快速上，我就给她建议，你在一大段快速唱腔后，在收尾上要给观众有喘气和满足感，所以必须以慢速来结束，这样观众会给你热烈的掌声。王鹰老师非常虚心地听取我的意见，和我进行排练后，立即到台上去试验，果然，观众听王老师唱腔，先从放松到憋着气听她几十句联唱，唱完最后一句慢的长腔落定，台下发出雷鸣般的掌声，她陶醉了，她成功了，我们大家为她高兴。我们反复在一只只码头上演唱，特别在上海，观众一次次鼓掌，称她创造了快徐调。

后来，快徐调不仅体现在书中唱段，而且体现在开篇中，如《宝玉夜探》、《一心跟党走》等。只是王鹰老师既不喧哗，也不张扬，只求为评弹事业默默耕耘，这一点是值得我永远向她好好学习的。

自信与信念

徐雪玉口述　洪子元整理

一、从出窝书说起

我的信念是做好本职工作，我的自信是能做好本职工作。

我的出窝书是《描金凤》、《三笑》。十三岁时，就做上手说《贩马记》，共十二回。下手是张玲仙，在四海楼说的。张和我合作时间不长，后来是和蔡小娟合作，在江浙地区说《贩马记》。那时我的嗓子很好，高低自如，想怎样就怎样，不费力又亮润。由于年纪太轻，不懂得保养爱护，就把好嗓给损伤了，至今有些遗憾。总觉得比不上刚上书坛那条好嗓子了。

带我来苏州学说书的是徐雪行先生，他有许多学生。著名的有徐雪月、高雪芳等，徐雪月就是人称小老太婆以起祝枝山著称的那位。还有徐雪梅、徐雪兰、陈雪黎、徐雪飞等多位。

我在苏州，经过曲联考试，领到了演出证，就接场子作营业性演出。

在党的文艺方针指引下，评弹工作者纷纷自动组织起各个小分队。在此基础上，著名评话艺术家潘伯英、曹汉昌等开始筹建"苏州评弹实验工作团"，于1951年成立。第一位团长是潘伯英，1956年改名为"苏州市人民评弹团"，现名"苏州市评弹团"，这是评弹工作者走集体化道路的过程，为评弹事业奠定了发展的基础。

很幸运，1958年苏州团领导同意吸收我参加集体。又在建团十周年庆典时，拜徐云志老师为师。同时拜师的还有王鹰。王鹰很早就是徐老师的下手。徐老师是大师级老师，誉称为一正梁，还有四亭柱。是指徐大师的学生严雪亭、祝逸亭、邢瑞亭、王御亭等四位名家。合称为一正梁、四亭柱。

二、进团后做了哪些工作

我是1956年上书坛演出，参加集体后在评弹第三组。1960年上半年在评弹第一队，同年下半年进入评弹团一团青年队。青年队有陈毓麟、林慧娟、薛小飞、邵小华、陈剑青、杨玉麟、庄振华、余瑞君、王小蝶等二十余人。当时我最小，十七岁。1962年组成三团，1965年调入二团，1969年又并入评弹团。拜徐大师为师后，曾单档说过《三笑》。有一次因王鹰有事，徐大师带我做下手，说《三笑·祝枝山看灯》。

“十年动乱”中，评弹团组织小分队，演出中篇《智取威虎山》、《海岛女民兵》、《艳阳天》、《长江大桥》等中篇。粉碎“四人帮”后与张君谋合作演出中篇《红岩》等。参加演出过的中篇，还有《海瑞罢官》等。1979年恢复说长篇传统书《玉蜻蜓》。1981年，接到说新编长篇《明珠案》的任务，经过商讨，于同年在无锡和平书场试说。1982年与张君谋合作整理《红岩》，主要是张君谋在整理。《红岩》演出，原先是分上、中、下，其后整理成二十七回书的长篇，每回两小时。共约21万字，但没有演出过。

1985到1987年，到黄天荡评校，为毕业班任教，前后共八个月。1986年《明珠案》在上海电视台录像并播放，这是上海电视台首次为苏州团录、放长篇，其后各地方台亦纷至沓来录播。1988年评弹艺术节，与华士亭合作说《三笑·卖身投靠》这回书，留存作为上海戏校评弹班的教材。

1991年4月在沪参加“纪念陈云同志‘出人、出书、走正路’指示发表十周年”活动，同年8月在苏参加“江、浙、沪评弹名家赈灾义演”，在新艺剧场演出。

1993年8月，两省一市评弹领导小组举办江浙沪青年演员培训班，受聘为培训班指导老师，半个月指导并作示范演出。

同年10月在沪参加评弹精品演出，从业三十余年，除在江浙沪评弹盛行地区各大小书场演出外，还应邀参加过庆祝性演出，如无锡电台四十周年时参加了庆祝活动，演出了《玉蜻蜓》专场和《珍珠塔》专场，以及苏州团团庆四十周年，在苏州书场的演出。

我经历过学书、说书、教书三个阶段，但学、说、教，并不是截然分开的。我体会说和教还是要用学串起来。就是说学、说、教是以学为主贯串起来的。

学从零开始，是一张白纸，什么都不懂，学琵琶，手指放在哪里都不知道，遑论其他。等到师傅领进门之后，得自己练了，练到能上书台，还得继续学、继续练。评弹的流派很多，曲调很多，如蒋调、俞调、薛调的基础调，还有张调、陈调、雄调、琴调、丽调……前辈老艺人积聚下来的经验、风度、风格也要学。书品、人品、书路也要学。还得勤学苦练，不可一日或缺，说噱弹唱的基础功都要练。等说书说得初有成就，进而也能传教于人的时候，进入了教书的阶段。更应充分理解到教学相长的道理，师徒之间是互相促进的，对老师来说，还有个学的任务。

这是我的感悟，也是我在接受说新编长篇《明珠案》任务过程中，所获得的感悟。

三、新编长篇《明珠案》

《明珠案》取材于福州有个雷州盗的故事。是邱肖鹏与汤乃安、杨作铭合作编写的长篇书目。邱肖鹏是位多产作家，他创作了许多书目，包括长篇、中篇、短篇和开篇，都传诵于评弹道众和听众的心目中。他还对《啼笑因缘》作过加工整理。

《明珠案》的主要人物，男主角是飞镖王，除暴安良的侠盗，是武侠。侠客书，基本上应属于评话，用大书去说。现在放在小书里说，是特别，也是难点。女主角有两位，一是易素娥（化名），本名杨素英，还有一位是梁凤英，两人是异姓结义姐妹，却又都寄情于飞镖王，因此很可能落入俗套。双双嫁给飞镖王，有情人皆成眷属的大团圆结尾。但作者对此作了巧妙安排，使书情急转，另辟蹊径，杜绝了俗套，编得极妙。这是《明珠案》的另一特点。说书人必须把这一转折，说得合情合理，顺理成章，合乎逻辑。

次要人物中，还有两个丫环，一个是梁凤英那里的，叫芸香，也会武功。另一个是易素娥那边的叫小红。梁凤英是她娘舅高金镖教的武功，有把宝剑，削铁如泥的宝剑。这四个人物是二文二武，各有个性，不能用说传统长篇的习用的说表方法去说，加上有个飞镖王假扮知府的情节，飞镖王是武的，假知府是文的，换言之，《明珠案》中梁凤英、易素娥、芸香、小红、飞镖王、假知府，三文三武六个脚色的书情，都要由说书人的下手来起好、展开。下手的分量，是比较重的。此外，书中还有个真知府的母亲客氏及其他的零星脚色，在跳进、跳出时，也要由下手来起的。特别是客氏这个脚色，她背后还有皇帝的皇权支撑着。对说书的下手，确实分量很重。

接受任务后，有些迟疑，但没有退缩。因为说书是我的本职工作，我必须做好自己的本职工作。于是根据多年来的学习和书坛上的实践，对《明珠案》先分成十五段，带到无锡和平书场，在说正书前当开篇唱。这十五段开篇是：

（一）打虎救凤英。（二）夜访素娥。（三）巧遇崔知府。（四）初进梁庄。（五）智斗王太监。（六）姑娘的心事。（七）第二次。（八）剑试飞镖王。（九）花园访案。（十）鸳鸯厅。（十一）夫妻相会（上）。（十二）夫妻相会（下）。（十三）胸有成竹。（十四）公堂。（十五）招供。

唱熟书情后，再找关子，在哪里落回。注意听众反应，找到最佳落回处和落回的力度及方法，积累了如何文书武说、武书文说的初步经验。

《明珠案》故事发生的时间是在明朝宦官魏忠贤专权的时代。忠臣良将熊廷弼遭谗杀，满门抄斩，其三公子熊兆璋，未被捉住，成为朝廷钦犯，流落他乡。隐姓改名，落草为“寇”。盘踞山冈，除暴安良，劫富济贫，即是侠盗飞镖王。《明珠案》是夜明珠被抢，诬称是飞镖王所作的案，故飞镖王亦来到泉州并假扮知府查案，查明了真凶，劫犯乃是泉州梁庄的梁鹤鸣，案情得以大白。

《明珠案》设计的情节，能引人入胜。如夜明珠是熊家给杨家为熊兆璋与杨素英（化名为易素娥）的定亲聘物，梁庄的梁凤英是巾帼英雄，她的兄长梁鹤鸣却是恶徒、凶犯、趋炎附势的无耻之辈。飞镖王为查案假扮上任的泉州知府崔家骏，崔家骏的生母客氏是有皇权背景的，梁鹤鸣大献殷勤，想通过知府崔家骏攀附皇权权势，要与到梁庄的假知府联姻，把胞妹梁凤英嫁给他。这些交错复杂的情节设计，都很耐嚼、有深度、有回味。

剧本是静态的、平面的，如何把它搬上书坛，说给听众听，让听众认可、赞赏，责任落在说书人的身上。把书面语言，变为口头动作，有个“立起来”的过程，也就要再创作，是动态创作的过程。

如果说传统书立起来（再创作）的过程，已经由前辈老先生做过，你顶多学一学，或者加以补充、丰富些就够了。现在是说新长篇，这个立起来的过程，必须由自己来做。好在我的上手张君谋，是位有经验的演员，他本来就和他夫人马燕芬搭档的，说过《玉蜻蜓》、《武松》等传统书，在《武松》中马燕芬起潘金莲，张君谋的武松，还带做工，听众赞之曰：“珠联璧合。”所以张作为上手是过得硬的。

因此，我只在我的“书”份中全力钻研。按照书情，巧用了传统说表、六白，用旁白、衬白表现了人物内心活动，如两个丫环，一文一武，不用传统书中丫环说话的语调和行走步伐的动态，改用了直接对话的方式。对于书中“篇子”的唱，用人物的感情去唱，如飞镖王、杨素英在梁庄夫妻相会的那大段唱，是感情的总爆发，演员要深入到脚色中去，再加以“面风”眼神的配合，到最高潮时，一声痛哭，是感情的哭，也是艺术的哭，很自然地激起了听众共鸣的彩声和掌声。

这回书，如何能让易素娥下楼与假知府相见，安排了一个合理的情节。熊兆璋（假知府）把一首诗交给小红，带上楼去给易素娥看，这是首七言绝句，是易素娥祖父杨士廉留下的：

白云渺渺迷旧梦，
春草萋萋泣路岐。
寄与儿孙焚笔砚，
好将犁犊听黄鹂。

易素娥（即杨素英）看了之后，十分惊异。因为这首诗，是她杨家的绝密之事，只有杨家的人才知道，如何这位知府也知道，就急忙起身下楼，会见知府，想问个明白。才得以互通衷曲，夫妻相会。失声而哭也是爆发性的，必须要深入脚色中去，方能体会到易素娥这种爆发性哭的感情。这段篇子的唱词是："甜酸苦辣涌上心，千分欢喜万分惊，是真是假疑似梦，如醉如痴出了神。倘然不是三公子，哪能知晓我杨家三代人，两年来隐藏的名和姓。倘然不是三公子，哪能说出两家生死情，明珠为聘订婚姻，竟然不差半毫分。倘然不是三公子，哪能知晓老夫人。怪不道他才貌好、武艺精、见识广、品格清，官场礼节尽分明。怪不道既诚恳、又耐心，深宵两次进园林，这一片深情一颗心，分明就是我夫君，只道茫茫人世难再见，意中人只是梦中人，此生难以结成婚。想不到假知府、真郎君，好夫妻两相亲，不是梦来却是真，我素娥从此有亲人，喜孜孜、泪盈盈，身站起、哭一声，只觉天旋地转昏沉沉。"

唱到此间，易素娥晕倒，熊兆璋抱住她，唤醒。易素娥发出激动人心的哭。唱词抒发出的感情起伏，很流畅、很合理，我曾经想，请人帮助设计，最后还是决定由自己来推敲设计。用俞调作基础，再把感情和心情唱出来，我是下了工夫琢磨的。唱一次，琢磨一次，当听众报我以掌声给予认可时，我很高兴。更提高了我的信心，感谢听众们的勉励和鞭策。

《夫妻相会》中有一段，"还望原谅二三分"的篇子，我是用薛调为基础，但有别于《痛责方卿》中的薛调，因为她是易素娥，什么样的书应有什么样的说法、唱法和表法，要区别开来。

我在唱腔中是有所借鉴的，但不是依样画葫芦，要化一化，化到合适了再用。在《明珠案》各段篇子中的设计，曾参考过赵开生老师的《柳毅传书》的唱法，还有周云瑞老师《岳云》唱段中的唱法以及其他老师的唱法等等。

《明珠案》中梁凤英与芸香在花园中练武并企图试探飞镖王知府的真假这段"书"，在舞起鸳鸯剑时，先由上手张君谋作了铺垫：

［表］勒浪京剧舞台上，梁凤英和芸香才是武旦应行，格是开打起来，蛮闹猛，好看格。书台上场化小，假定拿弦子、琵琶当宝剑挥舞起

来，格是要凿痛人格喊。哪亨办？！紧接着下手［表］伲评弹末是用说噱弹唱来唱出来哟（听众会意的笑）。

［表唱］：青锋闪闪映朝晖，万道银光心胆寒，好似堂前双燕子，上下翻飞去又来，一个儿如杨柳迎风摆，一个儿流星赶月快非凡，一个儿雄师怀抱绣球滚，一个儿孔雀姑娘锦屏开，一个儿龙取水、一个儿虎离山，一个儿海底金鳌把急浪翻，一个儿拂袖嫦娥出广寒……

这段用表唱叙述武打的方法，实际是让听众从书场里转到花园广阔的空间的角度，去观赏二位主婢的双剑飞舞、闪跳蹦纵腾挪的绝妙功夫与姿态上去，可喜的是，也被听众接受、认可，受到了欢迎。

在“立起来”过程中，每次都吸收听众的反映和建议，充分发挥了信息互动的作用。若有所改进或更动，都与作者及时联系得到认可。邱肖鹏还到无锡三凤楼听了半个月的书，作了整理加工。

“立起来”的过程中，也有失败的经验。一是落回落得不恰当，二是想把书情打闷包。这大概不合乎听众的习惯，后来把书情全部铺开来说，就越做越兴旺，可以做到复档、再复档，并一再得到赞赏和好评。

谢毓菁在上海大义书场对我说，你是的确动了脑筋在说书。邱肖鹏曾评我一句话，说我是长跑运动员，意思是说我一直在跑。实际上我认识到时代在前进，我说《明珠案》时已是20世纪80年代了，节奏在加快，绝不能像老的传统书那样的说法，因循守旧，要有所改进，经常改了又改。但不是盲目改，评弹还是要姓“评”，我是根据自身条件，扬长避短，说噱弹唱四项评弹基本功的唱，我在韵味上下足了工夫，“唱情不唱声”，不唱成“评歌”，要唱出书中人的个性和感情来。说表也同样，注重人物的理和情。在起脚色的时候，也要研究人物的个性、经历，此时此刻所处的特定环境，面对着什么情况，将来会发生许多难以意料的情况，准备说些什么话或是采取行动——说表出合理性的“理”，就是“理味趣细技”的理。评弹姓“评”，最讲究就是要有个“理”，要合“理”。

《明珠案》在上海、无锡、杭州、湖州，不仅做到三复档，还做到四复档。业务一次比一次好，可能是由于书路较快，不拖沓的缘故。《明珠案》的表书，基本上采用较快的语速，在情节上参照蒙太奇的手法，串接起来为评弹所用。在80年代用这些手法，还是新颖的，尤其是听众感到“书”不重复，比较快，每回都有新的情节书情在发展。有新的情节可听，且唱情、唱人物，互动性强，得到许多听众表扬。在上海玉茗楼，有位听众对我说：“听了几十年的书，你的情绪爆发（指书中杨素英的情绪）把我的情绪也激动了。”

1977年曾为老首长陈云同志演出过一次传统书。1987年7月老首长听了《明珠案》录音，也很赞赏，他要求把《明珠案》的演出情况汇报给他，老首长很关心新编长篇《明珠案》的成长，此事记载在苏州市文联简报上。

我很喜欢这部书，能发挥自己的所长，不辜负我的勤学苦练所学得的评弹艺术。《明珠案》这个书目这个一剧之本的创作者给了我一个最佳的艺术实践的机遇。

再讲一点，就是做下手，不能做死下手。做下手，上手的书，也要坐在那里仔细地听，多次听，听熟、记牢，这也很重要。有一次，在无锡北大街，《玉蜻蜓》说到最后一天，上手张君谋要去参加苏似荫追悼会，这是非去不可的。而无锡是最后一场的书，也是非“说”不可的。我只能留下，单档说这一场“书”，好在我平时就留心听上手的书，掌握了他的书，没有临场慌乱、出洋相，保持了在无锡的声誉。这也是所谓“救场如救火”。做下手也要有所准备，常备无患，临渴而掘井就来不及了。

四、执教中的事

有个“琢字”问题，该如何“琢”。评弹要说苏州话，八九十岁的老先生和二三十岁的年轻人说的苏州话是有差异的，我在《明珠案》中感到如果“琢”得太严太深，听众反而不习惯，有些烦了。因此，要“琢”得适当，不能像耄耋之年的老先生那样慢条斯理地去“琢”，节奏也太慢了。

关于“教学相长”，老师也要学。我的理解是，还要研究学生为什么来学，为什么这个学生学得好，进步快，悟性高。另一个就不如他呢？能不能从学习方法上帮帮他？

1992年10月，苏州评校告诉我，我在1986年1月、11月，1987年5月、6月到评校授课的八四届学生陈建红、仲蔚蔚已是四级演员，并获了奖。

我同意接受江阴评弹团的青年演员周慧慧为徒，学说《明珠案》，她在艺术节上说《明珠案》得了个江苏省青年演员一等奖。

在传承工作中授教，的确要注意学生的个性。像归蕾就适合学《玉蜻蜓》，而陈碧红就适合学《明珠案》。她们一个在苏州团，一个在常熟评弹团，都做出了成绩。这便是有个因人施教的课题，值得探讨。要尊重学生的志愿、志向和兴趣。

五、七宝的前倨后恭

这是不会忘记的事。

七宝，是只好码头，评弹界都知道。书场场方叫钱四法。我们是从嘉善卸码头，赶场到七宝的。去那里很辛苦，要背行李，还要背两副琵琶、弦子家什，乘长途汽车，走一段换乘一段车子，不是直达车。换了七次车，方才到七宝。进书场，迟到了半小时。听客已陆续走散，只剩了没有几个人。场方责备我们，我们背了重重的行李家什，饭也没有吃，肚子还饿着，还要受气。场方声势汹汹地和张君谋吵了起来，骄横得不得了。当天也说不成书了，就改在明天开书。

开书后，头天听众不多。后来一天比一天好，出现了越来越兴的盛况，场方顿时改变了态度，再三要求我们来复档（到七宝复档时，说的是传统长篇《玉蜻蜓》）。

前倨后恭，是一回事，我想讲的是另一回事。玉茗楼说《明珠案》，书场坐勿落，装了高音喇叭，让听客到外面听高音喇叭。我们到玉茗楼去，是背了两副家什去的。这是在上海卸码头转场的情况。相比之下，现在年青一代的工作环境和工作条件，要好多了，但他们仍然是说苦，我们就很难理解了。

六、评弹传承

评弹是曲艺，不同于戏剧、电影、小说，曲艺有曲艺的章法，其他类别的文化，也各具自己的章法。我认为评弹在传承问题上，必须充分注意到它的章法，主要是“理、味、趣、细、技”，“说、噱、弹、唱”，再加个“演”。短篇、中篇、长篇、开篇并存，但长篇最重要，篇幅长了，可以细说，说透；篇目短了，说不清里面的关系，节节、枝枝、骱骱。开篇属于音乐欣赏。我是倾向于说长篇的。

现在有一种把评弹变成说故事，这就变味了，也不容易流传下来。

我认为，评弹传承还是要靠长篇，希望能有新的长篇编出来。

观众的掌声　心灵的企盼

赵慧兰口述　依云整理

1945年的夏天，我出生在美丽的太湖之畔——无锡，崇安寺附近的营桥巷就是我儿时的家园。

我从小就喜欢文艺，在童年的时候就表现出了很好的艺术天分。当年的无锡是江南最大的书码头，城里城外有十多家书场。我家周围有不少书场，因为父母双亲都是书迷，在家庭的影响下我也成了“小书迷”，是书场里的常客。凌文君的《描金凤》，蒋云仙的《啼笑因缘》，徐碧英、王月香的《梁祝》……都在我脑海里留下了深刻的印象，走出书场我嘴里便会哼上几句台上先生的唱。其实当初除了评弹，我还是个“小越剧迷”呢。最崇拜的演员便是高剑琳了，一度曾经有过要去学越剧的想法。只是因为当时社会上把唱戏的称为“戏子”，而把评弹演员称做“先生”，父母便觉得后者比较受人尊重，再加上我有个年龄相仿的姐姐，所以家里人就要我和姐姐学弹词，以后可以拼女双档。

小学毕业后，父母亲给我们姐妹俩买来三弦、琵琶，还特意请来了无锡的票友每天来教唱开篇（当时是六块钱一个月）。从此，不管是清晨还是暮色降临，小巷里弦声不断，《莺莺操琴》、《宫怨》、《杜十娘》……打破了小巷的宁静。我白天到书场听书，晚上便在家里说给家人听，还一本正经起着书中的脚色，经常逗得家人捧腹大笑。小时候听人说每天早上对着水井吊嗓是最好的，因为这样会有水音的。于是每天六点不到，我就早早起床，对着院子里的那口井大喊，接着就是弹琵琶、唱老师隔天教的开篇了。经过一阶段的勤奋苦练，嗓音更为清脆宽厚了。如今久唱不疲的功力，也许就是从小练就的吧！

1959年的时候，听说苏州戏曲学校在招生，我怀揣着少女的梦想，赶去苏州报考。不曾想没过几天江苏省戏剧学校也来无锡招生，我和姐姐一起也去考了，接下来的结果是两张录取通知书同时来了，照着自己的想法是想去南京，因为我和姐姐同时考取了江苏省戏剧学校。想着以后可以有人做伴，我连去南京的火车票都偷偷买好了。但是当时家庭条件不是很好，苏州戏曲学校只要学三年，而江苏省戏剧学校要学五年，早点毕业可以早点赚钱补贴家里，母亲的意思是想要我去苏州，姐姐去南京。临行去南京之前，母亲对着我落泪了，年少懂事的我被母亲的两行热泪哭得只身一人来到了苏州。正是由于这个原因，我比其他同学晚了一个月才去苏州戏校报到。

1959年的9月，我只身一人离开无锡，来到了江南水乡评弹的发源地——苏州，屈指算来到现在已经有五十二个年头了。当时的戏曲学校在现在的文庙里，我们这些评弹班的学员，都是当时从苏沪两地一千多个报考者中脱颖而出的。那时的戏曲学校有评弹班、越剧班、沪剧班、锡剧班、舞美班、编导班等，学习期间只是教授评弹理论，两个月后我们这些小学员们就被分配进了苏州评弹团参加青年演员培训班。我是无锡人，刚来苏州的几个月，无锡乡音还没改过来。所以我很少开口，却经常穿梭于那些苏州学员当中，偷偷地学说苏州话。由于勤奋好学，很快就学会了一口吴侬软语，再不是初来苏州时的那个"小无锡"了，我从学艺那天起，就暗下决心，要在艺术上学到家、学到底。

提起我的先生，就是"香香调"的创始人——王月香老师。其实这不尽然，我的第一个先生是说《杨乃武》的李仲康，1959年的12月，我进入苏州评弹二团，正式拜师李仲康，并跟师去了常熟等地。开始了背行囊走官塘的码头生活。后来因为领导上想在我们学生当中组合女双档，便决定让我和吕品莲跟徐碧英、王月香学说《梁祝》。当我听说要拜王月香为师，真的是激动万分。因为小时候在无锡时就听过她的书，很崇拜她，用句现在比较时髦的话说，就是王月香老师是我的偶像呀。当时就想着自己拜师以后一定要争气，要好好学。1960年，我正式拜师于王月香，上手吕品莲早在我之前，已经拜师于徐碧英。

那时学书的条件和现在是不能比的。当时跟师，不像现在老师会一句句地教。20世纪50年代都是日夜两场，先生两场演下来，根本没有精神来教。全靠自己听、自己学，没有脚本就自己台下记，一个码头记不住，等下个码头再记。书倒还好记，最困难的是记唱篇。王月香先生的唱，有时是因时而异的。时间不够了，她就横篇了，等唱完下台，自己都记不住。但是韵脚都在的，所以当时跟师时，我们经常是排书、对唱词到半夜才睡觉的。总算书和唱词都记完了，最让我觉得跨不过坎的就是唱了。"香香调"最大的特点，就是紧弹快唱、叠句联唱，仿佛水银泻地，毫不拖泥带水。这可把我给难住了，怎么就唱不出这种感觉呢？通过我细心的观察和不断的琢磨，终于发现这和自己的换气方法不对有关，原来先生是不规则偷换气的，她是根据唱篇内容和感情相结合，不是一句唱完换口气的，而是一句半换气，或者是两个字换气，不让大家看出来，才让人听来会有爽如“哀梨”，快如“并剪”，一泻千里的感觉。知道了技巧再练，慢慢地唱起来就不觉得吃力了。功夫不负有心人，三个月下来，去团里汇报演出时，台下的老师都说活龙活现一个小王月香呀！

从1961年开始至1963年期间，我和吕品莲开始演出长篇《梁祝》。记得第一次破口是和李宏声越做，在当时的齐门一个小书场，接着浒关、昆山、千灯、湖州……三年间，足迹遍布了江南城乡各个码头。

1963年10月，我从一名学员成为了苏州评弹团的一名正式演员。由于上手离开了评弹团，从那时开始就再也没有机会演出长篇《梁祝》了。其间曾去过前线歌舞团，被领导看中差点留在那里。但是因为父母反对又回到了评弹团，而后和王鹰合作演出长篇《碧玉簪》、《乌龙潭》，也曾和刘小琴合作演出过长篇《四进士》等。

1966年，史无前例的“文化大革命”开始了。评弹作为“资本主义的尾巴”被割掉了，那时很多老一辈的评弹名家被下放去了苏北，好一点的被下放去了灯泡厂。我们一批小字辈的演员，则在团里排演《智取威虎山》、《红色娘子军》、《五十七粮店》等书目。

“文革”结束后，我参与排演了很多中篇和短篇：《遗产风波》、《海瑞罢官》、《恩与仇》、《老杨与小杨》、《海岛女民兵》等。都在当时有很大的影响力，很多中篇中的长短唱段，在听众中留下深刻印象，日久磨炼也成了我的代表作之一了。其间根据苏州姑娘杜芸芸真人真事改编的中篇，还获得了首届中国曲艺节一等奖，这个中篇在当时是具有鲜明的时代气息的。

说起排中篇，这其中还有个小插曲呢。记得当时团里排《老杨与小杨》，因为这个中篇是我先生王月香60年代演过的，我虽然听到过，当时也没有录音，王月香先生把小杨演活了，所以80年代我团重排这个中篇时，正巧安排我演小杨这个脚色。于是我就兴冲冲跑去先生那，想让她给自己拍拍腔，教教自己怎么演。结果王月香先生不说教，也不说不教，却是一本正经地对着我说：“慧兰啊，我教你的东西永远都是死的，只有你自己理解、揣摩出来的东西才真正是你自己的！”说实话，当时我的心里真是很委屈，只觉得先生连这点都不肯教，未免太不近人情了吧。但是后来演出大获成功，我演的小杨深受观众好评时，才真正理解了先生对我说的那番话语的含义了!

时间进入到了1977年,终于可以说长篇了。那个时候真可谓评弹的春天来了。憋屈在心里那么些年的弹词音符终于可以开怀放歌了,心中的喜悦真是无法用语言来形容了!从那年开始,我正式和魏少英搭档开始演出长篇,最初演出的脚本是徐王档的《红色的种子》,因为只有七回书,所以我们当时就想再另外去补一部书。听说上海的一个老艺人陆俊卿有《闹严府》的脚本,而且肯传授给我们。当即让我们喜出望外赶去上海。脚本拿到以后,我和魏少英就下定决心一定要说好这部长篇,要让听众提起《闹严府》,想到的不光是“张双档”,还有“魏赵档”!于是我们埋头苦干,重新把这部书整理了一遍,把所谓的“弄堂书”全部删除,让这部《闹严府》成为了二十四回“盆景书”。

陆俊卿先生因为说过《珍珠塔》,所以对原有的唱篇,加以修改和整理,加出了一档《鸳鸯枕上话衷肠》的唱篇。当初拿到脚本的时候,我就特别喜欢这档篇子,所以在唱腔处理上花了很多心思。在这段唱里,我不仅吸收了香香调的精髓,还借鉴了其他曲种的唱腔。其中有一句唱“我们怎能够鸳鸯枕上来话衷肠”,连续重复七次而每句的行腔都有所不同,从柔和到激昂,充分表达了严兰贞当时那种哀怨、无奈、凄惋之情。为了更好地刻画人物,演好严兰贞这个脚色,我特意利用演出空隙,一连几天去瑞金剧场观摩金采凤演的严兰贞,身段、手面、神情,再加上声情并茂的演唱,让我在书坛上演活了严兰贞,名声大振,有口皆碑。同时这段《鸳鸯枕上话衷肠》,也成了我的代表作。

就在我与魏少英在上海大华书场日夜场演出《闹严府》的时候,我的第三个先生——弹词名家张鉴庭老先生出现了。张先生听说有对小双档在演出《闹严府》,而且生意也不错,他很有兴致,每天都去听书,还到后台指点我们。特别是他听到魏少英唱张调,很开心,还传授他演唱的诀窍。所以魏少英当场就要求拜张老为师,张老一口答应。但他却说:“我有个要求,我没有女学生的,慧兰我也蛮喜欢的。所以要收么我要你们两个人一起收的!”这话真的是让站在一旁的我有点受宠若惊了。不过我还是回家征求了王月香先生的意见,王先生蛮开通的,也觉得我应该博采众长,后来就在80年代初,张鉴庭老先生在苏州办专场时,举行了拜师仪式。魏赵档同时拜张鉴庭为师,省、市文化局领导都出席了拜师仪式。而且张老还不肯收拜师金,只办了一桌酒水。说起来我还是张鉴庭先生唯一的入室女弟子呢!

1985年，我们团里的作家邱肖鹏先生为我们量身定作了一部长篇——《山阳奇案》。这部书里面的唱篇特别多，我就根据自己的嗓音特点并结合书情，对每档唱篇都加以琢磨，很多唱段，诸如《离合悲欢总有期》、《雪娥诉冤》等，一时间成了我的代表性作品。

有句话叫做笨鸟先飞。直到现在为止，我一直都觉得自己艺术上有这点成绩，都是取决于这句话——笨鸟先飞！我从不认为自己有很好的天赋，当初刚来苏州时，说话还是一口无锡话，但是我暗下决心，一定要改过来。跟着苏州籍的同学学说苏州话，当别人还在睡觉的时候，就起床对着水井吊嗓子了。一有空闲就关起门来在宿舍里拿起琵琶练弹唱。所以后来团里领导很重视、培养我。“文革”后排演了很多中篇，而且每次排中篇都是主角。我还有个习惯，就是听到好的唱腔，就会录下来。听到一个好的琵琶过门，就要记下来。有时连每一个小腔都会记在本子上，假如身边没带纸就记在手心里，回来再仔细听、认真弹、跟着学，直到现在哪怕是书坛上那些晚辈，只要是觉得好的东西我都要学。从当初的放音机到如今的MP4，数码时代改变的只是当初学艺时的工具，不变的却是我对自己钟爱一生的评弹艺术的这份认真和执著。

1993年，魏少英由于身体原因转业在团里做行政工作。我便和江苏省评弹团的杨溪荫合作演出长篇《翠凤奇案》。这部长篇的书情比较曲折，初拿到脚本就喜欢上了，特别是书中那段《贾忠悔悟》，能够很好地展示我的演唱特长。因此我根据情节的变化，把“香香调”化为快、中、慢三种行腔板式，中间转承结合巧妙，听来别具韵味——贾忠万万没有想到，自己叫了十八年的爹，竟是杀父仇人，当他在公堂听完奶娘诉说血泪家史时，心如刀割，用慢板唱出了“手捧血书和丹青，心如刀绞两泪淋……”，接着转中速“我不该善恶难分辨，我不该瞎了双眼睛，我不该……”，十几句的叠句连唱，声声抒发了主人公的波澜起伏的激情，而最后的“大人啊，我一失足成千古恨，国法难容是罪孽深……”，更是唱出了主人公内心的悔恨、愤怒之情，听来催人泪下。每次都会让台下的观众为之动容。以情带声、声情并茂也许便是我最大的艺术特点了，很多听众都把这一段称之为“赵慧兰的小香香调”！

说到唱，还有一段《佘太君痛斥》，也是让我自己感到心怡的。记得团里在1999年的时候，安排我和金丽生排演由傅菊蓉改编的短篇弹词《四郎尽忠》。它讲述的是杨四郎投降番邦，招为驸马。十多年虽养尊处优，但内心却非常痛苦。后在铁镜公主帮助下，为大宋立下汗马功劳。宋皇封其为十六州大都督之职，并准其带妻儿荣返天波府。佘太君虽思念儿子，但为保全声誉，忍痛将四郎拒之门外，四郎绝望，撞死在天波府大门之上。其中这段《佘太君痛斥》，正是一个母亲思儿心切却又强忍悲痛的复杂心理写照，因此对这段唱腔我反复揣摩花了很多心思，一开始的那段“你至今无有悔过心，口口声声论功勋……”我处理得相对缓慢有节奏，那是一个慈母对儿子的谆谆教诲，而从“父死兄亡皆为国……”开始就是一个严母的怒斥了。从这里开始，我充分展现了王月香调的紧弹快唱、叠句联唱，毫不拖泥带水，应该说此时的佘太君对儿子有说不尽的离愁别恨、思念之情，但为了忠贞报国、保全杨家一门忠烈的形象，她只能把杨四郎推出了天波府。深刻理解了这一点，佘太君这个人物形象就活生生地呈现在观众们眼前了！也正是基于我们对人物的深刻理解和刻画，使得我和金丽生同时在当年的江苏省曲艺节上，获得优秀表演奖，并在2000年获得全国曲艺节牡丹奖的殊荣。

2000年12月，我从苏州评弹团退休。但是我人是退休了，而心却没有退，依然心系评弹，活跃在这个书台上。退休这十年间，我依然常年出码头、说长篇，每年演出达250场左右，坚持不懈演出。记得前年东视《评弹天地》的编导组约请我访谈时，我还是从沙溪书场三点钟落回后赶回苏州的呢。我自认为我这一生爱弹词、演弹词，在我的生命中早已经离不开弹词了。只觉得在家享福不适意，一个人心里空落落的。一走上心爱的书台，就会精神焕发，虽然出码头确实很辛苦，但是对我而言，却是有种乐在其中的感觉。用句通俗的话形容，我坐在台上，听见听众的掌声，真的是比吃人参还要补呀！

自1993年和杨溪荫合作至今，我相继演出了长篇《翠凤奇案》、《血海花》、《玉姣龙》。在五十多年演艺生涯里，我始终信奉这句话——宝剑锋从磨砺出，梅花香自苦寒来。

如果说《英台哭灵》、《三斩杨虎》、《我的名字叫解放军》是王月香先生的代表作，那么《贾忠悔悟》、《鸳鸯枕上话衷肠》、《杨淑英告状》、《四郎尽忠》可以算是我的代表作了。这也是诸多评弹听众对我艺术上的一种肯定，让我无比欣慰。每一位在艺术上有成就的演员都不会满足现状，而是追求不断地创新、发展，我把先生的香香调唱了几十年，虽已驾轻就熟，却非一成不变。基于这一点，在2010年，我被授予江苏省非物质遗产传承人。我现在最大的心愿，是能把王月香调传承给我的下一代，让评弹——这朵江南奇葩永远芬芳迷人！

后 记

我们曾经编辑出版了《书坛口述历史》。现在继续编的这本书，书名《演员口述历史及传记》，包括部分评弹演员的回忆录、访谈和传记。或详或简，或综述，或片段，或轶闻琐记，但都记述了很宝贵的历史资料和艺术体会。既是学习、研究苏州评弹、评弹史、艺术史的资料，又是研究社会历史的资料，总结艺术经验及理论的重要实践依据。

我们还向正在为保护、传承苏州评弹活跃在书场里的青年演员推荐，了解前辈的历史，学习他们的敬业精神，勤奋的艺术态度，他们的艺德。温故知新，保护评弹，需要年青一代的演员，发扬献身精神，学习前辈的艺术态度。我已经专门写了一篇文章，附在前面，这里不多说了。

收集在本书中的文章，很多是新写的。曾经公开发表过的不多，如张鸿声《书坛见闻录》曾在《新民晚报》发表。有一部分曾经在《评弹艺术》发表过。有的曾在内部资料上发表。如徐玉泉的《艺人录》，是记录于20世纪60年代的一份内部资料。感谢所有提供文章及资料的同志。

本书编辑小组的成员为：刘家昌、刘爱平、周良、周明华、周汉平、陶春敏、魏福林。

本书的出版由中共苏州市委宣传部资助。

周 良

2011年6月

图书在版编目（CIP）数据

演员口述历史及传记 / 周良主编. — 苏州：古吴轩出版社，2011.11
（苏州评弹研究资料丛书）
ISBN 978-7-80733-723-2

Ⅰ. ①演… Ⅱ. ①周… Ⅲ. ①苏州弹词 — 文艺工作者 — 生平事迹 Ⅳ. ① K825.78

中国版本图书馆CIP数据核字（2011）第227956号

责任编辑：洪　芳
装帧设计：西　月
责任照排：殷文秋
特约校对：潘家荣
责任校对：张　蕾

书　　名：演员口述历史及传记
主　　编：周　良
出版发行：古吴轩出版社
地址：苏州市十梓街458号　邮编：215006
Http://www.guwuxuancbs.com　E-mail:gwxcbs@126.com
电话：0512-65233679　传真：0512-65220750
印　　刷：苏州日报印刷中心
开　　本：630×960　1/16
印　　张：18.5
版　　次：2011年11月第1版　第1次印刷
书　　号：ISBN 978-7-80733-723-2
定　　价：30.00元

如有印装质量问题，请与印刷厂联系。0512-65640827